우리 아이들

OUR KIDS THE AMERICAN DREAM IN CRISIS

빈부격차는 어떻게 미래 세대를 파괴하는가

우리 아이들

로버트 D. 퍼트넘 지음 │ 정태식 옮김

페이퍼로드
paperroad

로즈매리를 기억하며

차례

제1장

아메리칸드림: 신화와 현실

오하이오로^{Ohio}로 돌아갔지만 이미 내 고향은 사라지고 없었다.[1]

더블린의 도심에 이를 수 있다면
세계 모든 도시의 중심에 이를 수 있는 셈이다.
특수성 안에 보편성이 포함되어 있다.[2]

 1950년대 나의 고향 마을은 아메리칸드림을 구현할 수 있는 곳
이었다. 마을의 모든 아이들은 그들의 배경과 관계없이 상당한 기회
를 부여받았다. 그러나 반세기가 지난 지금 오하이오 주 포트클린턴
Fort Clinton에서의 삶은 찢겨진 스크린에 나타난 '아메리칸악몽'이 되었
다. 포트클린턴에는 도시를 가로지르는 선로가 있다. 이 선로를 기점으
로 낙후된 지역에 거주하는 아이들은 부유한 지역에 사는 아이들처럼
준비된 미래를 상상하는 것이 거의 불가능하다. 슬프게도 포트클린턴
의 이야기는 오늘날 미국의 전형적인 모습을 나타낸다. 이러한 변화가
어떻게 일어났는지, 왜 그것이 문제가 되는지, 그리고 우리 사회의 저
주받은 행로를 바꾸기 위해 우리는 무엇을 시작해야 하는지가 바로 이
책의 주제다.
 가장 최신의 엄밀한 사회경제사적 성과들은 미국의(그리고 포트클
린턴의) 1950년대가 한 세기를 통틀어 사회경제적 장벽이 가장 낮았던
때였다고 말하고 있다. 경제와 교육의 수준이 크게 신장되었고, 소득균

등율도 비교적 높았으며, 이웃 간이나 학교 내에서의 계급 차별도 적었다. 계급 간의 결혼이나 교류에 대한 장벽은 낮았으며, 시민 참여와 사회적 연대는 활발히 이루어졌고, 낮은 계급에서 태어난 자녀들이 사회경제적 계단을 오를 수 있는 기회도 풍부하게 주어졌다.

1950년대의 포트클린턴은 비록 작은 도시이고 다양한 인종으로 구성되어 있지는 않았지만 모든 점에서, 즉 인구학적, 경제적, 교육적, 사회적, 그리고 심지어 정치적 측면에서도 지극히 전형적인 미국의 축소판이었다. 포트클린턴이 중심 도시인 오타와 카운티Ottawa County는 미국 사회의 지표bellwether라 할 수 있는 오하이오 주에서도 선도적인 곳이라 할 수 있다. 다시 말해 역사적으로 이 카운티County(주 아래에 있는 행정 구역으로 산하에 시City·읍Town·리Village 등을 두고 있다. -역자 주)의 선거 결과가 미국 전역의 선거 결과와 가장 근접하게 나타났다. 내가 다닌 고등학교 급우들의 인생 이야기를 들여다보면, 가난한 두 백인 아이인 단Don과 리비Libby, 그리고 가난한 두 흑인 아이인 제시Jesse와 셰릴Cheryl 앞에 펼쳐졌던 재능과 노력에 바탕을 둔 출세의 기회가 우리 학급에서 사실상 유일한 특권층 집안 자손이었던 프랭크에게 펼쳐졌던 기회와 크게 다르지 않음을 알 수 있다.

물론 어느 한 도시가 미국에 대한 모든 것을 나타낸다는 것은 불가능할 것이다. 그리고 1950년대의 포트클린턴 역시 결코 파라다이스는 아니었다. 그 당시 미국의 다른 지역과 마찬가지로 포트클린턴의 소수자들은 심각한 차별을 겪었고, 이 장의 뒷부분에서 이에 대해 조사할 것이지만[3] 여성들이 주변화되는 일도 다반사였다. 그러나 적어도 사회 계급이 기회를 제한하는 주된 요인은 아니었다.

21세기의 포트클린턴으로 시선을 돌리면, 오늘날 부유한 아이들과 가난한 아이들, 예컨대 이 장에서 만나게 될 첼시Chelsea와 데이비드David

와 같은 아이들에게 주어진 기회는 전혀 다르다. 지금의 포트클린턴은 아주 분명하게 계급이 나누어졌다. 학교 직원에 따르면 부잣집 아이들은 고등학교 주차장에 BMW 컨버터블을 주차하고, 그 옆에는 집 없는 급우들이 매일 밤 머무를 곳으로 타고 가는 낡고 털털거리는 차들이 세워져 있다고 한다. 포트클린턴에서 일어난 변화는 이 많은 아이들에게서, 그리고 인종과 젠더를 포함한 모든 이들에게서 아메리칸드림의 약속을 부정해버렸다. 그것은 경제 상황, 가족 구조와 양육, 학교, 이웃 관계 등에서 나타나는 변화로 놀랍게도 오늘날 미국 전체를 대표하고 있다. 1959년의 포트클린턴은 기회의 평등에 대한 조사를 시작하기에 시간과 장소 면에서 아주 적합하다. 현재의 우리가 아메리칸드림으로부터 얼마나 멀리 벗어나 있는가를 잘 상기시켜주기 때문이다.

1959년 6월 1일은 덥고 화창했다. 하지만 150명의 졸업생들이 흥분으로 상기된 얼굴을 하고, 졸업장을 손에 쥔 채로 시내 중심부에 자리한 포트클린턴 고등학교Port Clinton High School의 계단으로 우르르 내려가던 저녁 무렵에는 시원해졌다. 우리는 아직 이리 호Lake Erie 기슭에 위치한 6,500명(대부분 백인)이 거주하는 이 유쾌하고 친근한 도시에서의 어린 시절을 떠나보낼 준비가 되어 있지 않았지만, 미래에 대한 확신으로 가득 차 있었다. 늘 그랬듯이 졸업식은 공동체 전체의 축제였고 참석 인원은 1,150명에 이르렀다.[4] 가족이든 아니든 간에 마을 사람들은 모든 졸업생들을 '우리 아이들'로 생각했다.

단

단^{Don}은 상냥한 말씨의 백인 아이로 그의 가정은 노동자 계급에 속했
었다. 그러나 우리 반에서는 아무도 그의 출신에 대해 심각하게 생각
하지 않았다. 그가 우리의 스타 쿼터백이었기 때문이다.[5] 그의 아버
지는 8학년까지만 교육을 받았다. 아버지는 가계 부채를 만들지 않
기 위해 두 가지 일을 했다. 첫 번째로 포트클린턴 매뉴팩처링^{Fort Clinton}
^{Manufacturing}의 공장 생산라인에서 오전 9시부터 오후 3시까지 근무했고,
두 번째로는 거기서 조금 걸어가면 있는 통조림 공장에서 오후 3시 30
분부터 저녁 11시까지 근무했다. 어머니는 11학년에 학교를 떠난 후,
단의 말을 빌리면 오로지 무無에서 모든 음식을 만들어내면서 "부엌에
서 살아왔다." 매일 밤 그녀는 단과 그의 두 형제들과 함께 식탁에 둘
러앉아 식사를 했다. 그들은 감자와 집에 남아 있는 모든 재료를 볶아
서 만든 해시요리를 먹는 데 익숙했다. 아빠가 일을 마치고 집에 돌아
올 무렵이면 아이들은 이미 잠자리에 들어 있었다.

　그들은 마을의 가난한 지역에 살았고, 단이 대학으로 떠날 때까지
도 자동차와 텔레비전이 없었다. 당시 미국 가정의 80%가 자동차를
소유하고 있었고 90%는 TV를 가지고 있었다. 매주 이웃 사람들이 그
들을 교회에 태워다 주었다. 가족들이 휴가를 갈 돈은 없었지만, 단의
부모는 집을 소유하고 있었으며, 경제적으로 상당히 안정된 삶을 살고
있다고 느꼈다. 단의 아버지는 실직한 적이 없었다. 단은 다음과 같이
회상한다. "대학에 가서 경제학 101 수업을 듣고 내가 '혜택받지 못했
다'는 것을 깨닫게 될 때까지, 나는 내가 가난한 줄 몰랐어."

　그들의 평범한 처지에도 불구하고, 부모는 단이 대학 진학을 목표
로 삼도록 권장했고, 단은 우리 반의 다른 노동자 계급 아이들과 마찬

가지로 포트클린턴 고등학교^{PCHS}의 대학 진학 준비 과정을 선택했다. 그는 어머니의 강요로 6년 동안이나 피아노 레슨을 받았으나 정작 그가 좋아한 것은 스포츠였다. 그는 농구와 미식축구를 즐겼다. 아버지는 직장에서 휴가를 내어서라도 단이 하는 시합마다 늘 참석했다. 단은 포트클린턴에서의 계급 차별에 신경 쓰지 않았다. 그는 다음과 같이 말한다. "나는 마을의 동쪽에 살았고 부자들은 마을 서쪽에 거주했지. 그러나 우리는 스포츠를 통해 서로 동등하게 대했어."

비록 고등학교에서의 단짝 친구들은 아무도 대학에 가지 못했지만, 단은 공부를 잘 했고 우리 반 상위 15%의 성적으로 학교를 마쳤다. 그의 말에 따르면 그의 부모는 자식을 대학에 보낼 "능력이 없었다." 그러나 다행히도 그는 교회와 강한 연을 맺고 있었다. "마을 목사님 한 분이 나를 주목하고 있었고, 한 대학에 나에 대해 좋게 이야기를 해주셨지. 그래서 그 대학교를 졸업하게 되었어"라고 단은 말한다. 그뿐만 아니라 목사는 단이 재정 지원을 받을 수 있는 방법을 찾거나 입학 수속을 밟는 데도 도움을 주었다.

포트클린턴 고등학교를 마친 후 단은 주 남쪽에 있는 기독교 계열의 대학교에 진학했으며(거기에서도 미식축구를 했다), 이후 신학교로 진학했다. 신학교에 다니던 중 그는 자신이 목회자로서 "잘 해낼" 수 있을까 하는 의심을 품게 되었고, 결국 부모에게 학교를 그만두겠다고 말하고자 집으로 돌아왔다. 고향으로 돌아온 그는 인사를 하려고 마을의 당구장에 들렀다. 그의 아버지와 오랜 친구 사이인 당구장 주인은 그를 "미래의 목사님"이라고 불렀고, 손님 중 한 사람은 단에게 자신을 위해 기도해달라고 부탁했다. 단은 이것을 목회자로서의 길을 계속 가야 한다는 신호로 해석했다.

대학을 마친 직후 단은 고등학교 교사인 준^{June}과 결혼해서 아이 하나를 낳았다. 나중에 이 아이는 학교 도서관 사서가 되었다. 단은 목회자로서 오랫동안 성공적인 커리어를 쌓았고 최근에서야 은퇴했다. 여전히 그는 지역 교회들에 도움을 주고 있으며 수년 동안 해왔던 고등학교 미식축구 코치 역할도 계속하고 있다. 그는 돌이켜보건대 자신이 아주 축복받은 삶을 살아왔다고 말한다. 가난하지만 굳게 단합된 가정에서 성공적인 전문 직업인으로 성장하게 된 것은, 그의 타고난 지적 능력과 미식축구장에서 보여준 근성을 반영하는 것이라고도 할 수 있다. 그런데 앞으로 보게 되겠지만, 이런 식의 지위 상승upward mobility이 우리 반에서 그리 특별한 경우는 아니었다.

프랭크

프랭크Frank는 포트클린턴에서는 많지 않던 부유한 가정 출신이다. 19세기 말 그의 어머니 쪽 증조부가 어업과 관련한 사업을 했고, 프랭크가 태어날 무렵 집안은 부동산 사업과 지역의 여러 가지 사업으로 업종을 다양화했다. 그의 어머니는 1930년대에 대학을 졸업했고 시카고 대학에서 석사 학위를 취득하기도 했다. 시카고에서 어머니는 목사의 아들로 대학을 졸업한 프랭크의 아버지를 만났고 곧바로 결혼을 했다. 프랭크가 자라는 동안 아버지는, 어업, 쇼핑센터, 농장, 식당 등의 집안 사업을 관장했고 어머니는 자선사업을 했다.[6]

포트클린턴의 사회적 엘리트들은 포트클린턴 요트 클럽을 중심으로 모여들었다. 프랭크의 성장 기간 동안 할아버지, 아버지, 삼촌은 각각 일정 기간 동안 이 요트 클럽의 '회장Commodore'직을 맡았으며 어머니와 이모는 지역 내 사회적 지위의 금자탑이라 할 수 있는 '선원들의 선장^{Shipmates Captain}'으로 선출되기도 했다. 간단히 말해 프랭크의 부모는 1959년 졸업반 학생들의 부모 중에서 가장 부유하고, 교육을 많이 받았으며, 사회적으로 저명했던 학부모인 것이다.

그럼에도 불구하고 프랭크의 가정과 사회경제적 사다리의 맨 아래에 있던 가정들 사이의 사회적 거리는 오늘날 미국의(그리고 심지어 포트클린턴의) 일반적인 상황과 비교해도 훨씬 더 가까웠다. 단의 집에서 고작 네 블록 떨어진 곳에서 살았던 프랭크는 이웃에 대해 "여러 사람이 잘 섞여 있었다"라고 회상한다. 그중에는 트럭 운전사, 가게 주인, A&P 슈퍼마켓의 계산원, 주요 지방 법률 회사의 직원, 소방서장, 주유소 주인, 수렵구 관리인 등이 있었다. 프랭크는 말한다. "우리는 뒷마당에서 야구를 하거나 모퉁이에서 깡통 차기를 하면서 놀았어. 모두가 함께 정말 잘 지냈지."

유복한 가정 환경에도 불구하고, 여름이면 프랭크는 가족이 운영하는 식당에서 일을 했고 15세 무렵에는 고등학교 친구들과 페인트칠을 긁어내는 일이나 청소하는 일도 했다. 그의 가족들은 프랭크가 자신의 사회적 지위를 중요하게 여기지 않게 하려고 신중하게 처신했다. "포트클린턴에서 콜라 한 병 간신히 살 수 있는 아이들 사이에 함께 있다면, 그게 바로 네 운명이란다." 프랭크의 할아버지는 프랭크의 삼촌에게도 늘 이를 잊지 않도록 주지시켰다. "만약 우리가 클리블랜드나 뉴욕에 있었다면, 너는 네가 원하는 걸 무엇이든 주문할 수 있었을 거야. 하지만 포트클린턴의 아이들과 함께 있을 때는 그들이 할 수 있는 일만 해야 한단다."

고등학교에서 프랭크는 급우들과 사회적으로 서로 동등하게 지냈다. 사실 그의 태도는 아주 자연스러워서 우리 중 상당수는 그의 범상치 않은 배경을 눈치채지 못할 정도였다. 물론 조금 표가 나기는 했다.

그는 우리 반에서 맨 처음 치열 교정기를 착용한 학생이었다. 초등학교 시절 그는 겨울 몇 달을 플로리다에 있는 집에서 보냈으며 학교도 거기에서 다녔다. 그의 할아버지는 교육위원회에 속해 있었다. 한번은 프랭크의 부모가 학교 선생님을 저녁식사에 초대했던 적이 있었다. 나중에 프랭크는 어머니에게 "왜 반 아이들 모두 앞에서 저를 당황하게 만드셨어요?"라고 불평했다. 부모가 성적을 바꾸려고 간섭했을지도 모른다는 생각이 프랭크를 당황하게 만들었던 것이다. "농담하세요? 오, 저런. 우리들이 아는 한 선생님들은 항상 올바르시지요."

프랭크는 평범한 학생이었지만 그의 교육에 대해 부모가 가진 기대감은 결코 낮지 않았다. "내 인생은 태어났을 때부터 대학을 마칠 때까지 프로그램화되어 있었지. 대학에 가야 한다는 것을 알고 있었고, 졸업하는 것이 좋다는 것도 알고 있었어." 부모의 재정 지원 덕분에 그는 오하이오의 작은 대학에 진학하여 언론학을 전공했다. 대학을 마친 후 해군에 지원했으며 7년 동안 해군 수송 비행기를 타고 전 세계를 누비고 다녔다. 그는 회상한다. "나는 그 일을 좋아했지."

해군 복무를 마친 후 프랭크는 《콜럼버스 디스패치*Columbus Dispatch*》지의 편집장으로 25년 동안 일하다가 회사의 인사 결정에 반대하면서 해고되었다. 이때 그는 반쯤 은퇴한 상태로 포트클린턴으로 돌아왔고, 생선 세척 사업, 선착장 임대, 양품점 등 가족 사업을 돌보았다. 몇 년간 어려운 시절이 있었지만 그가 태어났을 때 할아버지가 자기 손주를 위해 만들어놓은 신탁기금의 재정적 도움을 받기도 했다. "많은 돈은 아니지만 굶지는 않을 정도"였다고 프랭크는 털어놓았다. 프랭크의 가족이 지닌 부와 권력이 인생의 몇몇 위기에서 그를 보호해주었지만, 그것이 단과 같이 덜 풍족한 집안 출신의 또래들보다 앞설 수 있도록 프랭크를 높이 띄워준 트램펄린*trampoline*은 아니었다.

1950년대 포트클린턴에서의 계급격차

1950년대 포트클린턴에서 계급 차이가 없었던 것은 아니지만, 프랭크와 단의 삶이 보여주듯 그러한 차이는 묻혀버렸다. 육체노동자의 자녀들과 전문직의 자녀들은 비슷한 가정 출신이었으며, 학교나 이웃에서, 그리고 스카우트 단이나 교회 단체에서 남의 눈을 개의치 않고 한데 뒤섞여 어울려 지냈다. 오늘날(곧 보게 될 것이지만 포트클린턴에서조차) 아주 중요한 문제가 되고 있는 계급적 차이, 예컨대 경제적 안정, 가족 구조, 양육, 학교 교육, 이웃 관계 등에서 나타나는 차이가 그 시대에는 극미했다. 실제로 포트클린턴 고등학교의 1959년 졸업반 학생들 모두는 그 배경이 어떠하든 간에 양친과 함께 부모가 소유한 집에서 살았고, 누구나 서로 이름을 알고 지내는 이웃들 사이에서 살았다.[7]

일반적인 의미에서 주부인 어머니와 가정 수입을 홀로 책임지는 아버지를 둔 우리의 부모님들은 특별히 교육을 잘 받지도 못했다. 20명의 부모 중에서 겨우 한 명만 대학을 졸업했고, 3분의 1 이상은 고등학교조차 졸업하지 못했다. 고등학교 교육이 일반화되기 전에 학교를 마쳤기 때문이다. 그러나 마을의 거의 모든 사람들은 전후 번영의 혜택을 광범위하게 받았고, 소수의 가정만이 빈곤에 허덕였다. 마을에서 극소수인 부유한 배경을 가진 자녀들은 프랭크처럼 자신이 부유하다는 사실을 숨기려고 갖은 애를 썼다.

몇몇 아버지들은 지역 자동차 공장의 조립라인이나 근처의 석고 광산, 또는 지역 군 주둔지나 작은 가족 농장에서 일했다. 나의 부친처럼 작은 사업을 하는 사람도 몇몇 있었는데, 경기 순환에 따라 운이 따르기도 하고 운이 없어지기도 했다. 완전 고용 직장이나 강력한 노동조합이 있는 시대였기에 실직이나 심각한 경제적 불안정을 경험하는 가정은 소수에 지나지 않았다. 나의 반 친구들은 대부분 사회적 출신이 무엇이든 간에 스포츠, 음악, 연극, 그리고 여러 가지 과외활동에서 활동적인 모습을 보였다. 금요일 밤의 미식축구 경기는 마을 사람들 대부분을 매료시켰다.

반세기가 지나고 친구들이 대부분 은퇴한 지금에 와서 보니, 다들 놀랄 만큼의 지위 상승을 경험했다. 우리 중 거의 4분의 3이 부모보다 더 많은 교육을 받았고, 대다수는 경제적인 지위에서도 더 높은 위치에 올라섰다. 유복하지 않은 배경을 가진 집안 출신의 몇몇 아이들은 보다 안락하고 나은 교육 배경을 가진 집안 출신의 아이들보다 경제적 지위 면에서 더 높은 곳까지 올라가기도 했다. 현재 기준에 의하면 우리 반이 보여준 절대적 수준의 상향적 교육 이동성은 놀라울 정도였는데, 이는 20세기의 고등학교와 대학이 가져다준 혁명적인 변화를 반영하는 것이라 할 수 있다. 고등학교 중퇴자의 아들과 딸 중 절반이 대학에 진학했다. 가족 중에서 고등학교를 처음으로 졸업한 많은 아이들이 대학도 처음으로 졸업하게 되었는데, 이는 한 세대 안에서 벌어진 놀라운 도약이 아닐 수 없다. 더욱 두드러지는 사실은 우리 학급에 있던 두 명의 흑인 학생들은 부모 중 단 한 명도 초등학교조차 졸업하지 못한 가정 출신이지만, 인종적 편견과 싸워가면서(곧 다루게 될 것이다) 둘 다 대학원 학위까지 획득했다는 것이다.

1950년대의 포트클린턴에서 사회경제적 계급은 백인이나 흑인 어느 인종의 아이들에게 있어서든, 21세기에서 나타나는 것처럼 그렇게 감당할 수 없을 정도의 장벽이 아니었다. 비교해보면 1959년도 졸업반 구성원들의 **자녀**들은 평균적으로 그들 부모를 넘어서는 교육적 진전을 경험하지 **못했다.**[8] 1959년 졸업반 구성원 대부분을 상층부로 이끌었던 에스컬레이터는 그들의 아이들이 탑승할 차례가 되자 돌연 멈춰섰던 것이다.

1959년도 졸업반은 이와 같이 높은 절대적 이동성을 가지고 모든 사람이 같은 보조步調로 상승 이동을 했다. 그렇다면 상대적 이동성은 낮았으리라고 추측해볼 수도 있다. 그러나 놀랍게도, 실제로는 상대적 이동성조차 높았다. 사실 사회경제적 서열의 절반을 차지하는 낮은 계급 출신의 아이들 사이에 나타난 지위 상승은, 가장 특권을 많이 가진 계급의 아이들 사이에 나타난 지위 상승과 마찬가지로 크게 나타났다. 간단히 말해 하층부로부터의 지위 상승은 많았고, 상층부로부터의 지위 하락은 그리 크지 않았다는 것이다.

확실히 보다 협소한 문화 지식을 가지고 있으며 고등교육에 정통하지 않고 교육도 적게 받은 부모들은 자녀들의 교육에 대한 포부가 상대적으로 작다. 그렇지만 만약 이들 부모나 선생님, 또는 공동체 내의 비공식적인 멘토(단의 목사와 같은), 아니면 우리 주변의 친구들이 우리가 대학에 가도록 격려했다면 어땠을까. 우리 세대는 **변함없이 늘** 그렇게 했고, 실제로 대학 진출에 있어서 경제적 장벽이나 이웃의 편견을 보여주는 어떠한 흔적도 남아 있지 않다.[9] 오하이오에 널리 퍼져 있는 공사립 교육기관의 부족한 재정은 다양한 종류의 지역 모금 장학금에 의해 보충되었다. 예컨대 로터리 클럽부터 전미자동차노동조합United Auto Workers Union, 젊은여성클럽Junior Women's Club 등과 같은 단체가 장학 지원을 해주었다. 포트클린턴 고등학교의 1959년도 졸업반 출신으로 대학을 졸업한 학생들 중 3분의 2는 집안에서 처음으로 대학에 진학한 친구들이었고, 3분의 1은 집안에서 처음으로 고등학교를 졸업한 친구들이었다. 1960년대가 시작하면서 포트클린턴에서는 하나의 잔잔한 개혁, 즉 가난한 집안 출신이지만 재능을 타고난 아이들을 위한 보다 나은 지도와 상담이 아주 놀라울 정도로의 기회 평등을 이루어낸 열쇠처럼 보일 수도 있다. 그러나 우리가 앞으로 보게 될 것이지만, 오히려 그때는 역사의 행로가 막 바뀌려고 한 때였다.

하층과 중간 계급 출신 중에서 곧바로 대학에 진학하지 않았던 아이들이 있다. 이들 가운데 3분의 1은 훗날 커뮤니티칼리지Community College(지역에서 주민들을 위해 설립한 대학으로 학교별로 2~4년제로 운영된다. 입학 기준이 낮고 학비가 저렴하다. -역자 주)와 같은 중등 과정 후 교육에 이르는 진입 차선을 찾게 된다. 여기에서는 상대적으로 초라한 배경의 아이들에 대한 부정적 편견이 존재하지 않았다. 이들이 자수성가로 이룩한 성공은 결과적으로 가족 배경과 최종적인 교육 정도 사이의 연관성을 더욱 약화시켰다.

나의 반 친구들을 조사하면서 얻은 자료들은 1950년대 포트클린턴이 이상할 정도의 지위 상승이 일어난 곳이 아닐까 하는 일반적인 생각이 잘못된 것임을 보여준다. 오늘날에는 강력한 힘을 발휘하는 사회경제적 지위의 세대 간 전달 장치들—경제적 불확실성, 가정의 불안정성, 이웃 간의 고충, 그 외 재정적이고 조직적인 장벽 등—이 그 시대에는 중요하지 않았기 때문에 세대에서 세대로 이어지는 사회적 계급의 대물림은 거의 없었으며 계급 이동이 많이 이루어졌다. 1959년도 졸업반 구성원들은 젊은 시절의 물질적 상황을 설명함에 있어서 똑같은 말을 거듭해서 하고 있다. "우리는 가난했지만, 그걸 알지 못했지." 하지만 사실 우리가 즐겼던 공동체에 대한 지원의 넓이와 깊이에 있어서 우리는 부유했다. 다만 그것을 알지 못했을 뿐.

그렇다면 젠더와 인종 문제에 대해서는 어떠했는가? 이러한 심각한 이슈들에 대한 논의를 시작하기 위해 먼저 나의 학급 친구들 중 세 명의 이야기를 더 듣도록 하자.

리비

리비Libby의 아버지는 농부로 일하면서, 스탠더드 프로덕트Standard Products 에서 숙련 기능공으로도 일했다. 어머니는 전업주부였다. 부모는 모두 9학년에 학교를 떠났다. 이들 가족은 도시 외곽에 있는 넓지만 척박한 농가에서 살았다. 열 명의 자녀 중 여섯째인 리비는 주로 물려받은 옷을 입었다. 먹여야 할 입이 많다 보니 집에 돈이 빠듯했던 것이다. 리비는 자전거와 스케이트 타는 법을 배우지 못했다. "그런 것을 살 돈은 집안 예산에 없었지." 그녀는 이렇게 말했다. 하지만 그녀의 집에는 30에이커의 땅이 있었으며, 강한 팔 힘을 가진 식구들은 열심히 야채를 기르고 닭과 젖소를 키웠다. 따라서 결코 곤궁한 적이 없었다.

굳게 단합된 이 가족의 사회생활은 학교와 교회 주변에서만 맴돌았다. 리비의 부모는 사친회師親會(PTA, 학교를 중심으로 조직된 교사와 학부형의 모임. -역자 주)와 아이들의 과외활동에 관여했으며, 가족들은 매주 교회에 함께 다녔다. 교회 청소년 그룹에 속한 학생들에게는 간헐적으로 성인 예배를 위한 임무가 주어졌다. 그 자리에서 리비는 설교를 했고, 이후 교인들로부터 잘했다며 칭찬 카드를 받기도 했다. 한 시내의 가게 주인은 설교단에 있는 그녀를 보자마자 그 자리에서 그녀를 고용했다. 그것이 리비의 첫 번째 일자리였다.

학업과 관련해서 리비의 부모는 자녀들에게 높은 기대를 하고 있었고, 리비는 그들의 기대에 부응하는 생활을 했다. 그녀는 대입 준비반에서 우등생이었다. 또한 사교성이 있어 쉽게 친구를 사귀었고, 주변으로부터도 일을 맡길 만하다며 신뢰를 한 몸에 받았다. 그녀의 어머니는 "도움을 줄 수 있는 사람만 많이 찾을 수 있다면, 넌 무슨 일이든지 잘 해낼 수 있을 거야"라고 했다. 타고난 정치가로서, 리비는 독일어 클럽German Club, 미국미래교사회Future Teachers of America, 우수학생단체Honor Society에서 활동했고, 3학년 반Junior Class 회장으로 선출되었다. 거의 60년이 지난 후 리비는 고등학교 시절이 그녀의 삶에 있어서 가장 즐거운 시절 중 하나였다고 기억한다. 그녀는 이렇게 말한다. "그때 나는 진가를 발휘할 수 있었지."

대학 입학을 준비할 때가 되자, 한 영어 선생님은 리비가 톨레도 대학교University of Toledo에서 성적 장학금을 받을 수 있도록 도와주었다. 리비는 교사가 되려는 계획을 세웠지만, 대학 캠퍼스에 도착하자 그녀와 남자친구는 곧 서로를 얼마나 그리워하는지를 깨닫게 되었다. 그래서 많은 또래 여자 아이들이 그랬듯이 리비는 대학에서 뛰쳐나와 집으로 돌아왔고, 결혼을 해 가정을 꾸렸으며, 복지에 관심이 많은 가정주부로 정착하게 되었다.

그러나 20년의 결혼생활이 끝나게 되자, 그녀는 홀로 남게 되었다. 그녀는 불현듯 자신에게 대학 학위와 사회 경력이 없다는 사실, 그리고 사회에 스며 있는 젠더 편견이 그녀의 발목을 잡고 있다는 사실을 알게 되었다. 인생에서 유일하게 자신의 미래에 대해 두려움을 가졌던 시간이었다.

그렇지만 그녀는 보란듯이 재기를 증명해 보였다. 그녀는 이 작은 도시에서 10년 동안 사회생활을 하면서 신뢰성과 붙임성으로 폭넓은 신망을 얻었다. 목재 저장소의 직원으로 시작한 그녀는 곧바로 지역 신문의 필자가 되었고, 이후 한 비영리 단체의 회장이 되었다. 항상 리비를 지지했던 아버지는 딸에게 정치에 뛰어들 것을 권유했다. 그리고 10년이 조금 지나자, 그녀는 카운티 군수county-wide office로 선출됐고, 거의 30년이 지난 지금까지 그 자리에 앉아 있다. 포트클린턴 고등학교에서의 적성별 과목 기록이 보여주듯이, 리비의 감성적 지성과 시민정신은 공직 생활과 잘 어울렸다.

70대에 접어들면서 리비는 공직자로서, 그리고 지역 정당 정치의 조용한 권력자로서 널리 존경받는 군수가 되었다. 그녀는 여전히 봉사에 대한 소명 의식이 가득해 목사 교육도 받기 시작했고, 지금은 몇 개의 지역 교회에서 시간제 목사로 봉사하고 있다.

물려받은 옷을 입었던 처지였지만 놀라울 정도로 사람을 잘 사귀는 재주를 지닌 이 농장 소녀는 의심할 바 없이 1950년대의 문화적 규범에 의해, 특히 고등학교를 떠난 후에는 사회적으로 성공하는 데 방해를 받았다. 몇십 년 뒤에 태어났더라면, 아마도 리비는 전문직 훈련을 받았을 것이고, 오하이오 정치권의 상층부까지 올라갔을지 모른다. 리비의 젠더가 지위 상승에 있어서 하나의 심각한 장해물이 되었던 것이다. 그러나 그녀가 낮은 계급 태생이라는 사실은 걸림돌이 아니었다.

리비의 경험은 1959년 졸업반의 여성들에게는 일반적인 것이었다. 우리 친구들 무리에서 남자와 여자는 동등하게 고등학교에 다니도록 되어 있었고, 학문적 비학문적 활동에 똑같이 참여할 수 있었으며, 학업과 과외활동에서 똑같은 자격이 주어졌고, 대학 진학에 있어서도 평등하게 기회가 주어졌다. 포트클린턴 고등학교를 떠날 때까지 우리 학급 아이들은 실력 향상의 기회에서 젠더 차이가 있음을 경험하지 못했다.

그렇지만 젠더는 누가 대학을 **마칠** 것인지에는 상당한 영향을 미쳤다. 리비와 마찬가지로 우리 고등학교 학급의 여자들은 지위 상승을 위한 가장 중요한 자격증인 대학 학위를 박탈당했다. 1959년 졸업반 학생들 중 대학에 진학한 남녀의 수는 같았지만 남자의 88%가 학위를 받았던 것에 비해 여자가 학위를 받은 비율은 22%에 지나지 않았던 것이다! 간단히 말해 대학에 갈 때까지는 젠더에 따른 '걸러내기'가 없었지만, 그 후에는 젠더 키질gender winnowing이 극심했던 것이다.

성별에 따른 이러한 터무니없는 차이는, 리비의 이야기에서 분명하게 나타나듯이, 거의 대부분 결혼하기 위해 대학을 중도에 그만둔 여자들로 인해 생긴 것이다. 우리 학급의 여자들 중 대학을 다니다 결혼을 한 이들의 숫자는 남자들의 세 배에 달했으며, 결혼이 대학을 마치는데 장해가 된 경우는 남자들보다 여섯 배나 더 많았다. 남자들은 결혼을 적게 했으며, 결혼하더라도 학교에 남아 있었다. 반세기가 지난 후 여자 급우들은 그들의 학문적 또는 전문적인 선호가 무엇이든 간에 결혼, 가정, 그리고 가족과 같은 당시의 사회적 규범을 충실히 따랐다고 설명한다. 물론 그들의 세상은 그 후 몇십 년이 지나 극적인 변화를 겪어왔다. 그러나 리비의 이야기에 따르면, 그들 대부분(리비를 포함해서)은 가정을 꾸리기 위해 대학을 떠난 것에 대해 후회하지 않았다.[10] 그러나 다른 한편으로는, 자기가 좋아해서든 아니든 간에 가정과 경력 사이에서의 선택에 대해 치러야 했던 개인적 희생과 사회적 비용은 상당한 것이었다.

이들의 모습은 21세기 미국에서 벌어지는 교육을 통한 걸러내기와 비교해보면 더할 나위 없이 현저한 대조를 보인다. 오늘날 여성은 남성보다 더 많이 대학을 졸업하는 경향이 있다. 한편, 50년 전에는 가정의 배경과 대학 졸업 사이의 연관성은 거의 없었다. 4장에서 보게 될 것이지만, 오늘날에는 가정의 배경이 거대한 차이를 만들어낸다.

그렇다면 그때와 지금의 인종 문제는 어떨까?

제시와 셰릴

"네가 겪은 그 시절은 내가 겪은 그 시절이 아니었고, 너의 현재 역시 나의 현재와는 달라."

1959년 졸업반은 인생에서 놀라울 정도의 지위 상승을 집단적으로 경험한 세대였지만, 그중에서도 두 명이 한층 더 돋보였는데 유일한 흑인 학생이었던 제시^{Jesse}와 셰릴^{Cheryl}이 바로 그들이다. 그들의 경험은 여러 가지 면에서 유사하다.

- 두 명 모두 역사가들이 "대이주^{Great Migration}"라 부르는 사건의 일부인 남부에서의 신체적 폭력을 피해 달아난 흑인 가족의 자녀로 포트클린턴에 정착했다.[11] 제시의 가족은 제시의 누나가 살해된 후 미시시피 주에서 도망쳤고, 셰릴의 가족은 아버지와 한 백인 남자 사이의 언쟁이 있은 후 테네시를 떠나도록 강요받았던 것이다.
- 남부의 인종차별 탓에 그들 부모 중 초등학교 이상의 공식 교육을 받은 사람은 없었지만, 제시와 셰릴은 단단히 결속해 열심히 일하고 신앙심도 독실했던 양친이 꾸린 가정으로부터 혜택을 받았다.
- 둘 다 마을의 가난한 지역에서 살았다. 제시의 아버지는 지역 제조업체의 화물차에 짐을 실었고, 어머니는 근처 호텔에서 계절에 따라 고용되는 객실 청소부로 일했다. 셰릴의 아버지는 석고 광산과 과일 포장 공장에서 일했고, 어머니는 남의 집 청소를 했다. 그러나 아무도 자기네 집이 가난하다고 생각하지 않았다. 제시는 다음과 같이 회상한다. "우리가 오하이오에 도착한 이래 아버지는 항상 직업이 있었어. 그래서 우리는 항상 음식과 살 곳이 있었지."
- 둘 다 고등학교에서 우수했다. 제시는 학교의 모든 운동선수들 중 최고의 선수였고, 미식축구팀의 MVP로 불리기도 했으며, 학생회 회장이기도 했다. 셰릴은 우리 졸업반이 뽑은 임원이었고, 학업 성적도

최상위권에 가까웠다.

• 졸업 직후 두 명 모두 부분 장학금을 받고 근처의 좋은 대학에 진학했으며, 대학원 학위를 취득했고, 공공 교육 분야로 진출해 오랫동안 성공적인 경력을 쌓은 후 최근 은퇴했다. 딱 한 세대 만에 초등학교 교육만 받은 노동자로부터 대학원을 졸업한 전문가로 도약한 것이다. 이는 그들의 타고난 재능과 불굴의 정신에 대한 놀라운 증명인 동시에, 당시에는 출세에 대한 계급 장벽이 비교적 낮았음을 보여주는 증거라 할 수 있다.

이러한 자전적 이야기를 보면, 제시와 셰릴이 포트클린턴에서 어려움 없이 어린 시절을 보냈거나 비교적 쉽게 인생에서 성공을 이루었다고 생각할 수도 있다. 그러나 이들은 시민권운동이 있기 전인 1950년대에 백인이 압도적으로 많은 작은 도시에서 살았던 두 명의 흑인 아이였다. 결국 인종은 사회적 환경에 의해 그들에게 부여된 정체성 중에서 가장 특징적인 부분이 되었다.

제시가 처음 포트클린턴에 도착했을 때, 그가 백인과 학교에 다닌 적이 없었던 것과 마찬가지로 흑인과는 학교에 함께 다녀보지 못했던 반 친구들의 주시를 받고는 했다. 그러나 제시는 곧 친구를 사귀기 시작했는데, 특히 그가 스포츠에서 두각을 나타내자 더욱 친구가 많아졌다. 제시의 아버지가 다니는 공장의 백인 감독관 아들은 리틀 리그의 코치였던 자기 아버지를 설득해 제시를 그들의 팀에 합류시켰다. 제시는 이렇게 말했다. "리틀 리그 팀에 들어갔고 친구를 사귀기 시작했어. 운동선수로서 실력이 좋으면 팀을 도울 수 있고, 사람들도 좋아하기 시작하지. 나는 팀으로부터 환영을 받는다고 느꼈지만, 다른 팀들은 그 팀에 있는 나를 좋아하지 않았지."

네 가지 운동에서 재능을 보였던 제시는 고등학교에서는 운동에만 집중했다. 부모를 제외하고 그의 인생에서 가장 영향을 많이 끼친 사람은 그의 미식축구 코치였다. 그가 제시에게 특별히 동정적이거나 가깝게 지냈기 때문은 아니다. 제시는 다음과 같이 증언한다. "그는 우리가 열심히 배우고 따르고 싶은 이상적인 모델figure head로서, 열심히 노력하고, 훈련하며, 몰아붙이지만, 함께 일하면서 승리하는 인물이었어. 출신에서 알 수 있듯이 그 사람은 특별히 나와 친분 관계를 맺지는 않았고, 다만 내가 지닌 재능 때문에 나를 좋아했지. 그가 임무를 부여하면 나는 곧잘 해내고는 했으니까."

제시는 늘 평정심을 유지했고 남과 부딪치는 것을 피했다. "그건 미시시피에서 살아남기 위해 갖춰야 하는 행동 방식이었어. 미시시피에서 백인에게 대항했더라면, 나는 지금 여기서 너와 이야기도 하지 못했을 거야. 아무튼 내가 좋은 인성을 가지고 있었기에 고등학교 친구들이 나를 학생회 회장으로 뽑아주었지"라고 제시는 회상한다. 그때 그가 물리친 후보가 이 책의 저자라는 사실에 즐거워하면서 말이다.

고등학교 시절 제시는 집에 돈이 없었기 때문에 당연히 대학에 가지 못할 것이라고 생각했다. 그러나 그가 졸업반이던 해 근처 대학의 미식축구 코치가 집으로 찾아와 상당한 액수의 장학금을 제시했다. 제시가 이 제안에 대해 부모와 상의했을 때, 아버지는 그에게 이렇게 말했다. "아들! 충분한 교육을 받지 못하면 나처럼 힘들게 일해야 할 거야!" 아버지는 장학금으로 충당하지 못한 비용 500달러를 대출받아 그에게 주었다.

대학 졸업 후 제시는 로스쿨에 가기를 원했다. 하지만 돈이 없었다. 캘리포니아로 히치하이킹을 해서 갔지만, 거기에서는 전기 회사의 전기공utility worker 일자리만 찾을 수 있었다. 한 친구는 그에게 교육 분야의 일을 찾아보고 교육 자격증을 공부해 취득하라고 제안했다. 결국 그는 석사 학위를 받았고, 40년 이상을 교사로, 학감으로, 교감으로, 교장으로, 그리고 로스앤젤레스 교육 기관의 지역 책임자로 보내게 되었다.

포트클린턴에서의 어린 시절을 떠올리면서 제시는 몇 개의 사업체에 대해 불편해 했지만, 우리 마을에서의 경험에 대해서는 대체로 긍정적이었다. "포트클린턴에는 좋은 사람들이 아주 많았지. 몇몇은 내가 만난 사람들 중에서 가장 유쾌하고 수용적이면서 관대한 사람들이었어. 함께 낚시를 하러 가고, 우리에게 보트를 빌려주기도 했지."

그의 가족은 가난하고, 여러 인종의 이웃들이 뒤섞인 곳에서 살았다. "우리는 많은 백인 이웃들과 지냈고, 매일 학교에도 같이 걸어갔지. 우리는 친구였고, 전혀 문제가 없었어. 모두 먹고살기 위해 노력했고, 피부 색깔이 무엇인지는 중요하지 않았지"라고 제시는 회상한다. 축구팀의 한 백인 친구는 그의 가족이 가난하다는 사실을 알고 그를 초대해 자기 집에서 점심을 같이 먹기도 했다.

반면 제시가 가장 가까운 또래들과 맺은 좋은 관계를 가로막은 장벽이 있었는데, 바로 더 넓은 사회에서 나타났던 인종적 대립과 편견이었다. "가장 힘든 건 한 명의 인간으로 받아들여지지 않는다는 사실이었어. 사람들은 나를 좋아했지만, 어떤 사람들은 아무런 이유도 없이 나를 배척했어."

제시는 자신이 "흑인 세계와 백인 세계라는 두 개의 세상에서 살았다"고 말한다. "흑인 아이들은 내가 백인 아이들과 잘 지내는 것을 싫어했고, 내가 흑인 아이들과 함께 있을 때는 백인 아이들이 화를 내곤 했지. 나는 양측 모두를 달래기 위해 노력했고, 그들에게 우리 모두가 같은 인간이라는 것을 이해시키려고 노력했어. 백인 친구들은 내가 근처 마을의 백인 파티에 참석하기를 원했지만, 거기에 있는 다른 아이들이나 그들의 부모들은 그렇게 관대하지 않았지. 내 친구들은 환영받았지만, 나는 환영받지 못했어. 단지 내가 흑인이었기 때문에."

셰릴의 이야기는 제시와는 좀 달랐다. 그녀의 확고한 롤모델은 자신의 어머니였다. 어머니는 셰릴에게 할 수 없다^{can't}는 단어를 사용하지 말라고 가르쳤다. 그녀는 사리판단이 정확하며 역량을 갖춘 여성이었다. "어머니를 바라보며 나는 내가 무엇이든 할 수 있다고 인식하면서 자랐어. 어떤 것은 배우기보다는 몸에 배는 거야."

셰릴의 가족이 처음 이사한 곳은 석고 광산 근처의 마을이었다. 거기에서는 집 안에 화장실이 없는 회사 주택에서 살았다. 그 주택이 건강에 해롭다는 이유로 폐쇄되자, 대부분의 이웃이 흑인인 동네 가장자리의 부지를 구매했고, 그곳의 낡은 집 한 채로 옮겨갔다. 그러나 이웃으로부터 항의를 받아 집의 토대 부분의 방향을 바꿀 수밖에 없었다. 인접한 백인 이웃과 마주하지 않도록 해야 했기 때문이었다. 그 후 어머니의 청소 고객 중 한 명이 근처의 백인 지역에 있는 더 좋은 집을 사도록 주선해주었지만, 어떤 이가 그 집 마당에 십자가를 세워놓았고, 그 후 매매가 중단되었다.

셰릴은 자라면서 공공연한 인종차별은 거의 겪지 않았다고 말한다. 그녀는 인종차별적이고 모멸적인 말들을 떠올리지는 않는다. "어느 곳을 가더라도 누구도 나를 괴롭히지는 않았어"라고 그녀는 증언한다. 그녀는 자전거를 타고 마을 어디나 다닐 수 있었고, 공공도서관에서 책을 빌릴 수도 있었다.

그녀를 괴롭힌 것은 인종으로 그어진 선 때문에 가로막힌 사교 활동이었다. 그녀는 이렇게 말한다. "포트클린턴은 (그녀를 포함하여) 대부분의 사람들이 대학 진학을 준비하도록 돕는 놀라운 교육시스템을 가지고 있지. 그러나 고등학교 생활의 반은 사회적 교제인데 우리는 그걸 놓쳤던 거야. 학교에서 백인 친구들과 있을 때는 이야기도 하지만, 학교를 마치면 그것으로 끝이었어. 그들과 함께 집에 가지도 않았고, 그들이 나와 함께 집으로 오지도 않았지. 그래서 내가 해야 하는 일은 무엇이든 스스로 해야 했어." 초등학교의 한 백인 친구는 길에서 어머니와 함께 걷다가 셰릴을 만났을 때 아는 척하기를 거부했다. 셰릴은 이 사건에 대해 다음과 같이 회상한다. "나는 그녀를 만나 반갑고 행복했지만 그녀는 내가 누구인지조차 모르겠다는 식으로 행동했어. 그 일로 정말 마음의 상처를 받았지."

셰릴과 그의 언니는 여성 밴드에 들어가기를 원했지만, 그럴 수 없다는 것을 알고 있었다. 왜냐하면 그 단체가 포트클린턴만큼 관용적이지 않은 곳으로도 여행을 다녔기 때문이다. "우리는 그곳에 들어가려고 시도도 하지 않았어. 왜냐하면 절대로 함께할 수 없는 무엇인가가 있다는 것을 알았기 때문이야." 그녀와 제시는 평판이 좋은 백인 커플과 더블데이트도 했지만, 그들은 마을의 스케이트장에 들어갈 수가 없었다. 입장이 거부될 것이라고 예상했기 때문이다. 이는 한참 후에 한 백인 급우가 확인해준 합리적인 두려움이었다. "누군가가 밖에 서서 들어갈 수 없다고 우리에게 말하는 것은 아니었어. 단지 시도조차 하지 못했을 뿐이지"라고 그녀는 털어놓았다.

열정적이고 어른스러웠으며 독서가였던 셰릴은 훌륭한 성적을 받았고, 고등학교의 대학 준비반에도 들어갔다. 그 이유에 대해 그녀는 "백인 친구들이 대학에 가려고 했기 때문"이라고 말한다. 그렇지만 그녀의 부모는 고등교육을 받도록 특별히 그녀를 자극하지 않았다. "그것은 부모님의 레이더 화면에 없었던 거야. 심지어 학교에 대해서도 많은 이야기를 하지 않았지." 언젠가 그녀는 클리블랜드에 있는 한 비즈니스 스쿨에 편지를 썼다. 그러나 어머니는 "우리는 너를 대학에 보낼 돈이 없다"라는 고통스러운 말을 던지면서 그녀를 막아섰다.

셰릴에게 전환점이 다가온 것은 그녀가 고등학교 졸업반이었을 때였다. 그녀와 어머니가 집 청소 일을 해주었던 한 백인 여자가 셰릴의 건전한 노동 윤리를 존중하게 되면서 그녀의 우수한 학교 성적에 대해서도 알게 되었다. 그리고 그녀는 아무도 학교에서 셰릴에게 대학 진학에 대해 이야기하지 않고 있다는 사실을 알고 충격을 받았다고 한다.

포트클린턴에서 가장 큰 회사 중 하나의 최고경영자를 남편으로 둔 이 여성은 셰릴의 상황에 열정적으로 대처하기 시작했다. "나를 위해 모피코트를 걸치고 교장 사무실로 당당하게 돌진했던 그 숙녀분이 없었다면 나는 어느 곳에도 갈 수 없었을 거야. 그것도 두 번씩이나!"라고 그녀는 회상한다. 주저하던 교장은 마침내 셰릴을 데리고 근처의 주립대학교를 방문하겠다고 약속했다.

그녀는 그 대학으로부터 입학 허가를 받았고 일부 성적 장학금도 받았다. 그녀는 비용의 나머지를 충당하기 위해 여름마다 궂은일을 4년 동안이나 했다. 그녀는 고등학교 시절보다 대학에서 더 즐겁게 지냈다고 한다. 흑인 학생들이 더 많았고, 그 결과 "고등학교에서 놓쳤던 사회적 역할이 대학에서는 가능했기" 때문이었다. 대학 시절을 돌아보면서 셰릴은 여전히 가르치는 일과 사회사업 이상의 경력을 쌓지 못한 것에 대해 후회하고 있다. "어떤 아이들은 '나는 변호사가 될 거야. 아버지가 변호사니까'라고 말하지. 세상 밖으로 나갈 수 있는 기회가 있었더라면 나도 교사가 되지 않았을 거야. 세상에는 할 수 있는 일이 아주 많으니까. 하지만 1960년대는 그렇지 않았어."

셰릴의 남자 형제들은 포트클린턴에서 살았을 때 그녀보다 더 많은 어려움을 겪었다. 셰릴은 다음과 같이 고백한다. "내가 그랬던 것처럼 '선'을 넘지 않는다면 곤경을 피할 수 있지만, 선을 넘었다면 어려움에 빠졌을 거야." 그리고 그러한 일이 실제로 남동생에게 일어났다. 노예제에 대한 역사 수업에서 교사가 흑인들은 영혼을 가지고 있지 않다고 한 말을 들은 것이다. "동생은 화를 냈고, 그 결과 정말 어려움에 빠지게 됐지." 그 교사는 셰릴이 같은 수업에 들어갔을 때에도 같은 말을 했지만, 그녀는 침묵 속에서 분노를 삼켰을 뿐이다. 그녀의 오빠들 중 한 명이 한국전쟁에서 돌아와 단지 집을 구매하려고 했을 때에도 선을 넘는 상황이 생겼다. 마을에서 가장 잘나가는 부동산 중개인이 그녀의 오빠에게 다음과 같이 퍼부었던 것이다. "당신이 얼마나 많은 돈을 가지고 있는지 내 알 바 아니오. 하지만 여기서는 당신이 집을 살 수 없소!"

셰릴은 마을에 있는 백인들에게 개별적으로는 도움을 받기도 했고 그들과 친구가 되기도 했다는 사실을 강조하지만, 포트클린턴을 돌아볼 때 그녀는 여전히 소속감 부재에 대한 생각에 사로잡히게 된다. "랠프 엘리슨Ralph Ellison이 쓴 『보이지 않는 사람Invisible Man』이 고등학교에서 내가 겪은 경험을 잘 기술해주고 있지"라고 그녀는 말한다. "1959년도 졸업반 중에서 한 명의 아프리카계 미국인 학생이었던 나는, 학교생활에 참여는 했지만 전체 학생의 일부라는 느낌을 가져본 적은 없었어." 그녀에게 미국은 심각할 정도의 인종차별적인 체제였기에 결코 그녀와 그녀의 가족들로 하여금 경제적·사회적인 삶으로의 완전한 참여를 허락하지 않았다. 백인 아이들에게는 1950년대의 포트클린턴이 성장하기에 아주 좋은 장소였다. 하지만 그녀는 상냥하지만 신중한 어조로 내게 말했다. "네가 겪은 그 시절은 내가 겪은 그 시절이 아니었고, 너의 현재 역시 나의 현재와는 달라."

1950년대의 포트클린턴은 인종차별이 아주 심했다. 물론 그 당시 미국의 다른 지역보다는 덜 폭력적이었고 보다 더 미묘했지만, 그럼에도 불구하고 제시와 세릴이 밝혔듯이 고통스럽고 깊은 상처를 남기는 것이었다. 지난 세기의 후반부에 포트클린턴은 미국의 다른 지역과 마찬가지로 인종 평등을 향해 주저주저하면서도 힘겹게 진전을 이루어냈다. 그렇다고 해서 우리는 1950년대에 있었던 인종 간의 관계에 대해 좋게 포장하지는 말아야 한다. 한편 제시와 세릴이 강조했듯이 1950대의 포트클린턴에서는 자신들의 재능을 발휘하고 노동을 중시하는 윤리 의식을 발휘해 상당한 지위 상승을 이루어내는 데 그들의 초라한 계급이 장해가 되지는 않았다. 비교적 평범한 가정 배경을 가진 단과 리비가 인생에서 성공을 이루는 데 방해가 된 것 이상의 장해가 되지는 않았다는 것이다.

리비, 세릴, 그리고 제시가 성년에 이른 후 반세기 동안 미국에서는 생애기회Life Chances(독일어의 Lebenschance로 개인이 자기 삶의 질을 증진시킬 수 있는 기회에 대한 사회이론 개념이다. 독일 사회학자 막스 베버에 의해 처음 소개되었다. -역자 주)를 형성하는 데 작동하는 인종, 계급, 젠더의 힘은 상당한 변형을 거쳐왔다.[12] 미국에서의 불평등은 점점 더 교육, 즉 우리의 지식 기반 경제에 있어서 희소 자원이며 부모의 사회경제적 지위와 밀접하게 관련된 척도인 교육을 통해 조종되고 있다. 1950년대 상당히 높았던 젠더 불평등은 오늘날 뚜렷할 정도로 줄어들었다. 지금은 남성보다 더 많은 여성들이 대학을 졸업하고 있고, 임금에 있어서의 젠더 차이도 여전히 존재하지만 점차 줄어들고 있다.

그러나 인종 간의 격차 문제에 대한 진척은 덜 고무적이다. 확실히 교육에 대한 감독을 통해 수입에 있어서의 인종 간 격차가 예전처럼 극심하지는 않게 되었고, 가족 구조와 시험 성적에 있어서의 인종 간 격차는, 물론 여전히 높지만 점차 줄어들고 있다. 반면에 학업과 형사

사법제도와 관계되어 나타나는 인종 간 격차는 여전히 크다고 하겠다. 미국에서 흑인 부모들은 불균형적으로 빈곤과 저학력 계층에 몰려 있다. 따라서 흑인 자녀들에게는 출발부터 꼬리표처럼 붙은 불리한 여건handicap이 계속될 수밖에 없다. 부모가 부유하든 빈곤하든 간에, 흑인 자녀들은 같은 소득 수준의 백인 자녀들에 비해 가난이 더 심한 이웃들 사이에서 살아간다. 또한 흑인 자녀들은 똑같은 수준의 수입에서 출발하더라도 백인들보다 더 적은 지위 상승과 더 많은 지위 하락을 경험하게 된다.[13]

이처럼 젠더와 인종에 대한 편견은 여전히 힘을 발휘하고 있다. 그러나 오늘날에는 이러한 요소가 1950년대에 리비, 제시, 셰릴의 성공에 장해가 되었던 것보다는 덜 무거운 짐이 되었다. 이와 대조적으로 현대 미국에서는 하나의 장해물이 과거보다 더 크게 부상하고 있는데, 바로 계급태생class origins이다. 계급 불평등의 전국적인 증가 추세, 즉 어떻게 최근 수십 년 동안에 젊은이들 사이에서 계급에 따른 기회격차가 증대되었는지가 이 책의 주제다.

21세기 포트클린턴의 계급격차

1959년 나와 내 반 친구들이 졸업식을 마치고 계단을 행진하며 내려올 때 우리들 중 아무도 변화가 다가오고 있다는 것을 눈치채지 못했다. 우리들 중 거의 절반은 대학으로 갔고, 마을에 남아 있는 친구들도 다양한 이유로 그들의 부모들이 그랬던 것처럼 앞으로 일자리를 찾을 것이고(남자라면), 결혼을 할 것이고, 안락한 삶을 꾸려나갈 것을 기대하고 있었다. 거의 10년 동안은 그러한 기대가 행복하게 충족되었다.

그러나 한계를 넘어선 경제적, 사회적, 그리고 문화적 회오리바람이 전국적으로 세력을 모아 우리의 자식들과 손주들의 삶의 기회를 급격하게 변화시켰다. 이 변화는 무수히 많은 이들에게 괴로움을 주었는데, 포트클린턴 역시 지난 50~60년 동안 미국 전역을 휩쓸고 지나간 변화의 특성을 보여주는 전형poster child이 되었다.

1950년대와 1960년대에 포트클린턴의 잔잔한 번영의 바탕이 되어 왔던 제조업 기반이 1970년대에 들어서면서 흔들리기 시작했다. 시의 동쪽 끝에 자리했던 스탠더드 프로덕트Standard Product 공장은 1950년대에 1,000여 명에 이르는 노동자들에게 꾸준히 그리고 좋은 급여의 일자리를 제공했지만, 1970년대에는 종업원 수가 반 이하로 줄어들었고, 임시 해고와 노동조합의 기득권유보givebacks 등이 20년 넘게 지속되다가, 결국 1993년 메이플 가Maple Street에 있는 공장 정문이 폐쇄되기에 이르렀다. 20년이 지난 지금은 공장의 몰골만 흔적으로 남아 있고 환경 위험을 경고하는 환경보호국EPA, Environmental Protection Agency의 표지만 가시철망 담장에 걸려 있다. 하지만 스탠더드 프로덕트, 군 주둔지, 석고 탄광 등의 폐쇄는 단지 마을 곳곳에 스며든 경제 붕괴를 가장 가시적으로 잘 드러낸 상징에 지나지 않는다.

포트클린턴이 가장 큰 시인 오타와 카운티에서의 제조업 고용은 1965년에는 일거리 전체의 55%를 차지했지만 1995년에는 25%로 급락했고, 이후 계속 떨어지고 있다.[14] 전국의 경제 흐름에 따라 실업률이 증가하거나 줄어들었지만, 지역의 경제 붐은 결코 전국적인 붐만큼 좋은 적이 없었고, 지역의 힘든 시기는 더욱 악화되었다. 1970년대 말에 이르면, 지역의 실질 임금은 전국 평균보다는 약간 높았지만, 이후 40년 동안에는 전국 평균보다 더 떨어져서 결국 뒤처지게 되었고, 지금은 전국 평균의 25% 아래 밑바닥으로 떨어졌다. 2012년 무렵에는 오타와 카운티의 평균적인 노동자는 거의 반세기 동안 실질적인 임금 인상을 경험한 적이 없고, 인플레이션 지수를 조정한 달러로 보면 1970년대의 할아버지 또는 할머니보다 16%나 적은 임금을 받고 있다.

포트클린턴의 인구는 1970년 이전의 30년 동안에는 53%나 뛰어올랐다. 그러나 1970년대와 1980년대에는 갑자기 정체 현상을 보이다가, 1990년 이후 20년 동안에는 17%나 떨어졌다. 절망적인 상황에 놓인 지역 노동자들이 타 지역으로 가서 취업을 함으로써 일터를 오가는 통근 시간은 점점 더 길어졌다. 내가 젊은 시절 찾고는 했던 도심의 상점들은 지금은 대부분 비어 있거나 방치된 상태다. 부분적으로는 시내 변두리에 위치한 패밀리달러^Family Dollar(미국 전역에 매장을 보유하고 있는 저가의 생필품 할인 판매 업체로, 2015년 경쟁 업체인 달러트리^Dollar Tree에 인수되었다. -역자 주)나 월마트^Walmart(미국 최대의 할인매장이자 세계 최대 규모를 자랑하는 소매 유통업체. -역자 주)에 의해 사업에서 밀려났기 때문이기도 하고, 포트클린턴 소비자들의 봉급이 점차 줄어들었기 때문이기도 하다.

이러한 경제적 타격이 가져온 사회적 충격은 처음에는 나의 젊은 시절부터 강하게 유지되어 온 가족과 공동체의 결속에 의해 완화되었다. 그러나 PCHS 졸업생들이 훨씬 더 악화된 지역경제권으로 지속적으로 진출하면서부터 1950년대와 1960년대를 지탱해주던 사회적 규범은 점차 쇠퇴하기에 이르렀다. 청소년 범죄율이 1980년대에는 전국 평균에 가까웠지만, 이후 크게 치솟아 2010년경에는 전국 평균의 3배에 이르렀다. 지역으로부터 도피할 수 있는 PCHS 졸업생들은 지역을 떠났다. 30대 연령층에서 오타와 카운티를 벗어난 총 이탈자 수는 1970년대부터 2010년대에 이르는 동안 13%에서 27%로 늘어나 거의 배 이상이 되었다.

경제적 압박과 부담으로 인해 오타와 카운티에 있는 한부모 가정이 1970년에서 2010년 사이 10%에서 20%로 두 배가 늘어났고, 이혼율도 다섯 배나 늘어난 것은 이제 놀라운 일이 아니다. 카운티 안에서 벌어진 독신가족의 출산 빈도는 1990년과 2010년 사이 20% 이하에서 거의 40%에 육박할 정도로 급격히 증가했다. 이는 전국의 백인 사이에서 증가한 수치를 앞지르는 것으로 앞으로 수년 동안 한부모 양육의 증가가 계속되리라는 것을 암시한다. 1980년대 지역경제 몰락의 진원지인 포트클린턴 내에서는 한부모 가정의 출산율이 10년 전보다 조금 더 확실하게 불어났다. 1978년과 1990년 사이에 그 비율은 인종지수를 조정한 전국 평균의 약 절반인 9%에서 전국 평균의 거의 두 배에 이르는 약 40%로 뛰어올랐다. 그 이후 수십 년 동안 소아 기아 수치는 하늘로 치솟아 1999년의 10% 이하에서 2013년에는 40%에 다다랐다.[15]

그러나 지난 반세기에 걸친 포트클린턴의 이야기는 수십 년에 걸쳐 일어난 미국의 역사와 마찬가지로 단순한 노동자 계급의 몰락에 관한 것만은 아니다. 같은 기간 동안 새로운 상층 계급이 형성되기도 했기 때문이다.

포트클린턴은 이리 호의 해안가에 위치한 아름다운 곳이다. 나의 젊은 시절에는 작은 오두막과 적당한 수준의 리조트, 그리고 낚시 캠프장 등이 호숫가나 과수원 사이에, 그리고 우리 모두의 손이 닿을 수 있는 물가에 퍼져 있었다. 그러나 지난 20년 동안 포트클린턴의 전통적인 경제가 내부에서 파열됨에 따라, 클리블랜드와 콜럼버스, 또는 중서부의 주요 도시 출신의 부유한 변호사, 의사, 사업가 등이 호숫가와 근처에 있는 섬에 매료되기 시작하면서 이 지역을 차지하기 시작했다. 수입이 좋은 도시의 직장으로 더 오랜 시간 동안 출퇴근을 해야 함에도 불구하고, 이들은 두 번째 집으로 삼거나 은퇴 후를 위해, 경우에 따라서는 보다 나은 삶의 질을 위해 이곳으로 옮겨왔던 것이다.

몇몇 운이 좋은 지역의 개발업자들과 함께 새로 이주해온 사람들은 공을 들여 맨션을 짓고 입구에 정문이 세워진 공동체를 형성했다. 이들 공동체는 지금 도시의 양쪽에 있는 20마일에 걸친 해안선에 거의 연속해서 늘어져 있다. 고급 콘도들이 골프장과 부유한 요트로 가득한 석호^{潟湖}를 둘러싸고 있다. 고소득층에 속하는 카토바^{Catawba} 섬의 해안가에 있는 한 집은 실내 극장과 운동장을 가지고 있다. 요즘도《포트클린턴 뉴스해럴드^{Port Clinton News Herald}》신문의 부동산 면을 보면 거의 백만 달러에 육박하는 맨션과 노후화된 이동식 주택 광고를 읽을 수 있다. 그리고 해안가에 위치한 부유한 사유지로부터 10분 내 거리에는 내륙에 있는 낡은 트레일러(이동식 주택) 지정 주차 구역을 볼 수 있다.

미국에서 가장 평등주의적이었던 오타와 카운티의 수입 배분은 지난 20년을 거치면서 뒤틀리기 시작했다. 상층부 지역과 하층부 지역의 거주자 숫자는 모두 증가했지만, 중산층은 급속히 쇠퇴했다. 2010년에 카토바의 중산층 가정이 벌어들인 수입은 부근의 인구조사 표준지역^{census track}에 있는 중산층 가정의 두 배 이상에 달했다. 더군다나 변환의 속도와 농도는 **도표 1-1과 1-2**의 지도가 나타내듯 놀라울 정도였다. 비교적 가난한 아동들이 많이 있는 인구조사 표준지역은 더 진하게 나왔기에 이 지도들은 포트클린턴 자체(특히 인접한 다운타운 바깥쪽에 위치한 곳)에는 20년 전보다 2008~2012년 사이에 더 많은 빈곤 아동이 생겼음을 보여준다. 그러나 해안선을 따라서 있는 카토바 거주 지역은 지난 20년 동안 이러한 변화를 전혀 나타내지 않고 있다. 대침체 ^{Great Recession}(2009년 9월 서브프라임모기지 사태 이후 미국과 전 세계가 겪고 있는 경제 침체 상황. -역자 주)의 후유증을 겪던 2011년의 경우 포트클린턴 도심지에서 동쪽으로 이스트 하버 로드^{East Harbor Road}를 따라 운전해 가면

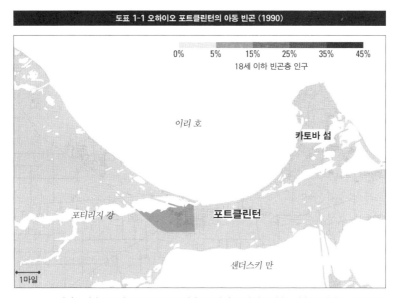

도표 1-1 오하이오 포트클린턴의 아동 빈곤 (1990)

0%　　5%　　15%　　25%　　35%　　45%
18세 이하 빈곤층 인구

이리 호

카토바 섬

포티리지 강　　　　　　포트클린턴

샌더스키 만

1마일

출처: 소셜익스플로러(Social Explorer) 집계 1990년 인구조사 자료, 하버드 대학교 도서관을 통해 이용함.

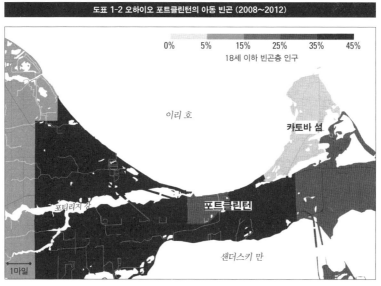

도표 1-2 오하이오 포트클린턴의 아동 빈곤 (2008~2012)

0%　　5%　　15%　　25%　　35%　　45%
18세 이하 빈곤층 인구

이리 호

카토바 섬

포티리지 강　　　　　　포트클린턴

샌더스키 만

1마일

출처: 소셜익스플로러(Social Explorer) 집계 ACS(American Community Survey) 2008~2012(5년 추정치), 하버드 대학교 도서관을 통해 이용함.

카도바 해안가를 따라 왼쪽에 있는 인구조사 표준지역의 아동 빈곤율은 1%인 반면, 도로의 맞은편에 있는 인구조사 표준지역의 아동 빈곤율은 51%에 이른다는 것을 알 수 있다.

그렇다면 이제 이 도로의 서로 다른 쪽에 살고 있는 두 백인 아이들의 삶이 어떠한가를 탐구해보자.

첼시

첼시^{Chelsea}와 그녀의 가족은 호수가 내려다보이는 넓은 현관이 있는 집에서 사는 부유한 백인 가정이다. 이들은 또한 근처의 작은 마을에 있는 값비싼 두 번째 집도 가지고 있다. 여기에서 첼시와 그녀의 오빠는 학교에 다녔다. 첼시의 어머니 웬디^{Wendy}는 미시간^{Michigan} 주의 부유한 가정 출신이었고, 그녀의 아버지는 미시간 주의 저명한 변호사였다. 그녀는 대학원 학위를 가지고 있고 특수교육 전문가로 개업하여 시간제로 일하고 있다. 그녀는 자신의 유동적인 스케줄을 소중히 여기는데, 지금은 모두 대학에 간 두 아이들을 키우는 것이 그녀에게 가장 중요한 일이었기 때문이다. 첼시의 아버지 딕^{Dick}은 비중 있는 국제 기업의 세일즈 매니저로서 사업을 위해 많은 여행을 다닌다. 그에 대해 웬디는 이렇게 말한다. "아이들이 어렸을 때 그는 아버지 역할에 크게 충실하지는 않았어요."

반면 웬디는 자녀들의 성장 과정에 철저하게 관여했다. "아마도 저는 제 부모님보다 훨씬 더 많이 아이들을 압박했을 거예요. 정말 (아이들의) 성적에 집착했죠. 고등학교 때에도 애들을 몰아붙였고, 그 이후에도 계속 그랬어요. 어린 아이일 때부터 책을 읽어주었지요. 애들이 어렸을 때부터 읽고, 또 읽고, 거듭해서 읽어주는 일은 정말 큰일이었어요. 그 덕분에 유치원에 들어갈 때쯤에는 애들 스스로 책을 읽을 수 있었지만요"라고 그녀는 고백한다. 아이들의 교육에 관여하지 않는 여자들에 대해 그녀는 비판적이다. "저는 그렇게 '놓쳐버린' 아이들을 아주 많이 보았어요. 엄마들이 전혀 관심을 보이지 않던 거죠."

첼시가 학교에서 집으로 돌아왔을 때 적어도 부모 중 한 명은 늘 집에 있었다. 그녀와 오빠는 어머니가 저녁을 요리하는 동안 부엌 한구석에서 숙제를 했다. 오빠가 미식축구를 할 때를 제외하고는 매일 저녁 식구들 모두가 함께 저녁을 먹었다. 웬디는 이야기한다. "가족 간 저녁식사는 아주 중요해요. 왜냐하면 아이들이 다른 사람들과 어떻게 담론을 나누어야 하는지 배우게 되기 때문이죠."

첼시의 부모는 해마다 그녀의 생일에 환상적인 주제로 파티를 열어주었다. 다섯 살 때에는 티 파티를, 여섯 살 때에는 바비 공주가 주제였고, 열한 살 때에는 손님들을 위해 리무진 서비스를 갖춘 아카데미 시상식 파티를 열었으며, 열여섯 살 때에는 라스베이거스 카지노에서 저녁 파티를 열었다. 마을에서 아이들이 돌아다닐 만한 곳이 없다는 사실을 염려해 첼시의 부모는 지하실에 정성을 들여 1950년대 스타일의 간이식당을 설치하기도 했다. 웬디는 다음과 같이 말한다. "저는 1950년대식 저녁식사 요리사였죠. 정말 좋았어요. 아이의 친구들이 음식 재료에 대해 물었고, 전 그것들이 어디에 있는지 알고 있었기 때문이죠."

웬디는 자기 아이들이 학교에서 두각을 나타내는 것을 자랑스럽게 여겼다. 한 7학년 교사가 첼시의 오빠가 숙제를 하지 않았다고 지적하자, 그녀는 그 교사에게 아들이 숙제를 했다는 증명을 해 보였다. 그러나 교사가 성적을 바꾸어주지 않자, 웬디는 처음에는 학교장에게 항의했고, 나중에는 교육위원회에다 항의했다. 결국 교육위원회는 성적을 바꾸어주었고, 그 교사는 다른 자리로 옮겨갔다. 또 다른 사건도 있었다. 첼시는 4년 동안 고등학교 졸업앨범 편집을 위해 열심히 일했고 졸업반 동안에는 편집장으로 봉사했다. 그녀는 해마다 졸업앨범 편집장에게 주는 대학 장학금을 기대하고 있었다. 그런데 책임 교사가 첼시에 대한 지명을 거부하자 어머니는 교장을 찾아갔다. 교장은 그녀가 왜 왔는지 즉각 알아차렸다. "제가 누군지 잘 아시죠? 교육위원회로 가겠어요. 아니면 담당 교사에게 장학금 수표를 쓰라고 말씀하세요. 그리고 여기서 일을 끝내지요." 그녀는 이렇게 말했고 수표는 그 다음날 날아왔다.

첼시는 스스로를 고등학교에서 '가장 활동적인 인물'이었다고 설명한다. 학생회 회장, 졸업앨범 편집장, 모범학생단체[National Honor Society], 북클럽 회장 등의 역할과 '다른 모든 잡다한 일'에서 적극적으로 활동했다. 그녀의 부모님은 다른 어떤 학부모보다 열심히 학교 행사를 지원했다. 아이들이 어떻게 할지 몰라 할 때, 그들은 닭장용 철망으로 거대한 킹콩 모형을 만들어주었다. 첼시가 댄스파티의 책임을 맡았을 때에는 다른 학생들이 무대 장치를 조립하는 일에 나오지 않자 웬디가 한밤중까지 달라붙어 일을 도와주었다.

첼시의 가족은 재정적으로는 불편한 점이 없었지만, 자신들이나 부유한 동료들을 '조상 대대로 부자였던[old money]' 명문가로 여기지는 않는다. "이 주위의 대부분 부모들은 돈을 벌기 위해 일을 했던 중서부 출신의 부모들입니다." "여기는 비버리힐스[Beverly Hills]나 햄프턴[The Hamptons](뉴욕 롱아일랜드 섬의 사우스포크[South Fork]를 이루는 마을과 작은 부락 군락인데 주로 해안가의 리조트로 이루어졌다. 역자 주)과 같지는 않죠." 웬디는 아이들이 시간제 일자리나 하계 인턴을 하도록 권하기도 한다. "부자가 되려면 일을 해야 해요." 그녀는 가난한 집 아이들을 교육시키기 위해 특별기금을 모집하는 것에 대해 회의적인 태도를 보인다. "만약 내 아이들이 성공하려 한다면, 성공을 위해서는 아무런 노력도 하지 않고 빈둥거린 다른 사람들에게 돈을 지불할 필요는 없다고 생각해요."

살면서 스트레스를 받은 적이 있었냐는 질문에 첼시는 다음과 같이 대답했다. "재정적으로는 지금까지 어떤 문제도 없었어요." 그녀 가족의 친구 한 사람이 자살을 했을 때 감정적으로 스트레스가 심했지만 어머니, 아버지와 함께 자신의 감정에 대해 진솔하게 이야기할 수 있었다. 그녀는 부모님이 그녀의 좋은 모델이라고 설명한다. "나를 둘러싸고 있는 사람들은 항상 나를 도와주고 올바른 방향으로 나가도록 이끌어주었습니다. 나는 내 삶과 내가 하고 있는 일에 만족해요."

첼시는 자신이 대학에 갈 것이라는 사실을 항상 알고 있었다. 그녀의 부모는 그녀와 오빠가 고등학교 상위 10% 성적으로 졸업하면, 대학 생활에 드는 비용을 전부 지원해줄 것이라고 약속하면서 좋은 성적을 거두도록 격려했다. 첼시와 오빠는 그렇게 했고 지금은 둘 다 전국에서 열 손가락 안에 드는 명문대에 다닌다. 첼시는 할아버지의 발자취를 따르고자 로스쿨 진학을 목표로 하고 있다.

데이비드

2012년, 우리가 데이비드David를 포트클린턴 공원에서 처음 만났을 때 그는 청바지와 야구 모자를 쓴 마른 체형의 18세 청소년이었다. 그의 아버지는 고등학교를 도중에 그만두었고, 자신의 부친처럼 트럭 운전으로 생계를 꾸려나가려고 노력했지만 잘되지 않았으며, 성인이 되어서도 정원사와 같은 임시직에 간간이 고용될 뿐이었다. 그는 아버지에 대해 우리에게 더 자세하게 말하지 못하는 사정에 대해 양해를 구했다. "아버지는 지금 구금되어 있어요. 전 그 이유를 물어볼 수가 없어요." 데이비드의 부모는 그가 아주 어렸을 때 헤어졌기 때문에, 그는 어머니가 포트클린턴 지역에 산다는 것 외에는 우리에게 그녀에 대해 말해줄 수 있는 것이 없었다. "엄마의 남자친구들은 전부 얼간이들이에요. 전 정말로 엄마를 자주 보지 못했어요. 곁에 있었던 적이 별로 없었죠."

데이비드는 많은 곳으로 옮겨 다니며 지냈다. 아버지가 교도소를 들락날락했지만 그래도 대부분 아버지의 보호 아래서 자랐다. 데이비드의 어린 시절, 아버지의 삶에는 여성들이 끊임없이 흘러들어 왔다가 가버렸다. 때로는 마약에 취해서 말이다. 데이비드와 아버지는 한동안 이스트하버로드East Harbor Road의 가난한 동네에 있는 친할머니 집에서 살기도 했다. 그러다가 아버지는 자기 집을 구했고, 또 다른 여성이 그의 삶에 다가오고는 했다. 그러다 결국 또 집세를 낼 수가 없을 때도 있었고, 아니면 흥청망청 유흥 생활을 하다가 다시 할머니의 집으로 돌아오고는 했다. 데이비드는 9명의 배다른 형제자매가 있지만 모두 여기저기 흩어져 있다.

데이비드가 열 살이나 열한 살 때쯤 아버지는 한 여성과 관계를 맺게 되었는데, 비록 아버지와 실제로 결혼하지 않았지만 데이비드는 그녀를 양어머니라고 불렀다. 양어머니에 대해 데이비드는 이렇게 기억한다. "미치광이에요. 술에, 약과 마약에 취해 지냈어요." 지금 그녀는 다른 남자와 살고 있고 그 남자와의 사이에서 몇 명의 아이를 낳았다. 그녀가 떠났을 때 그의 아버지는 "갈 때까지 가서"마약과 여자에 더욱 탐닉했다고 한다. 아이들에게 무슨 일이 일어났는지 걱정도 하지 않고, 자신의 삶에 들어왔다가 나가버리는 어른들의 생활방식이 그에게 남겨준 것은, "어느 누구도" 그와 그의 배다른 형제자매들에게 "아무것도 해주지 않았다"는 느낌이었다.

최근 데이비드의 아버지는 강도 행각으로 인해 구금되었다. 데이비드는 교도소로 면회를 갈 수 없는 형편인데 그 또한 집행유예에 처해있기 때문이다. 그는 아버지에 대해 살가운 느낌을 갖고 있다. 자신의 삶 주변에 늘 함께 있어준 유일한 어른이기 때문이다. 그러나 그는 아버지가 심리적으로 불안정해서 걱정이라고 한다. "때로는 제게 화를 내기도 하지만, 어떤 때는 그렇지 않아요. 그런 날은 마치 큰 행운을 잡은 것 같죠."

데이비드의 가정생활이 엉망이었던 것은 분명하다. 그는 친구들과 도망가거나, 집에서 멀리 떨어져 있거나, 마리화나를 피우면서 스트레스를 풀었다. "전 가정이 그리웠어요. 가족들과 가깝게 지내본 적이 없기 때문에 정말로 제 가족들과 가까이 있고 싶어요." 그는 다음과 같이 덧붙였다. "한 번도 식구들끼리 둘러앉아 저녁식사를 해 본적이 없어서 그런 걸 그리워하지는 않지만요."

아버지의 떠돌이 생활 때문에 데이비드는 초등학교를 일곱 군데나 옮겨다녔다. 그는 학교가 항상 문제였다고 생각한다. "학기말이 되도록 성적에 신경 쓴 적은 없어요. 그래도 매년 통과했어요. 낙제한 적은 없어요. 중학교 땐 다른 친구와 싸움을 벌였기 때문에 학교는 날 쫓아냈고 '행동 교정 학교behavior school'로 보냈어요." 그는 이 학교를 증오했다. 그러다가 마침내 한 교사의 도움으로 12학년 때에 근처 고등학교의 '직업 기반 조정 학급career-based intervention class'으로 옮기게 되었다. 여기서 그는 졸업장을 받았는데, 이는 대부분 빅 바퍼 식당Big Bopper's Dinner에서 일하면서 학교 학점을 얻었기 때문이다. 하지만 학교를 졸업하자마자 빅 바퍼 식당은 그를 해고해버렸다.

데이비드는 많은 문제를 일으키고는 했다. 부분적인 이유는 그가 나쁜 친구들과 어울리기 시작했기 때문이다. 열세 살 때 그는 몇 군데 상점을 침범했고 5달 동안 자택 연금을 당했다. 그는 학교에 갈 수는 있었지만, 그렇지 못할 경우 집에 혼자 머물러 있어야만 했다. 집에서 그가 할 수 있는 것은 비디오 게임을 하는 것뿐이었다. "그게 내가 할 수 있는 전부였어요"라고 데이비드는 말한다. 집행유예가 끝나자 더 큰 문제를 불러일으켰다. 음주를 하고 약물 검사에서 실격하면서 다시 소년원으로 보내졌던 것이다. 근본적으로 그는 아무런 지원망^{support}을 가지고 있지 못했다. 처음 그를 곤경에 처하게 한 것은 이전 교도소 친구들이었고, 법정에서 만났던 친구들 또한 더 나은 아이들이 아니었다. 그는 다음과 같이 말한다. "교도소에서 친구를 사귀면, 보통은 그 친구들과 다시 교도소로 가게 되죠."

학교를 떠난 이후 데이비드는 패스트푸드 레스토랑, 플라스틱 공장, 조경 공사 등 다양한 임시직 일을 해왔다. 그는 일자리를 찾을 때마다 어려움을 겪었는데, 바로 그의 소년원 기록 때문이었다. 그리고 그는 그 기록을 삭제하는 데 드는 몇백 달러의 법정 비용도 충당할 수 없는 형편이었다. 그는 조경 공사장에서 감독 자격을 얻기 위해 열심히 일했지만, 과속으로 인해 면허증에 벌점이 남아 있어 그 기회도 놓쳐버렸다.

학교에서의 문제에도 불구하고 데이비드는 교육에 대한 확실한 열망을 가지고 있다. "정말 고등교육을 받고 싶어요. 정말 필요해요. 그것 없이는 더 이상 어떤 일도 쉽게 찾을 수가 없거든요." 그러나 그는 대학에 가는 방법에 대해 전혀 모른다. 학교 다닐 때 도움을 줄 수 있었던 상담사나 지도교사 중 그가 떠올릴 수 있는 이는 아무도 없었다. 부모는 물론 전혀 소용이 없다. 그는 괴로운 심정으로, 어린 시절의 자신에게 포트클린턴의 그 누구도 도움을 주려 하지 않았다고 말한다. 마을 사람들은 그의 가정에 무슨 일이 벌어지고 있는지 알고 있었지만, 누구도 그에게 손을 내밀어주고 신경을 써준 사람은 없었다. 그는 아버지와 어머니가 "마을에서 명성이 좋지 않았다"는 사실이 의미하는 것이 마을 사람들이 자기를 동정심을 가지고 대하려는 마음이 없었다는 것이라고 생각한다. 가장 근본적인 의미에서 데이비드는 그의 삶 전부를 혼자 꾸려나가야만 했다.

예상 밖이겠지만 그는 이런 삶의 경험으로 인해 다양한 피가 섞인 배다른 어린 동생들에게 커다란 책임감을 느끼고 있다. 능력 있는 어른 중 아무도 그들을 돌봐주지 않고 있기 때문이다. 데이비드는 말한다. "제가 유일하게 그들을 키울 수 있는 사람이죠." 배다른 동생들에 대한 그의 책임감은 깊고 진실해 보인다. "모두 함께 지내기 위해 저만 바라보고 있는 것 같아요. 그 사실에 많은 기쁨을 느끼고 있어요." 실제로 2012년 공원에서 우리가 그를 처음 만났을 때, 그는 여덟 살배기 동생을 다정하게 돌보고 있었다. 그는 그날 아침 일찍부터 열린 어린 동생의 학교 올림픽 시합을 응원하기 위해 유일하게 참여한 가족 구성원이었다. 데이비드는 그 어린 동생이 이제는 스스로 아직 어린 남동생 아기를 돌보고 있다고 전해주었다. 이 어린 아기는 약물에 중독된 양어머니에게서 태어났다.

2012년에 데이비드의 여자친구가 임신을 했다. "계획한 건 아니었어요. 우연히 생겨난 거죠"라고 그는 말한다. 그는 아이의 출생으로 인해 자신의 삶이 한데로 모아지기를 희망하고 있었다. 그러나 그는 여자친구를 신뢰할 수 있는지 확신이 서지 않는다고 털어놓았다. 슬프게도 그의 느낌은 정확하게 맞아떨어졌다. 2년 후 그녀는 그녀처럼 마약 중독자인 새 남자친구와 살고 있었다. 그녀와 데이비드는 딸에 대한 양육권을 공유하고 있다. 데이비드는 근근이 하루하루 살고 있지만, 딸이 삶에 대한 목적의식을 자신에게 불어넣었다고 말한다. "아빠가 된 게 좋아요. 딸애는 마치 전지전능한 신을 보는 것처럼 절 쳐다보거든요."

2012년에 우리는 데이비드에게 포기하고 싶다고 생각한 적은 없었냐고 물어보았다. "네, 가끔 삶이 의미가 없다는 생각을 하죠. 그러나 거기서 바로 뛰쳐나와요. 때로는 우울하기도 하지만, 그런 생각에 마음을 많이 쓰려고 하지 않아요." 2014년 무렵 여자 친구의 배신과 가망 없는 일에 마음이 심란해진 데이비드는 페이스북에 자신의 최근 근황을 적었다. "나는 항상 실패로 끝을 맺는다. 나는 단지 모든 걸 다시 느끼기를 원한다. 나는 결코 앞으로 나서지는 않을 것이다! 살면서 무슨 일이든 아주 열심히 해왔다. 그리고 여전히 얻은 것은 없다. 다 글렀다… 우라질, 나는 다 글렀다."

1950년대 포트클린턴에 살았던 아이들과 오늘날 포트클린턴에 사는 아이들을 비교해보면 기회격차opportunity gap가 현저히 벌어졌음을 알 수 있다. 부분적으로는 지금의 풍요로운 아이들이 과거의 풍요로운 아이들보다 더 많은 이점을 가지고 있기 때문이지만, 대부분은 현재의 가난한 아이들이 과거의 가난한 아이들보다 훨씬 더 열악한 상황에서 살기 때문이다. 프랭크가 학교에서 보였던 차별되지 않은 행동에 안도하던 프랭크 부모의 태도는, '읽고 또 읽고, 또 읽는' 방식의 통치에서부터 한밤중에 댄스파티 소품을 마련하는 열정까지 보여준 웬디의 철저한 양육방식과 대조를 보인다. 프랭크의 가족은 보통의 배경을 가진 아이들과 잘 지내도록 아이를 격려했다. 반면 웬디는 환상적인 파티를 위해 리무진까지 빌려왔다. 첼시의 이웃은 배타적이었던 반면, 프랭크의 이웃은 그렇지 않았다. 첼시는 고등학교 활동을 지배했지만, 프랭크는 결코 그렇게 하지 않았다. 첼시와 그녀의 엄마 웬디는 아이를 대신해서 학교 일에 간섭한 일을 자랑스러워했지만, 프랭크는 그러한 생각에 대해 섬뜩해 했다.

1959년의 노동자 계급 자녀들과 비교해볼 때, 오늘날의 노동자 계급 자녀들은 데이비드처럼 고통스럽고 소외된, 희망 없는 삶을 꾸려나가고 있다. 단, 리비, 셰릴, 제시 등은 모두 안정적이고 양친이 있고 사랑이 가득한 가정을 지니고 있었다. 하지만 데이비드는 가정을 전혀 가져보지 못했다. 단의 아버지는 비록 두 개의 직장에서 일을 했지만 단이 출전하는 모든 경기마다 참석했고, 리비와 셰릴의 어머니는 롤모델이 되기도 했다. 반면 데이비드의 부모와 양어머니의 역할은 기껏해야 실패한 삶의 객관적 교훈에 지나지 않았다. 리비는 예절, 가치, 충실성 등을 규칙적인 가족 간 저녁식사에서 배웠지만, 데이비드는 가족 간 저녁식사가 어떤 건지도 모른다. 1950년대의 노동자 계급 자녀들 4명 모두는 가족이나 학교에 의해, 또는 이 둘 모두에 의해 대학에 진학하라는 권고를 받았다. 반면 데이비드는 실제로 누구로부터의 도움도 없이 '붕 뜬' 상태였다. 교사, 코치, 교회 장로, 심지어는 모피를 걸친 점잖은 부인까지도 리비, 제시, 셰릴, 단 등을 도와주려고 손을 내밀었다. 그러나 데이비드의 경우 마을 사람들은 그가 스스로의 삶을 꾸려나가도록 내버려두었다. 당구장 사장에서 목사에 이르기까지 내 부모 세대의 모든 사람들은 단과 리비를 '우리 아이들'로 생각했다. 그러나 놀랍게도 오늘날 포트클린턴에서 데이비드의 존재에 대해서는 인식하는 이조차 매우 드물고, 그를 '우리 아이들' 중 하나로 생각하는 사람은 더욱 드물다.[16]

물론 포트클린턴은 많은 소도시 중 하나다. 그러나 이 책의 나머지

부분에서는 지난 50년간 포트클린턴이 지나온 경로와 아이들이 겪은 서로 다른 운명의 모습들이 그렇게 독특한 것이 아님을 보여줄 것이다. 예컨대, 포트클린턴은 하나의 러스트벨트$^{Rust Belt}$(미국의 동북부나 중서부에서 산업의 쇠퇴로 인해 경기 침체, 인구 감소, 도시 붕괴 등이 일어난 지역을 말한다. -역자 주) 이야기이기도 하지만, 그렇게 간단하게만 볼 것은 아니다. 다음 각각의 장은 나라 전체에 퍼져 있는, 마을이 지닌 비슷한 유형을 추적할 것이다. 오리건 주의 벤드^{Bend} 시에서 애틀랜타까지, 캘리포니아의 오렌지카운티에서 필라델피아까지…. 포트클린턴에 맞춰진 가까운 초점으로부터 렌즈를 점차 확대해 나가면서, 현재 미국 사회 전체에 대한 확장된 관점을 가지고 평등의 원칙을 우선적으로 검토하도록 하자. 그리고 그것이 오늘날 미국인들에게 실질적으로 의미하는 것이 무엇인가 살펴보자.

미국에서의 불평등: 확대된 모습

미국에서의 불평등에 대한 현재의 논의는 가끔 다음의 서로 연관되지만 구별되는 두 가지 이슈를 융합해서 다루고 있다.

• **소득과 부의 평등.** 오늘날의 미국에서 성인들 간의 소득과 부의 분배는—점거 운동$^{Occupy\ Movement}$에 의해 1% 대 99%의 대립으로 틀이 짜인—지난 수년 동안 상당히 많은 파당적 논쟁을 불러일으켰다. 그러나 역사적으로 볼 때 대부분의 미국인들은 이러한 종류의 불평등에 대해서는 크게 염려하지 않았다. 우리는 다른 사람들의 성공을 시기하거나 사회경제적 지위가 얼마인가에 대해 관심을 두지 않는 경

향이 있다. 동등한 능력과 에너지가 주어질 때 누구나 당연히 사회적 지위를 높일 수 있는 동등한 기회를 지닌다고 생각하기 때문이다.

• **기회 평등과 사회적 유동성.** 다음 세대에 대한 전망, 즉 각기 다른 배경을 지닌 젊은이들이 실제로 같은 장소에서, 그리고 동등한 능력과 에너지가 주어진 상황에서 동등하게 사다리에 오를 수 있는지 여부에 대한 전망은 우리의 국민적인 문화에 있어서 전체적으로 더욱 중요한 문제를 제기한다. "모든 사람은 평등하게 창조되었다"라는 우리의 국가 독립 명제로부터 시작하여 모든 당파의 미국인들은 역사적으로 이러한 주제에 아주 많은 관심을 보여왔다.

이 두 유형의 평등은 분명히 관련이 있다. 한 세대에서의 소득 분배가 다음 세대에서의 기회 분배에 영향을 미치기 때문이다. 그러나 이 둘이 같은 것은 아니다. 오늘날 부모들 사이에서의 소득과 부의 분배는 첼시와 데이비드의 대조적인 삶에서 그랬던 것처럼, 우리가 한 이야기에 대해 결정적인 환경을 형성한다. 그러나 이 책은 우선적으로 오늘날 우리 아이들 사이에서의 기회 분배에 초점을 맞출 것이고, 다음과 같은 질문에 대한 해답을 찾아볼 것이다: **각기 다른 사회적, 경제적 출신 배경의 젊은이들이 오늘날 실제로 조금이나마 동등한 생애기회**life chances**를 갖고 있는가? 그리고 이러한 사실이 최근 수십 년 동안 변화해왔는가?**[17] 예컨대 1950년대에 프랭크와 단 사이에서 있었던 출발점에서의 격차는 2010년대의 첼시와 데이비드 사이의 격차와 비교해보면 작아 보인다. 그러나 그러한 사례들을 얼마나 일반화할 수 있을까? 나는 오랜 미국 역사 전체에 걸쳐서 나타나는 이 두 가지 의미의 불평등과 관련된 열망, 신화, 현실에 대한 개략적인 검토를 시작하고자 한다.

오늘날 미국인들은 소득과 부가 로빈후드 이야기처럼 부자에서 빈자에게 얼마나 많이 재분배되어야 하는가의 논의에 있어서 양분되어 있다. 우리들(민주당원, 소수자, 가난한 이들에 집중되었지만 모든 정치적인 신념과 생활 영역의 사람들 다수를 포함하는) 중 3분의 2 이상은 더 많은 동등한 분배를 선호한다. 대다수는 조건의 불평등을 제한하기 위한 현실적인 단계를 선호하는 반면, 철학적 보수주의자인 우리는 불평등에 대한 정부의 시정 능력에 대해 의심하면서도 개인의 복지에 대한 책임이 주로 개인에게 달려 있다고 확신하기도 한다.[18]

한편 가족 태생에 관계없이 이루어지는 신분 상승이 바람직한 것이라는 사실에는 이견이 거의 없다. 우리의 95%는 "미국에서는 누구나 성공할 수 있는 동등한 기회를 가져야 한다"는 원칙을 지지한다. 이는 반세기도 훨씬 전 여론조사가 처음 생겨난 이후부터 거의 흔들리지 않은 폭넓은 의견일치라 할 수 있다.[19] 그러나 우리 사회가 "모든 사람이 성공할 수 있는 동등한 기회를 갖고 있다는 것을 확인하기 위해서는 필요한 어떤 조치라도" 해야 하는지를 물을 때에는 위에서 나타난 의견일치가 약간 흔들린다. 10명의 미국인들 중 9명은 동의하지만, 사회경제적 지위에 따른 상위 5분위수의 경우 48%만이 강하게 동의하는데 이는 하위 5분위수의 70%와 대비된다.[20] 여러 가지 정치적 신념을 가진 미국인 전체의 약 90%는 모든 사람이 인생에서 공정하게 출발해야 한다는 사실을 보장하기 위해서는 공공 교육에 더 많은 지출을 해야 한다는 사실을 지지한다. 그리고 선택을 해야 한다면 모든 소득 수준의 미국인들의 거의 3 대 1은 "미국에서 불평등을 축소하는 것(보다는) 누구나 자신들의 경제적 지위를 향상시킬 수 있는 공정한 기회를 보장하는 것이 (…) 이 나라를 위해 더 중요하다"라고 생각한다.[21] 전 연방준비제도 이사회Federal Reserve Board(연방준비제도Federal Reserve System의 결정 기구로 미국 내 통화 정책의 관장, 은행 및 금융 기관에 대한 감독과 규제 등의 역할을 한다. -역자 주) 의장 벤 버냉키Ben Shalom Bernanke가 강조했듯이 "미국의 기본 원리는 모든 개인들이 자신의 노력, 기술, 그리고 창의력을 바탕으로 성공할 수 있는 기회를 가져야 한다는 사상이다."[22]

기회의 평등에 대한 이러한 우선적인 확약의 뿌리는 깊고 다양하다. 벤 프랭클린Ben Franklin의 『자서전Autobiography』은 식민지 미국의 전형적인 "가난뱅이에서 부자가 된" 이야기를 적고 있다. 기존의 봉건적 사고구조의 부재가―남북 전쟁 전의 노예 소유 귀족사회는 중요한 예외로 간주되어야 한다―평등한 정치구조를 만들어내고 지속시키는 데 기여했다. 이 구조는 1830년대의 대중주의적인 잭슨식Jacksonian 민주주의가 절정에 이를 때 특별히 두각을 나타냈다. 사실상의 비어 있는―적어도 새로운 개척자들에게는 공짜인 땅인―광대한 미개척지frontier가 지위 상승의 이상을 실현할 수 있게 해주었다. 유명한 역사가 터너Frederick Jackson Turner가 지적했듯이, "서부는 기회의 또 다른 이름이었다."[23] 미국의 대각성운동Great Awakenings(18세기 초 미 식민주 각지에 퍼진 신앙 부흥운동. -역자 주)은 1830년대의 노예폐지론abolitionist을 이끈 제2차 대각성운동이나 혁신주의시대Progressive Era의 '사회복음Social Gospel'과 같이 하느님이 우리 하나하나를 평등하게 창조했다는 기본적인 국가 차원의 맹약이 확대되고 강화될 수 있도록 도덕적인 힘을 불어넣었다.

마지막으로는 미국의 윤택한 경제가 지위 상승이 모든 사람에게 가능하다는 희망을 불러일으켰다. 포트클린턴의 평등주의 문화를 떠받쳐온 1950년대의 바로 그 경제 붐에 대해 역사가 데이비드 포터David Potter는 자신의 베스트셀러 『풍요로운 사람들People of Plenty』에서 다음과 같이 말한다. 미국의 풍요는 "역사 속에서 보여주었던 이전 어느 사회나 어느 시대보다" 더 많은 기회의 평등을 허락했다고 말이다.[24] 그는 기회 평등에 대한 대중적 신념이 과장된 것일지라도, 그 신념은 우리 힘으로 그것을 이룩해내지 못한다면, 그 또한 우리의 잘못이라고 믿도록 미국인들을 이끌어왔다고 덧붙혔다. 미국에서의 평등은 유럽에서처럼 결과의 평등을 의미하지 않고, 오히려 "보다 더 중요한 의미로 경쟁에서의 동등함"을 의미한다고 포터는 지적한다. 대서양을 가로지르는 대조적인 사고방식의 차이는 오늘날까지도 줄어들지 않고 지속되고 있다.[25] 유럽인과 비교해볼 때, 미국인은 재분배 정책에 더 회의적이고 사회적 지위이동을 더 옹호한다.

'아메리칸드림'은 의외로 최근에 만들어진 신조어지만(이 용어가 현대적 의미로 처음 사용된 것은 1930년대였다), 허레이쇼 앨저[Horatio Alger](19세기 미국의 아동 문학가. 가난한 소년이 독립심과 근면을 통해 성공하는 식의 소설을 발표했다. 오늘날에도 그의 이름은 아메리칸드림을 상징한다. -역자 주)의 문화적 비유와 지위의 사회적 상승에 대한 전망은 우리 뇌리에 깊이 뿌리내려 있다. 1843년, 사실상 미국 최초의 전국적인 학교 교과서였던 『맥거피스 리더[McGuffey's Reader]』(19세기에 미국 학생 절반 이상이 읽었다는 책으로 경제 활동이 하느님의 명령에 의해 허가된 도덕적 책무라는 사상을 담고 있다. -역자 주)』는 학생들에게 "부와 명예와, 유용성[usefulness](쓸모 있는 인간이 되는 것. -역자 주), 행복 등에 이르는 길은 모두에게 열려 있다. 그리고 의지를 가진 자는 모두 거의 확실한 성공에의 기대를 가지고 그 길에 들어설 수 있다"고 말해주었다.[26]

제2차 세계대전 후 반세기에 걸쳐 모든 삶의 영역에 속한 미국인들 중 대략 3분의 2는 사실상 열심히 일하는 사람은 출세할 수 있다고 여론조사를 통해 말했다.[27] 하지만 21세기의 여론조사는 새로운 세대의 지위 상승 기회에 대해, 그리고 열심히 일하면 정말로 보상을 받을 것인지 여부에 대해 섬뜩할 정도의 비관주의가 팽배해 있음을 보여주고 있다. 그럼에도 불구하고 모든 것을 고려해보면 대부분의 미국인들은

(적어도 최근까지는) 기회의 평등이 우리 사회의 성격을 나타낸다고 믿고 있다. 다른 말로 하자면, 아메리칸드림은 지속되고 있다는 것이다.[28]

두 개의 미국을 향하여?

지금까지 우리는 평등과 지위이동에 대한 미국인들의 신념에 대해 조사했다. 그러나 실제로는 어떠한가? 미국에서 계급격차에 대해 이야기할 때, 지금의 그리고 과거의 시대 풍조는 어떠했는가?

도표로 보면 20세기 동안 미국에서의 불평등의 상승과 하락은 두 개의 황금기의 시작과 끝에서, 세기 중엽의 비교적 평등했던 긴 기간을 거치며 거대한 U자를 그리고 있다. 경제사가 클로디아 골든Claudia Golden과 로렌스 카츠Lawrence Katz는 이 도형을 "두 반세기의 이야기"로 설명했다.[29] 세기가 시작됐을 때는 경제적 불평등이 높았다. 그러나 1910년에서 1970년 무렵에 이르면서 소득분배가 점차 더 균등해졌다. 두 차례의 세계대전과 대공황Great Depression이 경제적 피라미드를 평평하게 하는 데 기여했다. 이런 평등화 추세는 전후 30년(나와 나의 급우들이 포트클린턴에서 성장했던 평등주의 시기) 동안에도 계속됐다. 사회학자 더글러스 매시Douglas Massey는 이 시대를 요약하면서 다음과 같이 적고 있다. "뉴딜 기간 동안 실행된 구조조정 아래에서 상승하는 경제적 조류가 모든 보트를 출항시킴에 따라 빈곤율은 꾸준히 떨어졌고, 중간층의 수입은 계속해서 증가했으며, 불평등은 점진적으로 하락했다."[30] 사실 이 기간 동안 상위 5분의 1의 수입이 해마다 2.5% 증가한 반면, 하위 5분의 1의 수입이 약 3% 증가한 것에서 알 수 있듯이 실제로 소형 보트들은 요트들보다 약간 더 빠르게 상승했던 것이다.

하지만 1970년대 초에 이르러 수십 년 동안 지속된 평등화 추세는 역전되기 시작했다. 처음에는 천천히, 그러나 그 이후에는 가혹할 정도로 빠르게 역주행을 시작했던 것이다. 초기에는 계급 분리의 증대가 소득 계급의 하층부에서(이들이 중간과 상층부로부터 떨어져나감에 따라) 나타났지만, 1980년대에는 상층부가 모든 것으로부터 멀어지기 시작했고, 21세기의 첫 10년 동안에는 최상층부가 상층부로부터 떨어져 멀어지기 시작했다.[31] 심지어 1967년과 2011년 사이, 주요 인종과 민족 집단 내에서도 소득불평등이 똑같이 상당한 비율로 증가했다. 부유한 백인, 흑인, 그리고 라틴계 주민들은 가난한 그들의 동족들로부터 멀어져 갔던 것이다.[32] 1979년과 2005년 사이의 사반세기에는 세금을 뺀 평균 소득(인플레이션을 감안하여 조정된)이 미국 가정의 하위 5분의 1의 경우 한 해에 900달러 정도 늘어났고, 중산층의 5분의 1은 한 해에 약 8,700달러가, 상위 1%의 가정은 한 해에 약 745,000달러가 증가했다.[33]

소득 추세는 특히 교육수준의 차이에 따라 남자들 사이에서도 다르게 나타났다. 경제학자 데이비드 오토[David Autor]는 "1980년에서 2012년 사이에 대학을 졸업한 미국의 상근직 남성의 실질적인 시간당 수입은 어디에서나 20% 내지 56% 증가했고, 가장 높은 수입은 대학원 이상의 학위를 가진 이들 사이에서 나타났다. 같은 기간 동안 고등학교나 그 이하의 교육수준에 있는 남성들의 실질 수입은 상당히 하락했는데, 고등학교 중퇴자의 경우 22% 정도가, 고등학교 졸업자들 사이에서는 11%가 떨어졌다."[34]

소득불평등은 2008~2009년의 대침체[Great Recession]의 즉각적인 여파에 의해 잠시 주춤했다. 하지만 이후 몇 년 동안 최상층에서 나타난 부[富]의 증가 추세는 나머지 사회의 경기 침체와 악화로 인해 재개되었고 심지어 가속화되기 시작했다. 1920년부터 2012년에 이르기까지 미국 가정의 상위 1%의 실제 소득은 31% 상승한 반면, 하위 99%의 실제 소득은 거의 꿈적도 하지 않았다(0.5%보다도 적게 올랐다).[35]

지난 30~40년 동안 일어난 이처럼 놀랄 만한 불균형의 증가 원인에 대해서는 상당한 논의가 있었다. 세계화globalization, 과학 기술의 변화와 그에 따른 '교육으로의 회귀return to education'의 증가, 노동조합 해체, 슈퍼스타 보상superstar compensation, 변화하는 사회규범, 레이건 이후의 공공정책 등이 원인으로 논의되었다. 하지만 불균형으로의 근본적인 변화는 민주당과 공화당 정권 모두에게서 일어났다. 신중한 관찰자 중 지난 40년 동안 미국에서 이전까지는 거의 없었던 극심한 불균형의 증가가 나타났다는 사실에 대해 의심하는 사람은 없다.[36] 평범한 미국인들 또한 변화의 정도에 대해서는 과소평가하고 있지만, 점차 불균형의 증가에 대해 인식하기 시작했다.

소득불평등의 증가—특히 초부유층과 일반인 사이의 격차—에 대한 논의가 최근 공공 영역에서 폭넓게 논의되어 왔다. 부자와 빈자 사이에서 증가하는 이러한 격차는 부와 행복, 심지어 기대 수명을 포함한 복지에 대한 다른 많은 평가 기준에서도 나타나고 있다.

1980년대 이후 사망률 역시 대학을 졸업한 백인 여성들 사이에서는 하락해왔지만, 고등학교 학력 이하의 백인 여성들 사이에서는 실제로 증가했다. 주된 이유는 경제적 복지에서 늘어나고 있는 차이 때문이다. 사회학자 마이클 하우트Michael Hout는 이렇게 말한다. "2012년과 1970년대를 비교해보면 부유한 사람들은 여전히 행복하다. 하지만 가난한 사람들은 훨씬 덜 행복해졌다. 결과적으로 총소득격차는 (행복에 있어서) 1970년대보다 2012년에 약 30%가 더 커졌다."[37]

도표 1-3에서 나타나듯이 축적 재산에서의 불균형 증가는 특별히 두드러지게 표시가 난다. 대침체의 손실을 고려하더라도, 대학 교육을

받았고 자녀들을 가진 미국 가정의 총재산은 1989년과 2013년 사이에 47% 정도가 증가했다. 반면에 고등학교 교육만 받은 가정의 총재산은 실제로 지난 사반세기 동안 17%나 **떨어졌다**. 사회적 지위 상승을 위해서는 부모의 부가 특히 중요한데, 아이들이 보다 많은 보상을 찾는 과정에서 더 많은 모험을 할 수 있게 해주는 비공식적 보험을 부모의 부유함이 제공해줄 수 있기 때문이다. 예컨대 엄마와 아빠로부터 생활비를 빌릴 수 있는 자녀는 직업을 찾는 데 있어서 선택의 폭이 넓은 반면, 부모가 제공하는 생활비가 없는 자녀는 자신에게 다가온 첫 번째 일자리를 잡아야만 한다. 이와 비슷하게 가족의 부는 막대한 학비 융자 없이도 대학에 대한 투자를 가능하게 해준다. 학자금 빚은 이제 막 졸업한 학생들에게 열려 있는 선택의 기회를 속박할 수 있다.

부유한 미국인과 가난한 미국인 사이의 격차 증가에 관해서는 거의 논의가 이루어지지 않았지만, 마찬가지로 방심할 수 없는 것이 있다. 그것은 급속히 증대되는 경제적 격차에 수반되어 나타나는 현상으로 계급 경계선을 따라 형성되는 미국인들에 대한 실질적인 차별의 증가다.[38]

1950년대의 포트클린턴에서는 풍요한 아이들과 가난한 아이들이 서로 가까이 살았다. 학교에도 같이 가고 함께 놀고 기도했으며, 심지어 서로 데이트를 하기도 했다. 이 아이들은 그들의 부모로부터 각기 다른 규모의 경제적·문화적 유산을 물려받았다. 당연하게도, 포트클린턴은 코뮌commune(함께 살면서 책임을 나누고 재산을 공유하는 공동체. -역자 주)이 아니었기 때문이다. 그러나 아이들 그리고 부모들은 서로 알고 지냈고, 심지어 계급 경계선을 가로질러 가까운 친구가 되기도 했다. 이와 대조적으로 오늘날 포트클린턴과 다른 지역에서는 우리들 중에 아주 극소수만이 일상생활에서 자신의 사회경제적 영역 외부의 사

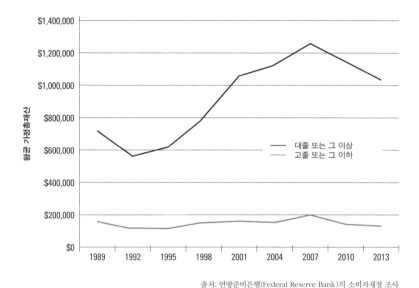

도표 1-3 부모의 교육 정도에 따른 빈부격차의 증가 (고정 달러(2013), 1989-2013)

출처: 연방준비은행(Federal Reserve Bank)의 소비자재정 조사

람들에게 노출될 뿐이다. 다음에서 설명되는 계급 차별이 지니는 3개의 각기 다른 양상은 지난 40년 동안 미국 사회가 얼마나 널리 계급 경계선을 따라 분할되어 왔는가를 보여준다.

이웃 간의 분리

이웃은 증대되는 계급 차별의 중요한 현장이다. 수입에 따라 가정을 별개의 이웃으로 분류하는 방식은 1970년보다 2010년에 더 많아졌는데 그 정도가 상당하다.[39] 도표 1-4가 보여주듯이 점점 더 많은 가정들이 자신들과 똑같은, 부유하거나 가난한 이웃들 사이에서 살고 있으며, 서로 뒤섞이거나 적절한 수입의 이웃들 사이에 살고 있는 가정의 수는 점점 줄어들고 있다. 이러한 지리적 양극화는 교외의 증가와 고속도로 시스템의 확장에 의해 가능해졌다. 이로 인해 고소득 가정들이 저소득

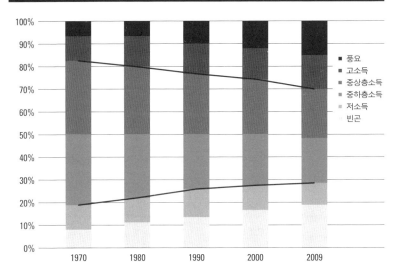

출처: 켄드라 비쇼프(Kendra Bischoff)와 션 리어든(Sean F. Reardon) 분석의 인구조사국 자료,
"소득에 의한 거주지 차별(Residential Segregation by Income), 1970~2009,"
in *Diversity and Disparities: America Enters a New Century*,
ed. John Logan(New York: Russell Sage Foundation, 2014).

이웃으로부터 벗어나 규모가 큰 부지, 사생활, 공원, 쇼핑몰 등이 있는 곳을 찾아 이사하는 것이 가능해졌기 때문이다. 이렇게 계급에 근거한 거주지 양극화는 소득격차의 증가와 (아이러니하게도) 부유한 소수 가정들의 교외 이주를 가능하게 한 주택 법령의 변화에 의해 가속화되어 왔다.

따라서 인종에 근거한 차별이 천천히 줄어들고 있는 반면, 계급에 근거한 차별은 늘어나고 있다. 사실 계급 차별의 추세는 각각의 주요 인종 집단 내에서 있어왔다. 그래서 부유한 흑인과 가난한 흑인(또는 라틴계 사람들)이 이웃이 되는 경우는 40년 전보다 지금이 훨씬 더 적다고 할 수 있다.

앞에서 우리는 계급에 근거한 차별의 증가가 포트클린턴의 이스트

하버로드를 가운데 두고 양쪽에서 일어났음을 지도로 확인했다. 뒷장에서 우리는 이와 똑같은 과정이―일종의 초기 격리^{apartheid} 현상이라 할 수 있다―얼마나 정확하게 전국 마을과 도시에서 작동해왔는가를 보게 될 것이다. 그것은 우리 아이들에게 일상생활에서 만나는 사람들이 강력한 영향력을 미치는 일련의 과정이다. 5장에서 보게 될 것처럼 학교 안팎에서, 그리고 또래들과 잠재적 멘토의 차원 모두에서 중요한 영향력을 행사할 것이다. 우리가 부유하든 가난하든지 간에 우리의 아이들은 점차 그들과 같은 처지의 아이들과 함께 성장해나갈 것이다. 그들 또한 우리 같은 부모를 지닌 아이들이다.

교육에서의 차별

1970년대 이후 증가하고 있는 계급에 근거한 주거 지역의 차별은 사실상 계급에 근거한 학교의 차별로 전이되어 왔다. 소득 분포의 상위 50% 출신의 학교 어린이들은 점점 더 사립학교에 다니거나 보다 나은 학군^{school district}에서 살고 있다. 심지어 가난한 학교 어린이들과 더 부유한 학교 어린이들은 같은 학군에서 살더라도, 점점 더 따로따로 서로 대등하지 않은 학교에 다니게 된다. 그리고 때로는 같은 학교 안에서도 AP^{Advancement Placement}와 다른 선행학습 과정을 통해 특권을 가진 아이들과 그렇지 못한 아이들을 차별하는 경향이 있다. 나중에는 각기 다른 계급 출신 배경의 아이들이 점차 각기 다른 대학으로 분류되어 나누어지기도 한다. 예컨대 2004년 무렵, 교육과 소득에서 상위 25%에 속하는 가정 출신의 아이들은 하위 25%의 가정에 속하는 아이들보다 선택의 기회가 많은 우수한 대학에 17배나 더 많이 다니는 것으로 나타났다.[40]

다시 말해, 이러한 교육에서의 차별은 친구 네트워크와 다른 사회적 자원의 차원에서 교실 너머 먼 곳까지 영향을 미치고 있다. 이미

1950년대의 포트클린턴에서 보았듯이 다양한 출신의, 온갖 배경을 가진 아이들이 같은 반에 들어갔고, 같은 팀에서 경기를 했고, 같은 파티에 가고는 했다. 하지만 요즘은, 비록 첼시와 데이비드가 몇 마일밖에 떨어지지 않은 곳에서 살고 있지만, 그들은 우연히 만날 가능성조차 없어 보인다. 교육에서의 차별은 너무 중요해서 이에 대해 하나의 장 전체를 할애해 다룰 것이다(4장 참조).

결혼

사람들은 대부분 자신과 비슷한 사람들과 결혼하는 경향이 있지만, 다양한 '사회적 경계를 넘어서는 결혼*intermarriage*'은 시대에 따라 변한다. 두 가지 이유에서, 경계를 넘어서는 결혼은 사회생활에서 경계선이 얼마나 엄격한가를 보여주는 지표가 된다. 첫째로, 우리는 대부분 우리가 만나온 사람과 결혼한다. 따라서 경계선을 더 많이 넘나들수록(예컨대 이웃이나 학교에서) 젊은 사람들은 더 다양한 계통의 배우자를 만나게 된다. 둘째로, 경계를 넘어서는 결혼의 비율 증대는 경계선을 넘나드는 상호작용을 일으켜 미래에는, 그리고 적어도 확대가족 내에서는 더 빈번하게 경계를 넘는 결혼이 일어날 것이라는 점을 함축하고 있다. 간단하게 말해 오늘날 경계를 넘어서는 결혼의 비율 증대는 어제의 낮은 사회적 차별과 내일의 더 낮아질 사회적 차별을 함축하고 있다. 예컨대 최근 수십 년 동안 증가하는 종교 간, 인종 간 결혼은 미국 사회 전체에 걸쳐서 종교적, 인종적 장벽이 점차 줄어들고 있다는 사실을 반영했고 강화해왔다. 그렇다면 계급 경계선을 가로지르는 결혼은 어떠한가?

20세기에 일어난 계급 경계선을 넘어서는 결혼의 추세는 소득불평등에서 나타났던 커다란 U자 곡선을 거의 정확하게 반영하고 있다.[41]

세기의 전반부 동안에는 자신의 사회계급을 넘어서는 결혼이 보다 꾸준하게 흔히 일어날 수 있는 일이었다. 그렇지만 세기 중반 이후에는 그러한 추세가 역전되었다. 세기 후반부에 미국인들은 자신들의 교육적인 배경과 유사한 사람들과 결혼했고, 특히 교육을 가장 많이 받은 사람들은 서로 결혼하는 경향이 많아졌다.[42] 다른 말로 하자면, 20세기 전반부에서는 부자와 가난한 자 사이의 격차가 좁았기 때문에 점점 더 많은 로미오와 줄리엣이 생겨났지만, 최근에 이르러서는 경제적, 교육적 격차가 넓어짐에 따라 다른 계급에서 배우자를 찾은 사람들은 점점 더 줄어들고 있는 것이다.

계급을 가로지르는 결혼의 감소는 확대가족의 구성에 있어서 함축적인 의미를 지닌다. 두 세대 전에는 확대가족의 회합에 소규모 사업가와 육체노동자, 그리고 전문직 종사자와 건설 노동자가 함께 오고는 했지만, 늘어나는 동족결혼(여기서는 자신의 사회계급 내에서의 결혼)의 잔잔한 파문은 계급을 가로지르는 가교架橋를 더욱 축소하면서, 오늘날 자신의 혈족네트워크가 자신과 동일한 계급 배경에서 비롯되는 경향이 있음을—그리고 미래에는 그러한 경향이 더 늘어날 것임을—확인해주고 있다. 노동자 계급의 아이들 중에서 점점 더 적은 숫자만이 그들이 사다리 위로 올라가는 데 도움을 줄 수 있는 부유한 삼촌이나 좋은 교육을 받은 이모나 고모를 갖게 될 것이다.

궁극적으로 이웃, 학교, 결혼(그리고 아마도 시민적 연계망, 직장, 친목 서클 등[43])을 가로질러 나타나는 계급 차별의 증가는 부자 미국인들과 가난한 미국인들이 점차 분리되어 서로 평등하지 않은 세계에서 살고 있고, 공부하고 있으며, 자녀를 양육하고 있다는 것을 뜻하며, 사회 계층 이동을 위한 디딤돌이 제거되고 있다는 것을 의미한다. 이 디딤돌에는 대학에 가는 친구들, 사촌, 중산층 이웃들이 포함되며, 이들은 이웃에 있는 노동자 계급의 아이를 자신들의 보호 아래 둘 수 있는 사람들이다. 더욱이 계급 차별은 중상위 계급 구성원들이 가난한 아이들의 삶에 대한 직접적인 인식을 갖고 있지 않기에, 기회격차가 벌어지고 있음을 인지하는 것 자체가 불가능해진다는 사실을 뜻한다. 이 책에서 젊은 청년들의 인생 이야기를 포함시킨 한 가지 이유는 사실 인식격차perception gap를 줄이는 데 도움을 주기 위함이다. 즉 이전의 황금기에 활동했던 사회개혁가인 제이콥 리스Jacob Ris가 말한 것처럼 "다른 절반의 사람들은 어떻게 살고 있는가"를 우리 모두가 살펴볼 수 있도록 돕기 위해서다.[44]

기회의 평등

모든 사람들에게 공정한 출발을 약속하는 아메리칸드림이 **실제로는** 얼마나 미국 역사의 특징이 되어왔을까? 이 질문에 대한 정답은 부분적으로 완전히 열려 있는 지위이동의 신화, 그리고 우리의 과거 또는 유사한 나라들의 실제 모습에 대한 비교 기준에 달려 있다. 그것은 또한 **절대적**인, 그리고 **상대적인** 지위 상승 사이의 중요한 차이에도 달려 있다.

각 가정의 상대적 지위가 변하지 않은 상태라 할지라도, 예컨대 대학 졸업자 부모의 자녀들이 대학원 학위를 지닌 반면 문맹자 부모의 자녀들은 초등학교만 졸업했을지라도, 교육수준의 상승을 수반한 경제성장 아래에서는 원칙적으로 모든 사람들이 절대적인 의미에서 자신의 부모보다 더 잘나갈 수 있다. 그러한 세상에서 상승하는 조류는 모든 보트를 출항시킬 것이다. 심지어 아무도 작은 배에서 요트로 이동하지 않아 상대적 이동성이 제로라 할지라도 말이다.

반대로 경제가 전체적으로 부진할지라도 완벽한 사회이동의 체계 내에서는 낮은 계급의 부모를 둔 보다 능력 있고 야망 있는 자녀들이 오르막길을 오르면서도, 상층 계급 가정의 내리막길을 가는 무능한 자녀들을 추월할 것이다. 이러한 세상은 기회의 평등을 지닌 사회인데, 인생에서의 종착 지점이 그들의 출발 지점에 달려 있지 않기 때문이다. 이러한 사회는 낮은 절대적 이동성과 높은 상대적 이동성을 지니며, 그 반대일 수도 있다. 역사를 전체적으로 일별해보면 상대적 이동성은 세대를 가로질러 개인들이 경험하는 전체 이동성의 작은 부분에 대해서만 설명해준다. 반면 절대적인(또는 구조적인) 이동성은 개인들이 경험하는 전체 이동성 전부를 설명해준다. 소득과 교육에 있어서 높은 성장을 이루거나 육체를 쓰는 직업이 적어지는 시기 동안에는, 낮은 계급 출신의 많은 사람들이 상대적인 이동성의 변화와 관계없이 절대적인 상승 이동을 경험하게 될 것이다.

물론 원칙적으로 하나의 사회는 높은 절대적 이동성(상승 조류가 모든 보트를 출항시키는 경우)과 높은 상대적 이동성(작은 배가 요트보다 더 잘 나가는 경우) 모두를 지닐 수도 있다. 1950년대와 1960년대 포트클린턴에서 살았던 운 좋은 나의 반 친구들이 바로 그러한 행복한 상태에서 혜택을 본 것이었고, 학자들은 이와 같은 유형이 전국적인 것이었음을 밝혀냈다.[45] 이 책의 우선적인 주제는 위와는 대조적으로 오늘날 미국 젊은이들이 두 세계의 **최악**인 상태, 즉 낮은 절대적 이동성과 낮은 상대적 이동성의 세계를 살고 있지 않나 하는 것이다.

20세기 이전 미국에서의 사회적 이동에 대한 실증 연구는 대부분 백인 남성들 사이에서의 절대적 상향 이동성에 초점을 맞추었고, 완벽한 이동성에 대한 전국적인 신화를 비교 기준으로 사용했다. 다시 말해 얼마나 많은 상층 계급의 남성이 순전히 자수성가한 사람들인가 하는 질문을 했고, 그 대답은 '비교적 소수'라는 것이다. 이러한 의미에서 초기의 이러한 연구들은 전국적인 신화의 가면을 벗겨버렸다. 이동성은 가난뱅이에서 부자가 된 이야기가 암시하는 것만큼 크게 나타난 적이 없었기 때문이다.

한편 역사가들이 신중하게 내놓은 통계적 비교는 경제성장과 교육 시스템의 성공적인 확장이 유의미한 절대적인 이동성을, 아마도 특히 20세기 전반부에 가능하게 했다는 사실을 보여준다.[46] 앞서 언급한 바와 같이, 제2차 세계대전 이후 수십 년 동안은 절대적인 이동성이(그리고 어느 정도의 상대적 이동성조차) 유별날 정도로 높았다. 경제성장과 교육의 확장이 예외적인 상향 이동을 허용했기 때문이다.

그렇지만 1970년대 이후 절대적 이동성이 멎었다는 증거가 지금 나타나고 있다. 경제적 발전과 교육적 발전 모두가 멈췄기 때문이다.[47] 비록 확고한 증거는 부족하지만 가장 최근의 공식적인 논평은, 지난 사반세기 동안 미국에서의 상대적 이동성도 절대적 이동성과 마찬가지로 떨어졌다고 주장한다.[48] 다시 말해 미국인들은 최근 들어 소득불평등이 증가했다고 믿는데, 맞는 생각인 것이다. 그러나 미국인들은 기회의 평등(또는 상향 이동성)이 상당한 변화를 겪었는지에 대해서는 그다지 확신하지 않는데, 그들이 하층부에서 상층부로의 이동 가능성을 과대평가하고 있음에도 불구하고 그 역시 어느 정도는 맞다. 그러나―이 '그러나'가 이 책에서 결정적이다―**사회이동에 대한 상투적인 지표들은 변함없이 30~40년 정도 시대에 뒤떨어진 것이다.**

상투적인 이동성 평가 방식은 현재 30대나 40대인 자녀의 소득 또는 교육수준과 이들의 부모들이 30대나 40대였을 때의 소득 또는 교육수준을 비교한다. 그 이론적 근거는 하나의 특정 세대가 중년에 도달할 때까지, 그들이 사회경제적 사다리의 어디쯤 도달한 것인지에 대해 자신 있게 알지 못한다는 사실에 있다. 그러나 이러한 접근 방식은 필연적으로 상투적인 이동성 측정 기준들이 사회 변동을 나타내는 하나의

'지행지표lagging indicator(경제 동향을 나타내는 각종 지표 중에서 전체적 경기 변동보다 늦게 변화하는 경제지표. -역자 주)'라는 사실을 의미한다. 왜냐하면 상투적인 방식의 측정 기준들은 가장 최근의 조사조차 30~40년 전에 태어난 세대에 대해 언급하고 있기 때문이다. 그러므로 사회이동을 평가함에 있어서 상투적인 방식에 의존하는 정책 입안자나 시민들은 별을 연구하는 천문학자와 같다. 그들은 시간차가 나는 정보와 싸우고, 오로지 수년 또는 무한히 긴 시간 전에 일어났던 것만을 볼 수 있지 지금 막 일어나고 있는 현실의 변화는 볼 수 없기 때문이다. 데이비드와 첼시의 경우 2020년대가 될 때까지는 사회적 이동의 통계적 평가에 등장하지 않을 것이다. 그들이 지닌 어린 시절과 10대의 경험은 나의 1959년도 졸업반 친구들의 경험과 비교해볼 때, 우리가 50~60년 동안 기회의 평등으로부터 훨씬 멀리 떨어진 쪽으로 방향키를 잡아왔다는 사실을 말해준다. 그렇다면 우리의 상투적인 측정 척도로는 또 다른 10년이나 그 이상의 기간 동안 느리게 움직이는 상향 이동을 감지하지 못할 것이다. 우리의 가까운 이웃별인 알파센타우리Alpha Centauri가 지난 밤에 폭발했을지라도 우리는 40년 이상의 시간이 흐르도록 그 일에 대해 알지 못하는 것처럼 말이다.

이 책은 상투적인 '백미러rearview mirror' 방식을 피하면서 지난 30년 동안 아이들에게 무슨 일이 일어났는지를, 즉 그들이 태어난 가정, 그들이 받은 양육과 교육, 그리고 그들이 자라난 공동체 등을 직접 조사하는 색다른 방식을 수용한다.[49] 우리는 그러한 경험들이 아이들이 자기 인생을 얼마나 잘 살 수 있는지 여부에 강력한 영향을 미친다는 사실을 알고 있다. 이들 분야에서 우리가 감지할 수 있는 변화가 무엇이든 간에 그것은 사회이동social mobility에서 일어나는 변화를 예시해줄 것이다. 고통스럽게도, 내가 이 책에서 기술할 증거에 따르면 그러한 변화들은 산산조각 난 아메리칸드림을 수년 앞당겨 거꾸러뜨릴 태세를 갖춘 것으로 보인다.

개념 노트

이 책이 사회학적 텍스트라면 우리는 각기 다른 여러 사회계급의 개념과 지표, 예컨대 직업, 부, 소득, 교육, 문화, 사회적 지위, 자기 정체성과 같은 것들을 구별할 필요가 있을 것이다. 그리고 이러한 기준치 사이에서 나타나는 모순에 — 예컨대 교육을 잘 받았지만 박봉인 도서관 사서 또는 겨우 문맹을 면한 억만장자 — 대해서도 염두에 두어야 할 것이다.[50] 그러나 우리 목적을 위해, 그리고 전체 대중을 위해 이러한 가지각색의 지표들은 서로 밀접하게 관련지어졌다. 그리고 이 책에 나오는 핵심적인 일반화 중 어느 것도 지표의 구체적인 선택에 전적으로 의존하는 경우는 없다.

교육은, 특히 고등교육은 좋은 직업과 고소득을 얻기 위해 점점 더 중요해졌다. 즉 경제학 용어로, '교육으로의 회귀return to education'가 증가해왔다. 이처럼 교육과 소득이 보다 밀접하게 서로 연관되지만, 나는 일반적으로 교육을 사회계급의 지표로 사용하고자 한다. 부분적인 이유는 대부분의 조사에서 소득 기준들이 오류가 일어나기 쉽거나 아예 사라져버리는 등 훨씬 '잡음이 더 나기' 때문이며, 둘 다 사용할 수 있을 때는 일반적으로 교육이 아이와 관련된 성과의 보다 더 강력한 지표이기 때문이다. 여기서 나는 사회학자 더글러스 매시를 따르고자 하는데, 그는 "오늘날의 지식 기반 경제에서 가장 중요한 자원인 교육"을 통해 사회가 사회계급을 처리하고 다룰 수 있게 됐다고 말한다.[51] 또 다른 실질적인 이유는 우리가 의존할 수밖에 없는 장기간에 걸친 연구들 중에서, 소수만이 가족 소득에 대한 유익한 측정치만을 지니고 있다는 데 있다.

일관성과 간편성을 위해, 이 책에서 나는 일반적으로 특별한 화제나 조사를 위해 사용 가능한 지표가 무엇이냐에 따라, 교육 단독에 의한(대학 또는 그 이상의 학위 대^對 고등학교 또는 그 이하 학위), 아니면 사회경제적 지위(소득, 교육, 직접적인 신분에 바탕을 둔)의 구성적 척도에 의한 계급 분해^{class breakdowns}에 대해 보고하고 있다. 간략히 말하자면, 미국인들의 교육적 성취는 3분위로 구별될 수 있는데, 상층부 3분의 1은 대학 졸업자들이고, 하층부 3분의 1은 단지 고등학교만 졸업한 사람들이고, 중간층의 3분의 1은 약간의 중고등교육만 받은 사람들이다. 따라서 내가 '상층 계급' 가정 출신의 아이들에 대해 말할 때에는 적어도 그들 부모 중 한 명이(보통은 둘 다) 대학을 졸업했다는 것을 의미하고, '하위 계급' 가정 출신의 아이에 대해 말할 때에는 그들 부모 중 아무도 고등학교 이상은 진학하지 않았다는 것을 의미한다. 다른 형태의 분해^{breakdowns}도 본질적으로 같은 유형을 만들어낼 것이다. 다양성을 살리기 위해, 가끔 본문에서 고등학교 교육 이상을 받지 않은 누군가를 언급할 때는 '고등학교 졸업'이나 '가난한^{poor}'으로, 대학 학위를 가진 누군가를 언급하면서는 '대학 졸업' 또는 간단하게 '부유한^{rich}'과 같은 약어를 사용한다.

벤드Bend 시는 데슈츠Deschutes 강이 그림같이 돌아 흐르고 있으며 고지대 사막의 바싹 마른 덤불숲이 물러나고 폰데로사Ponderosa 소나무 숲이 시작되는 오리건 주의 캐스케이드 산맥Cascade Mountains 동쪽 끝자락에 자리하고 있다. 20세기의 대부분 동안 벤드는 작은 벌목 마을이었고, 드문드문 퍼져 있는 방목장들에 에워싸여 있었다. 인구가 11,000명을 겨우 넘겼던 때인 1950년대 중반에 이르자 벌목 산업은 오랜 내리막의 사양길에 접어들기 시작했고, 1994년에는 마을의 마지막 제재소의 폐쇄와 함께 종말을 맞이하게 되었다.[1]

그렇지만 서북부의 많은 유사한 마을들과는 달리, 1970년대에 벤드는 아름다운 위치와 맑은 햇살이 드리우는 자연 유산에 투자하면서 특히 캘리포니아에서 오는 활동적인 휴가 여행객들과 조기 은퇴자들을 매료시키기 시작했다.[2] 벤드의 중심 도시인 데슈츠 카운티는 미국에서 가장 성장이 빠른 도시 중 하나가 되었다. 1970년부터 2013년까지 카운티의 인구는 하늘로 치솟아 30,442명에서 165,954명이 되었다. 건설과 부동산업은 오리건 주의 다른 곳보다 거의 두 배에 이르는 일자리를 데슈츠 카운티에 창출해냈다. 1990년대만 해도 벤드 시 자체 인구는 거의 세 배나 늘어나서 20,469명에서 52,029명이 되었다.[3]

새로운 이주자들의 물결이 조수같이 밀려들면서 1인당 소득과 재산 가치의 상당한 상승이 있었고, 이와 함께 급속한 발전이 가져오는 익숙한 풍경이 생겨났다. 교통 혼잡, 건설 붐, '성장'의 이점과 불리한 점에 대한 논쟁 등이 그것이다. 그렇지만 붐이 일어나고 있는 다른 많은 도시와 달리, 새로운 이주자들과 과거의 거주자들 간에 그리고 성장 옹호자들과 성장 반대자들 사이에 있을 수 있는 전형적인 분열은 마을의 전통인 시민적 친밀감과 새로운 부의 풍요^{cornucopia}에 의해 잠잠해졌다.

하지만 표면적인 번영의 밑바닥에는 더욱 깊어진 사회적 단층선이 열려 있었다. 부동산이나 건설업에서 일하고 있는 옛 거주민들은 부유한 새 이주민들과 그들에게 서비스를 제공하기 위해 사무소를 차린 증권 중개인이나 금융 컨설턴트와 함께 사업적 성공을 이루었다. 그러나 죽어가는 목재 산업이나 주변 농촌 지역 출신의 비숙련공들은 사실상의 빈곤에 직면해 있었다. 많은 사람들은 패스트푸드 식당 또는 기술 없이도 할 수 있는 건설 현장 등 저임금 분야에서만 일거리를 찾을 수 있었다. 또 다른 많은 사람들도 결국 일자리를 잃게 되었다.[4] 사실 벤드 내에서 통계가 잡히는 지역에서의 1인당 소득이 1990년대에는 54%나 늘어났지만, 빈곤선 아래에 살게 된 주민의 수는 두 배나 늘었고, 저소득자 대 고소득자의 비율은 7대 1에서 12대 1로 증가했다.[5] 벤드 시의 상승하는 번영의 조류는 모든 보트를 들어올리지는 않았다.

미국의 다른 많은 도시들과 달리, 벤드에서의 차별은 대부분 경제적 차원에서 벌어진 것이지 인종적인 것은 아니다. 마을은 압도적으로 백인이 많았고(91%), 히스패닉 계의 이주에 그렇게 영향을 많이 받지도 않았다(라틴계는 단지 8%에 지나지 않는다). 벤드의 빈곤은 마을의 동쪽에 집중되어 있다. 2008~2012년에는 한 인구조사 지역의 아동빈곤율이 43%로 나타났는데, 이는 마을 서쪽의 강 건너에 있는 고소득층 지역의 열 배 이상에 달하는 수치다.[6] (**도표 2-1**을 보라)

사회복지사들은 비숙련 거주자들 사이에서 나타나는 빈곤에 대해

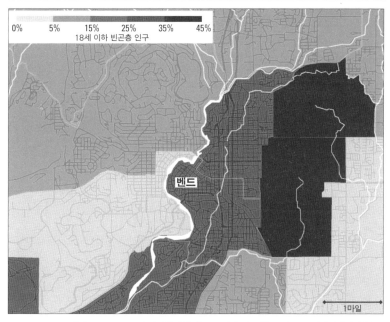

출처: ACS 2008~2012(5년 단위 평가) 자료로 소셜익스플로러(Social Explorer)에 의해 집계되었고, 하버드 대학교 도서관을 통해 이용함.

정확하게 인식하고 있다. 그러나 경제 붐의 한가운데에서 생기는 이러한 지속적인 빈곤이 벤드 시에서 가장 소득이 높은 주민들에게는 보이지 않는다. 부분적으로 이런 불가시성은, 마을 서쪽 언덕에 자리하고 출입구를 세워 출입을 통제하는 고소득층 공동체와 황량하고 가난한 동쪽 사막지대 사이의 차별화segregation 현상이 증가했기 때문이다. 마을 서쪽 언덕에는 조경이 잘된 순환도로, 소규모 맥주 양조장, 공공 수공예 제작소 등이 있지만, 동쪽 사막지대에는 작은 가게가 즐비한 쇼핑센터, 전당포, 그리고 이동주택 주차장 등이 있다.

한 나이 든 새 이주민은 이러한 차별화가 함축하는 바에 대해 신중하게 말한다.

"제가 동부에서 자랐을 때에는 부자와 가난한 사람들, 또는 중산층 사람들이 같은 이웃으로 살았습니다. 여기에는 부자 이웃이 따로 있고, 중산층 이웃이 따로 있으며, 중산층 이하의 이웃도 따로 있지요. 이런 현상이 어떻게 생겨났는지 알 수 없어요. 마치 멕시코에 갔을 때를 생각나게 합니다. 어떤 집들은 꼭대기에 유리가 박인 높은 담장을 가지고 있었고, 어떤 집은 담장은 낮지만 문이 달려 있었으며, 어떤 집은 담장조차 없었지요."

또 다른 거주자는 벤드 시에서 나타나는 경제적 고통의 비가시성에 대해 곰곰이 생각한다.

"많은 사람들은 가난해지는 것이 무엇을 의미하는지에 대해 고정관념을 가지고 있습니다. 그것은 아마도 길모퉁이에서 보게 되는 '먹을 것을 위해 일자리를 구합니다Will Work For Food'라는 표지판을 들고 있는 누군가를 연상하는 것일 수도 있겠죠. 그러나 많은 사람들의 생각이 미치지 못하는 부분은 하루하루를 살기 위해 힘들게 싸우고 있는 사람들에 대한 것입니다. 어쩌면 그 사람은 우리 시중을 들고, 은행 입금을 도와주며, 소매가게에서 일하지만 빈곤선을 거의 벗어나지 못하는 사람일 수도 있지요."

이러한 경제적 불균형은 벤드 시에 사는 젊은이들이 꾸린 가정에서도 일어나고 있고, 그 결과 아이들의 미래에도 영향을 미치게 된다. 동쪽에서 자라는 아이들과 서쪽에서 자라는 아이들은 매우 다른 생애 기회를 갖는다. 그 이유 중 중요한 한 요소는 마을 양쪽의 가정이 다르게 구조화되어 있다는 데 있다. 이는 최근 몇십 년 동안에 일어난 경제적 불균형의 결과다. 가정의 차이는 부유한 아이들과 가난한 아이들에게 각기 다른 출발점을 만든다. 이에 대해서는 백인 가정 출신으로 이 도시와 주변에 대해 깊은 뿌리를 갖고 있고, 최근 벤드에 있는 고등학교를 졸업한 두 사람과 나눈 대화를 통해 잘 알 수 있다. 말이 많고 성격이 밝은 대학 2학년생 앤드류Andrew는 마을 서쪽 언덕의 커다란 부지에 덩그러니 지어진 집에서 살고 있으며, 서밋 고등학교Summit High School를 졸업했다(이 학교는 2001년에 개교했고 중도 탈락률은 약 15%다). 카일라Kayla는 신중하고 수수하면서도 입술에 고리로 치장을 했고, 앤드류의 집에서 5마일 정도 떨어진 마을 동쪽의 이동식 주택에 살고 있다. 그녀는 마샬 고등학교Marshall High School를 졸업했다(이 학교는 1948년에 개교했고 중도 탈락률이 50%다).[7]

우리는 두 개의 다른 이야기를 두 아이와 그들의 부모와의 인터뷰에 의존해서, 그리고 그들 부모님의 성장 과정에 대한 회상을 바탕으로 전개하고자 한다. 그러면서 우리는 앤드류와 카일라가 사는 두 개의 아주 다른 가정이 어떻게 꾸려지기 시작했으며, 그들의 미래에 대한 현재의 전망에 어떠한 영향을 미치고 있는지 살펴볼 것이다.

앤드류와 그의 가족

앤드류의 아버지 얼Earl과 어머니 패티Patty는 둘 다 50대로, 벤드 시내와 그 주변에 사는 평범한 중산층 출신이다. 얼의 부친은 마을에서 무뚝뚝하고 열심히 일하는 작은 사업가였고, 아내와 함께 가까운 가족들을 양육하면서 벤드 시 동쪽에 있는 작은 집에서 살았다. 얼은 스스로 평가하기를 고등학교에서는 평범한 학생이었다고 한다. 성적은 주로 B

와 C를 받았지만 4년제 주립 대학을 가기에는 충분했다. 그 무렵 부모님은 이혼을 했고, 아버지는 사업에 실패했다. 그러나 얼은 아버지의 추진력을 물려받아 파트타임으로 생명보험도 판매하고, 융자를 받기도 하면서 학교를 끝까지 마칠 수 있었다. 얼과 패티는 그가 대학교 3학년이고 그녀가 2학년 때 만났으며, 만난 지 한 달 만에 약혼했다. 그가 졸업을 하자 그녀는 그와 함께하기 위해 학교를 그만두었다.

얼은 사업에서나 가정사에 있어 노력을 게을리하지 않았으며, 전략적인 설계자이기도 했다. "대학에서 나왔을 때, 그리고 가정을 꾸려나가기 시작하면서 우리는 특정한 시기에 맞춰서 아이들을 갖기를 원했습니다"라고 그는 회상한다. 그러나 이 단계를 밟기에 앞서 두 사람 중 사교성이 많고 분별력이 높았던 패티는 남편과 함께 대학 융자금과 결혼 비용을 상환하고, 집을 구매하며, 경제적인 궤도에 오를 계획을 세웠다. 얼은 증권 중개인으로, 패티는 화초 연구가의 보조원으로 포틀랜드에서 몇 년을 보냈다. 이후 벤드로 돌아와 건설업을 시작했는데, 이것은 곧 놀라울 정도의 성공적인 사업이라는 점이 입증되었다. 얼이 사업을 시작한 시기는 완벽했다. 1990년대 건설 붐이 막 벤드 시에서 시작됐을 때였던 것이다. 결국 그들은 몇 년 만에 얼이 설정한 모든 재정적 체크포인트를 통과할 수 있었다.

결혼 후 10년이 지나자, 스스로 일 중독자라고 부르는 얼은 처음으로 100만 달러를 벌어들였고, 패티와 함께 융자를 모두 갚았으며, 새 집을 '부채 없이' 소유하게 되었다. 그들은 첫아이를 낳기 전에 이미 아이의 대학 진학을 위한 저축을 시작했고, 마침내 가족을 더 가질 준비가 됐다고 생각했다. 계획에 따라 상당한 부를 모으던 중 앤드류를 낳았고, 이어 딸 루시lucy를 낳았다. 패티와 얼이 처음 세웠던 계획에 따라 아이가 생기자 패티는 일단 일을 그만두었다. 그리고 아이들이 대학을 갈 때까지 가정주부가 되기로 결심했고, 그 후 자신이 미처 마치지 못한 대학 학위를 받기로 계획했다(실제로 그녀는 대학을 마쳤다).

얼은 아버지가 된 것이 자기를 더 나은 모습으로 변화시켰다고 생각한다. "그 일은 정말 우리를 '나'의 세계에서 '공동체'의 세계로 이끌었지요." "제 일은 저와 제 사업을 중심으로 모든 것이 돌아가는 것이었어요. 그런데 아이를 가지게 되면, 문득 당신도 더 이상 모든 것이 당신의 일만이 아니라는 걸 깨닫게 될 거에요. 모든 에너지를 아이들에게 쏟아붓기 시작할 테죠. 제가 말하고 싶은 건 이거예요. 우리 세대는 부모가 되기 위해 읽어야 할 모든 책을 지독하게 읽었습니다. 내 다음 세대와 관련해서 말하면, 그들은 부모가 되기 위해 해야 할 숙제를 마쳤다고 할 수 있지요." 그러한 노력의 일부로, 얼과 패티는 자신들의 결혼생활을 잘 유지하는 데 헌신의 노력을 기울였다. 얼은 말한다. "아시다시피, 그녀의 부모도 이혼을 했고, 제 부모도 이혼을 했죠. 하지만 우리 아이들은 결코 부모가 이혼하는 것을 보지 않을 겁니다."

앤드류도 부모님이 자기와 여동생 루시를 무엇보다 우선시했다는 사실을 인정한다. 그는 말한다. "아빠와 엄마는 항상 저녁을 가족이 다 같이 먹어야 한다는 확신을 우리에게 심어줬어요." "우리가 모두 바쁘게 보내야 하는 학기 중에는 그 저녁식사 시간이 유일하게 우리 가족 넷이 함께 이야기할 수 있는 시간이었죠." 교육도 우선시되었다. 얼은 말한다. "패티와 저는 아이들 교육에 있어서 늘 그들과 함께했어요." "'숙제 다 했니?' 우리는 아마 제가 고등학교를 다니던 4년 동안 부모님이 제게 한 질문보다 더 많은 질문을 한 주만에 했을 겁니다." 앤드류(고등학교에서 고정적으로 B를 받는 학생이었던)도 그러한 판단을 지지하고 있다. 지금 그는 대학교에 있지만 그의 부모님은 그의 성적을 자주 검사하고 있으며, 그 또한 그들의 걱정을 잘 수용하고 있다.

고등학교 내내 앤드류는 축구와 얼티미트 프리스비ultimate Frisbee(두 팀으로 나뉘어 원반을 던져 주고받으면서 하는 운동 경기. -역자 주)를 했지만, 그렇게 열심히 하거나 경쟁력이 있지는 않았다. 앤드류는 말한다. "이기지 못한 것에 대해 실망하는 것은 너무 힘들어요." "저는 단지 함께 어울리면서 재미있게 지냈을 뿐이죠." 대신 그는 가까운 친구들과 함께 그룹을 만들어 기타를 치는 등 음악에 더 관심을 기울였다. 결과적으로 친구들과 함께 성공적인 밴드를 결성했고, 밴드 활동은 대학 시절 내내 계속되었다. 부모님은 그에게 기타를 마련해주었고, 6~7년 동안 레슨을 받게끔 도와주었다. 음악은 여전히 그에게 '소방 활동 다음으로 좋아하는 것'이다.

패티와 얼이 가진 풍요는 그들이 의식하지 않을 때에도 자식들에게 도움을 주었다. 그런데 자식들을 지원하는 그들의 방식은 벤드 시의 대부분의 가정에서는 상상할 수 없는 것이었다. 앤드류는 유치원부터 8학년까지 사립학교를 다녔다. 그는 말한다. "부모님은 저를 위한 가장 최고의 것을 원하셨지요." 나중에 루시는 앤드류가 '거친 패거리'라고 칭한 서밋 고등학교로 가서 잘 적응하지 못했다. 앤드류와 그의 부모는 걱정을 하다가, 나중에는 그녀를 위해 나서게 되었다.

"우리는 온갖 시도를 다 해봤어요"라고 앤드류는 회상한다. "마침내 루시는 승마를 곧잘 하고 동물과 잘 통하게 되었죠. 아빠는 신이 나서 우리 농장 밖에 마구간을 지었고 루시에게 말 한 마리를 주셨어요. 정말 완벽하게 180도 전환이 된 거죠. 동생은 이곳에서 농업으로 유명한 마운틴 뷰Mountain View 고등학교로 옮겼어요. 그리고 갑자기 세상을 다 가진 사람처럼 되었어요. 믿을 수가 없었죠. 작년에 루시는 4.2 학점을 받는 학생이 되었어요."

앤드류가 자랑스레 열거하듯, 패티와 얼은 자식들이 노동윤리를 갈고 닦게 해주었으며, 자기 길을 걷도록 도와주었다. "열네 살 때 전 집에서 길을 좀 내려가면 만나게 되는 마켓에서 일을 시작했어요. 아버지는 상당히 구식이었어요. 그래서 열네 살까지는 일하는 것이 큰일이라고 생각하셨죠. 솔직히 전 다른 방식을 원하지 않았어요. 그 일은 제게 노동윤리를 가르쳐주었어요. 누군지 생각나지 않지만, 부모님 중한 분과 같이 갔죠. 정장을 입고 들어가서 지원서를 달라고 했지요. 저는 동네에서 자라면서 그들(상점주인)을 늘 알고 있었지만, 정말로 쿨하게 행동했어요. 지원서를 집으로 가져와 작성한 뒤에 제출했고 일자리를 갖게 되었죠. 우리 집에서 언덕 아래로 내려가서, 아마 4분의 1마일(400미터) 떨어진 거리였는데, 어머니는 나 혼자 걸어가는 것을 좋아하지 않으셔서 차로 데려다주시곤 했지요. 그러나 아주 가까운 거리였기에 원한다면 집에서 왔다 갔다 할 수 있었어요."

앤드류는 그의 부모님이 자신의 생일을 벤드의 강 너머 북쪽에 있는 집안 소유의 오두막에서 보내도록 해주었다고 어린아이처럼 회상한다. "제가 아주 어렸을 때 매년 생일 기념으로 제 가장 친한 친구 두 명과 함께 오두막에 가는 것이 전통이 되도록 허락해주셨지요. 지금까지 한 해도 거른 적이 없어요."

앤드류는 지금 근처에 있는 주립대학교 2학년 학생이며, 경영학 학위 취득을 희망하고 있다. 얼은 앤드류가 졸업 후에 번창하고 있는 집안 회사에 참여하기를 기대하고 있지만, 앤드류는 소방관으로 일하는 데 더 매력을 느끼고 있다. 그는 말한다. "저는 제 인생을 위해 청사진만 바라보고 싶지는 않아요." "전 제가 이 일(소방 활동)을 좋아한다고 생각해요. 그래서 첫 학기를 마치고 돌아와서 소방서장을 만났죠. 제가 학교를 마친 뒤 일자리를 원한다고 말했고, 그 일을 잘해내기 위해 제가 4년 동안 무엇을 준비할 필요가 있는지 물었어요."

얼은 앤드류가 자신의 발자취를 따를 계획이 없다는 사실을 알게 되자, 놀랍게도 그를 지지하고 나섰다. 앤드류가 하계 인턴을 소방서에서 하고 싶어 하는 것을 알고, 소방서장의 전화번호를 앤드류에게 전해주었다. 얼과 소방서장은 어린 시절부터 친구였지만, 그는 앤드류가 스스로 전화를 걸도록 시켰다. 앤드류가 무보수로 일하게 되자, 집안 회사에서 일을 했다면 받았을 만큼의 급료를 앤드류에게 주었다. 마찬가지로 앤드류의 부모는 그가 고등학교를 졸업했을 때 픽업트럭을 사주었고, 대신 대가로 그가 무엇인가 하도록 시켰다. 앤드류는 말한다. "부모님의 이론은 저로 하여금 일을 해서 갚게끔 하는 것이었고, 그 결과 저는 신용을 쌓을 수 있었어요. 트럭에 대한 대가를 치루는 법을 배웠어요. 저는 그런 방식을 좋아해요. 제가 제 돈을 관리할 수 있고 균형을 찾는 법을 배울 수 있으니까요."

자기 미래에 대한 앤드류의 느긋한 태도는, 아마도 편안한 양육과정에서 자신도 모르게 형성됐을 것이다. "전 큰돈 없이도 살 수 있어요. 행복해질 수 있고요. 저는 소방관 일을 하면서 상당한 돈도 벌 수 있어요. 아시다시피 멋진 삶이잖아요. 돈벌이도 좋고요." 한편 그는 조심스럽게 자기 부모님처럼 부업으로 부동산업을 할지도 모른다고 말했다가, 나중에는 대학에서 토론과 공무公務에 새롭게 흥미를 찾게 되었다는 사실을 떠올리며 정치에 뛰어들 수도 있음을 인정했다. 그는 많은 선택권을 손에 쥐고서 미래를 자신 있게 바라보고 있다.

앤드류는 집안의 행운이 주는 물질적·비물질적인 혜택 모두를 여러 가지 방식으로 받았음을 인식하고 있다. 아직 마을 동쪽 편에서 일어나는 힘겨운 삶에 대해서는 인식하지 못하는 것 같지만 말이다. "벤드는 작은 공동체지요. 빈곤 같은 것은 볼 수 없어요." 또 한편, 그는 이렇게 말한다. "저는 돈에 대해 걱정한 적이 없어요. 아버지는 자신이 하시는 일을 아주 잘해내고 계시죠. 전 항상 안전하다고 느껴요. 전 정말 운 좋게도 좋은 환경을 가지고 있지요." 그의 가족은 자주 함께 하와이, 샌프란시스코, 동부 등으로 그리고 가끔은 유럽으로 여행을 간다.

앤드류는 벤드 공동체에 깊이 뿌리내리고 있다. 삶은 그에게 그가 처한 환경이 안정적이고 호의적이라고 가르쳐왔다. 그는 신뢰할 만한 변함없는 이웃들과, 어릴 때부터 가깝게 지낸 바로 그 친구들과, 그리고 변함없이 같은 집에서 살아왔다. 그는 말한다. "여기보다 편안하다고 느낄 수 있는 곳은 아무 데도 없어요. 벤드를 제 손등 보듯이 잘 알죠. 사람들은 정말 훌륭해요. 저는 정말 공동체 생활이 좋아요. 벤드에서는 편안함을 느끼죠. 무엇보다 벤드는 정말 믿을 수 있는 사람들의 공동체거든요."

앤드류가 그의 부모가 살아온 삶을 반영하는 보상이 있는 미래를 마음에 그리는 것은 놀랄 만한 일이 아니다. 그는 말한다. "제가 원하는 최고의 일은 제가 집을 짓고 가정을 가지는 거예요. 바라건대, 전 제 가장 친한 친구와 비슷한 누군가를 만나고, 제 아이들에게 제가 받았던 것과 똑같은 만큼만 해줄 수 있었으면 합니다. 제가 계획을 이상적으로 완벽하게 세울 수 있다면, 스물다섯 살에는 결혼하고 싶어요. 그리고 서른 살이 되었을 무렵에는 아이를 갖고 싶어요. 최종적으로 아이는 둘을 원하고요. 전 제 스스로에게 말하죠. 아이들에게 제가 가졌던 삶과 똑같은 것을 줄 수 있다면, 그게 바로 제가 가야 할 길이라고요."

앤드류의 인생관에서 가장 인상적인 것은, 겨우 10대 후반임에도 불구하고 그가 가족들에 대해 느끼는 의외의 따뜻함이다. "친구들도 제 부모님을 사랑하고 신뢰해요. 친구들은 자기 부모님께 말하는 것보다 더 많은 이야기를 제 부모님에게 하곤 하죠. 전 그게 좋아요. 제가 부모님에게 말하기 힘든 일은 없어요. 깊이 이해해주시기 때문이죠. 전 어떤 친구가 '내 부모님이 좀 더 개방적이었으면 좋겠고, 부모님과 이야기를 할 수 있었으면, 또 그들이 이해심이 있었으면 좋겠어'라고 말할 때 항상 마음이 안 좋았어요. 아빠는 항상 제게 엄마 아빠가 얼마나 저를 매일 사랑하는지 상기시켜 주셨지요"라고 앤드류는 말한다. "그건 정말 좋은 기분이에요. 그렇지 않겠어요? 친구 중 몇몇은 저를 놀리면서 말하죠. '앤드류 부모님이 또 앤드류한테 사랑한다고 말씀하셨다!'고요. 네, 그게 바로 제가 원하는 방식이에요."

카일라와 그녀의 가족

카일라의 삶은 앤드류의 삶과 전혀 다르다. 그리고 그 차이의 뿌리는 그녀의 부모인 달린^{Darleen}과 조^{Joe}의 인생사 깊숙한 곳에 놓여 있다.

삶은 물질적으로나 정서적으로나 모든 면에서 많은 방식으로 달린을 실망시켜왔다. 그리고 그녀를 마흔다섯의 실제 나이보다 훨씬 더 늙어 보이게 만들었다. 그녀는 벤드 시에서 몇 시간 거리의 외곽 지역에 있는 조용하고 안정적인 가정에서 자랐고, 지금도 나이 든 그녀의 어머니 집 가까이에 살고 있다. 얼과 마찬가지로, 그녀는 자신의 학교 성적이 중간 정도였다고 말한다. 졸업 후 패스트푸드 식당에서 판매원으로 일했고, 주유소에서 기름 넣는 일도 했으며, 20세 정도에 결혼을 해서 아이 둘을 가졌다. 하지만 남편이 폭력적이라는 것을 알게 되자, 그녀는 남편을 떠났다. 아이들의 양육권은 남편이 가지게 되었다. 아마도 남편은 꾸준한 직업을 가졌지만, 그녀는 그렇지 못했기 때문일 것이다. 달린의 결혼생활은 커다란 상처만 남은 채로 끝났으며, 지금도 그녀가 그 일에 대해 말할 수 있는 것은 '틀린 선택'이었다는 것이다.

이혼 후 달린은 피자헛에서 일자리를 찾았고, 그녀의 상관인 조와 가벼운 관계를 맺다가 두 달 만에 임신을 하게 되었다. "생각이 없었어요. 그냥 일어난 일이에요. 계획된 것이기도 하고 계획되지 않은 것이기도 해요"라고 달린은 말한다. 그 결과가 카일라였다.

조는 대단히 불우하고 고통스러운 배경을 가지고 있었다. 얼보다 7살이나 젊지만 10년에서 15년은 더 늙어 보였다. 그의 부친은 인생 대부분을(조가 태어나기 전과 그 후에도) 텍사스 주립교도소^{Texas State Penitentiary}에서 보냈다. 은행 강도짓과 다른 잡다한 범죄 때문이었다. 사실상 조는 그와 가까이 지낸 적이 없다.

조의 어머니는 자신의 성인 시절을 심각한 알코올 중독으로 고통스럽게 보냈다. 조가 태어난 후 많은 다른 남자들과 관계를 맺었지만, 그들은 항상 가볍고 일시적이었기에 조는 어린 시절부터 항상 어머니를 돌봐야만 했다. 어머니의 남자친구들에 대해 조는 이렇게 말한다. "그들은 사실 가까이 있지 않았어요. 항상 술을 마셨지요. 그리고 기본적으로 결국 제가 엄마를 돌봤지, 엄마가 나를 돌보진 않았어요." 그녀는 다시는 결혼을 하지 않았고, 정기적으로 일을 하지 않았으며, 조의 병약한 할머니와 같이 살았다. 항상 돈 걱정을 하면서, 식구들은 끊임없이 서부의 시골을 떠돌아다녔다.

조가 여덟 살이었을 때, 그는 처음으로 위탁 가정에 보내졌다. 이후 계속해서 몇 군데를 더 거치게 된다. 버림받았다는 사실에 마음을 많이 다쳤지만, 마지막 위탁 가정은 그의 삶에서 유일하게 안정적인 부모의 모습을 보여주었다. 그들은 매디^{Maddy}와 포프^{Pop}였다. 그들과 몇 년을 보내면서 그는 물려 입은 옷 대신 새 옷을 입었고, 생일을 축하받을 수 있었으며, 포프와 근처의 개울에서 낚시도 할 수 있었다. 그가 어린 시절 유일하게 만족하며 지냈던 때가 이때였다. 지역 학교의 도서관 사서는 자신의 점심시간에 조에게 읽는 법을 가르쳐주었다. "그는 제게 누구도 가르쳐주지 않았던 것을 가르쳐주었어요." 조는 향수에 젖어 포프를 떠올렸다.

14세가 되자 조는 맨디와 포프 곁을 떠났다. 다시 친어머니를 돌보기 위해서였다. 그러나 조는 그러한 행동이 실수였다고 말한다. "어머니가 준비가 되지 않았기 때문이죠. 저는 술집에서 저녁 9시부터 새벽 2시 30분까지 기다리고 나서야 그녀와 함께 집으로 걸어갈 수 있었어요." 어느 날 밤, 달린이 길에서 술에 취해 손과 무릎으로 엉금엉금 기면서 조에게 일으켜 달라고 하는 것을 경찰이 보게 되었다. 조는 다음과 같이 털어놓았다. "제가 가진 모든 것을 가지고 어머니를 사랑했어요. 저는 변함이 없다는 것을 보여주려 했지만, 충분하지 않았어요. 전 매디와 포프와 함께 살고 싶었죠."

8학년을 마친 후 조는 학교를 그만두고, 어머니를 돌보며 함께 살았다. 그들은 이 마을 저 마을로 내던져졌으며, 조는 여러 가지 일자리를 임시직으로 전전했다. 정원 손질, 장작 패기 등 "사람들이 시키는 무슨 일"이든 했다. 18세가 되었을 때 그는 한 여자에게 몰두하게 되었고, 그녀는 곧 임신을 했다. 자신이 아버지가 됐다는 사실과 그녀가 아직 미성년이기에 감옥으로 가든지 결혼을 하든지 양자택일에 직면했음을 알게 되자, 조는 그녀와 억지로라도 결혼을 할 수밖에 없다고 생각했다. 그러나 그녀가 약물에 상당히 중독됐다는 사실이 드러났고, 그들의 두 번째 아이가 태어났을 때에는 그녀가 양아버지와 근친상간 관계에 있었고 학대도 받았다는 사실을 알게 되었다. 또한 그들이 낳은 첫아이의 아버지가 실제로는 그녀의 양아버지였다는 사실도 알게 되었다. 조는 자신이 결혼의 덫에 걸린 희생자였다고 결론짓고 그녀를 떠났다. 하지만 두 아이에 대해서는 계속 책임감을 느끼고 있다. 그는 깊은 충격에 휩싸여, 별다른 경제적인 전망도 없이 다시 어머니에게 돌아갔다. 어머니는 최근에 만난 남자친구와 벤드에서 정 북쪽에 있는 레드몬드Redmond 외곽의 이동식 주택에서 살고 있었다. 거기서 그는 또 다른 임시직 일자리를 찾았는데 피자헛 조리사 일이었다. 그리고 거기서 달린을 만났다.

조와 달린이 서로 만났을 때, 이들은 경제적으로나 정서적으로나 빈약한 상태였다. 각자 첫 번째 끔찍했던 결혼으로부터 도피한 신세였고, 임금도 낮았다. "우리는 아마 서로를 잘 알고 있지 못한 상태였을 거예요." 달린이 말하자 조가 동의했다. "우리는 정말 안정적이지 못했죠. 저는 계속해서 이렇게 생각했어요. '좋아, 우리는 겨우겨우 돈을 벌면서 살아가지. 지금은 아이까지 뱃속에 있고.' 그런데 달린은 정말 다시 엄마가 될 준비가 되어 있지 않았어요. 여전히 그녀 자신의 삶과 싸우고 있었기 때문이죠. 지나간 발자취를 다시 돌아보며 자신이 누군지 알아내고자 분투하고 있었던 거예요. 그래서 카일라를 가졌을 때 정말 많이 싸웠죠."

지독한 가난으로, 이들 가족은 이동식 주택에서 하루 벌어 하루 먹는 식으로 살아왔고, 조의 변함없는 최저임금 일자리에 의지해 생존해나갔다. 처음에는 지역 제재소의 야간 교대조 일을 하는 비숙련공으로, 그 후 제재소가 그 일자리를 없애자 즉석 주문 요리사와 주유소 직원으로 일했다. 이 모든 일을 거치면서도, 어린 딸과의 새로운 관계는 그로 하여금 계속해서 일할 수 있도록 해주었다. 그는 말한다. "딸의 존재는 제게 더 많은 삶의 의미를 부여해주었어요. 제가 할 수 있는 무슨 일이든 해야만 할 이유가 생겼기 때문이죠. 카일라는 제게 더 많은 희망을 주었어요. 그때부터 전 계속해서 그녀를 돌봐왔죠."

카일라는 다섯 명의 의붓 형제자매라는 혼란스러운 관계망 속에서 자랐다. 달린의 첫 번째 결혼에서 생긴 두 아이와 카일라, 그리고 조의 첫 번째 결혼에서 생긴 두 아이. 카일라는 이것이 복잡한 형제자매 관계를 만들었다고 회상한다. "우리 모두는 엄마가 다르거나 아빠가 달랐어요. 빌^{Bill}과 클라라^{Clara}는 제 어머니가 낳은 자식이죠. 우리는 같은 엄마를 가지고 있어요. 남동생 매튜^{Mathew}는 저와 같은 아빠를 가지고 있지요. 그리고 루크^{Luke}는 어떤 식으로 말하면 일종의 의붓 형제지요. 그는 아빠의 첫 번째 결혼에서 생긴 아이에요(사실 루크는 조의 첫 번째 부인과 그녀의 의붓아버지 사이에서 태어난 아이이다). 이들 모두는 여름마다 내려와서 머물러요. 우리는 방 두 개짜리 집에서 살았는데, 엄마와 아빠가 한 방을 썼고, 저는 클라라와 방을 나누어 써야 했죠. 세 남자아이들은 아래층에서 잤어요. 한동안은 문제가 없었지만, 곧 모두가 신경이 날카로워져서 크게 싸우기 시작했어요." 이러한 상황에서 가족 간의 저녁식사는 아주 드문 일이었다. "우리는 어떻게 조치를 취하려 했지만 잘 되지 않았어요. 두 집 부모의 일이었기 때문이죠. 우리는 함께 TV를 보고는 했죠."

카일라가 어렸을 때 가정의 재정은 자주 한계점에 도달하고는 했다. 카일라는 자신의 열 번째 생일을 그리워하면서 회상한다. "우리는 아주 심하게 허우적거리고 있었기 때문에 케이크 같은 것은 먹을 수가 없었어요. 아빠는 '우리가 케이크를 살 수 있는 돈이 정말 없단다. 5월이나 6월에 파티를 하자구나'라고 말했어요. 저는 '응, 그래'라고 한 것 같아요. 정말 슬펐지만, '아무렴 어때'라는 식이었죠."

7년 동안 정서적, 경제적인 불화에 휩싸여 지낸 후, 달린은 가족을 버리고 새로운 남자친구와 도망쳐버렸다. 새 남자친구는 찰리^{Charlie}로 그녀가 다시 피자헛에 일하게 되면서 만났다. 그녀는 웃으면서 "제 상관의 상관"이라고 설명한다. 찰리와 달린은 수년 동안 서부 내륙 주위로 옮겨 다니는 떠돌이 생활을 했다. 집도 없이, 그리고 머물 곳이라고는 찰리의 포드 레인저Ranger 차량뿐이었다. 카일라는 어린 시절의 대부분을 조와 함께 보냈다. 물론 사춘기 후 몇 년 동안은 찰리와 달린을 따라 전국을 가로지르며 방황하기도 했지만 말이다. 그들은 모텔에서 살거나, 한동안은 미주리 주에서 조가 '고딕Ghotic'(아마도 일종의 공동생활체)이라 부른 곳에서도 살았다.

결국 조는 다른 여자(그의 세 번째 부인)와 결혼했다. 그녀는 과거의 결혼에서 생긴 세 아이를 데리고 들어왔다. 새로운 관계 조정이 카일라에게는 잘 이루어지지 않았는데, 그녀가 새엄마를 싫어하기 때문이다. 카일라는 말한다. "그녀는 자기 아들과 딸을 왕족같이 대했죠. 저는 마치 그들의 소작농 같았고요." 그러나 카일라는 달린과 찰리가 있는 곳으로 가지 않았다. 그들의 이동식 주택에 그녀를 위한 방은 없었기 때문이다. 결국 조의 세 번째 결혼도 깨져버렸다. 주어진 수입 안에서 어떻게든 살아가기 위해 간신히 버둥대고 있음에도 불구하고, 카일라의 삶에서 유일하게 지속적인 사랑을 보여준 어른인 조는 자기 딸에 대한 양육권을 유지하고 있었다.

달린, 카일라, 그리고 조가 그들의 관계에 대해 아주 다른 시각을 가지고 있다는 사실은 놀랄 만한 일이 아니다. 그러나 그들 모두는 다음의 기본적 사실에 대해서는 동의하고 있다. 즉, 결혼생활이 힘들었다는 사실을 인정하더라도, 카일라는 부모의 이혼에 깊은 상처를 받았다는 사실이다. 그것은 정말로 그녀의 삶에 획을 긋는 사건이었다. 세 명 각각의 시각에서 이 사건에 대해 살펴보는 것은 의미가 있다.

아마도 그녀의 삶에서 가장 깊은 마음의 상처를 입었던 시기에 전혀 의도하지 않았던 카일라가 생겨났기 때문인지, 달린은 인터뷰 내내 딸의 삶에 대해 이상할 정도로 초연하고 숙명론적인 시각을 드러냈다.

그녀는 카일라에 대한 이야기를 할 때 어머니라기보다는 방관자처럼 자세하게 말하려 하지 않았다. 그녀는 이렇게 말한다. "아이들에 대해 걱정해서 좋을 것이 없어요." "아이들은 자기들이 원하는 것을 하게 될 겁니다." 그렇지만 가족을 떠난 자신의 결정이 카일라에게 상처를 주었다는 점은 인정한다. "헤어진 것이 카일라에게 많은 영향을 끼쳤지요." "그녀가 겪었던 가장 힘든 일이었을 거예요." 학교 사회복지사의 주선으로 카일라는 전문적인 상담사를 만나게 되었지만, 곧 그만두었다. 카일라에 따르면 효과가 없다는 것을 스스로 알아차렸기 때문이다. 달린도 동의한다. "아마 그게 카일라를 더욱 힘들게 했을 거라고 생각해요. 그래서 저는 그녀를 위해 그녀의 아빠와 함께 그곳에 갔었지요, 그녀를 위해서 같이."

조는 당시 카일라의 삶에 있어서 달린이 보여준 역할에 대해 다르게 기억하고 있다. "힘들었지요. 그때 애 엄마가 카일라와 시간을 같이 보내는 것을 정말로 원하지 않았기 때문이죠. 그래서 결국은 제가 그녀를 돌보게 되었어요. 제가 싸워나가야 할 가장 큰일은 그녀가 계속 학교에 다니도록 하는 것이었어요. 7학년부터 그녀는 계속해서 학교를 그만두려고 했지요. 제가 말했어요. "안 돼, 학교를 관두는 건 절대 좋은 생각이 아니야. 내가 한 실수를 네가 되풀이하도록 두지는 않을 거야."

카일라의 입장에서 보면, 그녀는 엄마가 아버지와 갈라진 후에 '자기를 위해 그곳에' 있었다는 말을 인정하지 않는다. 어머니가 떠났다는 사실은 그녀의 삶에서 가장 힘든 경험이었고 영원히 버려졌다는 느낌을 남겼을 뿐이다. 이러한 생각은 그녀의 인생관에도 스며들어 있다. "정말 힘든 일이었어요. 저는 정말 충격을 받았고, 화가 많이 났어요." "저는 이런 식이었지요. '그래, 그들은 서로 잘 지내지 못하고 있어. 하지만 그들 모두 성숙해지길 바랄 뿐이야.' 엄마는 도시를 떠나 다른 주든 아무 곳으로든 가고는 했어요. 그래서 저는 한참 만에 그녀를 볼 수 있었을 뿐이지요."

나중에 우리는 카일라에게 만약 자기가 엄마가 된다면 자녀들에게 좋은 엄마란 어떤 의미를 가지는지 물어보았다. 그녀는 "제 생각에 저는 부모님이 저에게 했던 것보다 더 많이 아이들에게 관심을 보이려고 할 거예요"라고 대답한다. "좋은 부모는 안정적이어야 하며, 아이를 위해 진짜로 같이 있어주어야 하고, 옳고 그름을 알기에 충분할 정도로 나이도 좀 들어야 한다고 생각해요. (…) (제 부모님들은 아이를 갖는 일에) 조금 더 시간을 갖고 기다렸어야 했죠."

카일라는 학교를 아주 싫어했고, 엄마와 갈라진 후에는 어떠한 외부 활동도 하려 들지 않았다. "그녀는 다른 아이들과 어울리려고 하지 않아요"라고 학교 사회복지사는 조에게 말했다. "그녀는 혼자 나가서 앉아 있을 뿐이에요." 방과 후 카일라는 자기의 침실에 틀어박혀 판타지 책을 읽거나 만화를 보고는 했다. 아침에 "저는 전혀 일어나고 싶지 않았어요"라고 그녀는 회상한다. 마샬 고등학교에서 그녀는 문제가 있는 10대를 위한 프로그램에 보내졌고, 이후 한 직업공단Job Corps(청소년을 위한 직업훈련 센터, -역자 주) 훈련 프로그램에도 보내졌다. 그렇지만 그녀는 직업공단이 구속적이고 소외시킨다고 생각이 들어 마샬 고등학교로 다시 돌아왔고, 거기에서 카일라는 곤경에 처한 그녀의 처지를 동정하는 행정 직원들의 도움으로 재입학이 허용되었다. 물론 공식적인 정책은 허용하지 않는 일이었다.

마샬 고등학교의 행정 직원들은 카일라에게 많은 지원을 해주었다. 한 상담사는 난처할 정도로 구부러진 카일라의 치아를 바로잡기 위한 치열 교정기를 달 수 있게 돈을 마련해주었을 뿐만 아니라, 치과 의사와의 예약 시간을 잊지 않겠다는 약속을 카일라에게 받아내기도 했다.

"약속 시간을 놓치면 치열 교정기를 잃게 될 거야"라고 그들은 카일라에게 말했다. 훗날, 학교의 한 도서관 사서는 그녀와 함께 지역 커뮤니티칼리지에 갈 수 있는 좋은 기회를 찾아냈고, 심지어 재정적 지원도 해주었다.

직업공단에 몇 달을 있으면서 카일라는 남자친구를 갖게 되었고, 그들은 지금 조와 함께 살고 있다. 달린과 조 모두 그녀의 남자친구에 대해 불만이다. 달린은 그를 "쓸모없는 놈"이라 부르며, 심지어 카일라조차도 그에게 확신을 가지고 있지는 않은 것 같다. 조와 카일라처럼, 그 또한 실직한 상태다. 물론 그는 일거리를 찾고 있다고 주장한다. 지금은 세 명 모두가 조가 받은 신체장애 지원금^{disability payment}과 8등급 주택지원비^{Section 8 housing assistance}에 의존해 생존하고 있다. 카일라의 문제에 덧붙여져서, 조는 수술할 수 없는 뇌종양에 시달리고 있다. 결국 카일라가 주로 그를 돌보게 되었다. "종양 때문에 그는 가끔 이상한 일을 하고는 해요. 이유 없이 변덕을 부리기도 하고, 아니면 그냥 앉아서 혼자 중얼거리기도 하죠. 저는 그에 대해 걱정을 많이 해요"라며 그녀는 괴로워했다.

앤드류와 달리 미래에 대한 카일라의 희망은 현재로부터의 어떠한 실질적인 행동 계획과도 단절되어 있는 상태다. 그녀는 이야기한다. "제 가장 커다란 꿈 중의 하나는 전 세계를 돌아다니면서 요리와 같이 색다른 것들을 공부하는 거예요. 제 목적지는 아마도 런던일 거예요. 거기가 아주 멋지다고 들었어요. 지금은 일거리를 찾고 있지만 어렵네요. 특히 경험을 전혀 쌓지 못했기 때문이죠. 사람들은 시간을 들여 당신을 훈련시키려 하지 않지요."

카일라는 전형적인 우울증 증상을 보이면서, 심리적으로 여전히 고통스러워하고 있다. 근본적인 차원에서 볼 때, 그녀의 사고방식은 매우

회의적이며 확신이 없다. 이치에 어긋나지 않는다면 그녀의 인생 경험에 비추어볼 때, 그녀는 세상을 예측할 수도 없고 다루기도 힘들고 악의에 찬 것으로 이해한다고 하겠다.

카일라는 걱정거리가 많다. 아빠의 질병, 금전적인 문제, 대학 생활에 대한 불확실한 전망, 남자친구, 자신의 미래 등. 본질적으로 그녀의 삶에는 안정적이고 신뢰할 만한 어른이 없다. 성년기로 접어들면서 자신의 현실과 직면하게 되자, 그녀는 한 가지 큰 두려움을 가지게 되었다고 말한다. "내 인생이 내리막길로 굴러가서, 모든 것이 망가지는 거예요."

> **면담자** 그런 일이 일어날 거라고 느끼나요?
>
> **카일라** 네, 그렇게 느껴요.
>
> **면담자** 무슨 일이 일어날 거라고 생각해요?
>
> **카일라** 대학을 끝까지 마치지 못하는 것, 정부 보조금을 받지 못하게 되는 것, 아빠가 점점 더 아파지는 것, 그리고 남자친구가 더 이상 저와 함께 하지 못하게 되는 것 같은 일이요.
>
> **면담자** 심적으로 정말 견디기 힘들어질 땐 어떻게 하나요?
>
> **카일라** 그냥 혼자 시간을 보내는 거죠.
>
> **면담자** 아무것도 할 수 없다고 느꼈던 적이 있었나요?
>
> **카일라** 정말 아주 많았어요.

변하고 있는 미국의 가족구조

"행복한 가정은 모두 비슷하다. 그러나 불행한 가정은 모두 제각각의 이유로 불행하다." 레오 톨스토이는 이렇게 말했다. 하지만 우리가 조사했던 수십 개의 가정들의 생활은 운이 좋거나 절망적이거나 제각기 독특한 모습을 보인다. 비교적 소수의 아이들만이 앤드류처럼 상당히 부유하고, 사려가 깊고 사랑이 넘치는 가정에서 살고 있다. 그보다 약간 더 많은 아이들은 카일라 같이 궁핍의 끝자락에서 매달린 파산한 가정의 암울한 잔해 한가운데서 살고 있다. 둘 다 '전형적인 미국 가정'은 아니다. 하지만 많은 중요한 지점에서 이들 두 가정은 미국의 가정 생활이 지난 반세기에 걸쳐 계급 경계class line를 따라 재구조화되어 온 방식들을 집약해서 보여주고 있다.[8]

50년 전, 대부분의 미국 가정은 수입을 책임진 가장인 아버지와 가정주부 어머니, 그리고 아이들로 구성되어 있었다. 오지와 해리어트 스타일Ozzie-and-Harriet-Style(1950년대와 60년대에 미국에서 인기 있던 시트콤 오지와 해리어트의 모험The Adventures of Ozzie and Harriet에서 보여준 단란한 핵가족 가정을 말한다. 오지Ozzie와 해리어트Harriet은 실제 부부이며, 그들의 실제 두 아들도 같이 출연했다. -역자 주)의 안정적인 결합체라 할 수 있다. 이혼은 흔한 일이 아니었고, 혼외 출산도 모든 사회 계층에서 드물게만 나타났었다. 1950년의 경우 4% 정도였다. 물론 경제적으로 취약한 계층에서는 약간 더 높았지만 말이다.[9] 오늘날에는 때로 이러한 가족구조를 '전통적인' 것으로 생각하지만, '가족'을 연구한 역사가들은 미국 역사의 아주 초기에는 이러한 가족구조가 실제 지배적이었던 것은 아니라고 밝히기도 했다.[10]

두 가지 사회적 규범이 오지와 해리어트 스타일의 가정을 가능하게 해준다. ❶ 공고한 가부장적 분업, 그리고 남자 한 명의 소득으로 대부분의 식구들이 먹고사는 것을 가능하게 하는, 사회 전체에 폭넓게 공유되는 경제적 번영이 한 짝을 이루는 경우. ❷ 혼외 출산을 반대하는 강력한 사회적 규범이 있어 혼전 임신이 '강제적인' 결혼으로 이어지는 경우.[11] 베이비 붐 시대의 출생자들 대부분은 생물학적인 부모에 의해 양육되었다.

그렇지만 1970년대 베이비 붐 시대의 출생자들이 성인기에 접어들면서 과거의 가족구조가 갑자기 무너져버렸다. 어느 정도인가 하면 인구통계학자들이 미국의 역사에서 가장 극적인 변화였다고 동의할 정도였다. 혼전성교는 거의 하룻밤 사이에 자신이 가지고 있던 오명을 떨쳐냈다. 반면 강제적인 결혼은 급감했다가 실제로 사라져버렸다. 이혼은 유행이 되었고, 한부모 가정에서 사는 아이들의 숫자는 오랫동안 꾸준히 상승하기 시작했다.[12]

가족구조의 이러한 변화에 대해 연구해온 사람들은 변화를 야기한 정확한 원인에 대해서는 각기 다른 의견을 가지고 있다. 그러나 다음의 요인들이 변화에 기여했다는 점에서는 생각을 같이 한다.

- 출산을 조절할 수 있는 피임약의 출현으로 성행위와 결혼이 별개의 것이 되었다.[13]
- 페미니스트 혁명이 젠더와 부부 간 규범을 변화시켰다.
- 수백만의 여성들이 어느 정도 가부장적인 규범으로부터 자유로워졌고, 경제적 필요성 또는 새로운 기회에 반응하여 일자리로 향하게 되었다.
- 오랜 전후 경기 붐이 끝나면서, 젊은 남성 노동 계급에 대한 경제적 안정성이 축소되기 시작했다.
- 문화적 격변의 속에서 개인주의적 흐름이 '자아실현'을 더욱 강조하게 했다.[14]

전통적인 가족의 붕괴는 흑인 공동체에 제일 먼저, 또 가장 극심하게 타격을 주었다. 부분적으로 이러한 현상은 이들 공동체가 이미 경제적 위계의 바닥층에 집단을 형성하고 있었기 때문이다. 이로 인해 관찰자들은 인종의 이름으로 그러한 현상에 대한 초기 논의의 틀을 설정했다. 대표적으로 다니엘 패트릭 모니한Daniel Patrick Moynihan이 1965년에 쓴 보고서 「흑인가정: 국민 행동의 사례」The Negro Family: The Case of National Action」를 들 수 있다.[15] 그러나 백인 가정도 이러한 변화로부터 벗어나 있지 않다는 사실이 드러났다. 통찰력을 가지고 보면, 대략 1965년부터 1980년까지 미국 가정이 거대한 변화를 겪게 되었다는 사실은 분명하다.

무질서한 것처럼 보이는 이러한 변화가 일어난 기간 동안, 결혼과 가족이 소멸의 길을 가고 있다고 생각할 수도 있다. 그러나 1970년대에 있었던 가족구조의 격변은 색다르고 예기치 못한 결과, 즉 두 개의 크게 구별되는 가족 유형으로의 분리를 낳았다. 1950년대에는 모든 사회계급이 대부분 오지와 해리어트 모델을 따랐지만, 1970년대 이후에 나타난 2개의 가족 유형은 계층과 밀접한 상관관계를 갖고 있다. 그 결과는 아직도 우리 사회에 존재하는 2-계층 유형2-tier pattern의 새로운 가족구조였다.[16]

대학 교육을 받은 미국 사회의 상위 3분의 1에게서는 '신-전통적neo-traditional' 결혼 유형이 등장했다. 그것은 여러 면에서 1950년대의 가정을 반영한다. 예외가 있다면 대체로 부모 모두가 집을 나와 직장에서 일하고, 자기 경력이 쌓일 때까지 결혼과 아이 출산을 미루고 있으며, 가사를 훨씬 더 공평하게 나눈다는 사실이다. 결과는 오지와 해리어트와 비슷하지만, 이제는 '해리어트'가 변호사나 사회복지사로 일하고 있고 오지가 아이들과 더 많은 시간을 보내며, 둘의 수입 덕분에 조금 더 많은 사치를 누릴 여유가 생겼다는 데서 차이가 난다. 이러한 신-전통적 결혼은 보다 평등한 젠더 분업을 가져왔고, 거의 1950년대 모델 정도로 유지되었는데, 이들 상위 3분의 1 계층에서의 이혼율이 1970년대 정점에서 후퇴했기 때문이다.[17] 이들 가정의 자녀들에게 이 뉴스는 희소식이다. 우리가 살펴볼 것이지만, 그들이 양육되는 방식은 많은 긍정적인 결과를 이끌어냈다.[18]

이와 대조적으로, 고등학교만 졸업한 하위 3분의 1에 해당하는 인구에서는 하나의 새로운, 그리고 보다 변화무쌍한 유형이 등장하기 시작한다. 여기서는 출산이 점차 결혼과 무관한 것이 되었고, 성적인 관계의 지속성이 약화되었다. 사회학자 사라 맥라나한Sara McLanahan과 그의 동료들에 의해 '깨지기 쉬운 가족fragile families'이라 이름 붙여진 이 모델에서는 아이들의 부모가 결혼하지 않고 지내기도 하고, 서로 확고하게 연결되어 있지도 않다.[19] 아이가 태어날 즈음 부모가 결혼한 상태일지라도, 이 계층에서 이혼율이 계속 증가하는 것에서 알 수 있듯이 그 결혼은 깨지기 쉽다. 부모 모두 다른 파트너로 옮겨가기도 하고, 새 파트너와의 사이에서 아이를 갖기도 하기 때문에 두 명의 어른이 있는 가족 단위조차 양부모와 의붓형제를 포함하는 경우가 자주 있다. 물론 더 흔한 것은 한부모 가정인데, 부모 중 한 명이 결혼이라는 회전목마에서 뛰어내리거나 밀려났을 때 생겨난다.[20]

앤드류의 가족과 카일라의 가족은 이 두 유형의 결혼 모습을 거의 완벽하게 나타내고 있다. 분명히 앤드류 가정에서 패티의 역할(가정주부로서 집에 머무는)은 신-전통적인 모델의 한 변형을 반영하고 있으며, 일반적으로 싱글대디가 싱글맘보다 훨씬 적기 때문에 카일라의 삶에 중요한 어른이었던 조의 역할도 이례적이라 할 수 있다. 그러나 벤드에 있는 이 두 가정이 미국에서 새롭게 생겨난 2-계층 가족구조를 대표하고 있다는 생각이 틀린 것은 아니다. 물론 어떤 가난한 가정들은 구조나 안정성에 있어서 전통적이거나 신-전통적이며, 어떤 부유한 가정들은 변화무쌍한 모습을 보이기 때문에 사회계급과 가족구조 사이의 상관관계가 더 높고 또 점점 더 높아지고 있다. 하지만 이것이 완벽하지는 않다는 사실을 명심해야 할 것이다. 이를 상기하면서, 이제 전국적으로 나타나는 계급과 관련된 변화 양상에 대하여 검토해보자.

출산 산모의 연령

대학을 졸업한 어머니들은 최근 출산과 결혼을 20대 말~30대 초반까지 늦추고 있다. 이는 반세기 전보다 평균적으로 6년 정도 늦은 것이다. 이와 대조적으로 고등학교만 졸업한 어머니들은 일반적으로 10대 후반이나 20대 초반에 첫째 아이를 갖는다. 이는 1960년대보다 는 약간 이른 것이고, 대졸 어머니들보다는 10년이 더 빠른 것이다. (도표 2-2를 보라.[21] 이 도표는 이 책에서 나오는 일련의 '가위 모양 차트scissors chart(가위 모양은 격차가 점점 더 벌어진다는 것을 의미한다. -역자 주)' 중 첫 번째 도표이다. 각각의 차트들은 상위, 그리고 하층 계급 부모와 자녀들 사이에서 나타나는 통계적으로 유의미한 추세의 상이점을 보여준다.) 양육을 늦추는 것은 아이들에게 도움이 되는데, 일반적으로 나이가 더 많은 부모들은 물질적으로나 정서적으로 아이들을 지원함에 있어서 더 잘 구비가 갖춰져 있기 때문이다. 앤드류의 부모는 이를 인정하고 계획을 세웠지만, 카일라의 부모는 그렇지 못했다. 이는 지금 조와 달린, 카일라 모두가 인정하는 바다.

의도하지 않은 출생

고등학교 교육을 받은 여성들은 대학 교육을 받은 여성들보다 더 많은 아이를 갖는 것을 원하지 않는다. 그러나 연구에 따르면 전자는 일반적으로 더 일찍 성관계를 갖고, 피임과 낙태는 더 적게 하며, 의도하지

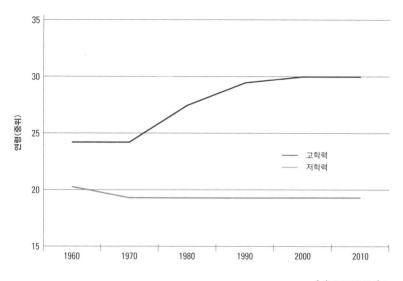

않거나 또는 어느 정도 의도한 채로(달린이 말했던 계획된 것이기도 하고 계획되지 않은 것이기도 한) 더 많은 임신을 하고 있다.[22] 계층과 연계되어 나타나는 이러한 차이는 점점 벌어지고 있다. 사회학자 켈리 뮤지크Kelly Musick와 그의 동료들에 따르면 이러한 계급 불일치에 대한 가장 그럴듯한 설명으로 임신에 대한 어머니의 양가감정, 낮은 교육과 경제적 압박에 의한 개인적 유효능력의 부식, 그리고 아마도 낙태에 대한 차별적인 접근 방법 또는 태도 등이 포함된다. 피임에 대한 접근 방법은 이 유형을 설명해주지 못하는 것 같다.[23]

이유가 무엇이든 저학력 부모의 자녀들이 계획 없이 뜻밖의 일로 (완벽하든 아니든, 즐겁든 그렇지 않든 간에) 세상으로 나아가는 경우가 점점 늘어나고 있다. 반대로 고학력 부모의 자녀들은 오랫동안 계획된

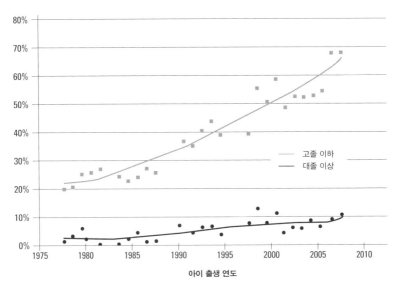

도표 2-3 교육 정도에 따른 여성의 혼외출산 (1977~2007)

범례:
고졸 이하
대졸 이상

아이 출생 연도

출처: 전국가족성장조사(National Survey of Family Growth),
질병통제센터(Centers for Disease Control)

목표 아래서 세상으로 나아가는 경우가 늘어나고 있다. 그러한 차이는 아이들 양육을 위해 이용 가능한 자원들에 영향을 미칠 가능성이 높다. 바로 앤드류와 카일라의 대조적인 경우처럼 말이다.

혼외 출산

대학 교육을 받은 여성의 혼외 출산은 낮으며(10% 이하), 1970년대 이후 약간만 증가했다. 하지만 고등학교 교육만 받은 여성들 사이에서는 혼외 출산 비율이 지난 30년에 걸쳐 급격하게 상승했고, 지금은 이 집단 내 모든 출산의 반 이상(2007년에는 약 65%)을 차지하고 있다(**도표 2-3**을 보라). 고졸 흑인들 사이에서의 수치는 더 높지만(약 80%), 20년 이상에 걸쳐 증가하지는 않았다. 반면에 같은 기간 동안 고졸 백인들 사이에서는 거의 네 배나 늘어났다(지금은 약 50%). 대학을 졸업한 흑인의 경우 혼외 출산의 비율은(약 25%) 실제로 지난 20년에 걸쳐서 3분의 1이 떨어졌다. 반면 대학을 졸업한 백인의 수치는 위와 같은 기간 3%에서 2%로 떨어졌다. 다시 말해 계층 사이에서의 인종적 격차는 줄어들었지만, 인종 내의 계급격차는 더욱 벌어진 것이다.

이혼

미국에서의 이혼율은 1960년대와 1970년대에 두 배 이상 증가했고, 1980년쯤 정점에 다다른 뒤 점점 줄어들기 시작했다. 그렇지만 전국에 걸쳐 광범위하게 퍼져 있는 이러한 유형은 또 다른 차원에서 유의미한 계급 불일치를 감추고 있다. 왜냐하면 대학을 졸업한 미국인들 사이에서의 이혼율이 1980년 이후 유의미할 정도로 떨어진 반면, 고등학교만 졸업한 미국인들 사이에서는 이혼율이 계속해서 증가했기 때문이다.[24] 비록 결혼 자체가 그 사회계급 내에서는 점점 더 비일상적인 것이 되었지만 말이다. 2000년경에는 결혼한 사람들 중 이혼을 한 비율이 대학 졸업자들 사이에서보다(100명 중 14명), 고등학교를 졸업한 미국인들 사이에서 거의 두 배나 크게 나타났다(대략 100명 중 24명). 그리고 2008년~2009년 무렵에는 이 차이가 더 늘어났다(대략 100명 중 14명 대 100명 중 28명).[25] 앤드류와 카일라의 가족은 다시금 이러한 급격한 차이를 나타내고 있다.

동거

현재 미국 사회는 모든 계층에서 동거(결혼하지 않은 커플이 함께 사는 일)가 흔한 일이 되었다. 그러나 젊은 미국인들 사이에서 동거는 '허가증 없는 결혼marriage without license'으로 받아들여지지 않는다. 오늘날 결혼의 3

분의 2가 일정 기간의 동거 이후에 성립되지만, 미국에서의 평균 동거 기간은 14개월이고 대체로 결혼에 이르지는 않는다.[26] 동거 유형 또한 계급에 따라 점차 다르게 나타난다. 동거한 적이 있는 고등학교 교육을 받은 여성의 비율은 1987년 이후 20년간 약 35%에서 약 70%로 두 배가 되었고, 반면에 같은 기간 동안에 대학 교육을 받은 여성들 사이의 비율은 31%에서 47%로만 증가했다.[27]

대학 교육을 받은 미국인 중에서 동거하는 커플은 거의 아이를 갖지 않는다. 그러나 임신이 되었을 때 그것은 안정적인 관계에서 일어나는 경향이 있고, 안정적인 결혼으로 결과가 맺어지는 경향이 있다.[28] 반대로 고등학교 교육을 받은 미국인들 사이에서는 일반적으로 동거가 영원한 배우자에 이르는 중간역이 아니다. 가끔 동거하는 커플들 사이에서 아이들이 태어나기도 하지만, 이러한 동거는 일반적으로 결혼으로 이어지지 않고, 파트너 관계도 지속되지 않는다. 저소득층 남성과 여성들은 장기간의 배우자를 찾는 **동안**에 아이를 갖지, 찾은 후에 아이를 갖는 것이 아니다. 간단히 말해 오늘날에는 고등학교 교육만 받은 여성들은 대부분 동거를 하고, 대학 교육을 받은 여성들은 대부분 동거를 하지 않으나 동거를 하더라도 아이를 갖지 않는다.

분명하게도, 하위 3분위 계층에서의 혼외 출산은 소수의 경우만 하룻밤 정사情事의 결과로 나타난다. 대부분은 조와 달린과 같이 그들의 아이가 태어났을 때, 잘 키워나가기를 희망하는 동거 커플에게서 발생한다. 그러나 이러한 관계는 대부분 몇 년 이상 살아남지 못한다. 아이를 갖고자 하는 욕망의 공유는 일반적으로 불확실한 직업, 깨지기 쉬운 가정, 위험한 이웃 등의 한가운데에서 아기를 키우는 노력으로 지속되기에 충분할 정도의 유대감을 제공하지는 못한다. 맥라나한과 그의 동료들은 아이가 태어난 지 5년 후, 출산 당시 결혼하지 않은 모든 여성들의 3분의 2는(그리고 출산 당시 동거하고 있었던 모든 여성들의 절반 정도는) 아이의 아빠와 더 이상 낭만적으로라도 관계를 갖지 않는다는 사실을 밝혀냈다.[29] 인구통계학자 프랭크 퍼스텐버그[Frank Furstenberg]의 말에 의하면 결혼에 대한 기대는 사실상 "사산死産한"것이다.[30] 이후 따라오는 것은 동거, 임신, 헤어짐 등으로 캐서린 이든[Kathryn Edin]과 티모시 넬슨[Timothy Nelson]은 이를 "구원과 절망의 순환"이라고 묘사했다.[31] 사실 대부분의 결혼하지 않은 부모들은 비슷한 처지의 다른 파트너들과 아이를 갖는 것으로 귀결된다. 정확하게 카일라의 부모인 조와 달린의 이야기처럼 말이다.

복수 배우자에 의한 다산

오늘날 인구통계학자들은 교육을 덜 받은 미국 가정의 특성인 복잡하고 일시적인 구조의 등장을 설명하기 위해 복수 배우자에 의한 다산[multi-partner fertility]이란 용어를 사용한다. 이것을 가정 상담사들은 '혼합가족[blended families]'이라고 표현한다.[32] 카일라가 자란 '가족'은 5번의 일시적인 성인 배우자 관계와 8명의 의붓 형제자매를 포함하고 있고, 우리가 포트클린턴에서 만났던 데이비드가 자란 '가족'은 셀 수 없을 정도로 많은 연인 관계와 9명의 의붓 형제자매를 포함하고 있다. 두 경우 모두 여러 가지 방식으로 이 새로운 유형의 전형을 보여준다.

많은 아이들, 특히 덜 풍요롭고 교육도 덜 받은 배경을 가진 아이들은 아버지 없이 살고 있다. 도표 2-4는 아버지가 되는 연령대(15세~44세) 중에서 얼마나 많은 남성들이 자신과 같이 살고 있지 않는 생물학적인 아이들을 지니고 있는지와, 동거하지 않는 아버지들 중에서 얼마나 많은 이들이 아이들과 접촉하지 않는지를 나타내는 2-계층 시스템의 모습을 보여준다(복잡한 가정에서, 때때로 아버지는 어머니가 다른 자기 자

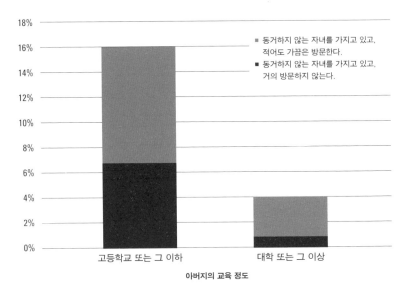

도표 2-4 저학력 남성들은 동거하지 않는 자녀들의 아버지가 되는 경우가 더 많다.

■ 동거하지 않는 자녀를 가지고 있고,
  적어도 가끔은 방문한다.
■ 동거하지 않는 자녀를 가지고 있고,
  거의 방문하지 않는다.

고등학교 또는 그 이하   대학 또는 그 이상

아버지의 교육 정도

출처: 2006~2010년 전국가족성장조사(National Survey of Family Growth),
15세~44세 연령대 남자(NCFMR FP12-02와 NCFMR FP12-08)

식들을 희생시키면서, 한 어머니로부터 나온 자식들하고만 강한 유대관계를 갖는다). 대학 졸업자와 비교해보면, 고등학교 교육만 받은 남자들은 동거하지 않는 아이들의 아버지가 되는 경우가 네 배나 더 많고, 이중 절반만이 자신의 아이들을 찾아 방문한다.[33]

가족구조에서의 이러한 모든 변화는 중대한 결과를 낳았다. 지난 반세기 동안 양친이 있는 가정에서 자라난 아이들의 숫자가 계층 편향적으로 하락한 것이다. 사라 맥라나한과 크리스틴 페르체스키[Christine Percheski]가 요약해 보여주듯이 "1960년에는 미국에서 6%의 어린이들만이 한 명의 부모와 같이 살았다. 오늘날은 모든 아이들의 반 이상이 18세가 되기 전까지 한부모 가정에서 시간을 보내게 될 것으로 예상된다. (…) 어린 시절의 특정한 때 하위 4분위의 싱글맘과 같이 사는 아이

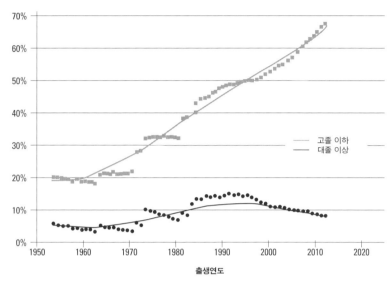

도표 2-5 부모 교육 정도에 따른 한부모 가정에서 자라는 어린이(0-7세)

고졸 이하
대졸 이상

출생연도

출처: IPUMS(Census 1970, 1980, 1990, 2000)과
ACS 2001-2012.

들은 상위 4분위의 싱글맘과 같이 사는 아이들보다 거의 두 배나 더 많다.[34] 도표 2-5는 이러한 놀라운 격차의 증가를 요약해주고 있다.[35]

일반적으로 알려진 이야기와 달리, 최근의 이러한 추세는 10대 임신의 증가와는 거의 또는 전혀 관계가 없다. 실제로 10대 임신은 20년 이상 동안 모든 인종 사이에서 꾸준히 그리고 급격하게 줄어들어 왔고, 혼외 출산 또는 아동빈곤이나 사회이동의 비율에는 거의 영향을 미치지 않았다. 무계획 임신과 혼외 출산의 증가는 25세에서 34세의 연령의 가진 여성들 사이에 주로 집중되어 있다.[36] 물론 오늘날의 결혼을 통하지 않은 출산 중에서 3분의 2 이상이 10대를 지난 성인과 관련돼 있고, 이들의 지분은 증가하고 있다.[37] '아이들이 아이들을 갖는다'는 것은 심각한 문제다. 그러나 그것이 미국에서의 노동자 계층 가정이

당면한 핵심적인 시험대는 아니다.

여성의 고용

1960년 이후 모든 여성의 고용 비율이 증가했지만, 보다 빠르고 더 실질적인 변화는 대학 교육을 받은 여성들 사이에서 일어났다. 그래서 2-계층 가족의 시대에는 대학 교육을 받은 어머니들(70%)이 가정 밖에서 일하는 수가 고등학교 교육을 받은 어머니들(30%)보다 두 배 이상 많다.[38] (도표2-6을 보라.) 또한 대졸 어머니는 가정에 남성 생계부양자가 있을 가능성이 높다. 이 결과는 아이 양육을 위해 필요한 재정적 자원에서의 상당한 계층적 불일치로 나타난다. 다른 조건이 동일하다면, 오늘날 직장인 어머니들은 가정에 머무는 어머니들보다 아이들과 보내는 시간이 적다고 할 수 있다. 그러나 오늘날 직장인 어머니들은 1970년대 가정에 머물렀던 어머니들이 아이들과 보낸 시간과 비슷한 정도로 많은 시간을 자녀들과 보내고 있다. 이는 오늘날 직장인 어머니들이 다른 일에 쓰는 시간을 줄여왔기 때문이다.[39]

인종과 계층

1970년대에 2-계층 가족구조는 인종과 밀접한 상관관계를 지녔다. 그러나 이후 2-계층 가족구조가 점차 부모의 인종보다는 부모의 사회계급과 연관되어 왔다. 2-계층과 마찬가지로, 지금은 계층을 기반으로 한 유형이 흑인과 백인 모두에게서 나타난다. 대학 교육을 받은 흑인들은 대학 교육을 받은 백인들과 더 비슷하게 보이며, 교육을 덜 받은 백인들은 교육을 덜 받은 흑인들과 더 비슷하게 보인다. 노동 계급 가정의 붕괴가 1960년대에는 흑인들에게서 일어나기 시작했고, 1980년대와 1990년대에는 백인들에게서 나타나기 시작했다.[40]

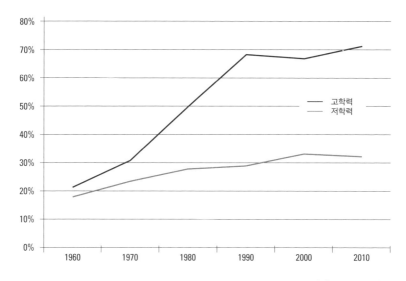

도표 2-6 어머니들 고용 추세 (1960~2010)

저학력

고학력

출처: IPUMS/ACS 자료,
맥라나한(McLanahan)과 제이콥슨(Jacobsen)의 「갈라진 운명의 재고Diverging Destinies Revisited」 보고서

라틴계와 아시아계 미국인들은 미국인 커플과 아이들의 증가 부분
을 설명해준다. 일반적으로 말해서, 최근 이민 공동체의 가정들은 결
혼율, 혼외 출산, 이혼, 그리고 두 부모 가족과 같은 관습적인 기준으로
볼 때 훨씬 완고한 모습을 띤다. 대부분의 이민자 집단이 지니는 낮은
교육적, 경제적 위치에도 불구하고 이것은 사실이다. 그런 의미에서 최
근의 이민자들은 '전통적인' 미국식 결혼의 마지막 본보기라고 할 수
있다. 한편 이민 2세대들은 우리에게 익숙한 2-계층 유형으로 떨어지
고 있다는 것을 보여주는 증거도 있다. 다시 말해 미국인 가정 사이에
서의 계층 분할에 나타나는 이런 중요한 예외의 사례는 일시적인 것으
로 판명될 수 있는 것이다.[41]

왜 지금 2-계층인가?

결혼은 매력을 상실하지 않았다. 모든 계급에서 압도적 다수의 미국인들은 결혼하기를 원하고 있고, 그것을 기대하고 있다. 물론 여기서도 계급격차가 나타나기 시작했지만 말이다. 1970년대 말에는 고등학교 교육을 받은 가정 출신의 아이들(76%)은 대학 교육을 받은 가정 출신의 아이들(78%)과 마찬가지로 결국에는 결혼할 것이라고 기대하고 있었다. 그러나 2012년 무렵에는 상위 계급 아이들 사이에서의 수치가 86%로 상승한 반면, 하층 계급 아이들 사이에서는 변동이 없었다.[42] 한편 다수의 연구를 통해 밝혀진 사실은 결혼한 사람들은 모든 교육수준을 막론하고, 혼자 사는 사람들보다 삶에 대한 만족감이 더 컸다. 그렇다면 20세기 대부분 동안 분명하게 선이 그어진 방식으로 나타나지 않았던 2-계층의 계층적 차이가 실제 행동에서는 지난 30년 사이 왜 그렇게 두드러지게 나타났는가?

경제학은 확실히 이 이야기의 가장 중요한 부분이 된다. "대학 학위가 없는 남성의 임금은 1970년대 이후 하락해왔고, 대학 학위가 없는 여성의 임금은 증가하는 데 실패했다." 인구통계학자 앤드류 J. 쉘린Andrew J. Cherlin은 이와 같은 내용의 보고서를 발표했다.[43] 지난 40년간, 가난하고 덜 교육받은 미국인들이 경험했던 경제적 전망의 급격한 하락(더욱 커진 직업 불안정성과 하락한 상대적 수입)은 그들이 전통적 유형의 결혼에 이르고, 이를 유지하는 것을 훨씬 더 힘들게 만들었다. 실직, 불안정한 고용, 좋지 못한 경제 전망 등은 안정적인 관계를 방해하고 훼손시켰다. 이것은 많은 질적, 양적인 연구에서 일반적으로 확인된 결과다.[44] 경제적 위계의 낮은 쪽에 속하는 여성들의 급격한 증가는 경제적 안정을 조금밖에 제공하지 못하는 남성이나 전혀 제공하지 못하는 남성과 결혼하는 것을 주저하게 만들고 있다. 조와 달린의 경우처럼 깊고 만성적인 경제적 스트레스는 가난한 커플이 관계를 오래 지속하지 못하는 중요 원인이 된다. 이것은 결혼을 했을 때도 마찬가지인데, 경제적 스트레스가 이들을 신뢰가 떨어지는 배우자나 부모가 되도록 만든다.

1장에서 보았듯이 경제적 곤경은 노동자 계층 가정이 붕괴하는 중요한 전조다. 즉 지역경제 붕괴 이후 10년 동안 포트클린턴에서는 이혼율과 혼외 출산율 모두가 하늘로 치솟았다. 아마도 이러한 붕괴를 촉발한 것은 1960년대의 문화적 혼란이 아니라, 무엇보다도 1980년대에 있었던 공장 폐쇄다. 이것은 러스트벨트에만 국한된 것이 아니라 전국적인 현상이었다.

그렇지만 문화가 이야기의 또 다른 중요한 부분을 차지한다. 특히 교육을 덜 받은 남성과 더 받은 여성의 역할이 변한 것처럼, 젠더와 사회적 규범도 변화를 거듭해왔다.[45] 가난한 남자에게 부담이 되었던 혼전 성교와 혼외 출산의 오명이 사라지고, 임신으로 마지못해 하는 결혼의 부담이 증발되면서, 임신과 결혼의 연결고리는 끊어져버렸다. 교육받은 여성에게, 출산 조절과 전문직 진출 기회의 확대라는 조합은 출산 연기가 가능한 것이며 또 바람직한 것으로 만들어주었다.

인구통계학자 캐서린 이든Kathryn Edin과 마리아 케팔라스Maria Kefalas가 알아낸 바에 의하면 가난한 여성들은 부유한 여성만큼이나 결혼을 가치 있게 여기는 한편, 경제적 위계에서 더 높은 위치에 있는 다른 여성들처럼 성공적이기 위해서는 경제적 안정이 이루질 때까지 결혼이 연기되어야만 한다고 믿는다.[46] 보다 가난한 여성의 문제는 경제적 행복이 항상 손에 닿지 못하는 것처럼 보이는 것이다. 반면 모성motherhood은 결혼 여부와 관계없이 모든 여성에게 열려 있다. 그것은 풍부한 재원을 즉각적으로 요구하지도 않고, 그들의 삶에 의미를 부여해주기도 한다. 달린처럼, 이들은 어머니가 아이를 돌보는 역할은 기본적으로 '거기에 있어주는 것'을 포함한다고 믿는다. 도시에 살건 시골에 살건 간에 가난한 싱글맘들에 대한 장기간에 걸친 인구통계학적 증거를 바탕으로 린다 버튼^{Linda Burton}은 다음과 같은 결론을 내린다. "이러한 상황에서 엄마들은 결혼 너머의 로맨스를 그들의 일상적 가난과 불확실성으로부터의 휴식처로 삼으려 한다."[47]

학자들은 2-계층 시스템 출현에 대한 '구조적'(또는 경제적인) 설명과 '문화적' 설명이 지니는 상대적 중요성에 대해 논의를 전개한다. 가장 합리적인 견해는 둘 다 중요하다는 것이다. 나아가 인과관계가 여기에 얽혀 있다. 즉 빈곤은 가정의 불안정성을 만들어내고, 다음에는 가정의 불안정성이 빈곤을 만들어낸다. 유사한 종류의 상호 강화가 풍요와 안정성 사이에서 나타난다. 복잡하고 인과적인 동력과 피드백 고리가 앤드류와 카일라 가족의 삶 모두에서 분명하게 보인다.

인과관계의 난해한 문제를 이해하는 한 가지 방법은 가족 형성과 가족생활에 미친 대공황의—미국의 역사에서 가장 거대한 경제적 혼란인—충격에 대해 생각해보는 것이다. 대공황으로부터 얻을 수 있는 증거는 경제적 설명 대 문화적 설명이라는 쟁점에 있어서 양측 모두 장단점이 있음을 보여준다. 대공황은 대규모 남성 실직과 경제적 혼란을 가져왔다. 그 결과 결혼율은 하락했고, 결혼 분석법에서 경제적 안정성의 영속적인 중요성을 보여주었다("남자들은 직업이 없어요"라고 시카고의 한 여성이 말하자, "전 직업을 가진 남자를 원해요"라고 다른 여성이 말했다).[48] 더 나아가 1940년의 조사에 따르면, 150만 명의 기혼 여성들이 남편에 의해 버려졌으며, 그 결과 20만 명 이상의 방황하는 아이들이 전국을 떠돌아다니고 있었다고 전해진다.[49] 대공황 동안 자라난 167명

의 백인 아이들의 삶에 대한 의미 있는 한 연구에서, 글렌 엘더Glen Elder
는 아버지들의 직업과 소득이 없어지자 이들과 가족과 사이의 끈이
부식하면서 부모의 통제력이 지닌 효력의 유의미한 쇠락이 나타난다
는 사실을 밝혀냈다. 80년(그리고 몇 번의 문화적 혁명)이 지났지만, 여전
히 힘든 세월이 결혼을 단념시키고 결혼생활을 파괴하는 것이 사실이
다.[50]

한편, 1930년대에는 출산율이 급격하게 떨어졌고, 1920년과 1940
년 사이에는 혼외 출산율이 시종일관 낮은 상태였다.[51] 이 시절, 남자
와 여자는 결혼은 물론 출산까지 연기했다. "결혼 허가서 없이는 아이
도 없다"라는 것이 문화적 규범이었다. 오늘날과는 달리, 1930년대에
는 절망적으로 가난하고 직장이 없는 남자들은 결혼하지 않고서는 아
이를 갖지 않았다. 그 당시 그들 대부분은 결혼을 무시했다. 오늘날은
아버지 역할이 더 자발적이 되었다. 이것이 의미하는 것은 마르샤 칼
슨Marcia Carlson과 폴라 잉글랜드Paula England가 말하듯이 "오로지 가장 헌신
적이고 재정적으로 안정된 남자들만이 그것(결혼)을 선택하고 붙잡을
수 있다"는 것이다.[52] 이러한 문화의 중요한 변화는 오늘날 가난한 아
이들이 자라나는 가정에게는 상당히 중요한 문제다.[53]

공공정책이나 정치적 이데올로기의 변화가 전통적인 부모 가정을
훼손하는 데 잘못된 영향을 미쳤을까? 지금까지 가장 일반적으로 논
의된 가능성은 복지 혜택이 가난한 싱글맘들에게 인센티브를 주어 아
이를 갖도록 했다는 것이다. 몇몇 신중한 연구들도 그러한 유형의, 다
소 의미 있는 효과에 대해 확인해준다. 그러나 지난 반세기에 걸쳐 한
부모 가정이 속력을 내며 꾸준히 증가했다는 사실이 복지 혜택을 받
는 어머니들의 부침과는 부합하지 않는다. 복지 수혜자는 1960년대 말
에서 1970년대 초까지 증가했다가, 1972년부터 1992년까지 점차 하

락했으며, 1990년대에 걸쳐서는 더 급격하게 하락했다. 더군다나 전통적인 가정의 붕괴를 경험한 많은 어머니들이 복지 혜택을 받지 않았기 때문에 복지제도는 주요한 원인이 될 수 없다. 그리고 가정의 붕괴는 복지 자격 규정이 엄격해진 1996년 이후에도 뒤지지 않고 계속되었다.[54]

'가족 가치'를 강조하는 보수주의자들은 때로 자유주의와 세속주의가 가족 붕괴의 원인이라고 주장한다. 그러나 혼외 출산과 한부모 가정은 전국에 걸쳐 널리 분포되어 있지, 세속적인 지역이나 보다 진보적인 정책을 추구해왔다고 여겨지는 '파란' 주들[blue states](민주당에 대한 지지가 압도적인 주를 말하며 공화당에 대한 지지가 압도적인 red states와 구별된다. -역자 주)에만 집중돼 있지는 않다. 오히려 그 반대가 사실처럼 보인다. 즉, 이혼하거나 한부모인 가정은 공화당이 강세고 사회적으로 보수적인 바이블벨트[Bible Belt]인 미국 동남부에서 더 흔한 상태인 것이다.[55] 우리는 이러한 단순한 상관관계에서 인과관계에 대한 어떠한 추론도 만들어낼 수 없다. 그러나 이러한 유형들을 통해 우리는 노동 계급 가정(백인이든 아니든)의 붕괴가 조직화된 종교의 쇠퇴나 어떤 정치적 이데올로기 때문일 수 있다는 추정에 대해 신중을 기울일 수 있다. 변화하는 정치적 가치가 이야기에서 중요한 부분이 될 수는 있지만, 그것은 오직 불리한 경제적 추세와 관련해서만 그렇다. 이데올로기는 가족 붕괴와 거의 관련이 없는 것처럼 보인다.

1980년대에는 아마도 가족 붕괴에 기여했을지도 모를 일련의 정책이 채택되었다. 즉 마약과의 전쟁, '삼진아웃' 판결, 구금의 급증 등이 그것이다. **도표 2-7**은 1980년 이후 몇 년 동안에 일어난 구금율의 폭발적 증가에 대해 보여준다. 같은 시기 동안 폭력 범죄는 줄어들었음에도 불구하고 말이다. 구금율의 폭발적 증가는 주로 교육을 적게 받은 젊은 남자들, 특히(오직은 아니지만) 젊은 흑인 남자들 사이에 집중되었다. 놀랍게도 이들 중 적지 않은 수가 젊은 아버지였다.[56]

흑인 자녀와 백인 자녀 모두에게 있어, 이들이 14세가 될 무렵 부모가 구금될 수 있는 위험성은 1978년 출생 집단과 1990년 출생 집단 사이에서 유의미한 증가를 보였다. 그리고 그러한 위험성은 특히 부모가 교육을 적게 받은 어린이 사이에 집중되었다. 1990년에 고등학교 중퇴자 부모에게서 태어난 어린이들은 같은 해에 대학 교육을 받은 부모에게서 태어난 어린이들보다 부모 중 한 명이 감옥에 갈 가능성이 네 배 이상 많다. 1990년에 태어나 교육을 적게 받은 부모를 둔 모든 흑인 아이들 중 절반 이상이 부모의 구금을 경험했다.[57]

구금율의 폭발적인 증가가 이루어진 이 시기는 인구 중 교육을 덜 받고 소득이 낮은 계층에서 한부모 가정이 점점 더 흔해진 바로 그 시기다. 물론 상관관계는 인과관계까지 증명하지는 못한다. 그러나 대량 구금은 확실히 다수의 젊은 아버지들을 가난한 이웃들로부터 몰아냈으며, 이들의 부재가 가져온 영향은 백인 아이들이나 백인이 아닌 아이들 모두에게 똑같이 오랫동안 상처를 남기는 트라우마를 낳았다. 오하이오에 있는 데이비드의 인생과 오레곤에 있는 조의 인생에도 그러한 상처가 남아 있는 것은 확실하다.

부모의 구금(부모의 교육, 수입, 인종 등과 같이 아이가 지니는 배경에 대한 다른 사실들과 관계없이)은 낮은 성적, 학교 중퇴 등과 같은 부정적인 교육 결과에 대한 하나의 강한 전조가 된다. 구금이 지니는 치명적인 영향은 아빠들이 감옥에 간 아이들의 반 친구들에게도 '쏟아진다.' 이들 반 친구들의 부모들은 구금되지 않았을 지라도 말이다. 비록 투옥과 투옥이 아이들에게 미치는 영향은 소수 인종 사이에서는 훨씬 흔하지만, 백인 아이들 사이에서는 투옥 자체가 가져오는 영향이 충분히 치명적

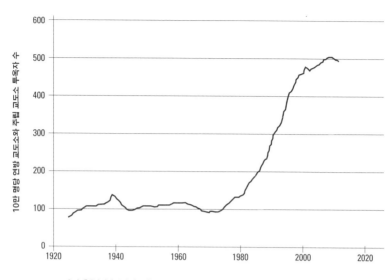

도표 2-7 미국의 구금 비율 (1925~2010)

출처: 『형사재판통계 자료집*Sourcebooks of Criminal Justice Statics*』 (Maguire, n.d., Table 6.28.2010),
http://www.albany.edu/sourcebook/pdf/t6282010.pdf.

이라고 할 수 있다.[58] 앞으로 전개될 장에서도 살펴볼 것이지만, 아버
지가 감옥에 있다는 것은 가난한 이들의 삶에서 가장 흔하게 나타나는
주제 중 하나다.

2-계층 유형의 결과

원인이 무엇이든 간에, 2-계층 가족유형은 아이들에 삶에 명백한 영향
을 미쳐왔다. 미국 사회의 3분의 1인 대학 교육을 받은 상층 계급의 자
녀 대부분은 부모 모두와 같이 산다. 그리고 이러한 가정은 일반적으
로 두 개의 소득원을 지니고 있다. 그렇지만 고등학교 교육만 받은 하

위 3분의 1의 경우, 대부분의 자녀는 기껏해야 자신들의 생물학적 부모 중 한 명과 살고 있고, 많은 아이들이 변화무쌍하고, 배우자가 다수인 가정 또는 혼합가족blended family에서, 그러나 한 명 이상의 임금소득자는 거의 없는 가정에서 살고 있다. 다수의 연구들은 아이들에게 나타난 많은 부정적 결과가 오늘날 하위 계층 특성의 유형과 관련이 있다는 사실을 증명한다. 반면, 아이들에게 나타난 많은 긍정적 결과들은 상위 계층의 대표적인 새로운 유형과 연관되어 있다.[59] 앤드류와 첼시를 감싸주었던 안정적인 부모의 지원과 카일라와 데이비드가 자랐던 끔찍한 혼돈을 대조해보라.

아이들은 이른 임신과 복수 배우자에 의한 다산의 대가를 치르게 되는데, 이는 인생에서 성공 가망성이 줄어드는 형태로 나타난다. 생물학적 아버지가 없이 자란 아이들은 인종과 계급에 관계없이 표준시험에서 낮은 결과가 나오고, 성적이 낮으며, 학교에 머무는 햇수도 더 적다.[60] 이들은 또한 행동에서도 더 많은 문제를 드러내는 경향이 있는데, 예컨대 부끄러움, 공격성 등을 나타내고, 심리적인 문제로 불안과 의기소침한 상태의 증가를 보이기도 한다.[61] 어린 시절의 일부분을 싱글맘과 보낸 아이들은 성관계를 더 일찍 갖게 될 수도 있고, 따라서 젊은 나이에 싱글 부모가 되는 등 순환과정이 재현되기도 한다.[62]

이혼을 하거나 재혼을 한 가정에서는 아이들이 특별한 도전에 부딪친다. 부분적으로는 가족의 제한된 재원이 한 가정 너머까지 분산되어야 하기 때문이고, 부분적으로는 부모 사이에서 좀처럼 사라지지 않은 불만, 서로 간의 육체적, 정서적 거리감 등이 효율적인 의사소통과 협력 관계를 방해하기 때문이다. 복수 배우자에 의한 다산은 아버지쪽의 관여 감소, 확대 친족 관계의 축소, 그리고 불화, 질투, 경쟁의 증가 등과 연관된다. 특히 우리가 카일라의 삶에서 반복해서 보았듯이,

같은 집 안에서 다른 배우자들 사이에서 태어난 아이들이 함께 살 때 이런 현상이 두드러진다. 이러한 모든 문제는 복잡한 다수의 배우자로 이루어진 가정의 다양한 커플들이 첫 결혼이 아닐 때 더욱 악화된다.[63]

물론 가족의 분산이 때로는 관계된 어른들을 위해, 그리고 때로는 자녀들을 위해 더 좋을 수도 있다. 특히 아버지가 폭력적이거나, 싸움 중독이거나, 구금으로 인해 자주 집을 비울 때는 더욱 그렇다. 더군다나 가족구조와 아동복지에 대한 많은 연구 성과들에 따르면 이 두 가지가 상호 연관성을 지니기 때문에, 우리는 가족의 취약성이 실제로 나쁜 결말을 불러일으켰는지 확인할 수 없기도 하다. 싱글 부모와 나쁜 결말 사이의 상관성이 낮은 소득과 가족 또는 개인의 분열에 대한 일반적인 징후를 반영하는 그럴싸한 거짓 지표일 수도 있다. (예컨대 카일라의 가족은 아주 많은 부분이 잘못되었기에, 조와 달린의 이혼이 가장 중요한 요인이었는지 확신할 수 없다. 물론 세 명 모두 그런 식으로 생각하지만 말이다.) 그러나 최신 증거들은 인과관계가 존재한다는 것을 강하게 시사한다.[64] 가정 전문가 이사벨 소우힐Isabel Sawhill이 말하는 것처럼, "일반화는 위험하다. 많은 싱글 부모들이 어려운 환경 속에서도 대단한 일을 하고 있다. 그러나 평균적으로, 한부모 가정의 자녀들은 학교에서나 생활에서나 더 많은 잘못을 저지른다."[65]

이러한 어려움 때문에, 미국에서는 한부모 가정이 가장 흔하게 나타나는 지역이 바로 상향 이동이 완만하게 이루지는 곳이라는 최근의 연구도 놀라운 일이 아니다.[66] 물론 가족구조가 하나의 '최초의 원인'은 아니다. 그것은 인종, 주거지역 차별, 공동체의 견고성, 학업 등을 포함하는 다양한 요인들과 얽혀 있다. 우리가 본 것처럼 가족 붕괴가 경제적인 고충에 의해 강하게 유발되는 경우가 많기 때문에, 어떤 하나의 중요한 의미에서는 가족구조가 단순히 한 세대의 빈곤과 다음 세대의 빈곤 사이의 중개변수^{intervening variable}로 보일 수도 있다. 그럼에도 불구하고 그것은 전체 그림에서 두드러진 부분이라 할 수 있다. 비록 완전하지는 않지만 상관관계는 강하게 나타난다. 즉 한부모 가정이 많다는 것은 상향 이동이 줄어든다는 것이다.

다음 장에서는 양육에서 나타나는 계급 차이에 대해, 특히 이른 시기의 양육이 아이의 발달에 어떻게 영향을 미치는가에 대한 최신 연구 성과에 초점을 맞춰 살펴볼 것이다. 각기 다른 사회계급 출신의 부모들은 그들의 자녀들에게, 그리고 자녀들을 위해 아주 상이한 행동을 하는데, 그에 따른 결과 또한 상당한 차이가 난다.

멀리서 본 애틀랜타^{Atlanta}는 선벨트^{Sun Belt}(미국 남부를 동서로 가로지르는 온 난지대. -역자 주)의 보석인 뉴사우스^{New South} 지역 성장의 빛나는 사례라 할 수 있다. 과거 레트 버틀러^{Rhett Butler}와 스칼렛 오하라^{Scarlett O'Hara}(영화 〈바람과 함께 사라지다〉의 남녀 주인공. -역자 주)의 (환상 속) 고향 마을이기 도 했던 애틀랜타는 풍요롭고 고도로 세련된 모습의, 미국에서 9번째 로 큰 세계적인 대도시 지역으로 변모해왔다. 1970년 이후 미국의 그 어떤 도시도 이곳보다 더 빠르게 성장한 곳은 없다. 애틀랜타는 분야 가 다원화되고 강력한 21세기형 경제 구조를 지니고 있으며, 코카콜라, 택배 회사 UPS, 홈 데포^{Home Depot}, CNN 방송, 델타 항공사, 미국 질병통 제센터 등의 본부가 있는 곳이다.

풍요로운 애틀랜타는 시내 북쪽에 있는 거대한 부자들의 거주지역 과 상업구역인 벅헤드^{Buckhead}에 의해 집약적으로 표현된다. 여기에 있 는 도시 중심부의 고층 콘도, 쇼핑 구역, 레스토랑 등은 그림자가 드리 워진 이웃 지역, 골프 코스, 수백만 달러짜리 가옥 등의 한가운데에 자 리하고 있다. 이 구역 거주민의 95%가 백인이고, 평균 가계소득은 대 략 15만 달러이며, 아동 빈곤율은 거의 제로다. 현대판 남부 상류계급 을 연상시키며, 하얀 기둥과 레몬수가 우아한 사무실 공간과 지미 추 ^{Jimmy Choo}(남성 향수. -역자 주)와 함께 뒤섞여 있다.

피치트리 도로^{Peachtree Road}를 따라 남쪽으로 15분만 가면 애틀랜타 시내에 있는 고층 빌딩의 그림자가 드리워진 곳이 있는데, 미국에서 가장 마약과 범죄가 빈번한 빈민 지구가 바로 그곳이다. 판자로 둘러막은 집들과 빗장이 쳐진 창문, 그리고 콘크리트 바닥으로 된 운동장이 있는 지역으로, 게으른 남자들이 길 모퉁이에 모여 있는 곳이다. 여기는 인구의 95%가 흑인이고, 평균 가계소득은 15,000달러이며, 아동빈곤율은 75%에 달한다.

역사적으로 애틀랜타는 인종차별에 의한 고통을 경험하기도 했다.[1] 1970년 무렵에는 법적으로 차별 정책은 사라졌지만, 백인들의 교외로의 탈출이 원활하게 이루어져 1960~1980년 사이 시내의 중앙 지역 인구 중 백인이 차지하는 비율은 62%에서 33%로 떨어졌다. 반면 1960~2000년 사이에는 대도시 구역의 전체 인구 중에서 애틀랜타 자체에 거주하는 숫자는 37%에서 9%로 떨어졌다. 이는 미국의 모든 주요 대도시 지역 중에서 중심에서 바깥쪽으로 향하는 원심성의 분산 centrifugal dispersion이 가장 크게 이루어진 곳이 애틀랜타라는 것을 의미한다. 1970년에는 흑인들이 중심부를 차지하고 백인이 가장자리를 둘러싼 도시가 되었고, 학교, 주택, 그리고 사회생활 곳곳에서 사실상의 차별이 효율적으로 유지되는 곳이 되었다.

20세기 초엽의 애틀랜타는 미국의 주요 도시 중에서 빈부격차의 규모가 가장 크고, 그 증가 속도 또한 가장 빠른 도시였다.[2] 물론 그 격차는 주로 인종 간에 벌어진 것이었지만, 흑인 공동체 내에서도 계급과 수입의 차이가 증가했다. 애틀랜타는 오랫동안 교육받은 흑인 상층 계급과 중산 계급, 그리고 풍부한 흑인 문화유산을 지니고 있다. 흑인 차별 정책Jim Crow 아래에서도 흑인 엘리트가 교회, 대학, 흑인 소유 기업 등에서 출현하기도 했다. 시민권운동 기간 동안 미국에서 가장 잘 알려진 흑인 정치인들은 애틀랜타 출신이었으며, 지난 40년 동안 시장市長은 모두 흑인이 차지해왔다. 오늘날 이 도시는 몇몇 대규모 흑인 소유 회사의 본거지이면서, 이 나라에서 흑인 교육이 가장 큰 규모로 집중되어 있는 곳이고, (보고에 따르면) 숱한 흑인 백만장자들이 있는 곳이기도 하다.[3] 흑인계 비평가들은 흔히 이 도시를 '흑인의 메카'라고 부른다.

대도시 애틀랜타의 흑인 인구는 최근 몇 년 동안 급속한 성장을 거듭했다. 2000~2010년 사이 이 지역은 거의 50만 명에 이르는 새로운 흑인 이주민의 유입이 있었다. 이는 미국 내에서 가장 커다란 규모다. 2008년에 애틀랜타 대도시 권역의 총 흑인 인구는 시카고 대도시 권역을 능가했고, 지금은 뉴욕시 다음으로 전국에서 2위다.[4] 규모가 더 커진 애틀랜타의 성인 흑인 주민 전체 중에서 26%가 대학 학위를 갖고 있고, 이는 다른 10대 대도시 지역보다 (애틀랜타 내 다른 인종과는 상대적으로) 더 높은 수치다. 고등교육을 받은 새로운 흑인 애틀랜탄들 Atlantans은 사실 북부에서 이주해온 사람들이고, 이들 중 상당수는 인종이 혼합된 교외에 살고 있으며 그 수도 증가하고 있다. 애틀랜타 대도시 구역 중 애틀랜타 시내에 사는 흑인들의 비율은 1970년에는 79%였지만 2010년에는 15%로 곤두박질쳤다. 이는 중산 계급과 노동자 계급 흑인들이 점점 폐허가 늘어나는 위험한 시내 중심지에서 벗어났기 때문이다.[5] 이들 새로운 교외 지역 흑인 거주자들 중에서 좀 더 유복한 사람들은 조용하고 안락하며 인종이 혼합된 이웃들 사이에서 살고 있지만, 이들보다 덜 풍요로운 흑인들은 예상외로 보석금 광고판과 전당포가 많이 있는 교외 지역에 산다.

애틀랜타 시내에 남아 있는 흑인들은 지극히 가난한 이들이다. 사실 이곳 애틀랜타 중심지에서 나타나는 빈곤의 인종 집중도는 전국 최고에 속하는 10대 대도시 지역의 어느 곳보다도 높다.[6] 애틀랜타 내에서 커다란 띠 모양의 남쪽과 서쪽 지역은 95%가 흑인이고, 아동 빈곤율은 50~80%에 이르고 있다. 폭력 범죄(이 지역에 집중되어 있는)가 만연하기도 하다. 이는 미국 10대 대도시의 시내 중심지 범죄율 중 가장 상위이거나 이에 근접한 수치다(2005년 1위, 2008년 3위, 2009년 2위, 2012년 2위).

대도시 애틀랜타에서 벌어지는 사실상의 인종차별은 경제적 차별보다 더 널리 스며들어 있고 더 심하며, 피부 색깔만으로 주민의 생애 기회에 영향을 미치는 현상이 계속되고 있다. 그럼에도 불구하고 흑인 공동체 자체도 경제적 경계에 따라 점점 더 양극화되고 있다.[7] 계속되는 인종차별과 증가한 경제적 차별의 조합은 애틀랜타의 흑인 상층 계급과 중산 계급이 백인 상층 계급과 중산 계급, 그리고 가난한 흑인으로부터 점점 더 분리되고 있다는 것을 의미한다. 비교해서 말한다면 애틀랜타는 미국 10대 대도시 어느 곳보다도 더 많은 대학 졸업자 흑인, 그리고 더 많은 흑인 빈곤층이 집중되어 나타나는 지역이다. 그런 의미에서 대도시 애틀랜타는 세 개의 도시(백인 상층-중산 계급, 흑인 상층-중산 계급, 흑인 하층 계급을 비유한 것이다. -역자 주)로 구성되는 방향으로 나아가고 있다고 할 수 있는데, 이들 중 두 도시는 번성하고 있으며, 두 도시는 흑인의 도시다.

대도시 애틀랜타 또한 세대 간 사회이동에 있어서는 미국 주요 도시 중 노스캐롤라이나의 샬럿Charlotte 다음으로 낮은 비율을 보이고 있다.[8] 인종격차는 분명히 논의의 중요한 부분을 차지하지만, 각 인종 내의 계급격차 또한 중요하다. 우리는 애틀랜타의 세 흑인 가정과의 만남을 통해 미국 사회를 가로지르는 아동발달과 양육의 계급적 차이에 대한 흥미로운 창窓을 열 수 있었다. 이들 가족은 각각 사회경제적 계급의 다른 부분들을 대표하고 있으며, 자녀들에 대한 부모의 관여와 지원에 있어서 각각 구별되는 유형의 모습을 보여주고 있다. 이 세 가족에 관한 이야기는 모두 인종적 배경이 무엇이든 간에, 경제, 가족구조, 그리고 양육 등은 상호작용하고 있고, 이 상호작용은 각기 다른 계급 배경을 지닌 아이들의 미래 전망에 영향을 미치고 있음을 보여준다.

우리는 먼저 데스몬드[Desmond]와 그의 어린 형제자매를 만날 것이다. 이들은 10년 전에 동북부에서 애틀랜타 서남쪽의 편안하고 인종이 혼합된 교외 지역으로 이사를 온 중상층 흑인 가정의 자녀들로 자신감으로 가득 차 있다.[9] 최근 남부 최고의 한 사립대학을 졸업한 데스몬드는 부모인 칼[Carl]과 시모네[Simone]의 사랑이 가득하고 철저하고 성실한 지원에 힘입어 성공적인 전문직 경력을 쌓고 있는 중이다.

그 다음 우리는 미셸[Michelle]과 로렌[Lauren]에게 시선을 옮겨가고자 한다. 이 둘은 (두 오빠들과 함께) 대부분의 구성원이 가난하고 흑인인 교외 지역에서, 엄격한 사랑을 가지고 열심히 일하는 싱글맘 스테파니[Stephanie]에 의해 양육되었다. 2000년대 있었던 중산 계급과 노동자 계급들의 빈민지역으로부터의 대탈출에 동참하여, 스테파니는 보다 나은 학교와 안전한 이웃을 찾아 그녀의 가족들과 함께 거듭해서 시내의 먼 곳으로 옮겨갔다.[10] 그녀의 양육방식은 시모네와 칼의 방식과는 아주 다르며, 그녀의 덜 풍요로운 현실 상황을 반영한다고 하겠다.

마지막으로 우리는 일라이저[Elijah]를 만날 것이다. 그는 붙임성 있고, 상냥하며, 사려 깊은 젊은이로 주로 뉴올리언스와 애틀랜타의 황폐한 흑인 빈민가에서 난무하는 폭력의 한가운데에서 자라났다.[11] 일라이저는 사춘기도 채 되기 전에 생물학적 부모(이들 중 누구와도 이야기를 할 수 없었다)로부터 버림받았다. 그의 이야기를 통해 우리는 주된 사회화 과정을 '길거리'에서 겪는다는 것이 얼마나 기회를 잔혹하게 억압하는 일인지 이해할 수 있을 것이다.

시모네, 칼, 그리고 데스몬드

시모네, 칼 그리고 그들의 아들 데스몬드는 아름다운 교외에 위치한, 잘 손질된 잔디와 커다란 벽돌집의 이웃들이 있는 그들의 집 현관문 앞에서 우리를 맞이했다. 농구 골대 옆 차도에는 세 대의 멋진 차가 주차되어 있다. 교사인 시모네는 막 일을 마치고 돌아왔고 트위드 정장 차림이었으며, 칼과 데스몬드는 테니스 셔츠와 반바지를 입고서 소파에 편하게 기대 있었다. 세 명 모두 잘 어울리게 차려입었으며, 환대하는 말투와 몸짓은 편안해 보였다. (우리가 방문하는 동안 데스몬드의 두 동생들은 집에 없었다.)

시모네는 뉴욕 시에서 상층부로의 이동이 손쉬운 중산층 가정에서 성장했다. 그녀의 가족은 할렘에서 출발하여 도시 내의 점점 더 안락한 지역으로 옮겨 다녔고, 마침내 강 건너 뉴저지의 교외 지역으로 이사를 갔다. 그녀의 아버지는 뉴욕 대학교^{NYU}를 졸업한 후 증권지주 회사인 메릴린치^{Merrill Lynch}에 고용되었고, 그녀의 어머니는 병원 사무원이었다. "전 정말로 무엇이든 부족한 것이 없었다고 생각해요." 그녀는 회상한다. 그녀의 부모는 결혼해서 50년 이상 행복하게 살았고, 그녀가 말하는 '놀라운 조부모'로서 단단한 대가족의 일원이 되었다. (데스몬드는 20대인데도 매주 조부모와 통화를 하고 있고, 그의 어린 남동생은 실제로 매일 통화를 한다.) 시모네는 가톨릭 사립학교를 다녔고 뉴욕 시립대학교^{CUNY}에서 산업심리학으로 학사 학위를 받았다.

칼은 수리남^{Suriname}에서 흑인 아버지와 네덜란드계 어머니 사이에서 태어났고 청소년 시절 뉴욕으로 이민을 왔다. 아버지는 알코아^{Alcoa}(알루미늄 제조회사. -역자 주)에서 일했지만, 대부분의 이민자들처럼 그의 부모 역시 "밑바닥에서부터 시작해야 했다"고 칼은 말한다. 뉴욕에서 사는 동안 그의 어머니는 유엔에서 일자리를 찾았고, 아버지는 마침내 자신의 도매 사업체를 이루어냈다. 칼은 이 가정에서 자란 것이 '환상적'이었다고 회상한다. 그는 말한다. "제가 오늘날 가지고 있는 대부분의 것은 아버지와 어머니 때문이죠." 가족들은 항상 학교생활이나 뉴스거리에 대해 "아주 진지하게 토론"하면서 저녁식사를 같이 했고, 종교를 삶의 중요한 부분으로 여기도록 했다. 그는 말한다. "우리 집으로 놀러오는 친구들이 많았어요. 그들에게 우리는 완벽한 가족이었지요. 우리 집만 유일하게 어머니와 아버지가 모두 있었어요." 칼은 "브루클린Brooklyn에서 가장 안 좋은 학교"에 다녔다고 말한다. 그러나 부모님은 항상 그가 대학에 가기를 기대하고 있었다. 그는 증언한다. "전 정말로 선택의 기회가 많지 않았어요. '너는 대학에 가야 한다'라는 신념만이 우리 가족 안에 뿌리박혀 있었거든요."

시모네와 칼은 뉴욕 시립대학교에서 만났다. 그녀는 20살, 그는 21살이었고, 그들은 2년 후에 결혼했다. 그녀는 신뢰 가고 의지할 만한 부양자를 원했고, 그는 이 두 조건을 모두를 갖췄다. 이들은 결혼 전에 교회에서 멘토를 만나 이야기를 나누었다. 그 멘토는 5년 정도 기다린 후에 아이를 갖는 것이 좋겠다고 조언해주었고, 부부는 그의 조언을 마음속 깊이 간직했다. 시모네는 뉴욕의 법률 회사에서 9년 동안 일하면서 접수 담당자에서 준법률가paralegal(법무 지식은 있으나 변호사 자격은 없어, 법의 허용 범위 또는 변호사의 감독 아래에서 활동하는 사람. -역자 주)로 빠르게 승진했지만, 데스몬드를 낳은 직후부터는 전업주부가 되었다.[12] "우리는 신의 축복으로 이 작고 아름다운 아이를 갖게 됐어요. 그로 인해 상황을 균형감 있게 바라볼 수 있었죠. 자신에 대해서만 생각할 순 없게 되었거든요"라고 그녀는 고백했다.

그 무렵 칼은 월가의 한 주요 회사에서 IT 매니저로 일을 시작했다. 그는 경력에 대해 이야기하면서 겸손하게 말한다. "훌륭했어요. 일자리가 항상 있었고, 제가 정말 잘할 수 있는 것들이었으니까요." 그는 항상 자기 일에 자부심을 가지고 있었고, 으레 아이들을 사무실에 데려오고는 했다. 데스몬드는 회상한다. "거의 두 달마다 아빠는 우리중 한 명을 일터로 데리고 갔어요. 그는 항상 컴퓨터와 함께 있었고 디지털 신호체계인 1과 0을 우리에게 보여주셨지요. 전 정말 푹 빠졌어요. 그것이 무엇인지 잘 몰랐지만, 아빠는 늘 그것에 대해 말을 해주었지요." 아이들의 회사 방문은 칼이 무엇보다도 아이들을 우선시한다는 것을 의미한다. 그는 말한다. "아이들의 능력이 최고가 될 때까지 스스로 공부하도록 돕고, 파괴적이지 않고 생산적인 사람들을 아이들 주변에 두어야 합니다."

교육을 무엇보다 우선시하는 것은 그의 어머니도 마찬가지였다고 데스몬드는 말한다. "엄마는 제게 『후크 온 파닉스*Hooked on Phonics*』와 같은 책들을 사주시고는 했지요. 그리고 전 저녁식사 전이나 후에 식탁에 앉아 공부를 했지요." 교육에 대한 부모의 강조로 인해 데스몬드는 고등학교 이후 학업을 지속하는 것과 전문 직업인이 되는 것을 당연하게 여기게 되었다. "저는 항상 의사나 과학자 같은 사람이 될 거라고 생각했어요. 그리고 거기 도달하기 위한 길이 대학이라는 것을 알기에, 항상 그곳에 가게 될 거라고 생각했어요."

시모네는 목적의식을 가지고 데스몬드를 키웠다. 그녀는 말한다. "저는 항상 우리 아이들이 승부에서 앞서기를 원했어요. 다른 누가 아이들을 키우는 것을 원하지 않았지요. 우리는 도서관의 '엄마와 나' 프로그램에 참여했지요. 저는 아이가 가능한 많은 것들을 접할 수 있도록 했어요. 우리가 살았던 곳 근처에 직접 체험할 수 있는 큰 박물관이 있어서 함께 가고는 했지요. 저는 항상 놀이 집단을 만들어 주었죠. 좀 더 크면서 데스몬드는 일 년 내내 운동을 했어요. 고등학교 내내 축구를 했지요. 농구도 했고 피아노 레슨도 받았어요. 저는 심지어 아이가 탭댄스도 배우기를 원했지만 남편이 반대해서 못 시켰지요. 아이들이 먹는 음식에도 매우 주의를 기울였어요. 맥도날드에서는 고기를 먹지 못하도록 했죠. 소다수도 먹지 못하게 했어요. 우리 부부는 아이들의 몸에 들어가는 것에 대해 매우 엄격했어요."

시모네와 칼은 아이들이 좋은 학교에 다닐 수 있도록 하려 했고, 유치원조차도 거듭 비교하면서 선택했다. 데스몬드가 아주 어렸을 때, 그들은 맨해튼에서 허드슨 강 건너에 있는 뉴저지 북부에 살았다. 하지만 아이가 아홉 살이 되자, 칼이 통근 시간에 2시간을 할애해 녹초가 되는 것을 무릅쓰고 더 아래 지역으로 이사를 가서 데스몬드가 좋은 학교 시스템 안으로 들어갈 수 있도록 했다. "우리 학교 시스템이 나빠서 그런 것은 아니었어요. 단지 그를 (우리가 살고 있는 지역에 있는) 공립학교에 보내는 것을 원하지 않았기 때문이죠"라고 시모네는 말한다.

칼은 긴 시간의 통근이 아이들과의 시간을 뺏고 있다는 사실에 속을 태우다가, 5년 후 애틀랜타로 이사하기로 결정했다. 시모네는 그들이 어떻게 새로운 집에 자리 잡게 되었는지를 자세하게 설명한다. "저는 데스몬드가 이 지역 고등학교에 가기를 원했어요. 아주 좋은 학교였고, 다양성이 있었기 때문이죠. 저는 아이가 백인만 다니는 학교에 가는 것을 원하지 않았어요. 이 집은 보지도 않고 샀어요. 우리의 모든 관심은 학교뿐이었으니까요. 고등학교가 좋으면 이 학교에 학생들을 보내는 중학교도 좋을 거라고 생각했어요."

아이들이 학교에 다니기 시작하자, 그녀는 자기 부모들이 했던 것보다 더 많이 학교 일에 헌신적으로 참여했다. 그녀는 이렇게 기억하고 있다. "저는 데스몬드가 다니는 학교의 모임에 가고는 했지요. 그리고 거기서 말했어요. '네, 여기가 아이들이 힘든 시간을 보내는 곳이고, 우리가 해야 할 일은 이것입니다'라고요. 저는 아이들에게 무슨 일이 일어나는지 잘 알고 있었지요. 여름에는 학습장을 한데 모으기도 하고, 어느 날이 수학 시간이고, 독서 시간인지 알고 있었지요. 매시간이 학습 시간이었어요."

"아이들은 대통령이 그려져 있는 카드를 가지고 놀곤 했어요. 우리는 플로리다에도 가곤 했는데, 차 안에서는 아이들이 플래시 카드flash cards(낱말을 익히게 하는 학습용 카드. -역자 주)를 갖고 놀게 했죠. 전 플래시 카드를 좋아했어요. 우리 가족이 어딘가 가게 되면 '우리가 이곳을 왜 가는지 생각해볼래?' 하고 묻고는 했어요. 우리는 안네 프랑크Anne Frank의 집에도 갔었어요. 그곳에 가기 전에 『안네의 일기』를 읽어서 아이들도 안네 프랑크가 누구인지 알고 있었지요. 저는 저소득 공영주택에서 살면서 농구를 하고 놀았던 한 소년에 관한 책도 아이들에게 읽어주었어요. 우리 아이들이 자란 환경과 전혀 다른 환경에 살았던 아이의 이야기였지요. 전 밤이 되면 아이들 셋 모두에게 책을 읽어주고는 했어요."

데스몬드는 힘든 일과 감사한 일 모두에 대해 같은 경험을 했다고 회상한다. "엄마는 우리가 여름밤에 읽을 수 있도록 보충 교재와 책을 사주시고는 했어요. 우리 가족이 플로리다의 유니버설 스튜디오에 갔을 때, 아직 밖에 해가 있었지만, 전 안에서 책을 읽고 있었죠. 인생에서 가장 잔혹한 시간이었어요. 저는 수학책을 들고 있었지요. 그러다가 가끔 책 뒤에 있는 해답을 보며 공부하는 척 했어요. 엄마는 제가 그러는 것을 보고만 있었죠. 그리고 '아주 빨리 마쳤구나. 그럼 다음 페이지를 하렴'하고 말씀하셨죠. 저는 '내가 제대로 했다면 아직도 공부하고 있지는 않겠지'라고 생각했고, 어머니는 '나는 네가 뒤쪽에 있는 답을 보는 것을 봤지'라고 말씀하시는 것 같았어요. 엄마는 제게 『강건한 아이들*The Hardy Boys*』이란 책을 소개해주셨고, 전 정말 그들을 좋아했지요. 아버지는 보다 현실적이었어요. 그는 신문을 읽거나 뉴스를 한번씩 보라고 내게 말씀하고는 하셨지요. 그리고 제게 '무엇을 배웠니?'하고 물으셨어요. 저는 '아, 정말 모르겠어요. 기억이 안나요'라고 답하곤 했죠. 그러나 그런 경험은 학교에서의 힘든 시간들을 견딜 수 있도록 해준 것 같아요. 정말 대단한 시간이었죠."

요즘 데스몬드는 책 읽기를 좋아한다. "이상한 일이에요. 자라면서는 독서를 정말 안 좋아했거든요. 어떤 이유에선가 전 제가 독서에 흥미를 가지게 할 만한 무언가를 찾는 게 아주 어려울 거라고 생각했죠. 그러나 지금은 찾았어요. 독서를 하고 있으면 제가 영리하다고 느끼게 되거든요."

시모네는 아이들의 학교생활에도 참여한다. 데스몬드의 초등학교에는 일단 아이가 학교를 나서면 뭔가 잊어버린 것이 있다 하더라도 다시 학교로 돌아올 수가 없다는 규정이 있었다. 데스몬드는 자기 숙제를 잊어버리는 나쁜 버릇을 가지고 있어서, 시모네는 매일 오후 학교에 나타나 아이가 가방을 잘 챙기는지, 필요한 모든 것을 가지고 집으로 오는지를 확인했다. 그렇게 몇 주가 지나자 데스몬드는 스스로 챙기는 법을 알게 되었다. 시모네는 아이들의 학교에서 활동적인 자원봉사자이기도 했다. 데스몬드의 유치원에서부터 학부모교사회의PTA에 참여하기 시작했고, 초등학교에서는 학부모교사단체PTO의 회장이 되었다.

데스몬드는 초등학교 시절을 떠올리면서, 가족의 저녁식사 시간이면 할 말이 많았다고 회상한다. "전 그 시간들을 통해 얻었던 모든 것들이 중요하다고 생각해요. 저녁식사 자리에서 나눈 대화들을 통해 많은 것을 배웠거든요." 일반적으로 시모네와 칼은 대화와 청취를 아이들을 교육시키는 수단으로 여기고 있다. 시모네는 자신들의 양육철학에 대해 이야기한다. "아이들과 시간을 같이 보내세요. 당신이 아무것도 하지 않고 있다고 느낄지라도, 그들과 사소한 일이라도 같이 하세요. 아이들을 데리고 식료품 가게에 가는 일이라도 말이죠. 아이들은 그런 일도 다 기억하고 있거든요. 인생에서 가장 사소한 주제라 할지라도, 딸아이가 지금 제게 말하고 싶어 하는 것이 있으면, 이야기를 전부 들을 수는 없더라도 들어주려고 노력해요."

칼도 비슷한 느낌으로, 그와 시모네가 아이들과 얼마나 가깝게 지내는지를 자랑스럽게 말한다. "요즘은 아이들과 더 많이 함께해야 해요. 아이들이 음악 수업을 힘들어 한다면 왜 그런지 알아야 하죠. 데스몬드는 (지금 스물두 살인데) 다른 할 일들이 있음에도 불구하고 여전히 매일 전화를 해요. 짧은 통화로 마칠 때도 있지요. 그러나 우리는 정말 끈끈한 관계죠. 다른 사람들이 자기네 아이들과 같이 지내는 모습을 보면, 저는 정말 아주 감사하다는 생각을 합니다."

훈육과 자율성과 관한 문제가 생길 때, 칼과 시모네는 함께 문제를 해결한다. "저희는 항상 팀이죠. 제 입장에서 데스몬드가 어떤 일은 하고 어떤 일은 하지 않기를 바랄 때, 항상 같이 결정을 하지요. 애 앞에서는 절대 논쟁을 벌이거나 갈등을 보이지 않아요"라고 시모네는 말한다. 문제가 생기면 그들은 신중하면서도 단호하게 일을 처리하려 한다. 칼은 말한다. "부모로서 그런 일은 아마도 가장 즐겁지 않은 일일 거예요. 왜냐하면 그 일에 질긴 애정도 섞어야 하기 때문이죠. 때로는 아이에게 반복해서 가르쳐야 해요. '이것은 네가 할 필요가 있는 일이고, 이것은 네가 해야만 하는 일이다'라고 상기시켜요. 어떤 때는 부모라는 카드를 꺼내 들고 '이걸로 끝'이라고 말해야 하지요. 물론 아이들이 크면서 그런 일은 줄어들게 되지요. 요즘은 제가 뭔가를 보게 되면 '그런 일을 하는구나. 왜 그 일을 하는지 내게 설명해보렴. 이 문제에 대해서는 생각해보았니?'라고 묻지요."

시모네는 훈육에 있어서 미묘하고 균형 잡힌 접근 방식을 가지고 있다. 그녀는 말한다. "저는 데스몬드에게 부득이하게 벌을 주었던 적이 있었다고 생각하지 않아요. 아이의 권한을 뺏어가면서까지 처벌한 적은 없어요. 전 항상 아이들이 들어오고 싶은 가정을 만들기를 원했거든요. 가정은 안식처입니다. 만약 뭔가를 잘못했다면, 그 일에 대해 따끔하게 짚고 넘어가기는 하겠지요. 그러나 아이들에게 벌을 주어서 그들의 특권을 제거했던 적은 없어요. 전 '일주일 동안 TV 시청금지'라는 식으로 말한 적이 없어요."

칼 또한 항상 아이들이 자율성을 기를 수 있도록 노력했다. 어떤 특정한 방향으로 가도록 아이들에게 권할 때라도 그는 간섭에 제한을 둔다. 그는 자신의 접근 방식을 다음과 같이 설명한다. "어떤 식이든 아이들이 하기 원하는 것을 스스로 결정하게 해야 합니다." "제가 하려는 것은 아이들이 가능한 많은 것을 접하게 하는 것이지요." 데스몬드가 의료직을 놓고 결정을 내리지 못했을 때, 칼은 무엇을 하라고 말하기보다는 데스몬드가 몇몇 의료 전문인들과 이야기를 해보도록 자리를 마련해주었고, 결국 6주 동안 세미나에 참석하게끔 해주었다.

시모네는 기본적으로 아이에게 다정하지만, 강하게 대하거나 간섭을 하기도 한다. 데스몬드가 고등학교 시절 조지아 주에서 있었던 에피소드가 그런 모습들을 잘 보여준다. 동시에 인종과 같은 다루기 힘든 문제를 헤치고 나가는 시모네의 능력을 보여주기도 한다. 경제학 시험을 치르는 동안 데스몬드는 그가 바닥에 내려놓았던 몇 장의 색인 카드를 흘긋 보게 되었다. 이 카드들은 다음 수업을 위한 기록장이었는데, 교사는 그가 부정행위를 했다고 비난했다. 데스몬드는 핸드폰으로 어머니에게 전화를 했고, 그녀는 곧바로 교실로 찾아와 무슨 일이 있었는지 물었다. 그 교사는 데스몬드, 시모네와 함께 상황에 대한 이야기를 나눈 후 자기가 잘못 생각했다는 데 동의했다. 시모네는 그 교사에게 다음과 같이 말했다. "왜 선생님이 제 아이가 부정행위를 했다고 생각하는지 이해합니다. 저도 똑같이 생각했을 것입니다. 제 아이에게 시험 점수 0점을 주셔도 좋습니다. 제 아이는 부정행위를 생각할 필요가 없을 만큼 머리가 좋은 아이이기 때문에 0점을 주셔도 잘 극복해 낼 것입니다. 저는 선생님을 100% 지지하겠습니다." 교사는 그 제안을 사양하면서 데스몬드를 "좋은 학생"이라고 불렀다. 데스몬드는 나중에 시모네에게 교사가 편견을 가지고 있다고 불평했다. 그녀는 대답했다. "아냐, 그렇지 않아. 상식적으로 행동해야 한다. 왜 카드를 거기다 놓고 내려다보았니? 바인더에 넣어 책상에 두었어야지. 늘 현명하게 처신해야 한다."

종교는 칼에게 깊은 영향을 미쳤다. 그는 삶의 우선순위를 영적인 삶, 일, 가족, 운동의 순서로 설정했다. 데스몬드는 어떻게 종교 공동체와 종교적 신념이 자기 삶에 스며들었는가를 설명한다. "우리는 아주 특별한 가족이에요. 식사 전에 기도를 하지요. 일요일 교회를 마친 후에는 모임을 가져요. 아빠는 제게 '데스몬드, 오늘 교회에서 무엇을 배웠니?'라고 묻고는 해요. 제가 '하느님에 대해서'라고 대답하면, 아빠는 '그 외에는?'이라는 식으로 다시 묻죠. '예수님에 대해서'라고 제가 대답하면 대화는 그게 끝이에요. 그러나 집에 왔을 때 무언가가 약간 다르게 나타나기 시작하죠. 스스로에게 '왜 그것을 위해 기도했지? 좀 더 설명해 봐'라고 물어보게 돼요. 저는 정말 강한 신앙을 배경으로 가졌어요. 제가 믿는 것을 개인적으로 스스로에게 정착시키는 것은 물론이고, 부모님이 제게 주입해온 모든 것에 동의하는지 여부를 스스로에게 묻는 식이었죠."

"대부분의 친구들은 교회에 다니고 있어요. 열두 살 때 조이 싱어스^{Joy Singers}라 불리는 작은 모임의 오디션을 봤는데, 여기서 제 가장 끈끈한 친구들을 갖게 되었죠. 우리는 매주 수요일 밤과 토요일 밤에 노래를 했어요. 청소년 캠프 같은 곳으로 노래하러 가기도 했고요. 이 모임을 통해 전 믿음에 대한 확신이 생겼고, 누군가가 믿음에 대해 이야기해주길 원하면 같이 이야기하기에 충분할 정도로 저 자신을 열어놓을 수 있게 됐어요. 또 아무도 믿음에 대해 말하고 싶어 하지 않으면, 자신 있게 물릴 수도 있게 됐고요."

시모네 또한 아이들을 키우는 데 있어 종교의 중요성에 대해 강하게 강조했다. "데스몬드는 강인한 젊은 크리스천이에요. 저는 아이가 의미 있는 모든 일에서 신앙인이 되길 원해요. 저는 제 아이들이 사귀는 여자애에 대해 이렇게 말해요. 너희가 계속 깊게 사귈 수도 있지만, 언젠가는 함께하기를 원하지 않게 될 수도 있고, 상대가 다른 사람의 아내가 될 수도 있어. 그래서 늘 존중하는 마음을 명심해야 한단다. 만약 네가 그녀를 좋아하지 않으면 그녀와 관계를 맺지 말아야 해. 아마 제 아이들은 중학교에 가서야 결혼하지 않고도 아이를 낳을 수 있다는 사실을 알았을 겁니다."

이 가족의 *끈끈함*을 말해주는 일화가 있다. 우리와의 대화 말미에 데스몬드가 떠올린 이야기인데, 그의 부모가 전혀 언급하지 않았던 이야기를 즉석에서 꺼낸 것이다. 7학년 때 그에게 당뇨병이 생겼다. "큰일이었죠. 우리 가족은 식사 방법을 바꾸고, 모두의 생활 방식을 바꾸었어요. 식구 전부 저한테 맞춰 지내주었는데, 제게 정말 커다란 도움이 됐어요. 전 정말로 힘들었거든요. 매일 같이 전쟁이었어요. 우리 가족은 생선을 더 많이 먹기 시작했어요. 설탕이 들어가거나 기름진 전통 음식은 특별한 날에만 먹었어요. 저의 가족들은 그 일로 더욱 더 끈끈해졌지요."

여러 가지 면에서 칼과 시모네는 신중하고 교육받은 부모의 보편적인 모습을 지녔다. 그러나 인종 이슈는 그들의 삶에서, 그리고 양육 과정에서 하나의 일상적인 문제 요소가 되어왔다. 그녀는 말한다. "저는 흑인 남자아이들을 키우고 있죠. 항상 흑인 남자아이들이라는 점이 일을 더 어렵게 만든다고 느꼈어요. 그래서 항상 그들이 한발 앞서기를 원했죠. 때문에 데스몬드에게 '아들, A를 받기 원한다면 90점으로는 안 돼. A를 받을 거라고 기대하려면 95점은 받아야 해'라고 말하고는 했어요."

"인종차별적인 사건이 생기지요. 많지는 않지만 그래도 일어나요. 데스몬드가 평점 4.0을 받아서 반에서 8~9등을 했는데, 대학 입학 상담사는 기술학교와 2년제 대학을 제안했어요. 한번은 데스몬드가 새로 택한 화학 과목 교실로 가는 길을 교사에게 물어봤는데, 그 교사는 약간 부정적인 태도를 보였대요. 학교 상담사에게 이 이야기를 하자, 그는 데스몬드에게 '아, 그랬구나. 아마 네가 똑똑하다는 것을 알지 못했기 때문에 그랬을 거야'라고 말했다더군요."

"사회는 흑인 아이를 주시할 거예요…." 그녀는 잠시 이야기를 멈추었다가 다시 시작했다. "둘째 아들이 대학에서 집으로 돌아왔을 때였어요. 비가 오고 있었죠. 나가려던 참이던 아이는 후드를 썼어요. 제가 '후드를 쓰고 어디를 다니려고 하니? 야구 모자를 쓰렴' 하고 말했어요. 저는 아주 현실적이었어요. '너는 똑똑해, 네 앞에 놓인 무엇이든 가질 수 있어. 조금만 더 열심히 공부한다면 말이지.'"

대학 진학을 위해 집을 떠나면서 데스몬드는 가족의 중요성에 대해 많은 생각을 하게 됐다. "처음 1년은 정말 힘들었어요. 가족들이 제게 얼마나 중요했는지 깨닫지 못했는데, 실감이 나기 시작한 거죠. 첫 수업을 마치고 숙소로 돌아왔을 때, 부모님께 첫날에 대한 이런 저런 이야기들을 하고 싶었어요. '아유, 집에 가고 싶어요.'와 같은 말이었죠. 부모님이 상호작용하는 방식은 제가 닮고 싶은 거예요. 특히 부모님이 논쟁을 할 때나, TV에서 일어난 무언가에 대해 논의할 때처럼 말이죠. 저는 스스로에 대해 생각할 때마다. 부모님은 어떻게 하실까 하고 생각해요. 부모님이 나라면 어떻게 행동할까 하고 말이지요. 자주 있지는 않지만 일이 엉망이 되었을 때, 이런 생각은 저를 조금씩 성장하도록, 그리고 조금 더 잘하도록 해줘요."

계속된 대화가 마무리될 때쯤, 시모네는 부모로서의 삶에 대해 돌이켜보았다. "정말 감사해야 할 일이 너무 많아요, 그러나 저는 말하고 싶어요. 부모가 된 후에는 양육하기를 멈추지 말라고요." 이때 막 플로리다의 질병통제센터에서 인턴을 하고 있던 데스몬드가 전화를 걸어 어머니에게 자동차 열쇠를 잃어버렸다고 하면서 조언을 구했다. 통화 후 그녀는 전화를 가리키며 말했다. "완벽한 증거 맞지요? 항상 도움과 조언, 그리고 상식을 전하는 목소리로 남아 있어 줘야 해요. 부모의 역할은 끝이 없어요."

시모네와 칼은 벤드에 사는 얼과 패티, 그리고 첼시의 부모와는 대륙 건너편에 멀리 떨어져 있었고, 인종적으로도 차이가 났다. 그러나 이들 세 커플 모두는 미국의 중상층 계급에 속해 있다. 그들의 양육방식은 놀랄 정도로 유사하다. 아이들을 키우는 일에 시간과 돈, 사려 깊은 관심을 집중적으로 투자함에 있어서 세 가정은, 각각의 공동체에서 몇 마일 정도 떨어진 곳에 사는 같은 인종의 노동자 계급이나 하층 계급 가정들보다, 서로 훨씬 더 유사한 모습을 보인다. 다음으로, 우리는 이제 애틀랜타 대도시 권역에 사는 한 노동자 계급 가족의 이야기를 살

퍼보고자 한다.

스테파니, 로렌, 그리고 미셸

우리가 스테파니와 그녀의 딸들을 만난 곳은 애틀랜타 외곽의 새로운 개발 구역에 있는 넓은 면적의 대지에 지어진 그들의 집이었다. 방은 조화로 마무리한 일반적인 '모델하우스' 같은 느낌을 자아냈다. 하지만 스테파니는 함박웃음과 함께 사교적이며 모성애 가득한 명랑한 성격으로 그곳을 채우고 있었다. 사무실 매니저로 근무하는 그녀는 서비스업 유니폼을 입고 있었고, 그녀의 이름이 상의 호주머니 위에 인쇄되어 있었다. 그녀의 큰딸 로렌(21세)은 키가 크고 단아하며, 자신감 있는 우아한 분위기를 발산하고 있었다. 작은 딸인 미셸(19세)은 언니보다 나은 곡선미를 자랑했는데, 핑크색 벨루어velour 운동복을 입고 있었고, 쉬지 않고 핸드폰을 체크했다. (스테파니의 두 아들은 더 이상 집에 같이 살지 않는다.) 자신의 교육 수준에 대한 자의식 때문인지, 스테파니는 짧은 어휘 실력에 대해 먼저 양해를 구했다. "저는 많은 단어를 여과없이 쓰지요. 그리고 딸들이 고쳐주고는 해요. 화가 났을 때도 그래요. 저는 그게 좋아요." 양해를 구하는 태도로 볼 때 그녀는 충분히 강인하고 사려 깊은 어머니처럼 보였다.

스테파니는 디트로이트에서 성장했다. 그곳은 그녀의 어머니가 폭력적인 알코올 중독자였던 스테파니의 아버지를 조지아 주에 남겨놓고 도망간 곳이었다. 그녀의 어머니는 간호사였고, 스테파니에 따르면 크라이슬러의 공장 라인에서 일하는 양아버지와 '동거하고' 있었다. 그들은 괜찮은 이웃들이 있는 곳에서 살았지만, 어머니와 양아버지 모두 알코올 중독이었으며, 스테파니는 프로젝트projects(빈곤층을 위한 미 정부의 주택 건설 프로젝트에 의해 만들어진 주택 지역. -역자 주) 출신의 거친 패거리들과 만나게 되었다. 중학교에서 그녀는 갱 단원이 되었고, 싸움에 뛰어드는 것을 즐겼다. 그녀는 회상한다. "그때에는 하루에 한두 명에게 상처를 입혔어요. 저는 규정 위반과 싸움 때문에 여러 번 소년원에 갔었죠. 무엇이든 제가 원하는 것인데 아무도 그것을 갖도록 허락하지 않으면, 저는 가서 그것을 빼앗거나 상대의 머리카락을 자르고는 했어요. 제가 왜 그렇게 나빴는지 모르겠어요. 이렇게 말하는 건 슬프지만, 저는 못된 인간이었어요."

행동에 문제가 있어서 스테파니는 수시로 학교에서 정학을 당했고, 집에서는 그 일 때문에 혼나고는 했다. "부모님은 저를 죽일 듯이 때렸어요. 그리고 책을 읽게 했지요. 7학년인가 8학년 때 성적 D를 받은 적이 있는데 정말 많이 맞았어요. E를 두개 받고, D를 하나, C를 두 개 받았을 때에도 여름 내내 벌을 받았어요. TV도 못 보고 아무것도 못 하게 했죠."

스테파니가 10단 기어 자전거를 원했을 때에도 어머니는 거절했다. 그녀가 아직 벌을 받고 있는 상태였기 때문이다. 그래서 스테파니와 그의 친구들은 그들의 손으로 일을 해결하려고 했다. "우리는 그걸 훔쳤고, 제가 원하는 색의 페인트를 칠해서 뒷골목에 감춰두었지요. 사실 그걸 훔치지 않아도 됐어요. 그런데 훔쳤어요. 재미로 그랬죠. 저는 나이가 들면서 제 아이들은 더 나은 삶을 살게 하리라고 결심했어요. 다행히 신의 은총으로 제 아이들은 이러한 길은 가지 않았어요."

스테파니가 열다섯 살 때 어머니가 돌아가셨다. 그녀는 디트로이트로 옮겨가 이모와 살았다. 그녀는 이렇게 회상한다. "이모는 누구보다도 저를 몰아붙였지요. 그 점이 제가 그녀를 더 존경하는 이유예요."

그렇지만 스테파니는 계속 비행을 저질렀다. 그녀가 12학년 때 이모는 그녀를 내쫓았다. "염치도 없고, 너무 시끄럽고, 면허 없이 차를 몰고, 마리화나를 피웠다는 이유에서였죠." 애틀랜타로 이사를 와서 스테파니는 성인 교육 프로그램에서 고졸학력인증서^{GED}를 땄고, 사내아이를 임신하게 됐다. "무모하게 도박을 하고 있었던 셈이지요." 그녀는 웃으며 말한다. 그녀는 아기 아빠와 결혼했고, 그와의 사이에서 3명의 아이를 더 낳았다. 또 다른 아들과 로렌, 그리고 미셸이 그들이었다.

돌이켜보건대, 첫아이를 가졌을 때가 스테파니의 삶에 있어서 전환점이 되었다. "아기를 갖게 되었을 때, 더욱 책임감이 생겼어요. 아이를 돌봐야 하고 스스로도 돌봐야 했기 때문이죠. 경력에 대해서는 생각하지 않았어요. 그저 1달러라도 벌어야 한다고 생각했어요. 거의 스물다섯 살이 돼서야 분명히 보이기 시작했어요. '인생에서 정말 하고 싶은 일이 뭔가?' 저는 제 아들과 함께 목표를 향해 출발했어요. 아이들과 함께 유아보육센터에 가겠다고 결심했고, 아이들을 가르치는 사람이 누구인지도 신경을 썼어요. 그리고 우리 부부는 아이들이 거주할 집을 계속 지켰어요."

경제적 전망이 불확실하고 남편의 성실성도 보장할 수 없는 상황이 되자, 스테파니는 자신의 삶을 조정했다. 그녀만이 아이들을 위한 경제적 책임을 질 수 있다고 생각했기 때문이다. 따라서 그녀가 첫째로 해야 할 일은 직업을 찾는 것이었다. 스테파니는 파파이스에서 일을 시작했고, 하디스 슈퍼마켓에서도 일했지만, 전기세와 연료비를 내기에 수입이 충분하지 않았다. 그래서 그녀는 새 일자리를 찾았는데, 바로 보석을 파는 제일스^{Zales} 매장에서였다. 그곳의 매니저는 친절하고 근면한 성격을 지닌 그녀를 계산원을 거쳐 매장 매니저로 승진시켰고, 결국 그녀는 매장 매니저로까지 성공적으로 승진했다. 이때 스테파니는 아이들 넷을 모두 데리고 있었고, 주 40시간을 일했으며, 그녀가 생각하기에도 '상당한 돈'을 벌 수 있었다. 연 소득이 약 3만 5천 달러로, 그들 정도 규모의 가정을 기준으로 한 빈곤선^{poverty line}(육체적 능률을 유지하는 데 필요한 최소 소득수준. -역자 주)의 두 배나 되는 액수였다.

그 몇 년 동안, 남편은 다른 여자와 바람을 피다가 집을 나갔다. 스테파니가 자신만이 아이들을 양육할 수 있다고 생각하면서 인생을 준비한 것이 옳다고 증명된 셈이다. 그녀는 지게차 운전사와 재혼을 했다. 지금도 그와 '좋은 결혼'을 했다고 말한다. 그는 첫 번째 결혼으로 낳은 아이들이 있었지만, 스테파니와 그는 약속했다. 전처의 아이들에 대해 그가 책임지지 않는다고 말이다.

15년 전, 스테파니는 현재의 고용주와 일하게 되었다. 그녀는 지금 비중이 큰 지점의 사무 관리자로 일하고 있다. 그녀는 말한다. "저는 손님을 좋아해요." 그녀는 밝고 사교적인 성격, 그리고 강인한 노동윤리를 통해 어느 정도 가정의 재정적 안정을 이룰 수 있었다. 로렌은 말한다. "우리가 무언가를 원하면, 어머니는 언제나 그걸 갖게 해주셨어요. 노트북이나 아이패드부터 옷까지 무엇이든 간에요." (그러자 스테파니는 "디자이너의 제품은 아니지!"라고 말한다.)

미셸 또한 어머니에 대해 비슷한 기억을 갖고 있다. "엄마와는 걱정거리가 없어요. 전혀요. 그런데 아빠는 언젠가 갖게 될 거라든가 '지금 당장은 안 돼'라고 하지요. 엄마는 말했어요. 누구에게도 우리를 위해 무언가 해달라고 부탁한 적이 없다고요. 엄마가 해줄 수 있었기 때문이죠. 엄마는 혼자서 일을 해냈어요. 그것은 엄마가 우리에게 바라는 일이기도 해요." 그녀는 자신의 13번째 생일을 즐겁게 기억하고 있다. "자전거를 갖게 됐어요. 정말 멋진 날이었죠. 저는 막힌 골목 안에서 돌고 또 돌면서 자전거를 탔어요. 우리는 작은 수영장 파티도 가졌고 트램펄린도 있었죠. 정말 멋졌어요." 미셸은 자신이 비교적 행운아라는 사실을 잘 알고 있다. 빈민가에 사는 지인의 궁핍하고 금이 간 가정과 비교하면서 그녀는 말한다. "우리가 부자라고 말하는 건 아니지만, 그의 가정과 비교하면 나름대로 부자라고 할 수 있죠."

그녀는 스테파니가 가족의 윤택한 삶을 위해 얼마나 열심히 일했는지 인정한다. "엄마는 영웅이에요. 제 토대죠. 늘 그대로예요. 엄마는 매일 일하죠. 일을 해서 스스로를 일으켜 세웠어요. 누가 옆에 있어도 여전히 혼자서 일을 해요. 엄마는 항상 말해요. 새 아빠가 떠나도, 여전히 자신이 융자금을 갚을 수 있다고 말이죠. 새 아빠의 아들은 아이가 셋 있어요. 그런데 그는 그 애들 모두로부터 벗어나 있죠. 남자들은 스스로가 남자라는 것을 내세워요. 하지만 자신의 책임으로부터는 도피하죠."

로렌도 비슷한 교훈을 얻었다. "사람들을 믿을 수는 없어요. 항상 100% 경계해야 할 필요가 있죠. 왜냐하면 주변에 있는 사람들이 누구며, 그들이 할 수 있는 것이 뭔지 알 수 없기 때문이죠. 가족이나 누구나 마찬가지에요." 스테파니가 이들과 똑같이 생각하고 있다는 것은 놀라운 일이 아니다. 그녀는 말한다. "100% 동의해요. 인생에서 배운 것은 믿을 수 있는 건 자신뿐이라는 사실이에요."

어머니로서의 스테파니가 선택한 최우선 순위가 자라나는 가족들에게 물질적 자양분을 제공하는 것이라면, 두 번째에 가까운 것은 신체의 안전이다. 자신의 어린 시절을 되새기며 그녀는 말한다. "우리가 자랄 땐 밤에도 길을 걸을 수 있었죠. 그러나 지금은 밤에 길을 가려면, 권총이든 우지^{Uzi} 기관단총이든 무언가 하나는 있어야 해요." 그녀는 가까운 이웃들은 그렇게 나쁘지 않지만, 몇 블록 떨어진 곳은 "난폭하다"고 말한다. 그래서 스테파니는 아이들을 위해 법칙을 만들었다. "밤에는 돌아다닐 수 없어요." 로렌은 회상한다. "우리는 집 근처 거리에서만 머물러야 했죠."

"그게 규칙이에요. 아이가 집 근처에 머물러 있으면 제가 지켜볼 수 있죠. 저희 집 구역은 길이 막다른 곳에 있어서, 구역을 넘어가면 아이가 그 지역에 있지 않는다는 것을 이웃들이 알죠. 전 풀턴 카운티^{Fulton} ^{County}에서 아이들을 자주 보호했어요. (여자아이들은 유아원에 다니고, 남자아이들은 중학교에 다닐 때였다.) 아이들이 난폭한 사람들 주위에 있는 것을 원하지 않았거든요. 그래서 아이들을 보호했어요. 그런데도 아들 하나는 (둘 중 어린 아들) 거친 삶으로 튀어나갔지요."스테파니는 그 아들을 그녀의 '문제아'라고 말하면서, 아이가 집에서 화를 참지 못했을 때 "경찰을 불러야" 했다고 말한다. 그는 너무도 쉽게 부모의 품에서 빠져나가 '거친 삶'으로 향했다. 스테파니가 부모로서 지켜줄 수 있는 안전에는 한계가 있었던 것이다.

끊임없는 폭행의 위협이 난무하는 디트로이트에서 자라난 스테파니였기에, 그녀는 어머니 역할에 있어서 거친 사랑의 방법을 만들어냈다. "부모님이 따듯하셨나요? 많이 안아주시고."우리가 묻자마자, 천진난만한 질문에 놀란 스테파니는 말을 가로막았다. "아뇨. 부모님은 키스나 포옹 같은 것은 안 했어요. 그건 다른 종류의 사람들이 하는 일이죠. 저는 아이들에게도 키스를 하거나 안아주거나 하지 않아요. 아이들을 죽도록 사랑하지만, 비버처럼 비비거나 하지는 않아요. 실제 생활에서 그런 일은 없죠. 디트로이트에서는 감상적이거나 부드러울 수 없어요. 거칠어야 해요. 정말 거칠어야 하고, 만약 부드럽게 굴면 사람들이 당신을 괴롭힐 거예요. 디트로이트에 가면 거칠어지세요. 부드러우면 안 돼요. 거칠어져야 해요. 흉악해지세요!"단호한 경고를 전달한 후, 그녀는 편안해졌고 웃음을 터트리며 덧붙였다. "그렇게 해야 해요. 전 직장에서 하루 종일 미소를 짓죠. 하지만 집으로 돌아오면 엄격해져요."

스테파니의 훈육 방식이 칼과 시모네와 매우 다르다는 것은 놀랍지 않다. 그녀의 아이들은 모두 '체벌^whupping'을 당했다. 이러한 그녀의 접근법이 극명하게 드러난 사건은, 미셸이 유치원에 들어갔던 첫 주 동안에 벌어졌다. 미셸은 유치원에 남겨지자 "온종일 계속해서 목청껏 소리를 질러댔는데, 아마 30일이고 60일이고 계속 그랬을 거예요"라고 스테파니는 회상한다. 결국 유치원 측은 가정에서의 학대를 염려하면서 가족아동부^Division of Family and Children Service에 연락을 했고, 조사를 했지만 아무런 학대의 흔적도 찾아낼 수 없었다. 다섯 살짜리 미셸은 단지 그때 막 집을 떠난 아빠와 함께 있기를 원했던 것이다. 스테파니도 인정했다. "그 뒤 2주 동안 아빠에게 매를 맞았지만, 미셸은 여전히 목청껏 소리를 질렀어요. 그래서 제가 말했죠. '멈춰야 해.' 유치원에 가서 미셸을 불러냈어요. 그녀가 나오자 화장실로 데리고 가서 엉덩이를 끌어내리고 엄청 혼을 냈죠. 그녀는 교실로 돌아갔고, 더 이상 문제가 없었어요."[13]

"그래서 미셸은 못된 인간으로 자랐죠."라고 로렌이 작은 소리로 덧붙였다.

열심히 일하는 싱글맘으로서 스테파니는 자신의 시간과 에너지에 대한 수요를 감당하려 애쓰고 있다. 그리고 이것은 그녀의 양육 스타일에 여러 방식으로 영향을 미쳤다. 예컨대 저녁식사를 하면서 나누는 부모와 자식 간의 대화는 일상이 아니다. 그녀는 말한다. "우리 가족은 둘러앉아서 밥을 먹는 집은 아니죠. 그렇게 하진 않았어요. 그냥 식탁에 오면 먹어요. 먹을 때가 되면, 누구든지 먹고 싶으면 먹어요. 파티에서처럼 모두가 함께 식탁에 앉는 것은 아니죠." 그녀는 덧붙여 설명한다. "우리는 하루 일과에 대해 이야기하는 시간을 갖진 않아요."

오랜 시간 까다로운 손님들을 웃으면서 접대하느라 지친 스테파니는 일찍 잠자리에 든다. 로렌은 그래서 밤에 동생들과 보드카를 접할 수 있었다고 고백한다. 한편 로렌이 고등학교에서 스타 농구 선수였을 때, 스테파니는 직장에서 집으로 서둘러 달려와 비공식적인 "팀맘ᵉᵃᵐ ᵐᵒᵐ"으로 봉사하기도 했다.

자녀 교육에 대한 스테파니의 염려는 비록 다른 식의 압박감에 속하지만, 시모네가 가졌던 염려를 보여주기도 한다. 스테파니는 더 좋은 학교와 더 안전한 이웃을 찾기 위해 약탈적인 빈민가를 벗어나 두 번이나 이사를 했다. 로렌은 자라는 동안 이웃 환경이 "점점 더 좋아졌어요"라고 말한다. 물론 이사가 가능했던 것은 경제적 사다리의 상층부로 오르기 위해 열심히 싸워온 스테파니의 노력에 의해서였다.

스테파니는 아이들이 어릴 때 자신이 책을 읽어주었는지 잘 모르겠다고 하지만, 로렌은 엄마가 책을 읽어주었다고 말한다. 스테파니는 적어도 아이들에게 도서관 카드를 만들어준 것은 기억한다. "왜냐하면 아이는 매일 손에 책을 쥐고 있을 필요가 있기 때문이죠." 대체로 그녀는 자녀 교육에 대해 자랑스러워한다. 비록 칼과 시모네, 또는 웬디와 딕과는 성공에 대한 측정치가 다르지만 말이다. 스테파니는 말한다. "애들이 학교를 빠진 적은 없어요." 경제 사정이 나아지자, 그녀는 딸들을 근처 커뮤니티칼리지에 보낼 수 있으리라고 기대했다. 로렌은 제안을 받아들여 교육을 받고 있다. 미셸은 1년 동안 다니다 그만두었다. 그녀는 이렇게 털어놓았다. "전 정말 학교 체질이 아닌가 봐요."

스테파니는 자신의 경험을 바탕으로 강한 양육 철학을 만들어냈다. 그녀는 말한다. "제 어머니는 알코올 중독자였어요. 전 같은 길을 선택하지 않았죠. 매일 일하러 가고, 아이들에게 자극을 주려고 해요. 아이들에게 대학을 가라고 밀어붙여요. 너희들이 기댈 어깨가 필요하다면,

그게 바로 내가 여기 있는 이유야. 저는 바로 그 지원 시스템이에요."

"아이들이 필요한 곳에 있도록 하기 위해 건설적인 비판을 하려고 해요. 그리고 오로지 지도만 할 수 있죠. 코치는 경기장으로 당신을 데리고 가지요. 그리고 루상에 있는 당신에게 지시하죠. 어디로 가야 하는가. 1루, 2루, 3루, 그리고 홈으로 가야 하는지 여부는 당신에게 달려 있어요. 저는 세상 밖이 힘겹다는 것을 아이들의 삶 속에서 보여주려고 해요. 내가 너희들을 위해 쉽게 만들어주었다고 해서 세상이 쉬운 것은 아니다. 세상 밖은 힘들다. 만약 너희들이 아이를 가졌는데 그 아이들을 위해 해줄 수 있는 게 없다면, 아이를 만들지 마라. 아이를 갖게 되면, 당연히 그들을 돌봐야 한다."

"전 아이들의 친구는 아니에요. 아이들에게 가장 좋은 부모죠. 부모는 자기 자녀들의 친구가 될 필요는 없어요. 부모는 아이들의 부모가 될 필요가 있고, 아이들을 옳은 방향으로 이끌어줄 수 있어야 해요. '우리 애기, 지난밤에 무슨 일이 있었는지 말해줄래?'와 같은 말은 저와 거리가 멀죠. 우리는 그렇게 안 해요. 너는 나를 부모로서 존경하고, 나는 너를 아이로서 존중할 거야. 넌 지도가 필요하지. 그게 바로 내가 여기 있는 이유야."

"부모로서 양육은 힘든 일이에요. 네 명의 아이를 위해 할 일이 너무 많아요. 계속 움직여야 하지요. 아이들이 목욕을 했는지 확인해야 하고, 음식은 제대로 먹었는지 확인해야 하며, 스쿨버스는 제대로 탔는지 확인해야 해요. 하지만 아이들은 잘 해냈어요. 전 애들이 자랑스러워요."

21세기를 대비해 자녀를 준비시킨 측면에서 보면, 스테파니의 노력과 희생이 낳은 보상은 아직까지는 애매하다고 할 수 있다. 그녀의 큰아들(여자애들은 그를 '엄친아'라고 부른다)은 남부럽지 않은 삶을 향해 가는 중인 것 같다. 그는 인터넷을 통해 성인 교육 과목을 들었고, 스테파니에 따르면 "정말 잘하고 있죠. 부흥를 쫓고 있어요"라고 한다. 반대로 그녀의 작은 아들(그녀의 '문제아')은 고등학교에서 한 해 내내 정학을 받았다. 간신히 졸업은 했고, 지금은 재활용 센터에서 아버지와 함께 일하고 있다.

스테파니의 큰딸인 로렌은 가장 올바른 길로 가고 있다. "전 오빠들이나 동생과 달리 제대로 가고 있어요. 전 빈민가 애가 아니에요"라고 로렌은 말한다. 그녀는 코치들과 어머니의 강한 권고에도 불구하고 캔자스에서 농구를 하는 조건의 운동 장학금을 거절했다. "그건 제게 너무 가혹한 일이었죠. 하지만 전 청소년들과 뭔가를 하길 원했어요." 그녀는 곧 근처에 있는 커뮤니티칼리지에서 학위를 마치게 된다. 하지만 불행히도 청소년 보호관을 위한 예산이 삭감되었다. 그녀의 말에 따르면, 그 결과 그녀가 "하고 싶지 않은 일을 하러, 돈이 있는 곳, 성인들이 있는 곳으로 가야 한다"는 것이다. 그녀는 이웃에 사는 젊은 청년과 만나고 있다. 스테파니는 그를 '좋은 애'라고 부른다.

스테파니는 미셸을 또 하나의 '문제아'라고 부른다. 미셸도 자신을 키우는 일이 쉽지 않았다는 데 동의한다. "전 최악의 아이는 아니었어요. 하지만 착한 애였다고는 말하지 않을게요. 학교에서 저만의 힘든 일이 있었어요. 말하고 독해하는 데 문제가 있었죠. 다른 클래스의 수업을 들으라는 말이 교실 밖으로 꺼지라는 말처럼 생각됐어요. 하지만 지금은 그게 정말 도움이 됐다는 걸 깨달았죠. 전 수학과 사회 과목도 어려워했어요. 중학교에서도 어려움을 겪었는데, 다른 아이들이 모두 활동적이었기 때문이죠."

아이들에 대한 스테파니의 강한 헌신에도 불구하고, 그녀는 가끔 아이들이 어려운 장애물을 넘어야 할 때 도움이 될 만한 능력을 발휘하지 못하기도 한다. "전 엄마에게 (숙제를) 도와달라고 해요. 엄마는 할 수 있는 한 도와주려고 하지만 다 할 수는 없었어요"라고 미셸은 말한다. 미셸은 고등학교 졸업을 위한 사회 과목 시험을 통과하느라 애를 먹었다. "예닐곱 번 시험을 쳐야 했어요. 몹시 성공적이긴 했는데, 마지막 시도에서야 통과했죠. 엄마가 도움을 주셨어요." 그녀의 말에 우리는 "어떻게?"라고 물었다. 미셸은 대답했다. "엄마는 시험 통과를 위해 기도했어요. 하느님과 이야기를 나누셨죠."

스테파니는 미셸이 커뮤니티칼리지를 그만두었을 때 슬퍼했다. "제가 학교를 그만두는 게 엄마에게는 큰일이었죠." 미셸은 임시직 일자리를 찾았지만 곧 그만두었다. 그 이유에 대해 미셸은 이렇게 말한다. "한 자리에서 열 시간을 서서 있어야만 했어요. 다리가 아팠죠." 그래도 엄마에게는 다르게 설명했다. "전 엄마에게 그들이 나를 필요로 하지 않는다고 말했어요."

미셸은 지금 지역에 있는 직업학교에 다니기를 원하고 있으며, 보육 교사로 일하는 것을 꿈꾸고 있다. 요즘 그녀는 시내 출신으로 고등학교를 중퇴한 한 친구와 돌아다니며 하루를 보내고 있다. 스테파니는 그를 싫어한다. "게으른 놈이에요. 아주 거친 환경에서 자랐죠. 그런 부류의 삶에서 아이들을 벗어나게 했는데, 보시다시피 미셸은 저렇게 믿기 힘든 놈하고 사귀고 있네요. 그건 제가 그녀를 위해 선택한 삶이 결코 아니에요."

제한된 재원과 힘겨운 환경 때문에, 부모의 강한 헌신과 거친 사랑만으로는 불충분할 때도 가끔은 있다.

스테파니는 물론 그녀의 딸들도 인종차별이 그녀들의 기회를 제한했다고는 생각하지 않는다. 아마도 그들이 일상에서 만나는 장벽이 인종적이라기보다는 경제적인 문제와 더 관련되어 있었기 때문일 것이다. 한 번은 미셸이 주차요금을 내지 않은 탓에 45분 동안 유치장에 갇힌 적도 있었지만, 경찰의 행동 배경에 인종차별이 놓여 있었다고 생각하지는 않는다. 그녀는 말한다. "아마도 그는 자기 할당량을 맞추려 했겠지요. 그가 인종차별주의자라고 생각하지는 않아요. 전 사람들이 인종차별주의자라고 생각하지 않아요. 제 생각에 흑인들을 좋아하지 않는 어떤 백인들도 있고, 백인들을 좋아하지 않는 어떤 흑인들도 있는 것 같아요."

로라는 그녀가 자라는 동안 인종차별은 중요한 문제가 아니었다고 말한다. "조지아 주에서 살면서 인종차별을 예상할 수도 있지만, 흑인들이 서로에 대해 차별적으로 말하는 것 외에는 인종차별을 경험하지 못했어요. 여기에서는 (그들이 지금 살고 있는, 대부분 시골이며 백인이 주류를 이루는 지역에서는) 인종차별을 결코 경험하지 않았어요. 모두들 서로 잘 지내기 때문이죠. 심지어 클레이턴 카운티^{Clayton County}에서조차 인종차별은 없었어요."

스테파니는 딸들의 말에 동의한다. "저에게는 흑인 대 백인의 문제가 아니었어요. 흑인 간의 문제였죠. 처음 누군가가 어떤 일을 할 때, 전 피부색이 무엇이든 상관하지 않아요. 사람들은 '인종차별'이란 말을 그냥 쓰는 거예요. 그 단어는 세상 밖에 있는 말이고 사람들이 그냥 쓸 뿐이에요."

스테파니는 아이들이 자랄 때 인종차별을 조심하라고 가르친 적이 없다고 말한다. "그럴 시간도 없었고요. 다른 인종을 싫어하는 데는 너무나 많은 에너지가 들지요. 백인은 흑인에게 아무 짓도 하지 않아요."

스테파니가 스스로의 힘으로 경제적 사다리를 올라간 뒤로 세상은 계속 바뀌었다. 아무리 훌륭하게 자기가 사는 환경에 적응한다고 하더라도 기지機智보다는 순종을, 논리적인 설명보다는 '체벌'을, 능숙한 말솜씨보다는 신체의 안전을 더 우선시하는 그녀의 거친 사랑의 양육방식이 시모네와 칼이 수행했던 '집중양육concerted cultivation(적극적으로 아이의 의견에 기울이며, 재능을 키우는 데 투자하는 양육방식. -역자 주)'이라는 새로운 질서에 그렇게 잘 맞는 것도 아니다.[14] 그럼에도 불구하고, 스테파니는 아이들을 위해 애쓰며 힘겹게 얻을 수 있었던 것들에 만족하고 있다. "제가 아이들을 그들이 지금 있는 위치까지 데려왔다고 생각해요. 존경받을 만해요. 우리 가족은 오르막과 내리막이 있었어요. 그러나 존경받을 만하지요. 저는 알아요. 원하는 것을 갖기 위해서는 밖으로 나가야 해요. 학교로 가거나 직장에 가거나 어디로든 가야 하죠. 인생에 공짜는 없어요. 살면서 누구도 제게 무언가를 거저 준 적이 없어요. 저는 일단 제가 있는 곳에 도착했고, 돌아가지는 않을 거예요. 저는 신을 첫 번째로 둬요. 그러니까 하느님, 남편, 아이들을 제외하고 제 뒤에 있는 것은 뭐든 그 다음 순위에 두지요. 그게 제 길이에요. 전 가족들과 함께 일을 잘 해냈기를 바랄 뿐이에요."

일라이저

우리는 일라이저를 애틀랜타 북쪽의, 평판이 나쁜 어떤 쇼핑몰에서 마주쳤다. 그는 식료품을 담아주는 일을 하고 있었고, 때는 점심시간이었다. 우리 주변에 있던 손님들이나 판매원들은 예외 없이 흑인이나 라틴계 사람이었다. 일라이저는 말랐고 키가 작았는데, 아마도 167cm정도로 자기 체격보다 커 보이는 헐렁한 옷을 입고 있었다. 청바지 벨트는 그의 허벅지 윗부분에 걸쳐져 있었고, 마이클 조던이 광고하는 신발을 신고 있었다. 일라이저는 의자에 등을 비스듬히 기대고 앉아서 옆에 놓인 의자에 팔꿈치를 얹고 있었다. 처음 한동안은 주저하다가 조용히 말을 시작했으며, 이윽고 긴장이 풀린 듯 편안한 태도를 취했다. 그는 몸짓을 섞어가며, 그리고 눈을 마주치며 이야기를 했다. 그는 재능이 많은 이야기꾼이었다. 상처가 깊었고, 심지어는 믿기 힘들 정도의 경험을 설명하면서도 편안하고 객관적인 톤으로, 동정을 구하는 대신 사실을 하나하나 열거하는 식으로 이야기를 했다. 인터뷰 말미에 그는 우리에게 "제 인생에 대해 이야기할 수 있어서 즐거웠어요"라고 말해주었다.

일라이저는 1991년, 독일 뉘른베르크^{Numberg}에서 태어났다. 그의 부모는 미군 부대에 배치되어 있었다. 어머니는 조지아에서, 아버지는 뉴올리언스에서 자랐다. 일라이저가 그들과 보낸 시절의 기억은 "많은 욕설이 오가는 싸움"뿐이었다. 그가 아직 아기였을 때부터 부모는 각각 다른 파트너와 관계를 맺고 있었다. 일라이저는 말한다. "그들은 절대 같이 살 수 없었죠." 그가 세 살인가 네 살 때 어머니는 새 남자친구와 조지아로 돌아왔고, 일라이저는 아빠 쪽의 조부모와 지내게 되었다. 그들은 지극히 황폐하고, 생명이 왔다 갔다 할 정도로 위험한 뉴올리언스의 프로젝트^{project}에서 살았다. 처음에는 뉴올리언스에서, 그 다음은 애틀랜타에서 보낸 어린 시절의 기억은 그야말로 기상천외한 나날들이었다.

"사람들은 할아버지가 아이를 36명이나 가졌다고 말하곤 했죠. 어렸을 때 침대에서 뭔가 이상한, 시끄러운 소리를 들었어요. 할아버지가 싸우는 줄 알았죠. 그가 속옷차림으로 나왔기에 제가 말했어요. '할아버지, 무슨 소리 안 났어요?' 그러면 그는 '아, 할아버지와 할머니 소리야. 레슬링을 하고 있었지'라는 식으로 말했지요. 열한 살이 되어서야 알았어요. 할아버지가 그의 여자친구와 섹스를 하고 있었다는 걸요."

"할아버지가 술에 취해서 할머니를 거칠게 때리는 것도 봤어요. 어린애는 절대 보지 말아야 하는 일이었죠. 저는 할아버지에게 맞기도 했어요. 바보가 될 정도로요. 빈민 주택단지에서 사촌이 마리화나를 피우거나 파는 것도 봤죠. 한번은 할아버지가 술에 취해 벌거벗고 있는 것도 봤어요. 정말 불쾌했죠. 그래서 한 주 동안 집에 들어가지 않았어요."

"제임스라는 사촌이 있어요. 그는 미쳤죠. 사람들에게 총을 쏘는 것도 봤어요. 하지만 사람을 죽이는 것까지는 보지 못했죠. 그는 제게 강도질 하는 법을 가르쳐줬어요. 이곳에(애틀랜타) 처음 왔을 때, 전 강도질을 했어요. 제 아파트에 사는 인도 어린애들이나 어린 이슬람교도의 물건을 뺏고는 했지요. 전 발코니를 어떻게 통과해 지나가는지 잘 알았고, 옷걸이를 열쇠처럼 사용해 문을 여는 것에도 익숙했어요. 전부다 사촌 제임스가 가르쳐준 거예요. 그가 지금은 살았는지 죽었는지 모르겠어요. 제가 뉴올리언스를 떠날 때, 그는 1급 살인 혐의로 25년형을 받고 복역하고 있었으니까요."

"누구보다 제임스와 가깝게 지냈어요. 친아빠보다 더 가깝게요. 누구에게 강도질을 해서 돈을 뺏어오라고 제임스가 시키면 저는 그렇게 했어요. 그러면 그는 저한테 50달러 정도를 주었죠. 신발을 훔쳐오라고 하면 훔쳐다 줬어요. 누군가가 저를 쫓아오면 그는 그들에게 총을 쏴서, 제가 소년원에 가지 않게 해주었죠. 전 그때 예닐곱 살 정도였어요. 뭘 잘 알지도 못했죠. 전 그저 이렇게 생각했죠. '내가 해야 할 일이야. 난 '갱단'에 있는 거야.' 제가 잘하는 일이 그것이었으니까요. 뉴올리언스에 살 때에는 용감하고 강해져야 해요. 그래야 스스로 두 발로 설 수가 있어요. 아무도 당신의 기를 죽이게 해서는 안 돼요."

일라이저는 뉴올리언스에 사는 이웃들이 "정말로 난폭했다"고 고백한다. "누군가가 총을 쏘는 소리를 들었다면, 전 살인자 바로 옆집에서 살고 있는 거죠. 시체들이 항상 있었어요. 사람들은 납치를 당하고, 강간을 당하고, 죽임을 당하고, 살해되었죠. 그 주위에 누가 있으려고 하겠어요? 마약 중독자들이 거리를 돌아다니는 것을 봤고, 홈리스와 가난을 봤어요. 저는 그것을 증오했죠. 전 제 출신지를 좋아하지 않아요."

"제 과거가 부끄러워요. 학교에 가면 백인 아이들이 절 괴롭혔죠. 인종차별도 많았어요. 제가 싸움에 말려든 사람들은 다 백인이었지 흑인은 아니었어요. 제가 흑인과 싸우게 된다면, 그건 제 사촌 때문이었죠. 사촌이 제게 그렇게 하라고 하면 전 싸웠어요. 하지만 전 반격하는 걸 좋아했어요. 아드레날린이 솟구치죠. 일종의 '후드 심리^{hood mentality}'에 젖게 되지요. 거친 삶이었죠. 전 그걸 증오해요."

일라이저는 그가 말한 '후드 심리'가 무엇인지 설명한다. "나쁜 친구들이 학교에 와서 자기들의 점심값을 위해 누군가를 갈취하는 거예요. '난 네 점심값을 원해' 하고 말이죠. 뉴올리언스에서 전 이렇게 말했어요. '네가 가진 돈 전부 내놔. 네 신발을 갖고 싶어. 네 옷을 갖고 싶어. 난 모든 걸 원해.' 사촌 제임스는 그런 일을 저보다 더 잘했어요. 그는 주먹으로 하지 않았죠. 총을 상대의 머리에 겨누고 '이봐, 돈을 주지 않으면 네 머리를 날려버릴 거야'라는 식이었죠. 저 역시 그가 그렇게 하기를 바랐어요. 전 가족 중 아무도 누군가를 실제로 죽이는 것을 본 적이 없어요. 그러나 전 그가 그렇게 하기를 원하지 않았어요."[15]

유치원생이 되자, 일라이저는 점점 살인 사건에 익숙해지기 시작했다. "제가 네 살 때, 스쿠터를 굴리던 아주 예쁜 여자애가 차도에서 죽는 걸 봤어요. 갑자기 일어난 일이었죠. 그 다음에 기억나는 건 그녀가 피를 흘리며 튀어 오른 것이었어요. 이마와 코, 그리고 바로 여기(몸짓을 하며)를 총알이 관통해서는 입으로 피가 넘쳐흐르고 있었죠. 전 충격을 받았고, 무서웠어요. 전에 그런 걸 본 적이 없었거든요. 전

울고 말았어요."

나중에 일라이저는 한 남자가 골목길에서 총격을 받았다고 들었다. "전 바보가 된 것처럼 정말 무서웠어요. 할아버지가 절 데리고 무서운 영화를 보러 갔을 때에도 전혀 무섭지 않았어요. 더 무서운 걸 봤기 때문이죠. '밖으로 나가, 무서운 것이 무엇인지 보여줄게.' 뭐, 이런 거죠."

마침내 죽음이 그의 집 현관 계단에 찾아왔다. "어느 날 아침에 깨어나 할아버지를 찾으려고 했던 날일 거예요. 현관문을 열었는데, 할아버지가 현관 계단 바로 밖에 놓여있는 시체를 서서 바라보고 있는 걸 봤어요. 전 처음에 무슨 말을 해야 할지 몰랐어요. 방으로 뛰어들어와 다시 잠을 자려고 했죠."[16]

일라이저는 그가 뉴올리언스에 있을 동안 친부모가 어디에 있었는지 몰랐다고 했다. 그 당시 아버지에 대해 들은 이야기는 그가 군대를 떠나 미국으로 돌아왔다는 것뿐이었다. "아빠는 구르는 돌이었어요. 구원을 받기 전까지요." 열 살 때까지 그는 아버지를 만났던 기억이 없다. 일라이저는 아버지와의 만남에 대해 말한다. "처음으로 아빠를 만나게 돼서 정말 좋았어요." 서로 만나지 못했던 지난 몇 년 동안, 일라이저는 간간히 아버지의 모습을 볼 수 있었다. 그는 감옥에서 복역하며 시간을 보냈고, 텍사스와 루이지애나에서 아이들의 아버지 역할을 했고, 결국 애틀랜타의 남부에서 거리의 전도사가 되었던 것이다.

한편 그의 어머니는 결국 새로운 남자친구와 사우스캐롤라이나의 찰스턴Charleston으로 돌아왔다. 일라이저는 열 살 때 그들에게 보내져 1년을 같이 살았다. 그는 뉴올리언스에 비해 찰스턴은 두려울 것이 없다는 사실을 알게 됐다. 그는 말한다. "많은 행동이 필요하지 않아요. 제가 폭력, 마약, 총격 등에 익숙했기 때문이죠. 그래서 그냥 밖에 나가서 일이 벌어지기만 기다려요. 그리고 어떤 행동을 취할 준비를 하면 되죠."

사우스캐롤라이나에서 한 해를 보낸 후 그는 뉴올리언스의 할아버지 집으로 돌아왔다. 그는 거기서 몇 년을 더 머물렀고, 이 기간 동안 아버지를 다시 만났다. "그때 아빠는 감옥에 있었어요. 저한테 왜 자신이 감옥에 들어갔는지 이유를 말해주었죠. 나는 울고 싶었어요. 울음을 참기가 정말 힘들었어요. 그래도 정말 참아야 했어요. 아버지가 죽어라고 제 눈을 들여다보며 말했기 때문이죠. '모든 게 잘될 거야.' 여러분도 잘 아시잖아요. 아빠와 아들이 어떤지요. 전 아빠를 믿어요. 아빠와 함께 있으면 걱정이 없어지는 걸 느끼기 때문이죠. 모든 일이 정말 잘될 거예요."

일라이저가 열세 살이 되었을 때, 어머니는 뉴올리언스에서 애틀랜타로 이사를 가겠다고 고집을 피웠다. 그녀가 가장 최근의 남자친구와의 사이에서—일라이저는 이렇게 말한다. "제가 들은 바로는 되게 가벼운 성관계를 통해"—낳은 한 살짜리 쌍둥이를 돌보기 위해서였다. 그 남자친구는 아이들을 돌보는 것을 거부했다. 일라이저는 말한다. "정말 그런 남자는 너무 싫어요. 이유요? '흥분해서 내 엄마와 섹스를 하고, 임신을 시키고', 이제 와서 자기 아이들을 돌볼 수 없다니요. 그리고 이제 내가 애들을 돌봐야 하다니요. 그 애들은 다루기 힘들고, 전전에도 아기들을 돌본 적이 없어요. 뭐, 그래도 그 일 덕에 길에서 벌어지는 문제들로부터 일부 벗어날 수 있게 됐지만요."

그러나 부분적으로나마, 일라이저는 애틀랜타에 있는 첫해 동안 문제에 휘말리게 된다. 방화 때문이었다. "소년원에 한동안 갇혀 있었어요. 그래요, 제가 그랬어요. 거짓말은 안 해요. 그 여자 집이 불타 없어지는 것은 재미있었어요(웃음). 그녀의 집을 태워 무너뜨렸어요. 그녀가 저를 '검둥이Negro'라고 불렀기 때문이죠. 저는 '좋아, 그래….' 이런 식이었죠. 전 어렸고, 거칠었고, 미쳐 있었어요. 각오를 하고 있었고, 거기에 있었고, 정말 그때는 잔혹했죠."

한 주가 안 돼서, 아버지가 일라이저를 풀려나게 해주었다. 그리고 자기 식으로 법을 집행했다. "아빠가 와서 많은 돈을 썼어요. 그리고 절 데리고 나가서 기절할 정도로 때렸죠. 맞아본 것 중에 아마 가장 최악의 매질이었을 거예요(웃음). 얼마나 많이 맞았는지 거의 한 주 동안 앉아 있을 수도 없었어요. 전 '아이고, 결코 다시는 누구의 집도 태우지 말자(웃음)'라고 생각하게 됐죠."

방화 사건 이후 일라이저의 어머니와 아버지는 모두 그를 호되게 꾸짖었다. "엄마와 아빠가 팀이 되어 절 막으셨죠. 정말 기분이 안 좋았어요. 엄마는 잔소리로 괴롭혔고, 아빠는 '너는 악마 같은 짓을 했어. 이런 못된 짓은 모두 멈춰'라는 식이었지요. 그래서 전 '좋아, 좋아, 내가 그만하지 뭐'라는 식이었어요. 학교에 갔고, 땡땡이는 그만두었죠."

방과 후 일라이저는 집에 와서 TV를 보고는 했다. 그는 말했다. "제겐 규칙이 많이 없었어요. 왜냐하면, 제 생각에는 훈육이 부족했고, 아빠가 실제로 함께 있지 않았기 때문이죠. 아빠하고 전화로 통화하면 절 격려하고, 하느님의 말씀으로 교육시키려 했죠. 하지만 엄마는 정말로 엄격했어요. 말로 저를 학대하기도 했고요. 절대 이해할 수가 없어요."

"예전하고 똑같이 반복되는 말이었죠. '입 닥치고, 그만 말해. 난 그런 쓸데없는 소리는 듣기 싫다.' 젠장, 엄마는 저주를 퍼부어요. 절 바보 멍청이라고 부르죠. '꼭 지 애비처럼 되려고 하는구나. 직업도 없이 자기 엄마하고 살고.' 오해하지는 마세요. 엄마가 무서운 사람은 아녜요. 단지 엄마가 자라온 방식이고, 익숙하게 일을 처리해온 방식이죠. 엄마가 지금 상태와 같이 된 것은 외할아버지 때문이에요."

일라이저는 자기 어머니의 가혹한 행동에 대해 또 다른 해석을 제시한다. "언젠가 엄마가 두 개의 직업을 가졌어요. 아마 엄마가 집에 돌아와서 저한테 왔을 때, 좌절한 건 그것 때문일 거예요. 엄마로서, 집에 와서 테이블에 올려진 영수증을 보고, 설거지도 안 된 접시들을 보고, 아들 방이 청소도 제대로 안 돼 있는 걸 보고, 모든 게 엉망인 걸 봤다고 생각해보세요. 엄마가 화가 난 것은 바로 그것 때문이라고 생각해요. 엄마는 아주 여러 번 저한테 화를 냈죠. 제가 엄마를 비난할 순 없어요. 그러나 동시에, 아이에게 말할 때에는 넘지 말아야 할 경계가 있는 법이죠. 아이를 저주할 때, 정말 맹렬히 비난을 퍼부을 때, 그건 정말 마음을 찢어 놓는 거예요…. 정말 자식을 낙담시키는 거죠."

일라이저는 2006년을(방화 사건이 있은 지 2년 뒤고, 그가 15세이던 때) "인생에서 가장 최악의 해"라고 말한다. 할 말도 많았다. 왜 그때가 최악의 해였는지 분명하게 말하지는 않았지만, 그는 그때를 그와 어머니 사이에 있었던 "지옥 같은 순간"이라고 부른다. 그는 말한다. "아빠는 절 미국에서 가장 흉악한 현상범 보듯이 바라봤죠. 엄마는 절 그녀의 배 밖으로 나온 얼간이처럼 바라봤어요. 전 아빠 집에서 종일 매타작을 당했어요."

그 뒤로 일라이저는 자신의 아이들을 어떻게 다루어야 할지 생각하게 되었다. "아이들에게 옳은 것을 이야기해야죠. 만약 제 아들이 제가 그랬던 것처럼 난폭하고 흉악범같이 행동한다면, 그리고 강도질을 한다면, 전 그 애의 인생에 대해 좋은 말만 해줄 거예요. 제 말 오해하지는 마세요. 전 애한데 매질은 할 거예요. 옳은 것과 잘못된 것이 무엇인지는 가르쳐 줄 거예요. 하지만 아이에게 좋은 말을 해줄 거예요. 아이에게 천박하고 더러운 쥐새끼 같은 불한당밖에 될 수 없을 거라고 말하면, 아이는 천박하고 더러운 쥐새끼 같은 불한당이 될 거예요. 부모라면 자식이 언젠가는 엄청난 인간이 될 수 있다는 걸 믿어줘야 해요."

일라이저는 학교에서 많은 문제를 일으켰다. 한번은 수업을 빼먹어서 쫓겨나기도 했다. 그는 '끔찍한' 성적을 받았다. 언제 졸업을 할지 가망이 보이지 않았다. "제가 정말 멍청하다고 느꼈어요. 졸업은 정말 농담처럼 쉽게 이루어지는 일이 아니었죠. 그래서 전 고등학교를 졸업하기 위해 책에만 정신을 집중시켰어요. 그러나 통과하지 못했죠. 그것 때문에 서머스쿨summer school을 갔죠. 그런데도 여전히 통과하지 못했어요. 전부 합쳐서 졸업 시험을 네 번이나 치른 끝에 결국 통과했죠."

일라이저는 19세에 졸업을 했고, 이후 빠르게 마약과 음주의 생활로 다시 빠져 들어갔다. 결국 어머니는 그를 집에서 쫓아냈다. "매일 밤 약에 취하고 술에 취했어요. 자정부터 아침 8시까지 친구 녀석들과 어울려 놀면서요. 엄마는 어떤 말씀도 안 하셨죠. 그러나 사소한 마약 문제가 생겨나고 엄마의 집에서 쫓겨난 후에, 전 정신을 차렸어요. '나는 열아홉 살이야. 이 짓을 그만둬야 해. 이렇게 내 인생을 살 수 없어'라고요."

2년 후에도, 일라이저는 여전히 앞으로 가야할 길에 대한 확신이 없었다. 졸업한 이후 한동안 어머니의 집에서 살았고, 때때로 조지아 주에 있는 아버지의 집에서도 살았으며, 가끔은 친구들 집에서 자기도 했다. "작년에 엄마 집에서 쫓겨났죠. 그래서 한 친구와 함께 살려고 했어요. 그는 마약을 하고 있었는데, 마리화나를 피우고 각성제를 먹으며 클럽에 가서 섹스를 하고는 했죠. 정말 미쳤어요. 거기선 제가 정말 미칠 것 같았어요. 뭘 해야 할지 몰랐어요. '성자聖者 같은 사람이 될까 아니면 죄인이 될까, 패배자가 될까 승리자가 될까?' 뭐 이런 생각 때문이었죠. 그 무렵 저는 제 삶을 되찾으려고 노력했어요. 그래서 일을 그만두고 아버지와 살려고 갔지요. 교회도 열심히 다니고 하느님을 믿으려고 노력했어요. 그러나 허사였죠. 아버지와 5주를 보낸 후 똑같은 일상으로 돌아갔으니까요. 전 욕설을 시작했고, 나쁜 짓을 하면서 과거의 저로 돌아갔어요. 엄마와 아빠는 제게 압력을 넣어 군대에 가게 하려고 애썼죠. 그러나 전 '군대에 가고 싶지 않아. 그건 내가 아냐. 군대에 가도 좋아질 게 없어'라는 식이었죠. 아빠도 나태해서 군인을 그만두었잖아요. 왜 그런 짓을 하겠어요?"

일라이저는 생계를 위해 집집마다 방문해 칼을 판매하면서 몇 달을 보냈다. 하지만 그 일로 성공하려면 연줄이 있어야 하고 자동차도 있어야 했는데, 그에겐 둘 다 없었다.[17] 그는 다음과 같이 설명한다. "그건 정말로 새로운 경험이었죠. 젠장, 나는 '갱단' 출신인데. 그 일에 대해서는 아무것도 몰랐어요. 매일 정장을 차려입어야 했는데, 그 일을 하려면 상류층이 되어야 했죠. 잘할 수도 있었어요. 그러나 하지 못했죠"라고 말한다. 결국 그는 크로거Krogers(미국의 대형 마트 체인 회사. -역자 주)에서 식료품을 담아주는 자기 일자리로 돌아왔다.

일라이저는 미래에 대해 어울리지 않는 여러 가지 꿈을 가지고 있다. 그중 하나는 복음주의 설교사가 되어 아버지와 함께 일하는 것이다. 그는 이 꿈에 대해 다음과 같이 설명한다. "우리는 많은 돈을 벌 수 있을 거예요. 전 제 교회를 가질 거예요. 아버지는 설교자고 하느님의 말씀을 가르치는 것을 좋아하기 때문이죠. 우리는 하느님의 말씀에 대해 많은 이야기를 해요. 정말 딱 좋은 아버지와 아들의 결합이지요."

그가 상상하는 자신의 또 다른 미래는 더 세속적이고, 정말 흥미롭다. "전 힙합할 머리를 가지고 있어요. 그래서 음악을 만들고 싶어요. 제 꿈이죠. DJ가 되고 싶어요. 그게 정말 제 꿈이에요. 저만의 음반 레이블을 갖는 거죠. 전 이제 뭘 신경 쓰지 않아도 되는 시점에 있어요. 계속해서 전진하면서, 좀 더 돈을 모아서 아파트를 사고 학교에 갈 거예요. 요즘은 또 다른 일거리를 찾으려 하고 있고, 항상 위대한 래퍼 중 한 명이 되고자 하는 꿈을 실현하기 위해 노력하고 있어요. 보통 이 일에 대해서는 아무에게도 절대로 말하지 않죠. 하지만 제가 하는 일은 모두 음악을 쓰고 듣기 위한 거예요. 그게 제 자신이 하고 있는 일의 목표죠. 래퍼가 되어서 높은 수준의 삶을 사는 것."

21년 동안 폭력적이고 거친 삶을 살아온 후, 일라이저는 아직 빠듯하긴 하지만 자기 힘으로 먹고살 수 있는 생존자가 되었다. 아직도 그는 여섯 살 무렵 뉴올리언스에서 처음 경험한 폭력의 아드레날린에 중독돼 있는 것 같다. 그는 다음과 같이 털어놓았다. "전 누군가를 때려주고, 코피가 흐르게 하고, 상처를 입히며 때려서 땅에 쓰러뜨리는 것을 좋아해요." 동시에 그는 폭력적이고 싶은 충동을 억제해야 할 필요가 있다는 점도 인정하고 있다. "충동을 통제하려고 해요. 사람들이 그걸 이상하게 여기고 미쳤다고 생각하기 때문이죠. 이제 그 길로 다시는 돌아가고 싶지 않아요. 지금은 더 성숙해졌기 때문이죠. 이렇게 말할 수 있어요. '이제 절대 그렇게 살지 않을 거야'라고요. 전 일을 하러 가고, 교회로, 집으로 가지요. 하느님은 더 이상 제가 누군가를 때리기를 원하지 않아요. 전 확신해요."

일라이저의 개인적인 삶에서 나타난 문제들은 분명 그가 부모 없이 자라야 했던 뉴올리언스의 어린 시절에 뿌리를 두고 있다. 그러나 그러한 난기류는 "일라이저가 거쳐야만 했던 다른 변화들, 그리고 익숙하지 않았던 다른 많은 다른 경험들"로 인해 속도가 더 붙게 되었다. 그러는 한편, 일라이저는 점차 자기 상황을 개선하려고 노력하는 것처럼 보였다. 그는 말한다. "노력해서 제 모든 문제들의 승리자가 될 거예요. 문제를 해결하는 사람이 되고, 제가 모든 걸 할 수 있다고 믿는 것이지요."

여전히 그는 부모와 "많은 개인적인 문제들을 뚫고 지나가야 한다"는 점을 인정하지만, 그럼에도 불구하고 희망적으로 보인다. "제가 하는 모든 일은 교회에 가는 거예요. 나는 매사에 즐겁게, 친구들과 만나고, 다방면으로 선한 미국 시민이 되려고 노력하고 있어요."

＊＊＊

지금껏 우리가 살펴본 세 가정의 모습은 분명 전형적인 것은 아니다. (슬프게도 경제적 복지 차원에서의 인종적 격차와 투옥 경험으로 인해, 데스몬드의 이야기보다 일라이저의 이야기가 흑인 청년들에게 좀 더 전형적인 경우이기는 하다.) 그러나 이 세 가정 사이에 나타나는 차이는 최근 수십 년 동안에 미국에서 발생했고 증가해온, 자녀 양육에 있어서 고통스러울 만큼 벌어진 계급 간 격차를 이해하는 데 도움을 준다. 이 세 가정은 우연하게도 모두 흑인 가정이었다. 그러나 이들 사이에 나타나는 계급 간 격차는 백인 가정 사이에서도 표출되고 있으며, 급속도로 증가하는 추세다.

자녀 양육에서 나타나는 이러한 변화 추세는 아이들의 미래에 대한 전망에 있어 커다란 중요성을 갖는다. 나는 어린 아이들의 두뇌 발전에 대한 가장 최신의 과학적 연구에 보다 근접하게 초점을 맞추어 이야기를 시작하고자 한다. 이 연구는 양육에서 어떤 면이 아이의 인지론적, 사회 정서적 발전에 있어 가장 도움을 많이 주거나 해를 끼치는지 정확하게 밝혀주고 있다. 그 다음으로 계급 차이가 어떻게, 왜 늘어났으며, 가난한 아이들이 불리한 쪽으로 몰리게 되었는지 탐구하고자 한다. 이를 위해 지난 수십 년간 전국적으로 나타난 양육에서의 계급 차이를 광범위한 각도에서 살펴볼 것이다.

아동발달: 우리가 학습하는 것

최근의 연구는 아이들의 어릴 적 경험과 사회경제적 환경이 그들의 신경생물학적 발달에 어떻게 영향을 미치는지, 또 유년기의 신경생물학적 발달이 이후 그들의 삶에 어떤 영향을 미치는지 알려주고 있다. 결론적으로 그러한 영향력은 강력하며 지속적이다. 국립과학원Natinonal Academy of Science의 한 탁월한 연구는 다음과 같이 설명하고 있다. "사실상 초기 인간 발달, 그러니까 뇌의 발달 회로에서 아이의 공감 수용 능력에 이르기까지의 모든 측면은 환경과 경험의 영향을 누적해서 받게 된다. 이러한 영향력은 태아 때부터 시작되며, 초기 아동기 내내 확대된다."[18] 결론적으로 유년기의 경험은 가장 강력한 형태로 우리의 존재 깊은 곳까지 스며든다는 것이다.

중기 아동기와 청소년기에 나타나는 숱한 인지적, 행동적 차이의 근원은 보통 18개월 무렵이면 이미 나타난다. 그리고 그것의 발단은 우리의 예상보다 훨씬 더 이른 시기의 아동의 삶에서 찾을 수 있다. 신경 과학은 아이의 뇌가 경험을 통해 학습하는 데 생물학적으로 최적화되어 있기 때문에, 유년기의 환경이 뇌 발달 구조에 강한 영향을 끼친다는 사실을 입증했다. 그러한 경험의 가장 기본적인 형태는 아이들에게 반응하는 어른들과의 상호작용이다. 여기서 어른들은 일반적으로 친부모를 가리키지만, 부모만을 의미하지는 않는다.

유아의 건강한 뇌 발달은 어른들과의 안정적인 관계와 보살핌을 필요로 한다. 이러한 대화 교환give-and-take 학습의 주요 기제를 아동발달 전문가들은 '조건부 호혜성contingent reciprocity(또는 보다 간단하게, '주고받기serve-and-return' 상호작용)'이라 이름 붙였다.[19] 테니스 시합에서 서브를 넣을 때처럼 아이가 어떤 신호를(예컨대 옹알이를 통해) 보내고 어른이 반응을 할 때(예컨대 목소리를 내서 화답하는 식으로), 아이 뇌의 발달 회로에는 탐지 가능한 흔적들이 남게 된다. 물론 이러한 학습의 상당 부분은 언어 이전의 형태를 띤다. 하지만 연구는 유년기에 습득되는 수학적, 언어적 능력의 토대가 정규 교육보다는 어른들과의 일상적인 상호작용을 통해 더 효과적으로 이루어진다는 사실을 보여준다.[20] 이러한 상호작용의 대표적인 사례로는 부모가 유아에게 책을 읽어줄 때, 그림을 가리키고 그 그림의 이름을 불러주면서 아이의 반응을 북돋우는 경우를 들 수 있다.

부모에 의한 상호인지적 자극주기cognitive stimulation는 최적의 학습을 위해 필수적인 요소다. 아이들의 이야기를 들어주고 자주 이야기하는 부모와(시모네와 칼이 정기적으로 수행한) 함께 자란 아이들은 대화에 거의 참여하지 않는 부모의("우리는 하루 일과에 대해 이야기하는 시간을 갖진 않아요"라고 말하는 스테파니의 경우처럼) 자녀들보다 훨씬 향상된 언어 능력을 개발하게 된다. 간단히 말해, 뇌는 고립된 컴퓨터가 아니라 하나의 사회적 유기체로서 발달하는 것이다.

신경과학자들과 발달심리학자들은 그들이 '집행기능executive function'이라고 부르는 뇌 기반 능력의 매우 중요한 세트를 밝혀냈다. 이것은 집중, 충동 조절, 정신적 융통성, 작동 기억 등에 대한 명백한 항공 교통 관제 활동인 셈이다. 이러한 기능들은 뇌의 전두엽 피질 부분에 집중되어 있으면서, 핸드폰이 울리면 당신이 이 책을 내려놓은 뒤 아이들이 축구를 마치면 데리러 가야 한다는 사실을 유념하게 하고, 다시 내려놓았던 책을 읽게끔 만든다. 아이에게 집행기능이 결핍될 경우 학습장애와 ADHD(주의력 결핍 및 과잉 행동 장애. -역자 주)와 같은 상태를 보인다.

지지해주고 돌봐주는 사람이 있는 정상적인 환경에서는 집행기능이 3세~5세 사이에 아주 빠르게 발달된다. 그렇지만 이 기간 동안 만성적이고 극심한 스트레스를 경험한—바로 뉴올리언스 프로젝트의 끔찍한 폭력과 무관심한 조부모와 함께 살았던 시절의 일라이저와 악을 쓰는 미셸을 멈추게 할 유일한 방법으로 매질을 사용했던 스테파니의 경우처럼—아이들은 집행기능에 손상을 입을 가능성이 크다. 결과적으로 이런 아이들은 문제 해결, 역경 극복, 생활의 체계화 등에 있어 능력이 떨어지게 된다.

이 연구가 갖는 중요한 함의는 어린 시절 초기에 획득한 능력은 토대가 되어, 이후의 학습을 보다 효율적으로 만든다는 것이다. 따라서 이 시절의 경험은 매우 중요하다. 반대로 말해, 아이가 나이가 들어감에 따라 뇌의 변화 가능성은 줄어든다. 이러한 사실로부터 얻을 수 있는 결론은 조기중재early intervention가 청소년기의 중재보다 더 강력하고 효율성이 높다는 것이다.

지적 발달과 사회 정서적 발달은 유년기부터 서로 불가분의 관계에 있다. 연구에 따르면 소위 비인지적인 능력(투지, 사회적 감수성, 낙관주의, 자제력, 양심, 정서적 안정)은 인생의 성공을 위해 매우 중요하다. 이러한 능력들은 육체적 건강, 학업 성과, 대학 입학, 고용, 수입 등의 면에서 보다 나은 결과를 이끌 수 있고, 사람들을 감옥이나 곤경으로부터 벗어날 수 있도록 보호해준다. 적어도 이러한 능력들은 성공의 정도를 예측한다는 측면에서 인지적 능력만큼이나 중요하다. 그리고 과거 산업화 이전 사회나 산업사회보다 우리가 살고 있는 후기 산업사회의 미래를 위해 훨씬 더 중요할지도 모른다.[21]

따라서 긍정적인 지점에서 바라볼 때, 아이와 배려심이 있고 관심을 기울일 줄 아는 어른들과의 상호작용은 아이의 성공적인 발달에 필수적 요소다. 반대로 부정적인 지점을 보면, 오늘날 '독성 스트레스toxic stress'라 불리는 것을 포함한 방치와 스트레스 등은 성공적인 발달을 방해할 수 있다. 사실 만성적인 방치는 공공연한 육체적 학대보다 발달 결과에 있어 더 넓은 범위에 영향을 미친다.[22] 아이를 때리는 것은 나쁘지만, 아이들을 완전히 무시하고 방치하는 것은 훨씬 더 나쁘다.

우리는 직관적으로도 방치가 아이에게 좋지 않다는 것을 알 수 있는데, 신경과학이 제시하는 방대한 증거 역시 그 이유를 설명하는 데 도움을 준다. 초기 아동기에 이루어지는 방치는 주고받기 상호작용의 빈도수를 줄이고, 뇌 발달 측면에서 바로잡기 힘들 정도로 심한 결핍을 만들어낸다. 루마니아의 고아들에 대한 한 획기적인 무작위 연구에서는, 어린 나이에 기관으로 보내진 아이들에 대한 심한 방치가 IQ, 정신 건강, 사회 적응 등의 측면은 물론, 뇌 구조에 있어서도 심각한 결핍을 초래했다는 사실을 밝히고 있다. 이러한 손상의 대부분은 아이들이 2세 이전에 가정을 찾았을 때 회복이 가능한 것으로 밝혀졌다. 하지만 이보다 늦은 나이에 입양될 경우에는 치유가 점점 더 어려워진다.[23]

마찬가지로 독성 스트레스가 뇌 발달에 미치는 영향도 처참하다. 스트레스 반응 자체(즉 아드레날린, 혈압, 심장 박동, 포도당, 스트레스 호르몬 등의 급격한 증가)는 매우 효과적인 방어기제를 나타낸다. 이 방어기제는 모든 동물 종이 위험에 즉각적으로 대처할 수 있도록 돕는 진화 과정에 의해 형성된다. 아이를 믿고 지지해주는 어른들에 의해서 완화된 온건한 정도의 스트레스는 반드시 해롭지는 않으며 심지어 도움을 줄 수도 있다. 대처 능력의 개발을 증진할 수 있는 것이다. 반면 심한 만성적 스트레스가 아이를 믿고 지지해주는 어른에 의해 완화되지 않을 경우, 뇌의 기본적인 집행기능을 방해할 수 있다. 이 기능은 뇌의 다양한 부분들이 어떻게 저항을 다루고 문제를 해결하는 데 함께 작동할지 여부를 통제하는 기능을 수행한다. 결과적으로 독성 스트레스를 경험한 아이들은 집중하거나 충동적인 행동을 제어하는 데, 그리고 지시를 따르는 데 있어서 문제를 겪게 된다.

극도의 스트레스는 기본적으로 뇌 발달을 저해하고 뇌 구조를 변화시키는 화학적, 해부학적 변화의 폭포수가 된다.[24] 불안정하고 지속적으로 반응이 없는 양육, 육체적 또는 정서적 학대, 부모의 약물 남용, 애정 결핍 등에 의해 야기되는 스트레스는 아이에게 중대한 생리적 변화를 만든다. 이러한 변화는 학습과 행동 면에서 그리고 우울증, 알코올 중독, 비만, 심장 질환과 같은 육체적·정신적 건강의 모든 면에서 평생 동안 어려움을 겪게 만든다.

과학자들은 독성 스트레스를 생산하는 사건들의 선별을 통해 스트레스 발생 정도를 측정하는 아동기 부정적 경험 단계Adverse Childhood Experience Scale를 개발했다.[25] (표 3-1) 일반적으로 어린 시절 이런 사건에 한두 번 노출된다고 해서 성인이 되어 나타나는 나쁜 결과와 직결되지는 않는다. 그렇지만 해로운 경험의 수가 늘어날수록, 평생 겪게 될 부정적 결과의 비율은 상승한다. 다수의 연구 결과를 요약하면, 노벨상 수상자이자 경제학자인 제임스 헤크먼James Heckman은 "어릴 적 해로운 경험은 성인이 되어서의 빈약한 건강, 높은 의료 비용, 우울증과 자살율의 증가, 알코올 중독, 약물 남용, 형편없는 직업 선택과 사회적 역할, 무능력, 그리고 이어지는 세대의 어긋난 행동과 관련이 있다"고 쓰고 있다.[26]

표 3-1 아동기 부정적 경험 단계

1. 집안 어른이 모욕을 주거나 신체적인 위협을 가했다.

2. 집안 어른이 매질을 하거나, 뺨을 때리거나, 상처를 입혔다.

3. 어른이 성적 학대를 했다.

4. 가족 중 아무도 사랑하거나 지지해주지 않는다고 느꼈다.

5. 부모가 별거나 이혼을 했다.

6. 음식이나 의복이 부족하거나 부모가 너무 술에 취하거나 약에 취해서 자식을 돌볼 수 없을 정도였다.

7. 어머니, 혹은 양어머니가 신체적으로 학대를 당했다.

8. 알코올이나 약물을 사용하는 자와 함께 살았다.

9. 가족 구성원 중에 우울증이 있거나 자살충동적인 사람이 있었다.

10. 가족 구성원이 투옥된 적이 있었다.

일라이저는 어릴 적 위 10개의 사항 중에서 적어도 8개는 경험했다. 그래서 그가 살아남았다는 사실은 예외적이라 할 수 있다. 확실히 어떤 아이들은(일라이저와 같은) 가혹한 만성적 스트레스에 직면해서도 명랑한 것처럼 보인다. 그렇지만 타고난 명랑함은 과대평가될 수 있다. 만성적인 스트레스로부터 받은 손상은 불리함을 극복한 듯한 아이들에게도 해로운 생리적 영향을 미칠 수 있기 때문이다.[27] 이를 '존 헨리 효과John Henry effect'라고도 부르는데, 증기기관 작동을 강화하기 위해 열심히 망치를 두드렸던 항타기 기사의 이름에서 유래한 것이다. "너무 열심히 일을 해서 심장에 무리를 주었다. 결국 존 헨리는 망치를 내려놓고 죽었다."[28] 통계적으로 말하면, 일라이저는 덤으로 주어진 시간을 살고 있는 셈이다.

물론 어떤 사회경제적 계급에 있는 아이들이라도 이러한 부정적인 경험에 직면할 수 있다. 그러나 소득과 교육의 수준이 낮은 가정에서 자란 아이들은 보다 큰 위험에 처한다. 빈곤수준poverty level의 두 배를 넘는 소득의 가정(즉, 앞서 스테파니가 '상당한 돈'이라고 설명한 수준)에 살고 있는 아이들조차 그들보다 덜 가난한 또래들보다는 부모의 죽음이나 투옥 경험, 육체적 학대, 이웃의 폭력, 약물 중독이나 알코올 중독과 같은 트라우마를 경험할 가능성이 두 배에서 다섯 배는 더 된다. 이 모든 경험은 우울증과 심장질환에서부터 발달지체, 심지어 자살까지 이르는 부정적인 결과로 이어진다. 이러한 경험은 축적되는 경향을 보이기 때문에 전반적인 충격은 매우 커질 수 있다.[29]

아동발달을 저해하는 독성 스트레스는 일반적으로 부모가 살면서 겪는 상당량의 스트레스—만성 우울증과 같이 극심한 것은 물론 일상적으로 쌓인 스트레스까지—를 반영한다. 아기가 첫돌이 될 때까지 발생한 어머니의 스트레스는 특히 모자 간의 애착 형성과 육아에 파괴적인 결과를 가져온다. 그것은 악순환이 되어 어린 시절 겪은 스트레스의 결과, 예컨대 행동화acting out(개인이 가지고 있는 갈등이나 스트레스를 기억해내거나 말로 표현하기보다는 행동을 통해 무의식적으로 표출하는 것. -역자주)나 ADHD는 부모의 스트레스를 가중시키고 부모의 양육 행동을 더욱 악화시킨다.[30]

하버드 의과대학의 생물정신의학자들은 말로 자녀를 자주 학대하는 어머니가 아이들의 뇌 회로를 손상시킬 수 있다는 점을 밝혀냈다. 이 연구는 "부모의 언어 학대에 노출된 청소년들은 우울증, 불안, 해리성 장애 등의 증상이 심화된다"고 보고한다.[31] 또한 이 연구는 우리가 '일라이저 가설'이라고 명명하는 현상이 사실임을 확인해준다. "늘 아이를 저주할 때, 정말 맹렬히 비난을 퍼부을 때, 그건 정말 마음을 찢어 놓는 거예요…. 정말 자식을 낙담시키는 거죠."

한편 세심하게 응대를 하면서 아이를 돌보는 성인의 존재는 아이들이 느낄 극심한 스트레스의 영향도 최소화할 수 있다.[32] 이러한 사실은 동물실험을 통해서도 확인할 수 있다. 예컨대 맥길 대학교McGill University의 신경생물학자 마이클 미니Michael Meaney는 부모가 자주 핥아주고 그루밍을 해준(이는 엄마 쥐가 갓 태어난 새끼 쥐를 기르는 전형적인 방식이다) 새끼 쥐는 부모가 덜 핥고 적게 그루밍을 해준 새끼 쥐보다 스트레스 호르몬이 낮으며, 더 똑똑하고, 호기심 많으며, 건강하고, 스트레스 상황도 더 능숙하게 처리하게끔 성장한다는 사실을 발표했다. 미니와 그의 동료들은 어머니의 행동과 새끼의 행동 사이의 연결고리가 단순히 유전적인 것만은 아니라는 사실을 독창적으로 밝혀냈다. 신중하게 계획된 연구에서, 이들은 유전적으로 많이 핥아주고 그루밍을 해주는 엄마가 유전적으로 연약한 새끼들(즉 덜 핥아주거나 그루밍을 덜 해주는 엄마를 둔 새끼들)을 기르게 했다. 그 결과 이들 새끼들이 자라나서는 그들의 생물학적인 엄마보다는 수양어머니와 더 유사한 행동을 하게 되었다. 즉 이들은 스트레스에 덜 취약했고 어른으로 잘 성장했다.[33]

부모가 자녀에게 육체적, 정서적 안정과 편안함을 제공하는 것은—예컨대 안아준다거나—엄마 쥐가 새끼 쥐를 핥아주고 그루밍을 해주는 행동과 같다고 할 수 있다. 따라서 그것은 아이들의 인생에 큰 차이를 만들어 낼 수 있다. 포트클린턴에서 첼시의 부모가 가까운 가족 내 친구의 자살 사건 이후 첼시를 위로해준 행위는 사실 '핥아주고 그루밍을 해준' 셈이다. 자녀들을 따뜻하게 잘 보살피는 부모들은 아이들을 명랑하게 만들고, 자칫 상처가 될 수 있는 스트레스를 완화하게끔 도움을 줄 수 있다.[34] 예컨대 심리학자 바이런 에겔랜드[Byron Egeland]는 미네소타 주의 저소득층 어머니와 아이들 가운데, 첫돌 무렵까지 보다 따뜻하게 양육된 아이들은 그렇지 못한 또래들에 비해 학교생활도 더 잘하고, 커서도 덜 불안해하며, 사회적으로 더 유능하다는 사실을 밝혀냈다.[35]

이러한 유년기의 인지 능력과 사회 정서적 능력은, 특히 자기 조절이나 결정에 있어서 아이들이 학교생활을 얼마나 잘해낼지 여부를 예상 가능하게 해준다. 몬트리올에서 장기간에 걸쳐 진행된 무작위 실험 연구에 따르면, 이르면 7세 아동들이 보유한 사회적 능력(예컨대 차례를 지키고 다른 사람들의 말에 귀 기울이는 것)과 사회적 신뢰의 증진은 기회를 크게 강화해주고 있다.[36] 다시 말해 아이와 그들의 부모에게 '한 알'의 사교성만 주어져도, 아이는 학교를 꾸준히 다니게 되고, 유치장으로부터 멀어지며, 장기적인 관점에서 경제적 활동도 훨씬 잘하게 된다는 것이다. 반대로 어린 시절 일라이저와 카일라가 받은 사회적 소외와 불신의 '한 알'은 앞선 전망을 상당히 위태롭게 만든다.

지금까지 요약해서 소개한 신경생물학적인 발견들의 기본적인 사회적 중요성은 다음과 같다. 미국 아이들의 건강한 뇌 발달은 부모의 교육, 소득, 사회적 계급 등과 밀접한 관계가 있는 것으로 판명됐다.[37] 최근에 발견된 사실들을 살펴보자.

- 점점 더 많은 과학적 증거들이 빈곤 속에서 성장한 아이들이 코르티솔^{cortisol}(부신피질에서 생성되는 스테로이드 호르몬. 스트레스에 반응해 분비된다. -역자 주)의 상승에, 즉 빈번한 스트레스 호르몬의 위험에 더 많이 노출된다는 사실을 보여준다. 빈곤은 아이들의 심리에 악영향을 끼치는 혼란스러운 환경을 조장할 수 있다.[38]
- 최근의 한 연구는 아주 어린 시절부터 빈곤 스트레스에 노출되었던 적이 있었던 성인들에게서 감정 조절을 담당하는 뇌 부분이 손상되어 있다는 사실을 발견했다.[39]
- 캐나다의 연구자들은 하층부와 상층부 출신 아이들의 뇌파에서 차이를 발견했는데, 전자(하층부 아이들)는 단순한 임무에 집중하는 데 있어서도 더 어려움을 겪는다. 그 이유는 분명하다. 그들의 뇌가 새로운 위협에 대처하기 위해 환경에 대한 지속적인 감시를 유지하도록

훈련되었기 때문이다.[40]

• 또 다른 최신 연구는 보다 부유한 배경을 가진 아이들과 비교할 때, 빈곤하게 사는 적은 표본의 아이들이 뇌 성장 속도가 더디고 회백질(뇌의 신경세포 집단으로 주로 신경섬유로 이루어진 백질과 함께 중추 신경을 형성한다. 지능의 발달이나 기쁨, 행복 등의 감정을 느끼는 것과도 관련이 깊다. ─역자 주)도 적다는 MRI(자기 공명 영상법) 증거를 발표했다. 물론 이러한 발견이 일반화되기 위해서는 보다 많은 연구가 필요하다.[41]

• 소득 수준과 교육 정도가 높은 가정의 아이들은 보다 풍부한 언어적 상호작용의 혜택을 본다. 부모가 풍부한 어휘와 더 복잡한 구문을 사용하기 때문이다.[42] 한 획기적인 연구에서 아동발달 전문가들은 캔자스의 42개 가정을 추적해 3년에 걸쳐 매달 한 시간씩 가족의 일상적인 언어의 상호작용을 주의 깊게 관찰했다. 그 결과 아이들이 유치원에 들어갈 무렵에는 부모가 전문직인 가정의 아이들이 노동자 계급 부모를 둔 아이들보다 1,900만 개나 더 많은 단어를 들었고, 사회복지 지원을 받는 부모의 아이들보다는 3,200만 개나 더 많은 단어를 들었다고 추산됐다.[43]

• 국가 차원의 한 연구에 따르면, 72%의 중산층 자녀들은 학교를 막 다니기 시작할 때부터 알파벳을 알고 있는데 반해, 가난한 아이들은 단 19%만 알파벳을 알고 있었다.[44]

간단히 말해서, 대학 교육을 받은 부모들은 고등학교 교육만 받은 부모들보다 아이들이 서브를 넣을 때 더 잘 받아쳐주며, 보다 풍요로운 가정의 아이들은 빈곤 상태에서 자란 아이들보다 독성 스트레스에 노출되는 경우가 적다는 것이다. 나아가 인지적, 정서적, 사회적 수용 능력에 있어서의 계급적 불균형은 아주 어린 나이에 발생해서, 생애전 과정에 걸쳐 지속적으로 남게 된다. 이러한 사실들이 함축하는 바는 인과적 요인들이 무엇이든 간에 그러한 요인들은 취학 이전의 기간동안 가장 강하게 작동한다는 것이다.[45] 물론 이것이 추후의 개입이 소용없다는 것을 의미하지는 않으며, 계급적 불균형이 신이 부여한 것이라거나 미리 예정된 것이라는 의미는 더욱 아니다. 그러나 유년기 아동발달에 중점을 두는 것이 너무도 중요하다는 사실만큼은 말해주고있다.

아이러니하게도 새로운 연구 결과들은 적어도 단기간에 나타나는 계급 차이를 확대하는 경향이 있다. 그것은 고등교육을 받은 부모들이 이러한 연구들을 직간접적으로 더 많이 학습하고, 자신들의 자녀 양육에 적용해볼 가능성이 더 많기 때문이다.[46] 앞으로 보게 될 것이지만, 양육방식에서 나타나는 계급적 격차는 최근 수십 년 동안 상당히 증가해왔다. 시모네와 스테파니 모두 자기 자녀들을 사랑하는 것은 분명하지만, 그들의 이야기와 과학적 연구가 밝혀주듯이, 양육 문제에 부딪힐 때에는 사랑만으로 긍정적인 결과를 보장하기란 충분치 않다.

양육에서 나타나는 경향

지난 60년 동안, 가장 최고의 양육 방법에 대한 아이디어들은 발달심리학자들의 발전된 관점에 따라 두 가지 광범위한 변화의 흐름을 겪어왔다.[47] 제2차 세계대전 이후, 엄청난 베스트셀러가 된 유명 소아과 의사 벤저민 스포크Benjamin Sopck 박사의 책 『유아와 육아Baby and Child Care』는 베이비 붐 세대의 부모들에게 아이들은 자신의 페이스에 따라 발달되도록 해야지, 어른의 일정이나 규칙에 따르도록 압박해서는 안 된다고 가르쳤다. 부모는 자녀와 느긋하고 즐겁게 지내도록 장려되었다. 그렇지만 1980년대를 시점으로, 그리고 1990년대 이후로는 가속도가 붙으면서 좋은 양육에 대한 지배적 사상과 사회적 규범들이 스포크의 '허용형 양육permissive parenting'에서 '집중형 양육intensive parenting'이라는 새로운 모델로 바뀌어 갔다. 이러한 변화의 부분적 원인은 내가 기술했던 뇌 발달에 관한 새로운 이해 때문이다.

이러한 새로운 이상은 아동 양육 지침서와 가족 잡지, 그리고 TV의 전문가를 통해 사회 모든 분야로 퍼져 나갔다. 그러나 이전의 양육 철학에서 나타났던 변화와 마찬가지로, 새로운 변화 역시 보다 고등교육을 받은 부모들 사이에서 가장 급속도로, 널리 퍼져 나갔다. 우리가 앞서 다룬 벤드 출신의 상위계급 부모인 얼은 이렇게 말했다. "우리 세대는 부모가 되기 위해 읽어야 할 모든 책을 지독하게 읽었습니다. 내 다음 세대와 관련해서 말하면, 그들은 부모가 되기 위해 해야 할 숙제를 마쳤다고 할 수 있지요."

오늘날 미국에서는 부모가 자녀의 인지적, 사회적 능력을 어린 시절부터 자극시키려 애쓰고 있으며, 그 결과 '좋은 양육'은 시간을 소비하고 비용을 많이 들이는 것이 되었다. 특히 대학 교육을 받은 부모들 사이에서 '좋은 엄마들'은 자녀에게 막대한 투자를 하도록 요구받고 있고, '좋은 아빠들'은 가정생활은 물론, 매일매일의 양육에 더 많은 참여를 요구하는 기대와 마주하고 있다.[48] 사회 모든 계급의 부모들이 집중형 양육을 갈망하고 있지만, 우리가 앞으로 보게 될 것처럼 이들 중 교육도 덜 받고 덜 부유한 부모들은 이러한 이상적인 일을 실천에 옮기는 데 힘에 부친 상황이다.[49]

저명한 민족지학자 아네트 라루Annette Lareau는 오늘날 미국 사회에서 나타나는 두 개의 계급적 양육 모델을 포착해냈다. 그녀는 이것을 집중양육concerted cultivation과 자연적 성장natural growth이라 부른다.[50]

집중양육은 중간 계급 부모가 자녀의 인지적, 사회적, 문화적 능력을 기르기 위해, 또 아이의 인생, 특히 학교에서의 성공을 촉진하기 위해 자녀 양육에 투자하는 것을 뜻한다. 시모네가 아이들에게 안네 프랑크에 대해 간략하게 설명할 때, 플래시 카드를 만들어 주고, 데스몬드에게 『후크 온 파닉스』란 책을 주거나, 놀이 집단을 마련해주었을 때, 또는 칼이 데스몬드를 직장으로 데리고 가고, 뉴스를 놓고 토론하며, 주일 학교에서 무엇을 배웠는지 물어볼 때, 이들은 집중양육에 참여하고 있는 것이다.

자연적 성장은 일정 계획을 짜고 학교 교육에 참여하는 것을 줄이는 대신, 아이의 발전을 아이 스스로의 계획에 맡기는 것이다. 이 모델에서 부모는 규칙과 훈육에 더 많이 의존하고 부모의 면밀한 관찰, 격려, 논리적 설득, 협상 등은 적게 한다. 조는 카일라가 우울증에 빠져 있을 때 부모로서 좀 더 간섭하길 바랐지만, 자신이 당면한 압박감과 황폐했던 어린 시절로 인해 그가 할 수 있는 최상의 전략은 자연적 성장 전략이었다. 그것은 오늘날에도 보다 더 가난한 가정에서 특징적으로 나타나는 양육 모델이다. 물론 이들 가정에서도 이 모델은 점점 사라져 가는 추세다.

양육 규범에서 나타나는 하나의 방대한 계급적 차이는 실제로 모든 연구에서 나타난다. 고등교육을 받은 부모는 아이가 높은 자부심을 가지고 좋은 선택을 할 수 있도록 만들고, 자율적이고 독립적이며, 스스로 인생의 방향을 설정할 수 있도록 양육하는 데 목표를 두는 반면 교육을 덜 받은 부모는 훈육과 순종, 그리고 이미 설정한 규율에의 순응에 초점을 둔다는 것이다. **도표 3-1**은 이러한 극명한 차이를 잘 보여

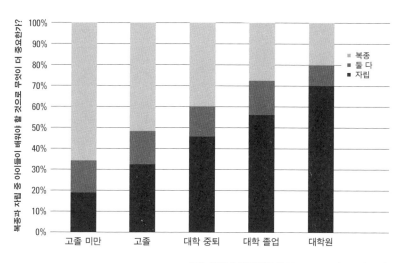

복종과 자립 중 아이들이 배워야 할 것으로 무엇이 더 중요한가?

- 복종
- 둘 다
- 자립

고졸 미만　고졸　대학 중퇴　대학 졸업　대학원

출처: 신앙문제 전국조사(Faith Matters national survey), 2006.

준다. 고등학교 이하의 교육을 받은 부모들은 자립 대 복종의 지지 비율이 18% 대 65%에 이르는 반면, 대학 교육 이상을 받은 부모는 정확히 그 반대를 선택해 70%대 19%의 비율을 보이고 있다. 높은 계급의 부모들은 자녀들과의 관계에서 보다 더 평등하고, 훈육을 위해서 논리적 설득과 죄책감을 많이 이용하는 반면, 낮은 계급의 부모들은 매질과 같은 육체적 처벌을 더 많이 이용하는 것 같다.[51]

이러한 계급적 차이는 부모의 실제 행동에서 드러나는 것이지, 그들 스스로 인정한 우선순위에 따라 나타난 것은 아니다. 시모네는 데스몬드에게 벌을 주었는지 여부조차("한 주 동안 TV 금지" 같은) 떠올릴 수 없었다. 칼은 부모를 가끔은 축구 심판에 견주어 설명한다. ("어떤 때는 부모라는 카드를 꺼내 들고 '이걸로 끝' 하고 말해야 하지요.") 그러나 아이들이 점점 나이가 들자, 그는 소크라테스식 대화법을 택했다("왜 그 일을 하고 있는지 설명해보렴. 이 문제에 대해서는 생각해보았니?").

이와 대조적으로 부모가 자기를 "죽도록 두들겨 팬" 경험이 있는 스테파니는 아주 거친 사랑에 대해 신뢰하고 있다("부드러울 수 없어요. 거칠어야 해요. 정말 거칠어야 해요"). 그녀가 "아이들을 죽도록 사랑하고 있다"는 의심할 수 없는 사실에도 불구하고, 복종하지 않는 데 대한 그녀의 첫 번째 반응은 매질이었다. 방화 사건 이후 아버지에게 기절할 정도로 맞았지만, 일라이저는 가학적인 양육이 치러야 하는 비용에 대해 놀라울 정도의 통찰력을 보여주었다. 그러나 아이들에게 '좋은 말을 해주는 것'의 중요성에 대해 이야기했던 그조차 고집 센 아들을 다루는 방법에 있어서는 어떠한 의구심도 나타내지 않았다("제 말, 오해하지는 마세요. 전 애한데 매질은 할 거예요. 옳은 것과 잘못된 것이 무엇인지 가르쳐줄 거예요").

긍정적인 양육과 부정적인 양육 간의 이러한 계급적 차이는 언어적 상호작용에서도 나타난다. 부모와 자녀 사이의 일상적 언어 교환에 대한 세심한 연구는 **도표 3-2**가 보여주듯 전문 학위를 지닌 부모들은 매년 약 166,000가지의 격려의 말과 36,000가지의 의욕을 꺾는 말을 한 반면, 노동 계급 부모들은 62,000가지의 격려와 36,000가지의 의욕을 꺾는 말을, 그리고 복지 지원을 받는 부모는 26,000가지의 격려와 57,000가지의 의욕을 꺾는 말을 전달했다.[52]

왜 양육방식에서 나타나는 이러한 계급적 차이가—우리가 '안아주기/매질하기 비율'로 부를 수 있는 것—이렇게 뚜렷하게 널리 퍼져 있는가? 앞 세대의 전문가들은 이 차이를 잘못 설정된 '노동 계급 문화'의 탓으로 돌리는 경향이 있었지만, 지금의 뇌 과학자들은 가난하고, 교육을 덜 받고, 고립된 부모들은 보다 엄격하고, 징벌적이며, 모진 모습을 보이는 훈육가가 된다고 말한다. 부분적으로 그 이유는 그들 자신이 보다 높은 만성 스트레스를 경험한 탓이라는 사실도 밝혀냈다.[53]

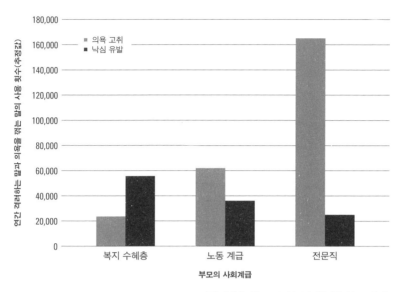

도표 3-2 언어를 통한 양육에서 나타나는 계급 차이

（세로축: 연간 격려하는 말과 의욕을 꺾는 말의 사용 횟수(추정값)）

범례:
- 의욕 고취
- 낙심 유발

가로축 (부모의 사회계급): 복지 수혜층 / 노동 계급 / 전문직

출처: 베티 하트(Betty Hart)&토드 리슬리(Todd R. Risley),
『미국 어린이들의 일상 경험에서의 의미 있는 차이*Meaningful Difference in the Everyday Experience of Young American Children*』(Baltimore: Paul H. Brookes, 1995).

일라이저는 엄마의 학대와 관련해 이러한 사실을 인정한다. "엄마로서, 집에 와서 테이블에 올려진 영수증을 보고, 설거지도 안 된 접시들을 보고, 아들 방이 청소도 제대로 안 돼 있는 걸 보고, 모든 게 엉망인 걸 봤다고 생각해보세요. 엄마가 화가 난 것은 바로 그것 때문이라고 생각해요. 제가 엄마를 비난할 순 없어요."

모진 훈육은 단순히 '노동 계급 문화'의 작용도 아니고 부모의 스트레스에 따른 결과도 아니다. 때때로 그것은 상층 계급 가정과 하층 계급 가정이 살아가는 환경의 차이에 대한 민감한 반응이기도 하다. 풍요로운 부모는 사회학자 프랭크 퍼스텐버그Frank Furstenberg와 그의 동료들이 '장려하는promotive' 전략이라고 이름 붙인 방법을 이용할 수 있다. 이는 자녀의 재능을 기회가 많이 주어지고 위험이 적은 안락한 환경(데스몬드와 그의 가족이 살았던 곳과 같은)에서 키우는 전략이다. 이와는 대조적으로 가난에 지친 부모들은 '예방적인preventive' 전략을 사용한다. 이는 기회보다 위험이 훨씬 더 많은 거친 이웃 사이에서(스테파니가 그녀의 아이들을 키웠던 곳과 같은) 아이들의 안전을 유지하는 것을 목표로 하는 전략이다.[54] 스테파니가 다음과 같이 우리에게 털어놓았듯이 말이다. "우리는 키스나 포옹 같은 것은 안 했어요. 그건 다른 종류의 사람들이 하는 일이죠. (…) 디트로이트(또는 애틀랜타)에서는 감상적일 수 없어요. 흉악해지세요!"

애정 어린 양육, 애착, 따뜻함, 적극적인 관여, 합리적인 훈육과 같은 성격을 지닌 풍요롭고 교육받은 부모들의 일반적인 양육방식은—간단히 말해 더 많이 안아주고 더 적게 때리는—아이들이 보다 큰 사회 정서적 능력을 갖도록 이끈다. 일라이저는 이것을 직관적으로 이해했다. "아이에게 천박하고 더러운 쥐새끼 같은 불한당 밖에 될 수 없을 거라고 말하면, 아이는 천박하고 더러운 쥐새끼 같은 불한당이 될 거예요."

부모의 양육방식에서 나타나는 계급적 차이는 분명한 사실이다. 빈곤과 아동발달(인지적이고 사회 정서적인 경우 모두) 간의 상관관계는, 사실 양육방식의 차이에 의해 설명될 수 있다. 이러한 양육방식에는 인지적 자극(책 읽기의 빈도수와 같은), 사회적 참여(시모네가 자녀들에게 권유한 과외활동에의 참여 같은)가 포함된다.[55] 특히 모성 교육, 언어 구사력, 따스함을 포함한 다른 요인들을 통제한 상태에서(다른 요인들을 통제한다는 것은 일종의 변인 조절로 어떤 현상에 영향을 미치는 여러 조건 중에서 한 개만 변인으로 하고 다른 것은 일정하게 통제하여 실험하는 것을 말한다. 여기에는 다른 변수는 적용되지 않는다는 가정이 포함된다. -역자 주), 부모의 책 읽기는 아동발달을 촉진한다.[56] 아동발달 전문가인 제인 월드포겔Jane

Waldfogel과 엘리자베스 워시브룩Washbrook은 양육에서의 차이가—특히 어머니의 감수성과 양육에서, 또 책을 제공하거나 도서관에 방문하는 등 등에서 나타나는—부자 아이들과 가난한 아이들 사이에 나타난 학업 준비성에서의 차이를 설명하는 가장 중요한 요인임을 밝혀냈다. 학업 준비성은 4세 아이들의 읽고 쓰는 능력, 수학, 언어 테스트 점수 등을 통해 측정했다.[57]

양육 과정에서 나타난 이러한 계급적 차이는 최근 수년 동안 증가했는가? 신뢰할 만한 지표를 찾기는 쉽지 않다. 설득력 있는 측정을 위해서는 여러 해 동안 동일한 조사를 반복해야 하기 때문이다. 그러나 한 가지 예외는 있는데, 바로 가족의 저녁식사다. 가족 식사에서 보이는 추세는 놀라운 사실을 말해준다.

월드포겔은 많은 다른 요인들을 통제한 후, 가족 식사가 아이들의 성장과 그들이 어떻게 살아갈지에 대한 아주 중요한 예측 변수가 된다는 사실을 보여주었다. "적어도 일주일에 5번 정도 부모와 저녁식사를 하는 청소년들은 여러 영역에서 더 좋은 성과를 만들어냈다. 이들은 흡연, 음주, 마리화나 이용, 심한 싸움, 성관계 등을 할 가능성이 적었고, 학교로부터 정학을 받을 가능성도 적었다. 이들은 성적에서도 높은 평점을 받았으며, 대학에 진학할 예정이라는 말도 더 많이 했다."[58]

우리가 벤드와 애틀랜타에서 만난 사람들 중, 부유한 가정은 부모와 자식이 정기적인 저녁식사 자리를 갖고 대화하는 일에 우선순위를 두었다. "아빠와 엄마는 항상 우리가 저녁식사를 함께 해야 한다는 점을 분명히 했어요. 그때가 우리 가족 네 명 모두가 이야기할 수 있는 유일한 시간이었거든요"라고 앤드류는 말한다. 데스몬드 또한 다음과 같이 말한다. "전 정말 저녁식사 자리에서 가졌던 대화에서 많은 것을 배웠어요." 이와는 대조적으로, 보다 가난한 가족들은 함께 식사하는 것을 우선시하지 않거나 할 수가 없었다. 달린은 이렇게 회상한다. "시도를 해보았지만, 늘 그렇게 되지는 않았어요. 우리는 TV 정도는 함께 보고는 했지요." 스테파니와 그녀의 딸 로렌은 아주 간단하게 요약해서 말한다. "우리 가족은 둘러앉아서 밥을 먹는 집은 아니죠." 스테파니의 말에 로렌은 다음과 같이 덧붙인다. "먹을 때가 되면, 누구든지 먹고 싶으면 먹어요. 파티에서처럼 모두가 함께 식탁에 앉는 건 아니죠."

1970년대 중반부터 시작해 1990년대 초까지는, **도표 3-3**이 나타내듯이 모든 사회계급에서 가족 간의 저녁식사는 드물게 나타났다. 두 부모 모두 직장에서 일하는 가정은 새로운 사회적 현상인 서로의 복잡한 일정을 조정하는 일로 고군분투했기 때문이다. 1990년대 중반에는 가족 간 대화 기회의 지속적인 감퇴가 갑자기 멈췄는데, 대학 교육을 받은 부모들 사이에서 이러한 현상이 나타났다. 그러나 고등학교 교육만 받은 가정에서는 대화 기회의 지속적인 감퇴가 방해받지 않고 계속되었다.[59] 한부모 가정은 가족 간에 저녁식사를 할 가능성이 적어 보인다. 그러나 이러한 사실이 엄청나게 늘어나는 계급격차에 대한 설명이 되지는 못한다. 이러한 격차의 증가가 실제로는 부모 모두가 있는 가정에 집중되었기 때문이다. 그 결과는 이 책 도처에 나타나는 가위 모양 차트 중의 하나가 보여준다. 즉 좋은 교육을 받은 부유한 배경 출신의 아이들과 교육을 덜 받은 빈곤한 배경의 아이들 사이에 나타나는 유년기 경험에서 늘어나는 격차가 바로 그것이다.

가족 간의 식사가 아동발달에 있어 만병통치약은 아니다. 그러나 그것은 부모가 자녀들에게 해주는(또는 해주지 못하는) 미묘하지만 강력한 투자를 나타내는 하나의 지표가 된다. 1990년대에 무슨 일이 벌어졌는가? 이들 자료만 가지고 설명하기는 어렵지만, 하나의 가능한 해석은 다음과 같다. 고등교육을 받은 부모는 아동발달을 위해 주고받기

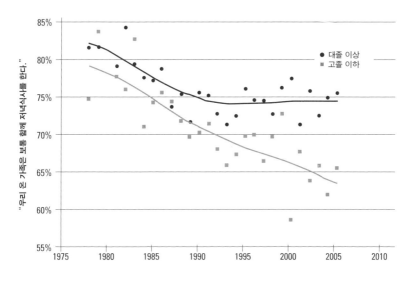

도표 3-3 부모의 교육 목적에 의한 가족 간 저녁식사의 추세 (1978~2005)

출처: DDB 니덤생활방식 조사(Needham Life Style survey)

식 상호작용이 중요하다는 인식이 늘어나는 데 간접적인 영향을 받았고, 반면 교육을 덜 받은 부모들은 그 말을 수용하는 데 더뎠든지, 아니면 너무 복잡한 삶을 살아야 했기 때문에 가족 간의 저녁식사가 현실성 있는 선택이 아니었던 것이다.

오늘날 모든 사회적 계급의 부모들은 한 세대 전보다 더 많은 돈과 시간을 자녀를 키우는 데 투자하고 있다. 부모들의 투자 증가는 인지적·사회 정서적 발달을 촉진시키는 경험에(특히 취학 이전 아이들에 대한 양육 강화에) 특히 집중되고 있다. 그러나 대학 교육을 받은 부모는 덜 부유한 부모보다 돈과 시간 양쪽 면에서 투자를 더 빨리 늘릴 수 있다—우리가 앞으로 살펴 볼 내용처럼, 그건 저녁식사 자리만 해당되는 게 아니다.

아동발달에 대한 투자 증가는 대부분 가정생활의 다른 영역에 쓰이는 비용(예컨대 부모의 개인 용품, 살림, 그리고 소비재)으로부터 왔다. 모든 계급의 부모들이 자녀에게 재원을 집중하기 위해 다른 곳에 쓸 비용을 삭감하고 있지만, 부유하고 교육받은 부모는 돈이 많을 뿐 아니라 시간도 더 많기에(일반적으로 부모가 양육을 분담할 수 있기 때문에), 가난한 부모(대개 싱글맘)보다 더 빠르게 투자를 늘릴 수 있다. 결과적으로 아이들에 대한 투자 증가의 계급격차는 점점 더 벌어지고 있다.

무슨 일이 일어나고 있는지 보다 잘 이해하기 위해, 각기 다른 계급 출신의 부모가 자녀에게 돈과 시간을 바치는 방식에 대해 더 자세히 들여다 볼 필요가 있다.

돈

평균적으로 말해, 지난 50년 동안 모든 사회경제적 계급의 부모들은 양육과 교육에 대한 지출을 늘려왔다. 그러나 그 지출 규모는 항상 어느 정도는 균등하지 않았는데, 지난 수십 년 동안 더 꾸준하게 불평등하게 되었다(**도표 3-4**를 보라). 사실 1980년대 중반 이후 최저 소득의 가정은 절대치에 있어 지출을 줄이기 시작했는데, 그 이유는 대부분 지출할 돈이 적었기 때문이었다. 반면 고소득층 가정은 계속해서 돈을 지출했는데, 부분적인 이유로는(오직 부분적으로만) 쓸 수 있는 돈이 더 많았기 때문이다. 1983~2007년 사이의 소득 분포에 있어 상위 10분의 1에 속한 가정의 아이 1명당 지출은 인플레이션을 고려한 실제 달러로 볼 때 75%가 증가했다. 이는 하위 10분의 1에 속한 가정에서 22%가 떨어진 것과 비교되는 수치다. 2007년 무렵에는 경제적 계급의 상위 10분의 1에 속한 부모를 둔 자녀는 평균적으로 풍요로운 소비생활을 위해 한 해에 약 6,600달러의 지원을 받았다. 이는 소득 계급의 하위 10분의 1에 속한 부모의 아이에게 매년 지출되는 금액인 약 750달

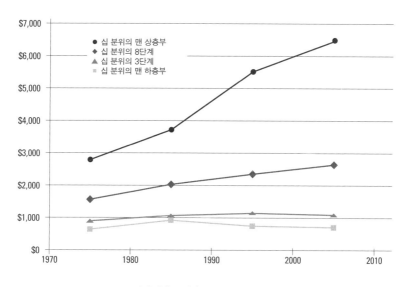

도표 3-4 가정 소득에 따른 아동 1인당 지출 추세 (1972~2007, 2008년 달러 가치)

- 십 분위의 맨 상층부
- 십 분위의 8단계
- 십 분위의 3단계
- 십 분위의 맨 하층부

출처: 사비노 콘리치(Sabino Kornrich)&프랭크 퍼스텐버그(Frank Furstenberg),
「아동 투자: 아이 양육비의 변화(Investing in Children: Changes in Parental Spending on Children),
1972-2007」, *Demography* 50(2013): 1-23.

러의 9배에 달한다.

증가액은 사교육과 양육 지출에 집중되었지만, 지출에서 나타난 계급차는 또한 음악 교습, 여름 캠프, 여행, 학교 물품, 도서, 컴퓨터, 과외활동, 레크리에이션, 여가 면에서도 나타나고 있다. 더욱이 소득을 고정시킨다고 하더라도, 부모 교육에서의 불균형 또한 높으며, 점점 증가까지 하고 있다. 이것이 의미하는 것은 부유한 그리고 고등교육을 받은 부모의 자녀는(데스몬드나 앤드류와 같은) 이중의 혜택을 받고 있는 반면, 더 빈곤한 그리고 교육까지 덜 받은 부모의 자녀는(미셸과 카일라 같은) 이중의 불행을 겪고 있다는 사실이다.[60]

부모의 투자에서 나타나는 차이는 아이들의 인지력 발달에 대한 강력한 예측 변수도 된다.[61] 사실 부모의 지출이 가장 많이 늘어나는 시기는 취학 전과 대학 시절에 집중된다. 우리가 알고 있는 이 두 발달 시기는 신분 상승을 결정하는 데 특히 중요한 시기다. 투자를 감당할 수 있는 부모는 앞선 두 단계에 개인적인 투자를 함으로써 자녀의 인생에 커다란 이점을 제공한다. 그러나 우리 사회는 이들 시기에 아직 적절한 투자를 하고 있지 않다. 대신 대부분의 공공 재원을 유치원에서부터 고등학교에 이르는 시기에만 쏟아붓고 있다. (우리는 다음 장에서 학교 교육에서 나타나는 계급 차이를 분석할 것이다.)

시간

오늘날 소득 수준과 교육 정도를 떠나 모든 부모는 반세기 전의 부모보다 더 많은 시간을 자녀와 보내고 있다. 그러나 돈과 관련해 우리가 위에서 살펴보았듯이, 이러한 증가 폭은 고등학교 교육을 받은 부모보다는 대학 교육을 받은 부모 사이에서 더욱 컸다. 더군다나 늘어나는 계급격차는 "**굿나이트 문 시간**Goodnight Moon time('Goodnight Moon'은 어린이 그림책으로 마가릿 브라운Margaret Wise Brown이 글을 쓰고 클레멘트 허드Clement Hurd가 그림을 그렸다. 'Goodnight Moon time'은 잠자기 전 아이들에게 책을 읽어주는 시간을 의미한다. -역자 주)"에 집중되어 있다. 아동발달을 위한 활동에 시간을 더 쓴다는 뜻이다. (부모가 자기 시간을 어떻게 할당하는지 연구한 연구자들은 자주 '굿나이트 문' 시간과 아이의 신체를 돌보는 시간 즉 '기저귀 갈아주는 시간diaper itme'을 구별한다.) 최종적으로, 시간 투자에서의 계급 차이는 초기 아동기—정확히 우리가 이 장의 앞부분에서 배웠듯이 부모와의 시간이 가장 중요한 때인—에 집중되어 있다. **도표 3-5**는 각각 다른 교육 배경을 가진 부모들이 0~4세 아기들의 발달을 위한 육아에 들이는 시간 추세를 보여주고 있다.[62]

1970년대 초에는 아이가 부모와 얼마나 많은 시간을 함께하는지

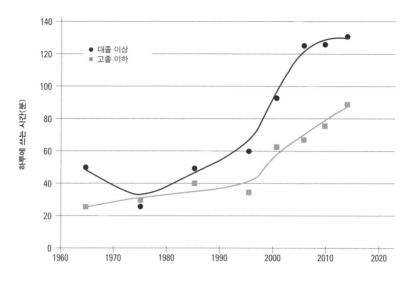

세로축: 하루에 쓰는 시간(분)

범례:
● 대졸 이상
■ 고졸 이하

출처: 에브림 알틴타스(Evrim Altintas),
「미국 내 발달보육 활동에서의 교육격차의 증대
(Widening Education-Gap in Developmental Childcare Activities in the U.S.)」,
Journal of Marriage and Family (2015년 발간 예정)

여부에 있어 계급에 따른 차이가 없었다. 그러나 2013년 무렵이면, 대졸 부모를 둔 유아는 고졸 부모를 둔 유아보다 **굿나이트 문** 시간을 1.5배 이상 더 갖게 되었다. 즉 대졸 부모와 그들의 유아가 매일 주고받기 상호작용 시간을 거의 45분이나 더 갖는다는 것이다.

대학 교육을 받은 엄마들은 교육을 덜 받은 엄마들보다 집 밖에서 일하고 있을 가능성이 크다. 이는 그들이 아이와 보낼 수 있는 시간을 줄이지만, 다음과 같은 사실에 의해 의미가 축소된다. 즉, 아이와 함께 시간을 보낼 수 있는 동반자가 있을 가능성이 크다는 사실 말이다. 나아가 결혼한 커플들 사이에서도 대졸 부모는 아이와 시간을 보내는 것이나 아빠의 양육 책임 분담을 강조하면서, 집중형 양육intensive parenting에 더 열심히 참여하고 있다. 결혼한 대졸 부모가 필요로 하는 높은 수입은 아이들과 보내는 시간을 비용으로 치를 만큼은 아니다. 반면 스테파니처럼 교육을 적게 받고 집 밖으로 직장을 다녀야 하는 싱글맘들은 열심히 일해서 간신히 빚은 면하고 살지만, 그만큼 아이들과 보내는 시간은 줄어들 수밖에 없다. 즉, 부유하고 교육받은 가정의 아이들은 두 세계, 즉 좀 더 많은 금전적 투자(왜냐하면 그들의 부모가 그렇게 할 수 있기 때문에)와 시간적 투자(마찬가지로 그들 두 부모가 우선순위를 둘 수 있기 때문에) 모든 면에서 최상의 혜택을 받게 된다. 반면 하층 계급 가정의 아이들은 이 두 세계에서 최악의 혜택만 받게 된다.

저학력 부모의 아이는 부모로부터 개인적인 관심을 받지 못할 때 무엇을 하고 있을까? 연구에 따르면, 아이들이 실제로 시간을 어떻게 보내는가에 대한 대답 중 가장 많은 부분을 차지하는 것이 TV 시청임을 알 수 있다. 우리가 달린에게 가족 간 저녁식사에 대해 물어봤을 때 들었던 대답과 같다. 고학력 부모의 자녀(데스몬드와 앤드류처럼)는 저학력 부모의 자녀(카일라, 미셸, 그리고 일라이저와 같은)보다 TV 시청에 시간을 덜 보내고 독서와 공부에 더 많은 시간을 보낸다.[63] 인터넷의 확산과 함께 TV는 점차 온라인을 기반으로 한 놀이로 대체되었지만, 기본적인 사실은 바뀌지 않았다. 즉, 부자 아이는 사람을 대면하는 시간을 더 많이 갖고, 가난한 아이는 화면을 바라보는 시간이 더 많다는 것이다.

비非 부모 양육

오늘날 대학 교육을 받은 어머니들 중 약 3분의 1은 전업주부다. 벤드 시의 패티와 애틀랜타 시의 시모네처럼 말이다. 그러나 나머지 3분의 2는 대부분의 고등학교 교육만 받은 엄마들처럼 어떤 방식이든 데이케어day care(보호자가 피부양자를 보호할 수 없을 때 이용하는 시설 또는 프로그램. -역자 주)를 구해야만 한다. 많은 연구들에 따르면 더 좋은 교육을 받은 워킹맘들은 양질의 데이케어에 아이들을 맡기는데, 적어도 부분적으로나마 그들이 비용을 감당할 수 있기 때문이다. 대신 양질의 데이케어는 일반적으로 아이들의 인지적·비인지적 발달에 있어 더 나은 결과를 만들어낸다. 물론 서로 관련성이 얼마나 강한지에 대해 의심의 여지가 있고, 아이가 학교에 진학하게 되면 그러한 관련성이 퇴색될지도 모르지만 말이다. 아동발달에 있어서, 좋은 데이케어는 부모의 좋은 양육과 거의 차이가 없다. 그러나 평균적으로 교육을 많이 받은 부모일수록 좋은 데이케어와 좋은 양육 모두를 하게 된다.[64]

이러한 계급격차 또한 증가하고 있다. 적어도 어린 아이들을 위한 전문적이고 체계적인 데이케어 센터와의 접촉 기회와 관련이 있기 때문이다. 지난 15년 동안, 0~4세 유아를 둔 엄마 중 고학력자들은 자녀를 위해 비공식적인 데이케어를 보다 전문적인 데이케어로 바꾸었다. 반면 저학력 워킹맘들은 친척들(특히 조부모)이나 비정규적인 시설에 점점 더 많이 의존했다. 물론 어떤 데이케어 센터는 최상급에는 미치지 못한 서비스를 제공하는 반면, 많은 조부모들이 훌륭한 데이케어를 제공하기도 한다. 하지만 일반적으로 센터를 중심으로 한 보살핌은 매우 양질이라 할 수 있다. 간단히 말해 교육을 더 받은 엄마들은 아기를 위한 데이케어의 질을 향상시켜 왔지만, 일반적으로 교육을 덜 받은 엄마들은 그렇지 못했다는 것이다.[65]

4~6세 정도의 어린이를 위한 보육에서 나타나는 계급 차이는 훨씬 더 크다. 대졸 학력 엄마들의 70% 정도가 센터를 중심으로 한 전문적인 데이케어를 이용하는 것과 달리, 고졸 학력의 엄마들은 40%만 이를 이용하고 있다. 이러한 계급 차이는 최근 몇 년 동안 변하지 않았는데, 심지어 더 어린 아이들을 위한 데이케어에서의 계급 차이가 늘어나고

있음에도 불구하고 말이다. 고등교육을 받은 부모는 교육을 덜 받은 부모보다 4~6세 아이를 위한 양질의 데이케어에 더 많은 재원을 투자해왔다. 그러나 최근 몇 년간 상층 계급의 부모는 인생의 초기 단계에 있는 0~4세의 아이에게도 투자 경계선을 확대하고 있다. 최신 뇌 과학적 성과들이 발달에 있어 결정적인 시기라고 말한 바로 그 단계다.

이들 계급격차는 유치원 입학 전$^{pre-K}$(유치원에 입학하기 전에 보내는 유아원이나 어린이집을 의미한다. -역자 주) 교육을 고려하면 폭이 넓어진다. 국립조기교육연구소$^{National Institute for Early Education Research}$에 따르면, "4세 아이의 유아원(공립과 사립) 등록 비율은 소득 최하위층 40% 가정의 경우 약 65%이고, 소득 최상층 20% 가정의 경우 90%에 달한다. 유아원 교육에 주 정부의 보조가 제공되지 않는 3세에는 저소득층과 보통 소득의 가정의 약 40%가, 상위 20% 소득 수준 가정의 80%가 자녀를 유아원에 등록시킨다.[66] 간단히 말해 아동발달을 위한 부모의 투자에 우리가 사용하는 기준이 무엇이든, 고등교육을 받은 부유한 가정의 아이들은 실질적으로 그리고 넓은 폭으로 앞서고 있다.

부모의 스트레스

양육 과정에서 매일 일어나는 분주함―아이들을 따라 다니며 청소하기, 복잡한 일정 조정, 사생활의 결핍, 자신과 배우자를 위한 시간 부족 등은 스트레스거리다. 더군다나 부모는 그 외의 생활에서 오는 스트레스, 특히 직장에서의 스트레스와도 싸워야 한다. 물론 가정에 따라 매일의 스트레스 정도가 다르겠지만, 부모가 받는 스트레스는 아이에게 신경을 덜 쓰고 반응도 적게 하는 양육태도로 이어져, 결국 아이에게 나쁜 결과를 가져온다는 사실이 방대한 연구들을 통해 드러났다. 스트레스를 받은 부모는 아이에게 더 모질어지고 신경을 덜 쓰는 부모가

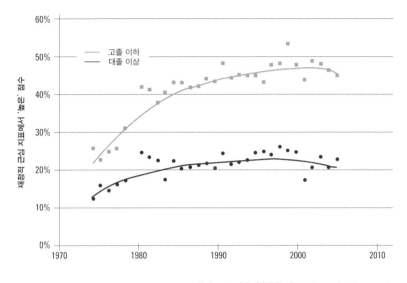

고졸 이하
대졸 이상

재정적 근심 지표에서 '높은' 점수

출처: DDB 니덤 생활양식조사(Needham Life Style surveys).

된다.[67] 특히 경제적 스트레스는 가족 관계를 분열시키고, 움츠리고 일관성 없는 양육을 불러 일으켜서, 결국 아이에게 직접적으로 만성 스트레스를 증가시킨다.

이 책에 나오는 모든 삶의 이야기들은 경제적 어려움, 스트레스 속에서의 양육, 그리고 아이들에게 나타난 부정적인 결과가 모두 연결되어 있음을 잘 보여준다. 대침체가 예외적인 스트레스를 만들어냈지만, **도표 3-6**이 보여주듯 부모의 경제적 스트레스에서의 계급격차는 꾸준히 증가하고 있다. 양육에 심각한 결과를 초래하면서 말이다. (여기서의 재정적 근심은 가정소득과 채무에 관한 일련의 질문과 그 응답 지표에 의해 측정되었다.[68]) 2007년 미국 아이들 사이에서 계급격차가 벌어지는 문제를 논의한 백악관 회담에서 대통령 영부인 로라 부시Laura Bush가 주목했듯이, "직장을 얼마나 오랫동안 다닐 수 있는지 확신할 수 없다면, 또는 주택을 얼마나 오랫동안 소유할 수 있는지 확신할 수 없다면, 아이들에게 투자할 에너지는 적어질 수밖에 없다."[69]

영부인의 이런 언급은 행동 경제학자 센딜 멀레이너선Sendhil Mullainathan과 엘다 샤퍼Eldar Shafir가 2013년에 발간한 책『결핍Scarcity』(한국에서는『결핍의 경제학』이라는 제목으로 출간되었다. -역자 주)에서 제기한 논쟁을 예견한 것이다. 결핍된 상황 아래에서는 문제를 파악하고 다루고 해결하는 능력이 흔들린다고 쓰여 있는데, 이는 마치 너무 많은 어플리케이션을 열어 놓아 컴퓨터 속도가 느려지는 것과 유사하다. 따라서 풍족한 조건에 있을 때보다는 효율성과 효과가 더 떨어지는 것이다. 일반적으로 우리가 이해하는 가난한 부모의 능력, 관심, 인내, 관용, 주의, 배려, 헌신 등에서의 결핍이 사실은 과부하 상태에서 작동하고 있는 부모의 정신에서 비롯된 것이다. "좋은 양육은 폭넓은 손길을 요구한다. 그것은 복잡한 결정을 할 수 있는 능력과 희생도 요구한다. 아이들은 자신이 좋아하지 않는 것도 하고, 약속을 지키고, 활동을 계획하고, 교사를 만나 피드백도 받고, 개인 지도 또는 추가로 필요한 도움을 받거나 구하고, 그런 다음에는 검토하도록 동기가 부여될 필요가 있다. 이런 일은 보유한 자원과 관계없이 누구에게나 힘든 일이다. 특히 손길이 줄어들 때는 배로 힘들어진다."[70]

우리가 앞에서 논의한 투자격차(시간, 돈)는 인지적 발달에 가장 현저하게 영향을 미친다. 반면 스트레스 격차는 아이들의 정신 건강을 포함한 사회 정서적 발달에 특히 중요하게 보인다.[71] 설상가상 한부모 가정은 앞서 설명했듯이 교육과 소득이 변하지 않는 상태에서 아이에게 영양가 있고 힘이 되는 양육을 할 수 없을 때 받게 되는 스트레스를 경험할 가능성이 많다.[72] 미국에서는 넓어진 경제적 간극이 직간접적으로 양육 격차를 더욱 악화시킨다.

조부모에 의한 양육

오늘날 조부모는 손주의 삶에 있어서 반세기 전보다 더욱 중요해졌다. 과거보다 조부모들이 더 건강해지고 부유해졌기 때문이다.[73] 그러나 이러한 경향은 상층부 가정과 하층부 가정에서 아주 다르게 나타난다. 일반적으로 하층부 조부모 대부분이 시간을 바쳐 부모의 자원을 대체해주는 반면, 상층부 조부모는 돈을 기증해 부모의 자원을 보충해주고 있다.

전국적으로 모든 어린이의 4%가 조부모에 의해 주된 돌봄을 받고 있다. 일라이저의 경우처럼 말이다. 이러한 경향은 젊고, 미혼에, 가난하고, 교육도 덜 받고, 고용도 되지 않은 부모의 자녀에 집중되어 있다. 주로 아이를 돌보는 조부모의 비율은 1970~1977년 사이 대략 두 배로 늘어났고, 모든 증가 추세는 사실상 가난한 소수자 가족들에 집중되어 있다.

종일 아이를 돌보는 조부모들은 점점 더 부모를 대신하지 않을 수 없게 되는데, 이는 하층부 가정의 붕괴 때문이다. 이들은 귀중한 인간 안전망을 제공해왔다. 예컨대 조부모와 함께 사는 싱글 부모들은 그렇지 않은 사람들보다 스트레스를 덜 받게 될 수도 있다는 것이다. 다음 장에서 우리는 오렌지카운티Orange County에 사는 두 자매 롤라Lola와 소피아Sofia를 만날 것이다. 이들은 운이 좋았는데, 약물 중독이었던 어머니가 죽었을 때 어머니 쪽 조부모가 데려다 키웠기 때문이다. 그러나 조부모에 의한 대체 양육은 일반적으로 젊고, 가난하고, 교육도 덜 받은 (그리고 지금은 사라진) 양육자를 나이가 많고, 가난하고, 교육도 덜 받은, 그러니까 아이들을 위해 쓸 소득이 많지 않은 양육자로 대체하는 것에 지나지 않는다. (아이로서는 조부모로부터 돌봄을 받는 것이 전혀 돌봄을 받지 않는 것보다는 확실히 더 좋지만, 부모가 직접 그들을 돌볼 능력이 있는 경우보다 좋지는 않다.) 일라이저의 곤경이 이러한 상황을 잘 묘사해준다. 조부모에 의한 대체 양육은 백인이 아닌 이들 사이에서 더 일반적이지만, 가난한 백인 사이에서도 아주 빠르게 증가하고 있다. 이와 대조적으로 상층부 가정에서는 조부모에 의한 대체 양육이 흔하지 않고 증가하지도 않는다. 상층부에서는 깨진 가정의 수가 비교적 적으며 또 줄어들고 있기 때문이다.

오늘날 상층부의 조부모들은 한 세대 전보다 부유하다. 이것은 이들이 이미 손주들이 자기 부모로부터 받고 있는 재정 재원을 보충해줄 수(대체하는 것은 아니고) 있는 능력을 더 많이 가지게 되었다는 것을 의미한다. 이처럼 상층부 아이들은 하층부 아이들보다 조부모로부터 재정 지원을 더 많이 받을 가능성이 크다. 그것을 필요로 할 가능성이 적음에도 불구하고 말이다. 요컨대 조부모에 의한 양육을 계산에 넣으면 아이들 사이의 계급격차는 더욱 증폭된다.

세 가지 주의 사항으로 이 장을 마치고자 한다.

첫째, 최근 우리는 지나친 양육을 '헬리콥터 부모'나 '과잉보호' 같은 이름을 붙여 이야기하는 것을 많이 들을 수 있다.[74] 의심할 여지없이 그런 현상에 대한 일례를 가끔씩 찾을 수 있고, 이는 아이와 주변 사람들을 짜증나게 한다. 그렇지만 지나친 양육과 불충분한 양육이 같다는 식의 잘못된 추정은 사실을 호도하는 것이다. 과도한 양육이 불충분한 양육과 관계된 숱한 해악에 버금간다고 믿을 만한 증거는 없다. 더군다나 지나친 양육에 문제가 있다면 그 해결책은 부모 자신들의 손에 달려 있지만, 불충분한 양육의 문제는 그렇지 않다.

둘째, 여기에서 요약된 연구는 부모의 사회계급(특히 교육)과 양육 관행 사이에 그리고 양육 관행과 아이에게 나타난 성과 사이에 강한 상관관계가 있음을 설정하고 있지만, 상관관계가 의심할 여지없이 인과적이라는 사실을 증명해낸 연구는 비교적 적다. 내가 인용한 연구들은 모두 그럴듯하지만 거짓인 상관관계를 배제하기 위해 통계적 통제를 사용했다. 그러나 일반적으로 무작위 배정 실험 설계는 사용하지 않았다. 간단히 말해서, 증거는 대개 '최첨단'이지만, 이 분야에서의 최첨단이 완벽하지는 않다. 이러한 결점이 과학적 부주의를 나타내는 것은 아니다. 과학자들이 새끼 쥐들로 연구하는 것처럼, 부모들에게 무작위로 아이들을 배치하는 연구를 인가받는 일은 쉽지 않다.

셋째, 양육에서의 계급 차이가 보다 빈곤하고, 교육을 덜 받은 부모에게 태어난 아이를 불리하게 만드는 유일한 요인은 아니라는 것이다. 물리적 박탈은—빈약한 영양 제공, 부적절한 건강관리, 납이나 페인트 같은 환경적 위험에의 노출—아이의 지적, 정서적 발달에 장기간의 영향을 미칠 수가 있다.[75] 반대로 몇몇 양질의 실험연구는 가난한 가정에 대한 단순한 금전적 기부가 아이의 학업 성적과 사회적 성취를 증진시킬 수 있다는 사실을 밝혀냈다. 돈이 중요하다는 것이다.[76] 이상적인 양육도 아이에게 미치는 빈곤이 갖는 모든 부정적인 효과를 보상해줄 수는 없고, 무능한 양육 역시 부모의 부유함과 교육에 의해 부여되는 모든 이점들을 무가치하게 만들 수는 없다.

가장 최고의 과학적 증거는 우리가 애틀랜타에 사는 세 가족의 예를 들어 설명한 양육의 유형들이 미국 전역에 퍼져 있는 폭넓은 경향을 나타내고 있음을 확인해준다. 가난한 아이들이 마주하는 불리한 조건들은 어릴 적부터 시작되어 깊게 이어지다가 아이들이 학교에 들어가기 이전에 확고하게 설정된다는 것, 이것이 다음 장의 주제다.

제4장

학교 교육

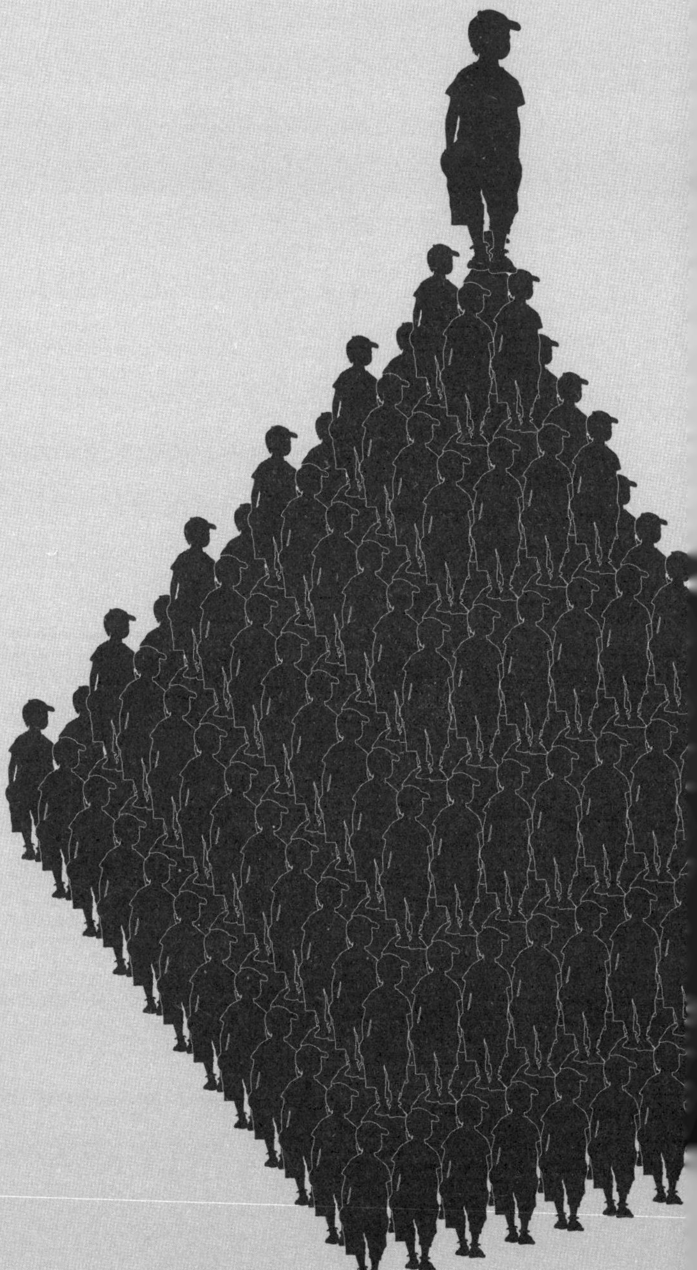

리처드 닉슨Richard Nixon, 디즈니랜드Disneyland, 보톡스Botox, 〈오렌지카운티의 진짜 주부들The Real Housewives of Orange County(오렌지카운티에 사는 부유한 5명의 주부들에 대한 다큐멘터리. -역자 주)〉의 본 고장인 캘리포니아California의 오렌지카운티Orange County는 수십 년 동안 부유한 백인들의 보수적인 교외 지역을 의미하는 곳이었다. 그림 같이 멋진 도시들이 해안가를 따라 줄지어 있고, 수백만 달러에 이르는 해변가 집들은 일 년 내내 내리쬐기로 유명한 햇빛 아래서 자태를 뽐내고 있었다. 북쪽의 로스앤젤레스Los Angeles 카운티와 남쪽의 샌디에이고San Diego 카운티 사이에 끼어 있는 이곳은 생식 다이어트를 하는 부유한 트로피 와이프(나이 많고 부유한 남자의 젊고 매력적인 아내. -역자 주)들이 현실을 도피하는 근원지였다.

이러한 이미지는 지난 40년에 걸쳐 일어난 인구통계학적 변화로 인해 점차 변해갔다. 오렌지카운티는 1970년 이후 인구가 배 이상 늘어나 지금은 300만 명이 넘는다. 미국에서 여섯 번째로 인구가 많은 카운티가 되었고, 절대 수에서 가장 급속한 증가를 보이는 지역이 되었다. 이러한 증가는 이민자들 덕분으로, 어떤 이는 오렌지카운티를 "21세기의 엘리스 아일랜드Ellis Island(미국으로 온 이민자들의 첫 번째 관문인 입국 심사국이 있던 섬으로 뉴욕 항에 있는 자유의 여신상으로 부터 0.5마일 떨어진 곳에 위치해 있다. -역자 주)"라고 부른다.[1] 2013년 무렵에는 카운티 인구 중 46%가 집에서 영어가 아닌 언어를 사용했다.[2] 오늘날은 라틴계 이민자들이 인구의 3분의 1 이상을 차지하고 있고(1980년에는 15%에 불과했지만 계속 늘어나서), 카운티의 유치원에서부터 고등학교에 다니는 연령대의 아이들 반 이상은 라틴계가 차지하고 있다.

오렌지카운티에는 34개의 도시가 속해 있다. 이들 도시 대부분은 각각 별개의 세상으로 존재한다. 지역의 한 인구통계학자는 "빈곤한 지역과 아주 풍요로운 지역, 그리고 조금은 적은 수의 중간층 지역이 존재한다"고 말한다.[3] 예컨대 라구나비치Laguna Beach는 비非라틴계 백인들이 인구의 91%를 차지하고 있고, 이들의 평균 개인소득은 84,000달러인 반면, 20마일밖에 떨어지지 않은 카운티의 중심지 산타아나Santa Ana는 인구의 95%가 라틴계 사람들(50%는 외국에서 태어난)인데, 이들의 평균 개인소득은 17,000달러에 지나지 않는다.

오렌지카운티에 거주하는 라틴계 사람들은 대부분 카운티 북쪽 절반에 이르는 내륙 골짜기의 가난한 도시에 살고 있다. 이 도시 중 하나가 산타아나다. 2004년 넬슨록펠러정치연구소Nelson A. Rockefeller Institute of Government의 보고서에는 산타아나가 미국에서 가장 문제가 많은 도시로 선정되어 있다. 이유는 높은 실업률과 빈곤율, 교육받지 못한 주민들, 그리고 과밀한 가구 구성 때문이다. 오렌지카운티의 라틴계 주민들은 가난 속에서 살고 있을 뿐만 아니라, 거리의 폭력과 갱들이 활개치는 곳 한가운데에 살고 있다. 산타아나는 29개 갱단의 본거지이기도 하다.[4]

그렇지만 신분 상승을 이루어낸 많은 중산층 라틴계 주민들은(대부분 이민자들의 2세대 또는 3세대 후손) 로스앤젤레스와 오렌지카운티의 가난한 라틴계 구역으로부터 과거 백인들의 거주지였던 오렌지카운티 마을로 주거지를 빠르게 옮기고 있다. 백인이 거주하던 부유한 카운티 내 대부분의 도시마다 라틴계 거주자의 비율이 1990년과 2010년 사이에 증가했다. 캘리포니아 주립 대학교 풀러턴Fullerton 캠퍼스가 자리해 있고, 2012년 중산층 가계 수입이 대략 10만 달러였던 풀러턴 북쪽 지역의 경우 라틴계 비율은 약 10%에서 25%로 두 배 이상 증가했다. 풀러턴은 오렌지카운티의 가장 부유한 구역과는 멀리 떨어져 있지만, 라틴계 주민을 끌어들이는 확실한 매력을 가지고 있다. 그것은 수준 높은 학교들, 번창하는 경제, 점점 풍부해지는 문화적 다원주의 등이다.

이러한 인구통계학적 이행의 최종 결과는 오렌지카운티의 라틴계 공동체 내 경제적 불평등이 지난 40년 동안 상당히 증가했다는 사실이다. 이는 애틀랜타Atlanta 흑인 공동체 내에서 발생했던 것과 똑같은 현상이다. 한 해 25,000달러(인플레를 감안한 달러로) 이하의 소득을 가지고 살아가는 라틴계 가정의 비율은 1970~2010년 사이 13%에서 25%로 거의 두 배나 늘어났다. 동시에 한 해 소득이 10만 달러 이상인 라틴계 가정의 비율은 12%에서 17%로 늘어났다. 한마디로 오렌지카운티는 보다 빈곤한 라틴계의, 그리고 보다 부유한 라틴계 사람들의 새로운 본거지라 할 수 있다.[5]

이러한 불평등은 오렌지카운티에 있는 학교들에서도 나타난다. 제시된 '투입' 측정치(표 4-1을 보라)가 놀라울 정도로 유사한 두 고등학교, 즉 풀러턴에 있는 트로이 고등학교Troy High School와 산타아나 고등학교Santa Ana High School를 살펴보자. 예컨대 두 학교의 학생당 지불 비용은 거의 비슷하다. 그리고 학생-교사 비율, 지도 상담사의 숫자, 그리고 교사 자질에 대한 두 개의 표준 측정치인 정식 교육과 경험에서도 마찬가지다. 트로이는 산타아나보다 더 풍부한 과외활동 목록을 가지고 있다. 그러나 우리가 살펴볼 것이지만, 이러한 차이를 설명해주는 것은 학군에 따른 불평등한 투자가 아니라 사적인 기금 조성에 있다. 학교 교육 제도에 의해 가장 분명하게 관리되는 측정치인 지출 비용, 교사의 양과 질, 상담에 있어서 두 학교는 대체로 유사하다.

표 4-1 트로이 고등학교와 산타아나 고등학교의 특징, 2012년

	항목	풀러턴의 트로이 고등학교	산타아나의 산타아나 고등학교
	학생 수	2562	3229
학교 재원	학생당 비용	$10,326	$9,928
	교사의 평균 근무연한	14.9	15.0
	석사학위 소지 교사 비율	69%	59%
	학생-교사 비율	26:1	27:1
	지도상담사 수	5	7
	스포츠/예술/언어 과외활동 수	34	16
학생 공동체	점심값 삭감/면제 자격(빈곤 가정) 학생 비율	14%	84%
	라틴계 인종 비율	23%	98%
	부족한 영어 숙달 정도	4%	47%
	6가지 체력검사에 모두 합격한 비율	70%	32%
산출	졸업률	93%	73%
	캘리포니아 주 학업성취지표(API) (1000점 만점)	927	650
	캘리포니아 소재 전체 고등학교 대비 API 점수	상위 10%	하위 20%
	SAT 지원 학생 비율	65%	20%
	평균 SAT 점수	1917	1285
	무단결석 비율	2%	33%
	100명당 정학 수	3	22
	오렌지카운티 전체 고등학교 중 전반적인 순위[7]	3	64

그러나 이 두 학교가 결정적으로 닮지 않은 부분은 빈곤율, 인종 배경, 영어 실력, 신체적 건강이 측정된 그들 학생 집단 자체에 있다. 산타아나 학생들은 가난한 라틴계가 압도적이며 스페인어를 주로 사용한다. 반면 트로이 학생들은 인종적으로 다양하고 경제적으로 고소득층 배경을 지닌 아이들이다. 이보다 더 놀라운 것은 두 학교가 보여주는 '산출[output]', 즉 졸업율, 주 전체의 학업시험 성적, 대학수학능력시험[SAT] 성적, 무단결석과 정학 비율 등의 측정치가 대조적이라는 사실에 있다. 중도에 학교를 그만두는 학생의 수는 산타아나가 트로이보

다 네 배나 더 많고, 무단결석과 정학은 대략 열 배나 더 많으며, 산타아나 학생들은 3분의 1만이 SAT를 친다. 이들의 평균 SAT 점수는 전국에서 하위 4분의 1 정도인데 반해, 트로이의 SAT 평균 점수는 상위 10~15%에 들어간다.

이 장에서 우리는 두 학교를 직접 경험해본 두 멕시코계 가정의 미국인 아이들을 만나볼 것이다. 풀러턴 북쪽에 사는 이사벨라^{Isabella}와 그녀의 부모 클라라^{Clara}와 리카도^{Ricardo}는 트로이 고등학교에서 몇 블록 떨어진 곳에서 산다. 다음은 산타아나 중심지에서 조부모에 의해 키워진 두 자매 롤라^{Lola}와 소피아^{Sofia}로 산타아나 고등학교에서 몇 블록 떨어진 곳에서 산다.[6] 이들의 이야기는 가족, 경제, 인종, 학교에서의 상반된 경향이 아이들이 가질 수 있는 기회에 어떤 영향을 미치는가에 대해 많은 것을 시사해준다.

클라라, 리카도, 이사벨라

클라라와 리카도는 둘 다 50대로 1970년대에 로스앤젤레스 남중부에 있는 가난한 라틴계 빈민촌에서 성장했다. 1990년대에 이들은 성공한 전문가가 되었고, 안전한 이웃과 우수한 학교를 찾아 늘어난 식구들을 데리고 풀러턴으로 이사를 갔다. (마이클^{Michael}은 현재 27세, 이사벨라는 20세, 그리고 가브리엘^{Gabriel}은 15세다.) 지금 그들은 평화로운 골목 끝자락에 위치한 농장 스타일의 가옥에서 살고 있으며, 오렌지카운티의 중상층 생활에 아주 잘 적응해 있다. 그 집에 도착하기 위해 우리는 몇 개의 언덕을 오르내리고, 종려나무들을 지나, 고소득층을 위한 쇼핑센터와 스페인풍의 집들을 지나쳐야 했다. 이웃은 대부분 중상층의 영국계Anglo이며, 이곳에 사는 라틴계 중에는 백인 이웃들보다 더 부유한 사람들도 있다.[8] "이곳 사람들은 친절하고 믿을 만해요. 안전한 지역이기 때문이죠." 나중에 이사벨라는 우리에게 말했다.

테라스, 고요한 푸른 풀장, 다채로운 색의 정원을 향해 열린 유리문을 마주한 안락한 거실에서 우리는 만남을 가졌다. 무용복을 입고 춤을 추는 이사벨라의 사진들과 그랜드피아노가 잘 어울렸다. 옆에 있는 다이닝 룸은 대화를 나누거나 숙제하기에 좋은 조용한 공간을 제공하고 있어, 트로이 고등학교로부터 안식처를 제공하는 환경으로는 더할 나위 없었다. 트로이 고등학교는 세 아이 모두가 다닌 곳으로, 클라라의 설명에 따르면 최고의 SAT 성적을 가지고 하버드, 스탠포드, 뉴욕 대학교 등을 목표로 하는 아이들이 경쟁하고 있기에 불안의 떨림을 느낄 수밖에 없는 곳이다. 이곳에서 그녀의 아이들은 한 세대 전 LA 남중부에서 자신과 리카도가 성장하며 겪었던 것과는 완전히 색다른 경험을 하며 지냈다.

클라라와 그녀의 쌍둥이 남동생 프란시스코Francisco는 멕시코의 작은 마을에서 태어나고 자랐다. 아버지는 제2차 세계대전 중 멕시코 출신 철도 이주노동자로 자진해서 캘리포니아로 왔다가, 클라라와 프란시스코가 여덟 살이던 해 합법적인 이민을 통해 온가족(쌍둥이, 아내, 그리고 두 명의 손위 형제자매)을 로스앤젤레스로 데려왔다. 처음에는 경제적 여유가 없었기 때문에 가난에 찌들어 있고, 갱들이 판을 치며, 이웃 대부분이 흑인인 와츠Watts에 자리를 잡았다. 밝은 색의 피부를 가진 라틴계였기에 이들은 금방 눈에 띄었다. 클라라는 흑인 아이들로부터 추격을 당했던 일을 지금도 생생하게 기억하고 있다. 학교에서부터 어두운 고속도로 굴다리를 지날 때까지 말이다. 그녀와 남동생은 가끔 친절한 흑인 교사들의 보호를 받으며 집으로 돌아가기도 했다. 가족들은 더 안전한 곳을 찾아 로스앤젤레스의 중남부와 동서부로 이사를 갔지만, 그곳 역시 가난했고 대부분의 이웃이 라틴계였다. "우리는 소득이 낮고 마약을 많이 하는 마을에서 자라났지요." 클라라는 이렇게 말하면서, 중·고등학교 반 친구들 중 많은 아이들이 습관적으로 본드를 들이마셔서 '멍해지고는 했다'는 말을 덧붙였다.

라틴계 갱들은—클라라는 이들을 '바퀴벌레들'이라고 부른다—그녀와 남동생이 다니던 학교를 지배했다.

> 우리는 갱 단원이 되려고 하는 아이들의 입회식을 봤어요. 그 아이들은 거기서 갱 단원들에게 아주 심한 매질을 당하죠. '예를 행한다 courted'는 표현을 써요. 갱단에 들어가기 위한 예를 행한다는 것인데, 시간은 2분이나 3분 동안이에요. 여기서 반격을 할 수는 없어요. 맞다가 쓰러지면 더 때려요. 꼿꼿이 서서 피가 나고, 멍이 들어도 견뎌내면서 강인하다는 걸 보여주는 거죠. 남자애나 여자애 모두 마찬가지였어요. 그때는 주먹으로만 때렸는데, 가끔은 몽둥이로 때릴 때도 있었을 거예요. 요즘은 갱단에 입회하기 위해 마을에 있는 사람들에게, 심지어 죄 없는 구경꾼에게도 총질을 하게 해요. 전 그게 우리 문화의 일부라는 게 부끄러워요.

지금은 소아과 병원의 사회복지사인 클라라는 그녀가 다녔던 학교에서 왜 갱 문화가 생겨났는지 잘 정리된 생각을 가지고 있다. "가족의 결속력 부족에서 나온다고 생각해요. 마을의 많은 가족들에 문제가 있었죠."

클라라의 부모는 멕시코에서 3~4학년 이상은 다니지 못했지만 자녀들에게는 많은 지원을 아끼지 않았고, 그들의 강인한 노동윤리는 자녀들의 본보기가 되었다. 부모는 학교 생활을 잘하는 것이 중요하다는 점을 강조했고, 비록 대학에 대해 아무것도 알지 못했지만 클라라와 프란시스코에게 전문가가 되라며 격려해주었다. 아이들은 재정적인 압박에서 보호되었다. 클라라는 주말이면 때때로 아버지가 자신들을 데리고 딸기를 따러 갔다고 기억하는데, 사실 부족한 생활비를 충당하기 위해서였다. 하지만 그녀는 자기 집이 가난하다고는 생각하지 않았다. 그녀보다 나이 많은 형제자매들은 정치적으로도 문화적으로도 세련되었다. 덕분에 그녀는 외국 영화를 보고 문학을 논하면서, 또 그녀의 말처럼 "밥 딜런Bob Dylan과 존 바에즈Joan Baez의 음악을 들으면서" 성장했다.

클라라와 그의 남동생 프란시스코는 그녀가 "아주 거친" 곳으로 표현하는 LA에서 학교를 다녔다. 그러나 둘은 성적이 뛰어난 학생이었고, 흑인 교사와 백인 교사 모두로부터 강력한 지원과 사랑을 받았다. 실제로 클라라와 프란시스코가 불리한 배경을 가지고 있다는 것을 알고 있던 교사들은 주말이면 가끔 그들을 자기 식구들과 함께 디즈니랜드나 너츠베리팜Knott's Berry Farm(캘리포니아 주에 있는 테마 공원으로 미국 최초의 놀이동산이다. -역자 주)에 데리고 가고는 했다. 클라라는 말한다. "그들은 우리의 롤모델이었고 멘토였지요. 우리는 말했어요. '우리는 공부를 잘할 거예요, 스스로에게 도전할 거고요. 왜냐하면 지금의 이웃들에게서 벗어날 필요가 있기 때문이죠'라고요."

클라라와 프란시스코는 성실하고 신경을 많이 써주었던 학교 상담사와 멘토를 만났고, 이들은 클라라와 프란시스코가 대학에 다닐 수 있게 장학금 지원을―클라라는 대학원 학위까지―받을 수 있도록 도움을 주었다.[9] 오늘날 남매는 모두 오렌지카운티의 성공적인 전문직으로 일하고 있는데, 클라라는 사회복지사가 되었고 프란시스코는 금융 설계사가 되었다. 자신의 직업 선택에 대해 설명하면서 클라라는 이렇게 말했다. "전 제 공동체에 변화를 주기를 원했어요. 갱단에 들어가거나 마약을 하는 아이들이 줄어들기를 바라요."

클라라와 프란시스코의 이야기는 이민자 2세대에서 일어나는 전형적인 신분 상향 이동의 본보기를 보여준다. 자신들의 문화적 동화 assimilation에 대해 클라라는 이렇게 말한다. "우리는 집에서는 거의 멕시코인으로 살지만, 직장에서는 완전히 미국화되어 있죠." 둘은 모두 그들이 자랐던, 그리고 여전히 냉혹한 상태에 있는 이웃에게 자녀들을 데려가 보여주는 것을 중요하게 생각한다. "단 한 세대 만에 도약할 수도 있지만, 단 한 세대 만에 다시 나락으로 떨어질 수도 있단다." 프란시스코는 이런 말로 아이들을 깨우치게 한다.

클라라는 지역의 좋은 대학교를 졸업한 후 성공하지 못한 첫 번째 결혼의 고통을 겪으면서, 그리고 (마이클의) 싱글맘으로서 몇 년 동안 홀로 지내다가, 10학년 고등학교 동창회에서 리카도를 만났다. 그들은 결혼을 했고, 몇 년 후에는 두 명의 자녀를 더 갖게 되었다. 바로 이사벨라와 가브리엘이다. 결혼 초기 몇 년 동안 클라라는 한 지역 병원에서 사회사업 프로그램을 만들어 급속하게 성장시켰고, 성공적인 사설 심리치료 회사로 자리를 옮겼다. 한편 리카도는 나름대로 성공적인 건축가가 되었고, 한 주요 비영리 단체에서 프로젝트 매니저 역할을 맡고 있다.

이사벨라가 취학할 나이가 되자, 클라라와 리카도는 더 좋고 안전한 학교를 찾아 풀러턴으로 이사를 갔다. 클라라는 다음과 같이 설명한다.

LA에서는 대부분의 중산 계급 또는 전문직에 있는 라틴계 사람들이 더 나은 학교들이 있는 지역으로 이사를 하죠. 우리는 대체로 도심의 빈민 지역에서 자라서 아이들이 노출될 것들에 익숙하기 때문이에요. 갱들과 폭력, 수준 낮은 교육…. 불행히도 그곳은 교사들이 학생들을 단지 관리만 하는 곳이죠. 우리는 아이들을 위해 우리 자신이 무엇을 원하고 있는지 정확하게 알고 있어요. 우리는 아이비리그 학교에 가려는 아이들과 우리 아이들이 경쟁하기를 원하죠. 우리 부부에게는 아이들을 위해 교육, 또 교육, 정말로 교육이 무엇보다 우선이었어요.

계속해서 그녀는 그들이 어떻게 현재의 이웃들 사이에 정착하게 되었는지 설명한다.

우리는 아이들이 트로이 고등학교로 갈 수 있을 것이라고 확신하면서 이곳에서의 삶을 택했어요. 남편과 나는 고등학교들과 이들 학교의 SAT 점수를 체크했어요. 그리고 초등 수준의 표준시험 성적도 체크했지요. 또 초등학교 교사들이 잘 훈련되어 있는지, 의욕적인지에 대해서도 확인하려 했어요.

전 유치원에서조차 모든 교사들과 인터뷰를 했어요. 교육비가 싸지 않았기 때문이죠. 이곳에서 사립 유치원에 아이를 보내려면 한 달에 700~900달러가 들어요. 나는 교사들의 교육적 배경은 무엇인지, 아이들이 적절한 훈육을 필요로 할 때 어떻게 다룰지, 그들 모두가 친사회적 기술을 가지고 있는지, 어떻게 학급을 잘 관리할지 알기를 원했죠. 또 유치원은 깨끗한지, 학생 대비 충분한 직원을 배치하고 있는지를 확인하기를 원했어요. 유치원 아이들과 가족들의 조합 또한 제게는 중요했지요. 전 (제 아이들이) 그들이 가진 언어 능력을 제대로 발달시킬 수 있기를 원했거든요.

이사벨라가 유치원에 들어갔을 때, 클라라는 딸의 교사가 초년생이라는 것과 "아주 조직적이지 못하다"는 것을 알게 되었다. 그녀는 도움을 주기로 결심했다. 그녀는 그 교사에게 "선생님이 우리 딸의 좋은 교사로 성공할 수 있도록, 부모로서 우리가 할 수 있는 일이 무엇이 있을까요?"라고 물었다. 그녀는 곧 스스로 교실에 참여하기로 결정했다. 그 한 해 동안, 적어도 한 주에 한 번은 가브리엘을 위해 베이비시터를 고용한 뒤, 자신은 교실에 자원봉사자로 활동할 수가 있었다. 그녀는 학교에 헌신적이었는데, 학교가 영재교육GATE, Gifted and Talented Education을 실시하고 있었고, 그녀의 아이들이 거기에 들어가기를 원했기 때문이다. 결국 아이들은 해냈다. 또한 그녀는 학교 행정실의 여직원들과도 알고 지냈다. "만약 제가 딸에게 전화를 하거나 딸에 대해 물어볼 게 있을 때, 그들이 제가 누군지 알 수 있으니까요"라고 그녀는 자신의 전략에 대해 설명했다.

아이들의 양육에 대한 헌신에서 클라라는 포트클린턴의 웬디나 애틀랜타의 시모네와 견줄 만하다. 그녀는 아이들이 학교에 있는 동안 파트타임으로만 일을 했는데, 우선순위를 "제 가장 커다란 도전이자 성취, 유산이라 할 수 있는" 아이들을 위해 할 수 있는 모든 것을 하는 데 두었기 때문이다. 유치원에 보내기 전에도 그녀와 리카도는 아이들에게 책을 읽어주는 데 많은 시간을 보냈다. "유치원에 들어갈 무렵, 아이들은 닥터 수스Dr. Seuss(미국의 아동용 그림책. -역자 주)를 읽고 있었고, 숫자도 100까지 셀 수 있었으며, 자기 이름도 쓸 수 있었지요"라고 그녀는 말한다. 가족들은 저녁식사도 늘 함께했다.

여름 동안에 클라라는 아이들에게 수학 연습장과 독서 연습장을 마련해주었고, 아이들을 캘리포니아 주립대학교 어바인 캠퍼스^{UC Irvine}나 캘리포니아 주립대학교 풀러턴 캠퍼스^{Cal State Fullerton}에 있는 수업에도 데리고 갔다. 그녀는 다음과 같이 말한다. "우리가 여기로 이사 온 이유이기도 해요. 대학교가 우리 집 근처에 있었기 때문이죠. 전 이들 대학들이 연령 집단에 맞춰 강좌를 제공하는 걸 알고 있었지요. 전 제 아이들이 1년 정도 앞설 수 있게 하려고 무슨 일이든 했지요. 아이들 셋 모두 늘 적어도 한 단계 또는 두 단계 높은 시험을 치렀어요.

트로이 고등학교

이사벨라와 그녀의 오빠들 모두 트로이 고등학교를 다녔다. 학교는 집에서 언덕 바로 아래에 있었다. 트로이는 공립 특성화학교^{magnet school}로 대부분의 학업 측정지수에서 우수한 평가를 받았다. 2013년《뉴스위크_{Newsweek}》지는 이 학교를 미국에서 47번째의 우수 학교로 등급을 매겼다. 학군을 벗어난 지역의 학생들은 매우 경쟁이 심한 입학시험을 치러야 한다. 클라라에 따르면 매년 수천 명의 지원자 중에서 단 400여 명만 선발된다. 트로이 고등학교는 트로이테크^{Troy Tech}라고 불리는 아주 어려운 과정의 과학-기술 편성 코스를 제공하며, 마찬가지로 어려운 국제학력평가시험^{International Baccalaureate} 커리큘럼을 제공한다. 또한 10여 과목의 AP^{Advance Placement}(고등학교에서 가르치는 대학수준의 수업으로 대학에서 학점인정을 받을 수 있다. -역자 주) 과정도 학교에서 가르친다. 이 학교는 과학 올림피아드와 아카데믹 데카슬론^{academic decathlon}(고등학생을 대상으로 하는 학업 경진대회로 10종 학력 경시대회라고도 불린다. -역자 주)에서 연승을 했고, 학교의 컴퓨터 공학 커리큘럼은 세계 최고로 알려져 있다. 졸업생 중의 99%가 대학에 진학하는데, 76%는 4년제 대학으로, 23%는 커뮤니티칼리지로 간다. 학생 구성도 아주 다양해서 46%가 아시아계 미국인이고, 26%가 비라틴계 백인이며, 23%가 라틴계, 6%가 흑인과 인종이 혼합된 소수다. 하지만 표 4-1에서 확인했던 것처럼 학생들의 사회경제적 배경에서는 다양성이 훨씬 떨어진다.

이사벨라는 학교에 대한 열정이 가득하다. 그녀는 이렇게 말한다. "선생님들은 모두 정말 훌륭해요. 그들은 항상 도움을 주기 위해 곁에 머물죠." 우리가 함께 대화를 나눈 그녀의 반 친구 키라^{Kira}는 도움을 주는 교사들의 모습을 좀 더 자세하게 표현한다. 그녀가 고등학교 1학년이었을 때, 영어 선생님은 키라의 아빠가 얼마 전 돌아가신 것을 알고 그녀에게 손을 내밀었다. "선생님은 제게 그 일에 대해 이야기하면서 '누군가가 필요하면 언제든 내게 연락하렴'이라고 하셨지요. 전 점심시간에 선생님의 교실로 찾아갔어요. 그리고 함께 이야기를 나누었지요. 지금도 전 선생님과 대화를 해요."

트로이 학생들의 자질과 커리큘럼으로 볼 때 그곳의 학구적 분위기가 아주 경쟁적이라는 사실을 확인할 수 있다. 클라라는 큰아들의 졸업반 학생 중 15명이 SAT에서 2400점을 받았다고 말했다. 만점이었다. 이사벨라는 학생들에게 트로이 고등학교가 압력솥 같은 곳이라고 말한다.

> 친구들 몇 명은 1학년 때에 SAT 준비를 시작해요. 2200점을 받으려고요. 그리고 절반 정도는 말하죠. "돌아가서 시험을 다시 쳐야겠어." 모두들 친구고 서로가 전부죠. 하지만 가끔씩만 그런 것을 느낄 수 있어요. 유일하게 나쁜 점이 있다면, 상위 10~12%에 들어야 한다는 것이 거의 양날의 검처럼 긍정적이기도 하고 부정적이기도 하다는

거예요. B를 받는 건 실패로 간주되지요.

지난 8월에 제가 다녔던 교실에 가서 졸업반 학생들과 대학 지원에 관해 이야기를 나눈 적이 있어요. 과거의 상황으로 돌아가서 보니 이번에는 정말로 느낄 수 있었죠. 그 안에 있을 때는 정말 생각하지 않게 되지만, 돌이켜 보니 아이들이 스스로에게 씌운 압박감을 느낄 수 있었어요. 트로이에서는 다들 야심에 차 있는 거죠.

과외활동에 대한 참여도 경쟁이 아주 치열하다. 글을 아주 잘 쓰던 이사벨라는 그 사실을 학생 신문사에 지원했을 때 알게 되었다. 그녀는 말한다. "1학년 지원자들은 인터뷰를 해야 해서 저도 인터뷰를 했지요. 전 준비가 안 되어 있었어요. 50명이 인터뷰를 했는데 단 두 명만 뽑기로 되어 있었죠. 유망한 자리였어요. 거기에 들어간 아이들은 버클리, 스탠포드 등 아주 좋은 학교의 저널리즘 학과에 진학하기 때문이죠."

오렌지카운티의 다른 고등학교들에서는 하나같이 멋진 옷과 환상적인 자동차 등에 관한 경쟁이 치열했지만, 트로이에서는 그렇지 않았다. "대부분의 스트레스는 공부에서 오는 것이었죠. 다른 학교에서 누군가가 '얼간이nerd(공부나 기술적으로 뛰어나지만 운동실력이 부족하거나 사회성이 결여된 학생을 말한다. -역자 주)'라고 불리면 모욕적이겠죠. 하지만 트로이에서는 그렇지 않아요. 더 잘하고 싶어 하지요. 다른 사람들보다 더 잘하고 싶다고 말은 하지 않지만(웃음), 그게 그거죠"라고 이사벨라는 강조한다.

트로이 고등학교 내의 경쟁에 대한 압박은 어디서 생겨나는가? 이것은 흥미로운 질문거리다. 이사벨라는 그녀의 부모님이 자신과 형제들에게 압박을 가하지는 않았다고 말한다. "부모님은 항상 우리가 할 수 있는 최선을 다해야 한다는 것을 확신시키기를 원했지요. 제가 최고 성적을 받지 못하면, (부모님은 말씀하시고는 했어요.) '음, 최선을 다했구나. 다음에 더 잘하면 된다'라고요." 그녀와 그녀의 엄마는 다른 학부모들이 자기 아이들에게 가한 압박이 학교 전체로 퍼져 나갔다고 설명한다.

"호랑이 엄마들Tigers Moms!" 클라라는 반 친구 엄마들을 간단명료하게 묘사한다. 그녀는 또한 다음과 같이 덧붙였다. "시험에서 아이들이 원하는 만큼 잘하지 못했을 (때), 아이들은 집에 가려 하지 않아요. 부모님들이 기다렸다가 '좋아, 시험 점수 좀 보자. 뭐가 잘못됐니? 왜 이번 시험에서는 잘하지 못했지?'라고 말하기 때문이죠. 많은 아이들이 최고의 학교로 가기 위해서는 정말로 잘해야 한다는 압박을 가정에서 받고 있어요. 그리고 때로는 아이들이 스스로에게 압박을 가하고요. 잘하고 싶다는 압박을, 특히 정말 잘하고 있는 다른 아이들과 경쟁할 때 가져요. 그게 목표를 더 높게 세우게 만들죠."

이사벨라에 따르면, 그 결과는 "모두가 끊임없이 스트레스를 받는다"는 것이다. 그녀와 반 친구 키라는 그들의 전형적인 하루 일과를 각각 기술했는데, 내용은 거의 일치했다. 아침 7시에 학교에 도착, 오후 4~5시까지 교실 수업, 운동 또는 다른 과외과목, 그 다음에는 저녁식사 후 4시간에서 6시간 정도의 숙제 등으로, 결국 밤에 이들이 잠잘 시간은 5~6시간 정도만 남겨져 있었다. 잠에 대해 말하면서 이사벨라는 이렇게 말했다. "경쟁거리는 아니었어요. 하지만 우리는 '아, 6시간밖에 못 잤어.' '아, 그래. 난 4시간밖에 못 잤는데'라고 말하고는 했지요." 키라는 이렇게 말했다. "전 대학보다 고등학교에서 밤샌 적이 더 많아요. 마치 로봇 같은 기분이 들죠. 그런 식으로는 아무것도 즐기지 못해요."

클라라와 리카도는 그들이 할 수 있는 한 최선을 다해 아이들의 숙제를 도와주었다. "남편은 수학 숙제를 담당했어요. 고등학교 시절 내내 아이들이 작문을 하면서 도움이 필요하면, 그가 아이들의 에세이나 수학 과목을 살펴주고는 했지요. 아이들이 초등학교에 다닐 때에는 제가 에세이를 봐주었지만, 수학 과목이 어려워지면서 그가 맡게 되었죠." 그러나 그들은 아이들이 진도를 앞서 나가는 것은 피하도록 권했다. 이사벨라가 택한 1학년 수학 수업의 경우가 그랬다. "남편과 전 공개수업에 갔었죠. 딸의 책을 봤는데 우리는 그걸 이해하지 못했어요. 그래서 남편이 말했지요. '그 과목은 빼라'고요. 그건 마치 중국어처럼 보였어요. 우리가 도움을 줄 수는 없었죠. 딸도 그 수업을 싫어했어요. 그래서 생각했죠. 왜 우리가 딸이 **실패하도록 그냥 두고** 있지? 그래서 우리는 '그만두라'고 했어요. 이사벨라는 그 수업을 그만두었죠."

다른 많은 트로이의 학부모들처럼 클라라는 자기 아이들에게 학교와 주위의 넓은 공동체에서 이용 가능한 과외활동을 모두 활용해야 한다는 점을 확신했다. 축구, 야구, 걸스카우트, 미술, 피아노, 댄스 같은 활동들 중 몇 개는 아이들을 정기적으로 차로 데려다주어야 하는 일이었다. 이미 그녀는 매일 학교에 아이들을 태워다주고 있었고, 일주일에 한 번은 점심 도시락을 가져다주었다. "전 어느 곳이든 갔지요. 그래서 18개월 동안 과속딱지를 3개나 받았어요."

트로이 고등학교는 100개 이상의 과외활동을 지원하고 있었다. 각각의 동아리에는 지도교사가 1명 있었고, 적어도 10명 이상의 적극적인 멤버들이 있었다. 여기에 육상경기는 포함되지 않는다. 유망한 동아리에는 국제사면위원회Amnesty International, 만화영화 동아리, 양궁 동아리, 체스 동아리, 콥트Coptic(이집트를 중심으로 교단을 형성해온 기독교 분파. -역자 주) 모임, 연극 동아리, 성소수자-이성애자 지지 모임, 아이스톡 투자 동아리, 살아있는 시인의 사회, 수학 동아리, 모슬렘muslim 동아리, 폴

리네시안 모임, 병사 지원 활동, 월드비전, 미국자유청년Young Americans for Freedom 등이 있다. 매년 트로이는 온갖 종목의 챔피언 팀과 앙상블을 만들어낸다. 악단, 농구, 합창, 크로스컨트리 경주, 수영, 테니스, 수구, 레슬링, 실로폰 등에서 말이다. "심지어 우리 댄스 팀도 매년 전국대회에 나가지요." 클라라는 자랑스레 이야기한다.

달리기는 이사벨라가 좋아하는 과외활동이었다. "전 그 팀과 코치님을 정말 사랑해요. 학교는 언제나 스트레스로 가득하기 때문에 방과 후에 운동을 하며 쉬는 시간을 갖고 숨을 돌리는 건 정말 늘 좋았어요"라고 이사벨라는 말한다. 그녀는 지나가는 말로 자기가 크로스컨트리 팀의 공동 주장이었었고, 자기 반 비디오 졸업앨범 원고를 썼다고 했다.

트로이에서 이렇게 놀라울 정도로 다양한 과외활동을 할 수 있는 것은 부모들과 공동체 구성원들의 적극적인 기금 모금 때문이었다. 많은 활동은 후원 단체와 연관돼 있다. 클라라는 다른 부모들과 마찬가지로 정기적으로 학교에 돈을 기부한다. "기부 덕에 모든 학생들이 기술 프로그램에서 노트북 컴퓨터를 갖게 할 수 있었죠. 초등학교에서도 마찬가지에요. 부모들은 아이들이 기술적으로 잘 준비되어 있기를 원하지요. 친구 사만다Samantha는 자신이 졸업한 초등학교에 매년 천 달러를 손쉽게 기부해요. 그녀가 생각할 때 그건 싼 거예요. 그녀의 딸은 사립학교에 다녔는데, 한 해에 12,000~15,000달러가 들었기 때문이죠. 그녀에게 1,000달러는 아무것도 아니죠."

그러나 이 모든 것보다 더 중요한 것은 트로이의 학생들이(그리고 그들의 부모들이) SAT 준비를 위해 많은 시간과 에너지를 쏟아붓고 있다는 사실이다. 예컨대 이사벨라는 일주일에 세 번씩 세 시간짜리 준비반 수업을 스케줄에 넣어야 하고, 한 번의 'SAT 실전 모의고사'를 치러야 한다. 키라 또한 고등학교에서의 SAT 대비 여름 과정에 참여한 적이 있었다. "전 자신감을 갖기 위해 도움이 좀 더 필요하다고 느꼈어요. 우리가 2학년이던 해에 수업과 수업 사이의 5분 동안 SAT 공부를 하려고 책을 가져오기 시작한 친구들이 몇 명 있었죠. 좀 지나치게 나간 것이었지만요(웃음)"라고 그녀는 덧붙여 말한다.

항상 할 일이 너무 많았기에 트로이의 아이들은 "거의 사회화되지 못했고" 고작 일 년에 한두 번 댄스파티에 참석할 정도였다고 클라라는 불평했다. "정말 많은 친구들이 학교 밖에서의 생활을 즐기지 못했죠"라며 이사벨라도 동의를 표한다. 아이들의 고등학교 경험을 떠올리는 클라라를 보면, 야망이 있는 엄마로서의 클라라와 아이들의 상담자로서의 클라라가 서로 다투고 있다는 생각이 들 수 있다. "아이들에게는 많은 압박이었지요. 저와 남편이 이 학교에 대해 좋아하지 않는 유일한 점이 바로 그것이지요. 학업에 있어 최고의 학교로 진학하기 위해서는 (열심히 공부를) 해야 하지요. (그러나) 불행하게도 그것이 학교에서의 재미를 빼앗고 있어요."

이사벨라의 감정 역시 두 갈래로 교차한다. "고등학교는 정말로 스트레스로 가득했어요. 정말로 끔찍했죠. 그러나 정말 훌륭한 교육이었고, 대학 진학을 잘 준비시켜 주었지요. 수학을 처음에는 정말 잘 못했지만 지금은 아주 잘하죠." 트로이에서 진도가 앞선 수학 공부를 하느라 그렇게 힘들어 했음에도 불구하고, 대학 2학년인 그녀는 1학년생 7명에게 미적분 예비 과목의 개인 교습을 하고 있다.

대학을 지원할 시기가 되자, 클라라와 리카도는 아이들의 대학 지원을 적극적으로 돕기 시작했다. 클라라는 다음과 같이 말한다. "USC^University of Southern California와 펜실베이니아 대학교, 뉴욕 대학교의 에세이는 어려웠어요. 몇 가지 질문에 답을 하려면 아주 깊이 있는 생각을 해야 했지요. 리카도는 글을 잘 썼어요. 그래서 전 그를 많이 신뢰했지요. 전 그가 (이사벨라와) 마이클의 지원 과정에서 작전을 짜는데 도움을 주었다고 생각해요. 전 몇몇 제 친구들에게 마이클의 지원서를 보여주고는 했어요. 그들은 대학 교수들이었고 한 사람은 학장이었어요. 그들로부터 피드백을 받을 수 있었지요. 우리로서는 처음 겪는 일이었고, 전 정말 마이클이 지원한 학교로부터 받아들여지기를 원했어요. 경쟁이 정말 치열했기 때문이죠."

실제로 마이클과 이사벨라 모두 그들이 지원한 모든 대학에 합격했다. 마이클은 아이비리그 대학을 졸업했다. 하지만 이사벨라가 대학을 갈 무렵에는, 다른 많은 중산층 부모들과 마찬가지로 클라라와 리카도도 대침체의 타격을 받아 대학에 드는 비용에 대해 걱정하지 않을 수 없었다. 그래서 그들은 이사벨라에게 작문 교육으로 유명한 커뮤니티칼리지를 선택하도록 권했고, 결국 그녀는 자신이 처음에 선택했던 비용이 훨씬 많이 들어가는 동부 최고 우수대학 대신 그리로 가기로 결정했다. 대출금 없이 학교를 졸업한 뒤 대학원 진학까지 선택할 수 있다는 것을 알기에, 이사벨라와 부모는 그녀의 미래에 위한 현명한 결정을 했다고 확신하고 있다.

롤라와 소피아

교통이 혼잡한 시간만 피한다면, 오렌지 고속도로Orange Freeway를 타고 트로이 고등학교 근처 플레전트 힐the pleasant hills에서 출발해 산타아나 고등학교 근처 평지의 방 두 칸짜리 방갈로가 있는 이웃 마을까지 곧장 가는 데는 15분이면 충분하다. 이른 오후의 햇살이 내리쬐는 그 지역은 아주 평화로워 보인다. 오로지 자물쇠 가게들, 보석금 보증Bad Boy Bail

Bonds 따위의 점포들, 보안관의 법의학 연구소, 그리고 굵은 철사를 다이아몬드 모양으로 만든 울타리가 쳐진 각각의 집들만이 우리가 오렌지카운티에서 가장 위험한 전쟁터에 들어왔음을 암시할 뿐이다.[10] 한 방갈로 단층집 현관에서 우리는 두 자매와 인사를 나누었다. 창백한 얼굴의 롤라(29세)는 피곤해 보였고 소피아(21세)는 키가 크고 날씬했으며 플라스틱 테 안경을 쓰고 있었다. 소피아는 예뻤지만 수줍음이 많았고, 롤라는 그녀에게 모성애가 담긴 격려의 말을 해주곤 했다.

집은 그들의 양할아버지의 소유였다. 그는 이웃 마을로 이사를 가면서 그들이 여기에 머물도록 해주었고 전기 요금 등을 내주었다. 그들은 예전에는 이웃들이 친절했다고 설명하면서 자기네 블록은 집집마다 몇 세대가 함께 살고 있지만, 여전히 "기본적으로 가족"과 같았다고 말한다. 그러나 최근 수년 사이 더 늘어난 이웃들은 그들의 양할아버지 같이(오랜 동안 학교 청소부였다가 최근에 은퇴한) 안정적인 노동자 계급의 라틴계에서 마약과 갱단에 깊숙이 개입하고 있는 젊은이들로 확 바뀌었다.

비교적 평화로운 이 블록 너머에 있는 보다 넓은 이웃 지역은 보이지는 않지만 위협적인 경계선에 의해 분할되어 있다. 바로 라이벌 관계에 있는 무서운 갱들의 영역으로 나뉘어진 것이다. 롤라는 우리에게 지도에 대해 자세히 설명해주었다.

> 이 길에 있는 갱단은 6번가 갱단이에요. 이 길은 4번가지만요. (그들은 정말이지 어떻게 숫자를 세는지도 몰라요. 그래서 어느 정도의 교육을 받았는지 알 수 있지요.) 그리고 또 다른 6번가 갱단이 있는데, 그들은 정말로 6번가에 있어요. 그들은 여기 갱단하고 친하지 않지요. 그리고 7번가에도 갱단이 있는데, 그들은 6번가에 있는 갱들하고 친해요.

그리고 브리스틀^{Bristol}을 가로질러 페어뷰^{Fairview} 전역까지, 1번에서 17번가까지는 또 다른 갱단이 있어요.

실제로 볼 수는 없지만 그들이 주위에 있다는 것은 알 수 있어요. 그들은 아주 위험해요. 그들은 "여기가 우리 구역이야"라고 생각해서, 누군가가 걸어올 때마다 "어디서 왔어?" 하고 묻는 식이죠. 어제 우리는 또 다른 이웃 지역에 갔었어요. 무서운 곳이었죠. 여기 근처에서는 누가 갱 단원인지 잘 알아요. 하지만 다른 이웃 지역으로 가면 그들은 당신이 누구인지 모르기 때문에 이목을 끌게 되죠.

그들이 다른 이웃 지역으로 간 것은 그 전날 밤에 총에 맞아 죽은 친척을 위한 철야 기도에 참여하기 위해서였다.

소피아 가장 친한 친구가 그의 머리에 총을 두 번이나 쐈어요. 둘은 함께 자란 친구인데.

롤라 그는 젊은 나이에 갱단에 들어갔어요. 아들이 하나 있었고 애가 자라자 더 선량하게 살려고 했죠. 그의 친구는 그런 낌새를 알아챈 거예요.

소피아 정확해요. 그래서 그들은 그를 죽이기로 결정한 거예요.

롤라 날이 어두워졌을 때 그 갱단이 철야 기도에 나타났어요. 그래서 우리는 조심했죠. 그들이 우리가 누군지 모르기 때문에 우리를 쏠 수도 있었기 때문이에요. 그들 중 한 명이 총을 가지고 있어서 우리는 말하고 행동할 때 조심해야 했죠. 우리는 무슨 일이 벌어지고 있는지 알 수 없었어요. 그래서 그 지역을 빠르게 걸어서 벗어났지요.

자매는 간단한 교훈 하나를 얻었다. 아무도 믿을 수 없다. 가장 친한 친구일지라도 말이다.

그녀들의 이웃이 항상 그렇게 위험한 것은 아니었다. 아주 어린 시절부터 두 자매는 할머니와 양할아버지(그들이 '할아버지'라고 알고 있는)에 의해 키워졌다. 두 조부모는 모두 미국에서 태어났지만, 둘 중 아무도 고등학교를 마치지 못했다. 이웃이 아이들을 키우는 데 위협이 되지 않았던 때, 조부모는 이 소녀들에게 사랑이 가득하고 안정적인 가정을 제공해주었다. 롤라는 "우리는 정상적인 교외 생활을 했지요"라고 회상한다. "갱 같은 것은 없었어요. 할머니는 우리가 공원에 가서 놀도록 했지요. 그리고 우리는 모두 자전거가 있었고, 그네도 있었어요. 기본적으로 작은 백인 아이가 가질 수 있는 것은 모두 있었지요. 그래서 우리는 어린 시절이라는 것을 가지고 있어요."

두 자매는 조부모와 아주 가깝게 지냈으며, 양할아버지와는 지금도 가깝게 지내고 있다. 정기적으로 가족들끼리 저녁식사도 한다. 롤라는 할머니에 대해 다음과 같이 회상한다. "제가 치열 교정기를 꼭 착용하게 하셨지요." 양할아버지는 학교에서 아이들을 데려오기 위해 자기의 직장 스케줄을 다시 조정하기도 했으며, 소피아의 수학 숙제를 돕기도 했다. 조부모는 모두 그들이 학교생활을 잘 할 수 있도록 격려해주었다.

소피아 할머니는 "학교에선 공부를 잘해야 한다! 숙제는 했니?"라고 묻고는 하셨어요.

롤라 할아버지와 할머니는 우리와 같이 앉아서 숙제를 확인하시고는 했지요.

소피아 우리가 B⁺ 이상을 받으면 극장이나 쇼핑몰에 가도록 상을 주셨어요.

가족은 풍요롭지는 않았지만, 양할아버지가 충분히 돈을 벌었기에 롤라는 "결코 가난하게 지낸 적은 없어요."라고 말한다. 가족들은 항상 생일을 기념했고, 일 년에 세 번은 바닷가, 씨월드Sea-World(미국 샌디에이고에 위치한 해양 테마 공원. -역자 주), 디즈니랜드에 갔다. 롤라에 의하면 할아버지와 할머니는 "정말, 정말 엄격했고" 두 소녀들로 하여금 좋은 예절을 기르도록 가르쳤으며, 타인들을 존중하도록 양육했다.

> **소피아** 할머니는 정말 터프하셨죠.
>
> **롤라** 우리 가족이 함께 지낸 방식이 아니었다면, 우리 자매는 저기 밖에 있는 빈민가 사람들 중 하나가 되었을 거라고 생각해요.
>
> **소피아** 맞아요!
>
> **인터뷰어** 조부모께선 당신들이 어떤 종류의 사람이 되었으면 한다고 말씀하신 적 있나요?
>
> **롤라** 그런 것에 대해서는 말하지 않으셨어요. 단지 저희를 사람이 되게 하셨지요.

"할머니가 돌아가신 후에 모든 것이 바뀌었어요."라고 롤라는 비통해하며 말한다. 양할아버지는 계속해서 이 소녀들을 지원해주었지만, 롤라(당시 14세)는 소피아(6세)의 대리모 역할을 해야만 했다. 5년 후 할아버지는 집을 떠나 이사를 갔고, 그러면서도 계속해서 아이들에게 재정적인 도움을 주었다. 롤라는 "할아버지가 이사를 가셨을 때 전 열아홉 살이었어요. 정말 힘들었어요! 동생은 5학년이었죠. 이전까지는 해본 적 없었던 요리나 빨래 등을 배우는 게 쉽지 않았지만 다른 선택이 없었어요. 우리 자매는 정말 서로밖에 없었고, 할아버지만 계셨으니까요."

롤라는 좀 떨어진 곳에 있는 더 좋은 학교에 다니기를 희망했지만, 예기치 못하게 아이를 돌봐야 하는 책임이 생겼기 때문에 근처 산타아나 고등학교를 다녀야만 했다. "그곳에서도 정말 아무것도 할 수가 없었어요. 할아버지는 일을 하고 계셨고, 전 동생을 돌봐야 했기 때문이죠. 전 정말로 빨리 어른이 되어야만 했어요." 결국 롤라는 산타아나를 그만두었다. 그녀는 소피아를 계속 돌봤고, 이 어린 두 여자 아이는 어른들로부터 보호받지 못한 채 세상과 맞부딪쳐야 했다.

이들이 조부모로부터 받았던 다정한 보살핌의 이면에는 어두운 이야기가 있다. 이들은 친부가 서로 달랐다. 둘 다 마약 중독자였고, 자매를 낳은 엄마는 산타아나 최초의 여성 갱 단원 중 한 명이었다. 갱단을 떠난 후 그녀는 헤로인 중독에 빠졌고 매춘부가 되었다. 두 자매에게는 아빠가 다른 언니가 한 명 더 있었다. 그녀는 위탁 가정에서 자랐고, 그들과 가족으로 지낸 적이 없었다. "그녀의 아빠가 우리 엄마를 약물에 빠지게 하고 매춘을 하도록 만든 바로 그 사람이에요"라고 롤라는 말한다.

소피아는 사실 어머니에 대한 기억이 없다. 롤라는 어느 정도 많이 기억하고 있지만, 모두가 좋은 기억은 아니다. "엄마는 제가 살아온 대부분의 시간 동안 감옥에 있었어요. 전 헤로인에 중독된 엄마에 대한 기억만 가지고 있죠." 어머니 세대의 다른 많은 여자들처럼 그들의 어머니는 "거리를 선택했다"고 롤라와 소피아는 말한다. 할머니는 결국 "그녀는 교육이 필요하다"는 생각에 자기 딸을 경찰에 신고했다고 롤라는 털어놓았다. 결국 엄마는 감옥에 갇혔고, 할머니가 아이들을 데리고 온 것이다. 아이들이 열 살과 두 살 때 어머니는 풀려났지만 얼마 못가서 죽었다(딸들은 그렇게 말하지 않았지만, 아마도 에이즈 때문일 것이다).

훗날 롤라는 경찰 기록을 통해 엄마가 과거에도 체포되었던 적이 있었다는 사실을 알게 됐다. "제 9번째 생일 다음 날 엄마는 여기서 길 하나 떨어진 곳에서 매춘 혐의로 체포되었지요. 엄마는 절대로 절 보러 온 적이 없었어요. 아주 가까이 있었는데도. 저 대신 매춘과 마약을 택했던 거죠."

소피아는 아버지가 누구였는지 모른다. 롤라의 아버지는 풀러턴에 살고 있지만, 그녀는 그를 경멸한다. 그가 그녀의 생활을 위해 무언가 도와준 적이 있냐고 묻자, 그녀는 "갱 단원에 마약 중독자!"라며 욕설을 퍼부었다. "한심한 인간이에요. 지난번에 봤을 때 별로 안아주고 싶지 않다고 하자 절 창녀라고 불렀어요."

아이러니하게도 그들의 부모가 산타아나의 갱 단원이었다는 사실 때문에, 이 두 소녀는 갱들의 괴롭힘으로부터 어느 정도 벗어날 수 있었다. "우리는 결코 (갱단에 가입하라고) 압력을 받지는 않았어요. 우리 가족이 누군지 알고 있었기 때문이죠." 엄마의 삶이 그녀들에게 남긴 교훈은 절대 마약이나 술을 가까이 하지 말라는 것이었다.

산타아나의 학교들

롤라와 소피아에게 교육은 처음으로 보상을 받는 경험이었다. 할머니는 이들 자매가 각각 헤드 스타트^{Head Start}(저소득층 아동의 영아기 교육 서비스. -역자 주)를 받도록 주선해주었고, 두 소녀는 초등학교에 대해 좋은 기억을 가지고 있다. "정말 재미있었어요. 전 제 1학년 선생님인 가르시아^{Garcia} 부인이 좋았죠. 그녀는 정말 친절하고 다정했어요. 멋있었고요"라고 롤라는 회상한다. 소피아도 같은 식으로 기억을 더듬는다. "선생님들은 저를 잘 돌봐주셨어요. 제가 다닌 학교들은 다 좋았죠. 솔직하게 말해서, 전 학교를 정말 좋아했어요." 소피아는 사랑스러운 학생이었을 것이다. 영리하고, 동기도 뚜렷하다. 그래서 재능교육 프로그램에 선택되기도 했다. 롤라는 소피아를 놀리는 투로 "이 애는 괴짜였어요. 사전 읽는 것을 좋아했죠"라고 말한다. 소피아도 인정한다. "전 그랬어요. 사전 읽는 것을 좋아했죠. 그건 멋진 일이었어요."

롤라는 그들이 다녔던 이전 학교들과 비교하면 산타아나 고등학교는 "얘기가 완전히 달라진다"고 말한다. 산타나아 고등학교는 철조망이 연결된 높은 담장으로 둘러싸여 있고, '접근 금지' 표지판들이 갱들이 한 낙서와 함께 있으며, 잠복 중인 경찰차들도 있었지만 건물이 그렇게 나쁘지는 않았다고 한다. 산타아나 고등학교와 트로이 고등학교를 구분하는 결정적인 요소는 시설이 아니라 사회적 환경에 있었던 것이다.

소피아 매일 학교에 가는 것이 무서웠어요. 학교에는 총을 지닌 아이들도 있었거든요.

롤라 동생(소피아)이 학교에 갔을 때 실제로 누군가 살해당한 적도 있었어요.

소피아 길 바로 건너편에서였죠. 살해당한 아이는 그냥 서 있었을 뿐인데, 갱들이 와서 "어디서 왔냐?"고 물었어요. 아이가 아무 말도 하지 않자 그들은 그냥 그를 쐈고, 남겨두고 가버렸어요.

롤라 표시판에는 아직도 총알 구멍들이 있어요.

소피아 아이들은 말 그대로 교사들의 얼굴에 침을 뱉고, 싸움을 걸고, 죽이려고 해요. 한 여학생은 저를 1-8-7 하겠다고 위협하기도 했어요. ('1-8-7'은 갱들의 속어로 '살인'을 의미한다.)(1-8-7은 캘리포니아 형법 187조인 살인 범죄에서 나온 말로 미국 전역

의 갱들 사이에서 살인으로 통용된다. —역자 주)

롤라 가장 최악은 같은 반에 있던, 갱단 멤버에 마약까지 하는 남자 애였죠. 하루는 뒤에 앉아 있다가 느닷없이 제 머리채를 잡고 뒤로 끌어당기며 돈을 주지 않으면 죽이겠다고 말했어요. 그 러다가 그냥 놓아주면서 웃었죠. 항상 자기 주머니에 총이 있 다고 말하고는 했는데, 진짜인지 알 수는 없었어요.

소피아 전 교실에서 남자 아이들이 서로 인상을 써가며 노려보다가 기 싸움을 하고 싸우는 것을 볼 때마다 아주 무서웠어요. 여자 아이들도 마찬가지였죠. 그들은 정말 못됐는데, 아무 이유 없 이 서로 싸우는 거였어요.

"보통의 일과는 어땠는데요?" 우리가 물었다. 두 소녀는 바로 한 마 디씩 하면서 반응했다.

숱한 싸움과 교실에서 물건을 던지는 일, 선생님들에게 아주 불손하 게 하는 걸 보는 게 일이었죠. 아이들이 선생님들에게 함부로 말하 고, 말싸움을 걸고, 정말로 버릇없이 굴고는 했어요. 아이들은 엑스 터시Ecstasy를 했고, 교실에서 늘 보드카가 섞인 게토레이Gatorade를 마 셨어요.

아마도 이러한 상황에서는 교사와 행정 직원들이 이 소녀들에게 무관심하고 도움이 되지 않았던 것이 놀랄 만한 일이 아닐 것이다. 교 실에서는 가르치는 것과 배우는 것이 우선적인 일이 아니었다. "학교 에서 학업은 어떻게 진행되었지요?" 우리가 물었다.

롤라 없었다고 할 수 있죠.

소피아 (웃으면서) '학업^{academics}'이 뭔가요?

롤라 중학교에서는 모든 것이 좋았어요. 선생님들도 신경을 써 주셨고요.

소피아 고등학교에서는 선생님들이 전혀 신경을 쓰지 않았죠.

롤라 선생님들은 때때로 돈을 벌기 위해 학교에 있다고 큰 소리로 말하기도 했어요.

소피아 그냥 있는 거죠. 베이비시터처럼.

롤라 네, 맞아요. 단지 베이비시터로 일하기 위해 존재하는 거죠. 우리가 배우든 배우지 않든 별로 신경 쓰지 않아요.[11]

한 교사는 수업 시간에서 떠들었다는 이유로 소피아에게 내렸던 '토요일 방과 후 남아 있기' 벌칙을 면제해주었다. 교사가 자기 아이를 돌보러 가야 했기 때문이다. 롤라는 학교의 무관심이 불러일으킨 또 다른 사건을 기억하고 있다. 소피아가 인종적으로는 라틴계였기 때문에, 학교에서 잘못 알고 그녀를 스페인어를 모국어로 쓰는 학생들을 위한 교실에 배치했던 것이다. 일 년 내내, 소피아는 아무것도 따라잡을 수 없었다. 수업, 읽기, 숙제, 시험 등 어떤 것도 제대로 못하고 그저 창문만 바라보고 앉아 있었다. 롤라가 이 상황을 바로잡기 위해 학교에 갔을 때, 그들은 소피아를 재배치해줄 수 없다면서 그 교실에 그냥 머물러 있어야 한다는 말만 했다. 그러면서 아침 6시에 시작하는 보충 수업에 들어갈 것을 제안했다.

이후 소피아의 실질적인 보호자인 롤라는 수학 선생님에게 소피아의 수업과 성적에 대해 문의하면서 그녀가 따라잡을 수 있도록 추가적인 공부거리를 줄 것을 부탁했다. 그 교사는 소피아가 "애처롭다"고 말하면서도 "그렇지만 공부거리를 줘도 하지 않을 것이 뻔하기 때문에" 아무것도 해줄 수 없다는 식으로 반응했다고 롤라는 말한다. 학교 상담사조차 신경을 쓰지 않았다. "거기 있었지만 있는 게 아니었죠. 상담사는 절대 동생을 도우려고 하지 않았어요"라고 롤라는 털어놓았다.

자매들의 시선에 따르면, 우등생들은 산타아나에서 구별되는 불가사의한 계급이었다. 롤라는 말한다. "똑똑한 친구들은 자기들끼리만 어울렸어요. 우등생들은 실제로 좋은 선생님을 만나게 되죠." 상담사나 부모의 도움도 없이, 또는 어른이 지닐 수 있는 간단한 분별력도 없었기에, 이들 자매는 우등생이 어떻게 선발되는지도 몰랐다. 설명해 달라고 재촉하자 롤라는 단지 "똑똑하다면"이라고만 말했다. 그러나 롤라는 소피아가 똑똑했음에도 우등생 반에 들어가지 못한 것을 보았을 뿐이다. "사실 소피아는 초등학교와 중학교에서 정말 똑똑했어요. 훌륭한 학생이었지만, 일단 고등학교에 들어가자 얘기가 완전히 달라졌어요." SAT도 우등생들을 위한 것이었다. 롤라는 말한다. "똑똑한 아이들만 그걸 알고 있었죠. 제가 그걸 어떻게 아냐면 친구들 몇몇이 그렇게 말했기 때문이죠. 그 외에는 누구도 그것에 대해 이야기하지 않았어요."

산타아나에 다니면서 롤라와 소피아는 과외활동과 단체 활동에 참여한 적이 전혀 없었다. 롤라가 독서 클럽에 들어가기를 원했지만, 담당 교사는 그녀의 읽기 수준이 충분하지 않다면서 받아들여 주지 않았다. 소피아는 배구 팀에 들어가기를 원했지만, 그녀가 A나 B 학점을 받는 학생이 아니라는 이유로 거부되었다.

소피아는 산타아나에서 뒤로 처지는 것을 느꼈기에 교사나 상담사들에게 도움을 요청했지만 모두 허사였다. "도움을 전혀 주지 않았어요. 말 그대로 어떤 도움도요. 그렇다면 그 사람들은 대체 여기 왜 존재하는 걸까요?"라고 소피아는 항변했다. 소피아의 양할아버지는 롤라가 조정을 시도한 일로 (그리고 아마도 그들에게 협박을 당한 일로) 학교 행정 직원들에게 너무 화가 났다. (할아버지는 자신이 이곳에서 자라날 때인 1950년대에는 모든 학부모들이 학교에 관여할 수 있었지만, 지금 학부모들은 완전히 무관심하다고 우리에게 털어놓았다. "그들은 다른 사람들이 관여하도록 두지만, 결국 아무도 관여하지 않고 있어요.") 그녀는 동생이 보습학교^{continuation school}에 다닐 수 있도록 해달라고 요구했다. 정규 학교에서 진도를 제대로 따라 잡을 수 없는 아이들을 위한 일종의 대안학교였다. 하지만 학교 측은 이를 거부했다. 롤라는 이렇게 말한다. "그들은 자신들은 아무것도 할 수 없다고 말했어요. 단지 돈만 원했던 거죠. 학교는 학생 당 돈을 지원받기 때문에, 그들은 아이가 성적을 못 받아도 상관하지 않았어요."

그러나 자매는 교육구청에 호소했고 결국 승리를 거두었다. 소피아는 2학년 때에 보습학교에 들어갔고, 학교의 교육 프로그램은 그녀에게 상당한 도움을 주었다. 자매들은 그곳에 대해 이렇게 설명한다. "보습학교에 다니는 학생들은 학교들이 원하지 않는 아이들이었어요. 발에 족쇄가 채워진 아이들이었지요. 아이들도 대부분 그곳에 있는 것을 원하지 않았어요." 하지만 소피아는 예외였다. "실제로 공부를 잘 해낸 운 좋은 아이들 중 한 명이었죠."

소피아는 대부분의 공부를 집에서 했다. 단지 한 주에 한두 번 학교에 가서 검사를 받을 뿐이었다. 실제로 그녀는 지도를 받으면서 혼자 공부하는 방식을 원했는데, 어느 정도 성공할 수 있었다. 더 이상 그녀가 산타아나 고등학교에서 받았던 혼란과 괴롭힘은 겪지 않아도 됐고, 보습학교의 직원도 그녀에게 놀라울 정도로 성실하게 대해주었기 때문이다. "소피아의 선생님은 놀라웠어요. 일부러 시간을 내면서까지

도움을 주셨죠." 롤라의 말에 소피아는 다음과 같이 거들었다. "네, 멋쟁이셨어요. 선생님은 굉장했어요. 제게 책과 학용품 꾸러미를 주셨어요." 그것뿐이 아니었다. 소피아가 수학에서 어려움을 겪게 되자, 학교는 그녀가 개인 지도를 받을 수 있도록 도와주겠고 했다. "정말 개인교사를 지원해주었어요." 롤라는 그 일에 몹시 놀랐다고 말한다.

최소한의 구조가 갖추어지자 소피아는 이 새로운 환경에서 성공할 수 있었다. 보습학교 직원의 격려와 소피아의 의심할 바 없는 타고난 재치와 동기 부여에 힘입어 그녀는 'KC(CAHSEE, 캘리포니아 고등학교 졸업시험California High School Exit Examination을 말한다)'를 통과했다. 보습학교의 대학 입학 상담사는 그녀가 커뮤니티칼리지에 들어갈 수 있도록 주선해주었다. 그리고 기적처럼, 소피아는 재정 지원도 받게 되었다. 두 자매는 몇 년간 에이즈 환자들이 있는 병원에서 자원봉사를 한 적이 있었다. 두 자매에 따르면 그 환자들을 후원했던 기부자 중 한 사람이 소피아의 이야기를 듣고서 그녀의 대학 학비와 교재비를 지원해주겠다고 제안했다고 한다. 대학 교육의 재정적 장애물이 전부 제거된 것이다.

소피아는 커뮤니티칼리지에서 좋은 성적을 받고 교사가 되는 것이 꿈이다. 그러나 아직 이 이야기가 동화 같은 결말을 맺은 것은 아니다. 롤라와 소피아는 자체적으로 교육시스템을 찾아가면서 항해하고 있는 중이다. 학교로부터의 꾸준한 지도나 가족으로부터의 어떤 지원도 없이 말이다. 보다 더 안정적인 배경을 가진 아이들이 가진 제도에 대한 상식이 부족하기 때문에, 그들에게는 매사가 아주 불투명하게 보인다. 예컨대 소피아는 그녀가 다니는 대학에 교사 훈련 프로그램이 있는지, 그 프로그램이 2년 또는 4년 교과과정으로 진행되는지에 대해서도 혼란스러워하고 있다. 롤라는 소피아의 학교 인원이 다 찼다고 말한다. 이것은 그녀에게 필요한 수업은 등록할 수가 없고 필요하지 않은 수업

하나에만 등록되어 있다는 것을 의미한다. 그래서 소피아는 핫도그 온 어 스틱Hot-Dog-on-a-Stick의 계산대에서 일하면서 시간을 보내고 있다. 그러면서도 그녀는 언젠가 결국 커뮤니티칼리지를 마칠 것이라는 희망을 가지고 있다.

그것은 롤라가 자기 자신을 위한 어떤 바람보다 더 절실하게 바라는 것이다. 소피아를 키워야 한다는 의무감에 지쳐서, 또 공부를 잘할 수도 없어서, 그녀는 2학년 말이 되기 직전 산타아나 고등학교를 그만두었다. 그러한 결정을 한 것은 커뮤니티칼리지를 통해서도 고졸학력인증서GED를 받을 수 있다는 한 교사의 조언 때문이었다. 그러나 이 조언은 잘못된 것이었다. 마침내 그녀는 GED를 받았지만, 교육과 관련해 겪었던 모든 경험이 너무 힘들었기 때문에 대학 진학을 포기하고 말았다. 그녀는 지금 싸구려 체인 옷 가게에서 일하고 있다. 그녀는 그 일을 아주 싫어한다. 롤라는 다만 소피아에게 희망을 쏟아부을 뿐이다. "전 그녀가 가족 중 누구보다 더 잘되기를 바라고 있어요. 그 누구도 뭔가를 이룬 적이 없거든요."

소피아는 언니와 같은 마음이다. "맞아요. 우리 식구들 중 무언가를 해낸 사람은 아무도 없어요. 해병대에 간 사람도 없고, 육군에 간 사람도 없어요. 대학교를 졸업한 사람도 없고, 의사나 경찰 같은 직업을 가졌던 사람도 없어요. 모두 패배자죠."

소피아는 여기에서 우뚝 서고 싶어 한다. 앞으로 무엇이 되고 싶은지 묻자, 그녀는 간단하게 대답했다. "제 힘으로 뭔가를 이루고 싶어요, 정말로요."

클라라와 다른 라틴계의 오렌지카운티

클라라는 산타아나 출신의 저소득층 라틴계 아이들의 문제에 관여하고 있기 때문에, 그녀의 아이들이 받았던 교육 경험과 산타아나의 아이들이 받은 경험 사이에 존재하는 차이에 대해 나름의 생각을 가지고 있다. 그녀는 다음과 같이 요약해 설명한다.

> 대부분의 라틴계 저소득층이 살고 있는 산타아나 시내에 가보면, 그들에게 재원이 없다는 것을 알 수 있어요. 많은 아이들이 스페인어 하나만 말하는 집 출신이고, 부모들은 아마도 학교를 다녔다고 해도 4학년 또는 5학년의 수준밖에 교육받지 않았을 것입니다.
> 남편과 제 부모님들이 그랬던 것처럼 교육을 받지 않은 부모를 둔 아이들 중에서 교육을 제대로 마친 아이들은 아주 적어요. 정말로 비율이 낮지요. 70~80%는 학교를 제대로 마치지 못해요. 결국 군대에 가거나 직업학교로 가지요. 아니면 2년제 대학을 졸업하기도 합니다. 중도에 그만두는 아이들이 많은데, 용기를 잃었기 때문이기도 하고 살아남기 위해 돈이 필요했기 때문이기도 합니다.
> (부모로서 학교에 기부했던 일과 비교해보면) 불행하게도 어디에서 모순이 존재하는지 알 수 있어요. 산타아나에서는 부모가 일을 해도 경제적으로 집세와 전기, 가스 요금을 낼 정도 밖에 수입이 안 되기 때문이에요. 그들은 우리가 누린 것과 동일한 기회를 갖지 못합니다. 일자리를 찾을 수도 없고 아주 힘들게 살지요. 방도 나누어 쓰는데, 한 집에 셋 또는 네 가구가 한데 모여서 살기도 합니다.
> 근본적으로 지역 교사들은 학업(을 위해 일하기)보다는 학생들을 관리하는 데만 신경쓰고 있어요. 학생들의 행실 때문이지요. 아이들은

교실에서 파괴적이고, 무단결석을 일삼기도 하고, 약에 취해 있기도 하고 폭력을 행사하기도 하지요. 학업이라고요? 농담하지 마세요. 그들은 그냥 약에 취해 흥분해 있을 뿐입니다.

교사에게는 힘든 일이지요. 아이들 중 상당수가 고등학교 진학 준비가 전혀 되어 있지 않았기 때문이죠. 그들의 읽기 능력은 3학년이나 4학년 수준이죠. (하지만) 고등학교에 들어왔고, 따라서 공부를 한다거나 조직적인 능력이 부족해요. 학업에 대한 열정도 없고, 공부를 잘해야겠다는 책임감도 갖고 있지 않죠. 문제가 학생들에게만 있다고는 생각하지 않아요. 여러 가지가 복합된 것이지요. 부모는 영어를 할 수 없고, 아이들의 숙제를 도와줄 수도 없습니다.

아이들에게는 힘든 일이지요. 상담사들도 누가 힘들어 하는지 찾아내지 못해요. 제 의뢰인인 교감 선생님께 물어보기도 했죠. "왜 몇 과목에서 낙제한 아이들을 진급시키시나요? 그 아이들은 진급하더라도 중간에 포기할 것이 분명한데도 말이에요. 낙제할 것이 빤한데 누가 학교에 가고 싶어 하겠어요. 적절한 조치가 아니라고 생각하지는 않으신지요?" 당연히 아이들의 자신감은 더 떨어질 것이 분명합니다. 그들이 사회적으로나 학습 면에서 받아들여지지 않았다고 느끼기 때문이죠. 이 아이들은 곧바로 뒤쳐지게 되고, 보습학교로 가게 되는 거죠.

그들(학교 상담가들)은 아이들을 보습학교에 보내면서 그들이 학교를 마치게 될 것이라고 말할 수 있을 거예요. 하지만 그 학생들은 여전히 성적이 좋아질 수 있는 아이들이에요. 아마 IQ에 있어서도 평균 이하는 아닐 겁니다. 그 아이들이 기회를 놓치게 된 것은 바로 환경적인 이유와 경제적인 이유 때문이지요. 그 아이들은 학업에서만이 아니라, 그들의 삶 전체에서도 아주 불행해질 겁니다.

클라라는 자녀들에게 더 많은 기회를 주기 위해 매우 헌신했던 라틴계 '호랑이 엄마'였다. 하지만 가난한 가정에서 위험한 이웃을 두고 사는 오렌지카운티의 라틴계 젊은이들이 처한 또 다른 차원의 곤경에 대해서도 그녀는 걱정하고 있다. 오늘날 많은 부유한 미국인들과 달리, 그러나 반세기 전의 부유한 미국인들이 그랬던 것처럼 그녀는 산타아나와 같은 지역에 사는 아이들을 '우리 아이들'로 생각하고 있는 것이다.

트로이와 산타아나가 평균적인 것이라고 할 수는 없지만, 어느 정도는 극단적인 지경에 이른 미국 고등학교의 모습을 나타낸다고 할 수 있다.[12] 우리는 이 두 학교의 비교에서 뚜렷하게 드러나는 모습만 살펴보더라도, 오늘날 부유한 공동체와 가난한 공동체에 있는 학교들의 상당히 대조적인 모습을 잘 인식할 수 있다. 하지만 실제로 미국 전역의 학교들 사이에 얼마나 큰 차이가 나는지 정확하게 인식하기 위해서는 보다 체계적이고, 전국적인 차원의 증거들을 검토할 필요가 있다.

학교: 누구와 함께 학교에 가느냐가 중요하다

이 장에서 다룰 핵심적인 질문은 다음과 같다. 오늘날 미국의 학교들은 가진 아이들과 가지지 못한 아이들 사이의 늘어만 가는 격차를 더 **벌어지게** 만드는 경향을 보이는가, 줄어들게 만드는가, 아니면 거의 아무런 영향을 미치지 못하는가? 이사벨라와 소피아는 분명히 아주 다른 가족 배경을 가졌고, 다른 모습의 학교를 다녔다. 그러나 학교는 지금 그들이 처한 곳에서 나타나는 차이를 증폭시켰는가, 아니면 축소시켰는가? 보다 미묘한 말이지만 만약 학교가 어떤 식으로든 계급 분리와 관련이 있다면, 학교는 계급 분리의 **원인**인가 아니면 단순히 계급 분리의 결과가 나타나는 **장소**에 지나지 않는가? 오늘날 미국에서 이루어지고 있는 무수한 학교 교육에 대한 연구들이 학교들이 다양한 방식으로 계급 차이를 영속시키거나, 좁히거나, 아니면 악화시키는지에 대해 우리에게 가르쳐줄 수 있는 것은 무엇인가? 이러한 질문들에 대한 대답은 미묘하지만, 궁극적으로는 상당히 의미 있는 사실을 보여주고 있다.

미국의 공립학교 제도는 집안 배경과 관계없이 모든 아이들이 자기 삶에서 스스로 운명을 개선할 수 있는 기회를 주기 위해 만들어졌다. 지난 2세기 동안 이 시스템은 실질적으로 확대되었고 세 번이나 변화를 겪었으며, 그때마다 설정했던 핵심 목표는 경쟁의 장을 평준화하는 것이었다.

- 1840년대와 1850년대의 초등학교^{Common School}운동은 결과적으로 거의 보편적인 형태의 무료 공립 초등교육을 이끌어냈다. "교육은 인간이 만들어낸 다른 모든 발명품들을 넘어서는 것으로, 인간이 처한 환경에 대한 위대한 평형 장치다." 미국 최초의 교육 혁명가이자 초등학교운동의 창시자인 호레스 맨^{Horace Mann}은 이렇게 선포했다.[13]
- 1910~1940년 사이에 펼쳐졌던 광범위한 고등학교^{High School} 확대운동은 결과적으로 거의 보편적인 공립 중등교육을 이끌어 냈다. 이러한 발전에 대해 주도적인 분석을 내놓은 경제학자 클라우디아 골딘^{Claudia Goldin}과 로렌스 카츠^{Lawrence Katz}는 고등학교운동을 20세기에 이루어진 미국의 경제성장과 사회경제적 평등의 배후에 존재했던 맹아^{萌芽}의 역동적인 힘으로 표현했다.[14]
- 1862년과 1890년의 모릴 법^{Morrill Acts}(1862년에 제정된 대학에 대한 연방의 토지 증여 법률)과 함께 시작한 랜드그랜트칼리지^{Land-Grant College}(모릴법으로 국유지를 증여받은 주 정부들에 의해 설립된 대학. -

역자 주) 운동은 1940년대와 1950년대의 제대 군인 원호법G.I. Bill으로 이어지면서 미국에서의 대대적인 고등교육 기반을 제공한다. 모릴 법의 목적은 주로 '고등교육의 민주화'로 표현된다. 또 제대 군인 원호법을 통해 제2차 세계 대전과 한국전쟁에 참전했던 거의 8백만 명에 이르는 퇴역 군인들에게 기본적으로 무상인 고등교육을 제공할 수 있었는데, 모든 사회경제적 계층에서 징집됐던 그들 대부분에게 대학Colleges과 대학교universities로의 접근을 엄청나게 확장시켰다.[15]

이들 운동은 기회의 평등 외에 다른 목표도 추구했다(무엇보다도 국가의 경제적 생산성을 증진시키고, 민주적 시민의 자질을 뒷받침하기 위한 것이었다).[16] 게다가 그들의 평등주의적인 주장에도 불구하고, 시민권운동 시대 이전에 벌어졌던 이들 개혁은 아프리카계 미국인들을 크게 배제했다. 그렇다 할지라도, 만약 학교가 학생들 사이의 계급격차를 좁히지 않는 경향을 보인다면 대부분의 교육 개혁가들은 실망을 금치 못할 것이다. 또 만약 학교가 사실상 그러한 격차를 더욱 확대시키고 있다면 그건 정말 소름 끼칠 일이다.

한편 이사벨라, 롤라, 소피아가 겪은 경험들은 이러한 평등주의적인 열망을 식게 할지도 모른다. 그렇다면 우리가 취할 수 있는 증거 자료들이 오늘날 미국에서의 사회계급과 학교에 대해 말해주는 것은 무엇인가?

먼저 유치원에서부터 12학년까지의 교육에 대해 말해보자. 스탠포드 대학의 사회학자 션 리어든Sean Reardon은 한 획기적인 연구를 통해 최근 몇십 년 동안 미국 아이들 사이에서 치러진 수학과 읽기 시험 모두에서 계급격차가 확대되고 있음을 밝혀냈다. 사실 리어든의 도표는 이 책의 곳곳에 생기를 불어넣고 있는 여러 다른 측정치들에 대한 가위 모양 그래프를 반영하고 있다고 할 수 있다. 그는 자신의 중대한 발견을 다음과 같이 간명하게 정리한다. "고소득 가정과 저소득 가정의 아이들 사이에서 나타나는 성취도 격차는 2001년에 태어난 아이들 사이에서 대략 30~40% 정도 더 커졌다. 바로 이들보다 25년 전에 태어난 아이들에 비해서 말이다."[17]

대략 이 격차는 고소득층 자녀가 저소득층 자녀보다 학교 교육을 5~6년 정도 더 받는다는 사실과도 일치한다. 더군다나 이러한 계급격차는 같은 인종 집단 내에서 더 증가하고 있는 반면, 인종 집단 사이의 격차는 좁혀지고 있다(다른 측정치에 대한 질문, 특히 혼외 출산과 관련해서 이미 우리가 확인했던 것과 똑같은 패턴이다). 21세기가 시작된 이후로는 유치원에 들어가는 학생들 사이에서 나타난 계급격차가 인종격차보다 두세 배나 더 커졌다.

리어든의 고통스러운 연구는 비인지적인 측정치를 포함한 아동발달에서 나타나는 계급 동향에 대한 다른 많은 연구들과 거의 완벽하게 일치한다. 그의 연구 결과는 근본적으로 중요하다고 할 수 있는데, 그 이유는 시험 점수에 의해 측정되는 학업 성취도가 훗날의 대학 졸업, 구금, 성인 소득과 같은 결과에서의 계급격차에 대한 지배적인 기여 요인이 되기 때문이다.[18] 인상적인 것은 리어든의 분석이 학교 자체가 기회격차를 만들어내지는 않는다는 사실을 제시하고 있다는 점이다. 그의 연구에 따르면 아이들이 유치원에 들어갈 무렵이면 이미 그 격차가 크게 벌어진 상태이고, 그렇게 나타난 격차는 아이들이 학교를 거치면서 학년이 올라감에 따라 감지할 수 있을 만큼 크게 증가하지는 않는다. 이러한 증거를 검토하면서 제임스 헤크먼은 다음과 같이 지적했다. "우리가 관찰한 18세 청소년들의 어머니의 교육 수준에 따른 인지적 성취 격차(누가 대학에 가고 누가 가지 않는가에 대한 강력한 예측 변수)

는 아이들이 학교에 들어가는 6세 때 대부분 나타난다. 지금의 미국과 같은 불평등한 학교 교육은 시험 성적 격차를 완화하거나, 오히려 격차를 만들어내는 데 있어 작은 역할만을 수행한다."[19]

다른 연구 결과들도 학교 자체는 기회격차를 악화시키는 데 있어 커다란 역할을 하지 못한다는 생각에 힘을 실어주고 있다. 예컨대 초등학교 나이의 아이들 사이에서 나타나는 시험 성적 격차는 아이들이 학교에 가지 않는 여름 동안에 더 빠르게 확장되다가 아이들이 다시 학교에 돌아오는 가을이면 안정화된다. 사회경제적으로 상위 학교와 하위 학교 사이에 존재하는 학교의 질과 자원이 같지는 않다. 하지만 우리가 학교 외적인 원인들(가족구조, 경제적 불안정성, 부모의 관여, 심지어 TV 시청)을 따져보면, 학교의 질과 학교 자원 자체는 시험 성적과 인지적, 사회 정서적인 능력의 여러 측정치에서 나타나는 계급격차에 기여하는 바가 거의 없다고 할 수 있다.[20]

벤드, 애틀랜타, 오렌지카운티에 대한 우리의 이야기에는 교직원들이 손을 내밀어 가난한 아이들에게 도움을 주고 경쟁의 장을 평준화하고자 하는 사례들이 간간히 포함되어 있다. 조의 초등학교 교사를 떠올려보면, 그 선생님은 점심시간에 아이들을 데려다가 읽기를 가르쳤다. 클라라와 프란시스코의 선생님들은 이 쌍둥이들을 디즈니랜드와 너츠베리팜에 데리고 가기도 했다. 카일라에게 예기치 않게 치열 교정기를 마련해준 학교 상담사도 있었고, 그녀가 재정 지원을 받을 수 있도록 도움을 준 학교 도서관 사서도 있었다. 미셸의 특수교육 담당자들은 그녀를 찾아서 학습장애를 극복하도록 도움을 주었다. 롤라의 1학년 선생님인 가르시아 부인은 '멋있는' 동시에 '다정한' 모습을 보여주었고, 그녀가 다닌 보습학교의 '근사한' 직원은 그녀가 고등학교 과정을 마치고 대학에 들어갈 수 있도록 도와주었다. 다른 한편으로는 산타아나의 몇몇 직원들처럼 가난한 아이들에게 손을 내밀지 않는 경우도 있었다.

실제로 이러한 모든 증거들은 양적으로나 질적으로 넓어지고 있는 계급격차에 대한 학교들의 책임을 면제해줄 수도 있고, 미국의 교육 개혁가들이 희망했던 것과 똑같이 경쟁의 장을 평준화하는 데 학교들이 도움을 주었다고 암시할지도 모른다. 그러나—이 '그러나'를 강조하고자 한다—오늘날 이 나라에 사는 부유한 아이들과 가난한 아이들이 엄청나게 차이가 나는 학교들을 다니고 있다는 것은 부정할 수 없는 사실이다. 또 이러한 사실이 늘어나고 있는 청소년 계급격차에 있어서 학교가 죄 없는 방관자에 지나지 않는다는 생각과 일치한다고 보기는 어렵다. 트로이 고등학교와 산타아나 고등학교를 비교하는 작업은 계급적 분리의 사례를 아주 생생하게 보여준다. 이것은 아주 중요하다. 즉 양적 연구들은 부유한 아이들이 다니는 학교와 가난한 아이들이 다니는 학교 사이에 나타나는 학업 결과에서의 대단히 큰 차이를 끊임없이 발견해왔다.

그렇다면 무슨 일이 벌어지고 있는 것일까?

첫 번째 기본적인 사실은 주거지의 구분에 있다. 우리가 포트클린턴, 벤드, 애틀랜타, 오렌지카운티에서 보았듯이 부자 미국인들과 가난한 미국인들은 점점 더 분리된 채로 살아가고 있다.[21] 모든 아이들이 부모의 거주지에 위치한 학교에 다니는 것은 아니지만, 여전히 대부분은 그렇다. 따라서 지난 30~40년에 걸쳐 이루어진 소득에 의한 주거지 구분은 고소득 학생들과 저소득 학생들을 각기 다른 학교로 분리해 다니게 했다.[22]

아이러니하게도, 학교의 질도 거주 지역의 분리 현상을 설명하는 데 도움을 준다. 대부분의 부모들이 어디에 살 것인가를 결정할 때 학교의 질에 대하여 신중하게 생각하기 때문이다. 이것은 애틀랜타의 노동 계급 어머니인 스테파니의 사례에서 보았듯이, 보통 수준의 교육만 받은 부모들도 마찬가지다. 그러나 요즘에는 인종을 불문하고 교육을 잘 받은 부모들은 자녀를 위해 최고의 학교를 찾아서, 그 학군으로 이사까지 가려는 비상한 노력을 펼치고 있다. 애틀랜타의 시모네와 오렌지카운티의 클라라의 이야기가 이를 잘 보여준다. 시모네와 클라라 모두 아이들이 유아원에 다닐 때부터 학교에 대한 비교 쇼핑을 시작했고, 둘 다 자녀들이 질 높은 고등학교에 다닐 수 있도록 만들어주기 위해 현재 사는 집을 특별히 선택했던 것이다.

상류층 부모들은 일반적으로 학교의 질에 대한 정보를 저소득층 부모들보다 더 잘 알고 있다.[23] 그리고 학교 근처에 있는 집을 살 수 있는 여유도 더 많다. 브루킹스 연구소Brookings Institution의 조나단 로스웰Jonathan Rothwell은 높은 평가를 받는 공립학교 근처의 집들이 낮은 평가를 받는 학교 근처의 집들보다 20만 달러 이상 더 비싸다는 사실을 찾아냈다.[24] 또 다른 연구는 사람들이 좋은 학군에 있는 집에 높은 가격을 매길 때에도, 실제로는 교사의 자질이나 학급 크기, 학생당 예산에 대한 고려보다 부유하고 교육을 잘 받은 부모들이 있는 학군을 얻으려고 노력한다는 사실을 보여준다. 이러한 사실은 학부모들이 학교의 질을 결정하는 데 학교의 인풋보다 부모의 인풋을 더 중요시한다는 것을 함축한다.[25] (우리 가족이 수년 전 보스턴으로 이사를 가서 좋은 학교들이 있는 공동체를 찾으려 했을 때, 아내는 '치열 교정기 테스트'를 이용했다. 마을에서 치열 교정기를 끼고 있는 아이들이 얼마나 많은가? 그것은 양육과 소득에 대한, 따라서 학교의 질에 대한 합리적인 대용물이었다.) 이러한 과정은 트로이 고등학교에서와 같이, 혜택받은 아이들을 또 다른 혜택받은 아이들과 하나의 학교 환경에 모일 수 있도록 해준다. 그리고 산타아나 고등학교에서처럼, 가난한 아이들은 가난한 아이들끼리 또 다른 학교 환경에 모이게 되는 것이다.

다른 이유들로 인해 바람직한 것으로 간주될 수도 있겠지만, '학교 선택'은 계급격차에 기껏해야 작은 영향만을 미친다. 거주지에 위치한 학교보다, 부모가 선택한 학교에 다니는 학생 비율이 점점 늘어나고 있다(대략 15%). 그러나 특히 저소득층 가족의 경우, 부모가 잘 알고 있지 못한 채 학교를 선택하고 있으며 교통이나 보육 문제 등으로 인해 선택이 강제된다.[26] 이 책에서 우리가 초점을 맞추어온 저소득층 아이들에게는 학교 선택이 많은 차이를 만들어냈던 것 같지는 않다. 그 이유는, 예컨대 아이들이 보다 나은 선택을 할 수 있도록 도움을 줄 수 있는 분별력 있는 어른들이 곁에 없기 때문이다.

부유하고 교육을 잘 받은 가정의 아이들이 다니는 학교에서는 각 가정의 배경과 관계없이 학생들이 공부를 더 잘한다. 이러한 유형은 선진국들 사이에서는 거의 보편적으로 나타난다.[27] "학교의 다른 어떤 요소보다도, 학생 전체의 사회적 구성이 학생들 자신의 사회적 배경과 관계없이 학업 성취와 더 높은 관련성을 가진다." 이러한 설득력 있는 사실을 처음으로 연구한 이는 제임스 콜먼James Coleman이다. 이러한 일반화는 시험 성적, 졸업, 대학 진학 등등에 적용될 뿐만 아니라 성인이 되었을 때의 소득에도 적용된다. 아이의 가족 배경과 시험 성적의 영향을 보류하고 보더라도 말이다.

가난한 아이들이 높은 소득이 있는 학교에서 더 성취도가 높다는 사실은 개리 오필드Gary Orfield와 수잔 이튼Susan Eaton에 의해 "교육에 대한 연구에서 가장 일관성 있게 밝혀진 사실 중 하나"로 설명된다. 실제로 몇몇 연구에서 한 학생의 고등학교 학습과 그녀의 급우들의 가족 배경과 갖는 상관관계가, 그녀 자신의 가족 배경과 갖는 상관관계보다 더 크

다고 나타났다.[28]

머릿속으로 다음과 같은 실험을 해보자. 소피아('타고난 재능'이라는 지칭으로 불리고 사전 읽는 것을 좋아할 정도로 조숙했던)가 마법이 일어난 것처럼 트로이 고등학교로 전학을 가고, 반면 이사벨라는 심술궂게도 산타아나와 같은 학교로 배정을 받았다고 상상해보자. 이들 각자가 이루어낸 업적에 영향이 미치지 않을 것이라고는 상상하기 힘들다. 돌이켜보면 클라라와 리카도가 LA에 있는 그들의 옛 이웃을 떠나 풀러턴으로 이사하기로 결정했을 때, 사실상 그들은 이러한 상상의 실험을 정확하게 했던 것이다. 그렇다면 왜 학교의 사회경제적 구성은 학교 학생들에게 이렇게 강력한 영향을 미치는가?[29]

전문가든 평범한 사람들이든, 많은 사람들이 떠올리는 첫 번째 설명은 학교의 재정과 관련한 것이다. 즉 부유한 지역의 학교들은 지방 재산세에 의해 주로 기금을 지원받기 때문에 보다 양질의 교사, 행정가, 프로그램, 시설을 제공받을 수 있다. 그러나 사실 학교 재정이 계급 격차 증가의 주된 원인은 아닐 것이다. 예컨대 대부분의 연구들은 학교 재정(학생당 지출 비용, 교사 봉급)이 학교의 목표를 달성하는 데 있어 유의미한 예측변수가 아니라고 밝히고 있다.[30] 더욱이 지난 30년간 계급격차가 급속하게 확대되는 동안, 많은 주에서의 지방 재산세는 학교 예산에서 점점 더 적은 부분만 지원하고 있다. 부분적인 이유는 이들 주에서 이루어진 법원 결정이 학군 전체의 지출 평준화를 명령했기 때문이다.

교사의 봉급은 부유한 학생들을 가르치는 학교에서 조금 더 높게 나타난다. 하지만 이러한 유형은 아마도 보다 연배가 높은 교사들이 금전 외의 이유로 아주 가난하고 소수자들이 많은 학교로부터 벗어나는 경향을 반영한 것에 지나지 않는다.[31] 더군다나 교사나 상담사 대학생의 비율은 오히려 아주 가난한 학교에서 더 좋은 편이다.[32] 이러한 점에서 표 4-1에서 나타난 트로이 고등학교와 산타아나 고등학교 사이의 비교는 전국적인 유형을 정확하게 반영하고 있는 것이다. 즉, 행정 시스템의 통제 아래에서 요인들의 차이는 너무 작아서 학생이 거둔 성과에서 나타나는 엄청난 격차를 설명할 수 없다.

물론 더 많은 그리고 더 나은 교사들에게 높은 봉급을 주어, 아주 가난한 학교에 고용시키는 것도 계급 불일치를 좁히는 아주 좋은 방법이 될 수 있을 것이다. 몹시 빈곤한 학교의 교사나 직원들이 당면하는 어려움이―규율 부재, 언어적 어려움, 부족한 학업 준비, 아이들이 학교 밖에서 가져오는 숱한 문제들이 모두 산타아나에 나타나고 있다―너무 크기 때문에 아이들을 위한 경쟁의 장을 평준화하기 위해서는 보다 많은 투자가 요구된다. 그럼에도 불구하고 낮은 수입의 학교와 높은 수입의 학교 사이에 존재하는 학업 성과의 격차 증대가 공공 재원 할당에 존재하는 편향의 결과라는 증거는 거의 없다.

우리의 수수께끼에 대한 더 그럴듯한 의심은 학생들이 집단적으로 학교로 가져오는 물건들에 있다. 이 물건들은 (긍정적인 측면에서) 학업에 대한 가정에서의 격려, '과외'를 위한 사적 지원금에서부터 (부정적인 측면에서의) 범죄, 약물, 무질서 등의 범주에까지 이른다. 이들은 우리가 산타아나와 트로이의 모습을 한데 놓고 보면 바로 떠오르는 바로 그 요인들이다.[33] 누구와 함께 학교에 가느냐는 매우 중요하다.

첫째, 부유하고 교육을 잘 받은 가정의 아이들이 학교에 갈 때 부모도 같이 간다. 실제로 모든 연구들은 부유하고 고학력인 부모들이 가난하고 저학력인 부모들보다 자식의 학교생활에 더 많이 관여한다는 사실을 나타내고 있다. 앞서 우리가 살펴본 이야기는 이러한 사실을 생생하게 보여준다. 얼은 이렇게 말했다. "우리는 아마 제가 고등학교를 다니던 4년 동안 부모님이 제게 한 질문보다 더 많은 질문을 한 주만에 했을 겁니다." 시모네는 뉴저지와 애틀랜타 두 곳 모두에서 여러 해 동안 PTA를 이끌었다. 클라라는 수업에 자원봉사자로 참여했을 뿐만 아니라, 학교 사무실 직원들까지 알고 있을 정도다. 보다 덜 부유한 부모들도 아이들의 학교에 관여하려고 노력하지만, 그들의 노력은 직장에서의 의무로 인해(애틀랜타의 스테파니처럼), 그리고 그들 자신의 교육적인 한계로 인해(밴드의 조이처럼) 방해를 받을 수밖에 없다. 대부분 부모의 참여에서 나타나는 계급격차의 증가는 동기의 부족보다는 경제적, 문화적인 장벽에 기인한다. 물론 롤라의 양할아버지는 최근 들어 덜 풍족한 부모들이 학교에 더 무관심해졌다고 말하기도 한다. 그럼에도 불구하고 낮은 수입의 학교들과 비교해볼 때 풍족한 지역의 학교들은 부모가 더 많이 참여하고 지원한다는 특징을 갖는다.

이러한 사실은 여러 가지 결과를 함축하고 있다. 많은 연구들은 부모의 참여가—숙제에 대한 질문에서부터 PTA 회의 참석에 이르기까지 무엇이든—더 높은 학업적 성과, 보다 나은 사회 정서적 능력, 학생 행동의 다른 양상들 예컨대 약물 사용이나 음주 감소 등과 연관된다는 사실을 보여주었다. 교육연구관인 앤 헨더슨Ann Henderson과 낸시 벨라Nancy Berla는 자신들의 연구에서 이러한 경향에 대해 다음과 같이 요약해서 말한다. "부모가 학교에 관여할 때, 학생들은 학교에 더 많이 가게 되고, 그들이 다니는 학교도 더 좋아지게 된다."[34]

상관관계에서 인과적 확실성으로 옮겨가면 이야기는 더 복잡해진다. 학교에 자주 가는 부모는 아이들이 유아일 때부터 책을 읽어 주었을 가능성이 있다. 그렇다면 학교 방문이나 책 읽기가 정말로 중요한 문제인가? 아니면 인과관계의 화살이 학생의 성과에서 부모의 참여로 향하는 식으로 방향이 바뀌는 것인가? (학교를 방문해서 저녁 시간을 보내는 것은 좀 더 매력적인 방법이 된다. 만약 교사들이 자녀들에 대해 좋은 말을 해 준다면 말이다.) 인과성에 대한 질문은 대조실험controlled experiment 없이는 결정적인 답을 구하기 쉽지 않다. 그러나 대부분의 연구자들은 부모의 학교 참여가, 특히 사회 정서적으로 불리한 조건에 놓인 청소년들 사이에서는 보다 높은 성과를 내게끔 격려할 수 있다고 믿는다.

부유한 가정의 아이들은 부모의 풍요로움을 학교로 가져오기도 한다. 한 일화로 '부모-학교 기금(부모와 공동체의 기금 조성)'은 상류층 학교와 하류층 학교 사이의 극명한 차이를 보여준다. 우리가 살펴보았듯이 그러한 기금 조성은 산타아나 고등학교보다 트로이 고등학교에게 더욱 풍부한 추가 활동을 가능하게 해준다. 좀 더 극단적인 사례지만, 맨해튼 어퍼웨스트사이드the Upper West Side의 몇몇 공립학교는 PTA를 통해 매년 100만 달러의 기금을 조성해 학생들의 학교 활동을 지원한다. 따라서 이 학교들은 '공립 사립public private'이란 이름을 갖게 되었다. 캘리포니아의 힐스보로우Hillsborough에서는 학부모 기금 재단의 연 수익이 345만 달러에 이르러 학교 재정의 17%를 더 보충해주고 있다. 이러한 유형들을 뒷받침하는 전국적인 차원의 증거 자료는 현재 없지만, 몇 가지 사례들은 놀라운 일이 아닐 수 없다.[35]

상류층 공동체의 부모들은 학문적으로도 보다 엄격한 교과과정을 요구한다. 그 결과, 보다 많은 학습, 보다 적은 중도 탈락자, 보다 많은 대학 진학자가 만들어진다.[36] 예컨대 미국의 거의 모든 공립 고등학교에 대한 2011년 조사를 바탕으로 한 **도표 4-1**은 빈곤율이 낮은 학교들(대략 말해서 부모의 소득이 상위 4분위수의 학교들)이 높은 빈곤율을 보이는 고등학교들보다 세 배나 더 많은 AP 과정을 제공하고 있다는 사실을 보여준다.[37] 우리는 다시금 산타아나와 트로이 사이의 대조에 전국적인 유형이 반영되고 있음을 알 수 있다. 즉, 클라라는 우리에게 트로

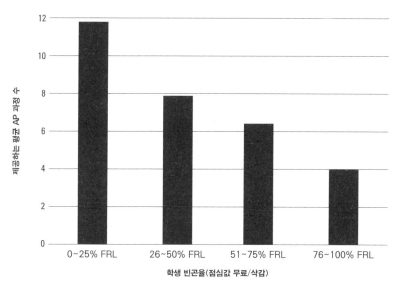

제공하는 평균 AP 과정 수

학생 빈곤율(점심값 무료/삭감)

출처: 시민권리자료집(Civil Rights Data Collection), 미국 교육부, 2009~10학년도.

이의 모든 아이들이 공부만 하는 얼간이들이라고 말했던 반면, 소피아
가 공부에 대해 언급할 수 있었던 유일한 것은 낄낄거리며 말한 "학업
이 뭔가요?"였다.

또래들의 압박 또한 높은 학업 성과를 불러일으키는 데 강력한 역
할을 수행한다. 15~18세에 절정에 이르는 경향이 있는 또래들의 영향
력은 10대의 학업 성취, 교육적 포부, 대학 진학, 비행, 약물 사용, 무단
결석, 우울증에까지 미치는 것으로 나타났고, 소비 행동에서도 마찬가
지다. 또래들이 사회적 규범, 교육적 가치, 심지어 학업 능력까지도 전
파시키기 때문에, 소득이 높은 학교에서의 또래들은 서로 간에 교육적
촉매제로서의 역할을 한다. 높은 기준과 포부는 전염성을 보이는 경향
이 있다. 이는 낮은 기준과 포부 역시 마찬가지다.[38] 또래의 압박은 한

학교의 사회경제적 구성과 학생의 학업 수행 사이에 존재하는 상관관계를 설명하는 데 도움이 된다.[39]

그러면 부유한 아이들의 기준과 포부는 어디에서 생겨나는가? 이사벨라는 이에 대한 분명한 답을 우리에게 제시한다. 부모들이다. "(제 부모님들은) 제게 많은 압박을 주려 하지는 않았어요. (하지만) 많은 사람들은 가정으로부터 압박을 받지요…. 아이들이 시험에서 자기들이 원했던 만큼 잘하지 못했을 때 그들은 집에 가고 싶지 않을 거예요. 부모님이 기다리고 있다가, '자, 네 점수 좀 보자. 뭐가 문제였니?'라고 물어볼 것이 뻔하기 때문이죠."

교육 수준이 높고 학문적 야망을 가지고 있는 가정 출신의 아이들이 많이 다니는 학교에서 생겨나는 최종적인 결론은 다음과 같다. 또래의 압박—이사벨라와 그녀의 반 친구들이 '스트레스'와 '경쟁'으로 경험한—은 아이들의 가정으로부터 가져온 성취동기의 집합적 효과를 증폭시킨다. 이와는 반대로 산타아나와 같은 학교에서는 또래 환경이 개별 학생들이 집으로부터 가져온 학문적 포부를 꺾어버릴 수 있다.

따라서 평균적으로 부유한 가정과 이웃을 둔 아이들이 학교로 가져오는 것은 학교에 있는 다른 모든 학생들에게 보다 높은 성취를 이루도록 격려해주는 경향을 보인다. 그러나 그 반대의 경우도 사실이다. 즉 아이들이 가난한 가정과 이웃으로부터 학교로 가져오는 무질서와 폭력은 학교의 다른 모든 학생들에게 성취에 대한 욕구를 좌절시키는 경향을 띤다. 이러한 모습은 우리가 산타아나 고등학교에서 본 바로 그것이다. 학생들은 교실에서 무차별적인 폭력 위협을 속삭이며 퍼뜨리고 있고, 교사는 단지 베이비시터로서의 역할에만 전념하는 모습 말이다.

빈곤율이 높은 학교는 빈곤율이 낮은 학교보다 비행, 무단결석, 무질서, 전학 등에서 더 높은 비율을 보이고 있고, 영어 실력에서는 더 낮은 비율을 나타내는데, 그 이유는 이 모든 특성들이 가난한 공동체에 집중되어 있기 때문이다.[40] 이미 산타아나 고등학교에서 우리가 지켜보았듯이, 이 모든 특성들은 그러한 학교에 있는 **모든** 학생들에게 해로운 영향을 끼친다. 개인적으로 이들이 행실이 나쁘고, 무단결석을 많이 하고, 혼란스럽고, 전학을 자주 다니고, 영어를 쓰지 못하는지 여부와 관계없이 말이다. 예컨대 한 신중한 연구는 가정 폭력에 노출된 아이들이 교실에 있을 경우 **다른** 아이들의 성취 욕구가 감소되었는데, 특히 빈곤율이 높은 학교에서 그렇다는 사실을 밝혀냈다.[41]

여기에서도 마찬가지로, 계급격차는 최근 수년 사이 늘어난 것으로 나타난다. 그러면서 다시금 우리에게 익숙한 가위 모양의 효과를 만들어내고 있다. 1995년에서 2005년 사이에 학교에서의 괴롭힘이 교외 지역의 학교들에서는 거의 60%나 감소했지만, 도시의 학교들에서는 단지 43%만 감소했다. 범죄 성향이 높은 학생들이 더 많이 다니는 고등학교의 졸업율이 훨씬 더 낮아졌다는 사실은 놀랍지 않다. 이들이 학급 분위기와 교사의 헌신에 미치는 영향 때문이다. "학교 범죄와 불안의 전체적인 하락 추세에도 불구하고 교육 경험에서의 인종과 사회계급에 따른 불평등은 더 늘어나는 경향을 보인다. 이는 그러한 하락이 교외 지역의 학교와 사립학교에 비교적 더 많이 집중되어 왔기 때문이다"라고 범죄학자 데이비드 커크David Kirk와 로버트 샘슨Robert Sampson은 결론짓는다.[42]

주로 도시적인 현상이라 할 수 있는 갱단의 존재 또한 학교 범죄와 학생들의 불안에 상당한 영향을 미친다. 대략 도시 학생의 4분의 1은 자신의 고등학교에 갱이 있었다고 보고하고 있으며, 도시 학교의 약 4분의 1은 매년 20번 이상의 폭력 사고가 있었다고 보고한다.[43] 이러한 사고 대부분은 경찰에 신고되지 않는다. 하지만 **도표 4-2**가 보여주듯이 정학의 경우, 높은 빈곤율의 학교에서는 낮은 빈곤율의 학교보다 2.5배 정도 더 흔하게 나타난다. 이미 우리는 트로이 고등학교와 산타아나 고등학교에서의 정학 비율을 비교하면서(표 4-1 참조) 이러한 불균형의 극단적인 사례를 보았다. 높은 빈곤율의 학교에서 벌어지는 징계 문제가 초등학교와 중학교에서는 더 크게 집중되어 나타난다. 정학은 학년이 낮을수록 드물지만 말이다.[44]

연쇄적으로 이어진 이러한 불리한 상황이 가져온 결과에 대해 또 다른 연구자들은 다음과 같은 사실을 알아냈다. "빈곤율이 높은 교실은 낮은 빈곤율의 학급보다 네 배나 더 학업, 주의력, 행동 등의 문제가 집중되어 나타난다."[45] 물론 이러한 사실은 소피아와 롤라가 마음이 아플 정도로 자세하게 우리에게 설명한 학교 분위기와도 정확하게 맞아떨어진다. 교실 운영과 학생들의 학습을 방해하고, 교사의 사기를 떨어뜨리는 분위기, 그리고 다른 선택권을 쥔 교사들이 그러한 학교에서 일하고 머물기를 선택할 가능성을 낮춰버리는 그런 분위기 말이다.

캘리포니아 고등학교 교사의 일과에 대한 최근의 한 연구는 높은 빈곤율의 학교와 낮은 빈곤율의 학교 사이의 학습 환경이 정확히 어떻게 다른지 분명하게 보여준다.[46] 학교 외부로부터 온 스트레스 상황이 교실까지 밀려들어올 가능성은 높은 빈곤율의 학교가 훨씬 더 많다. 다음 10개의 '스트레스 요인' 중 하나하나는 빈곤율이 낮은 학교보다 빈곤율이 높은 학교에서 두세 배 더 흔하게 나타났다. 이들 요인은 학생 기아, 불안정한 거처, 경제적 문제, 의료 및 치과 치료의 결핍, 가족 구성이나 다른 가족에 대한 돌봄 문제와 이민 문제, 공동체 폭력과 안전에 대한 염려 등이다. 한 가지 결론은 제도상의 교육 시간에 대한 명시적 숫자가 높은 빈곤율의 학교나 낮은 빈곤율의 학교 사이에는 차

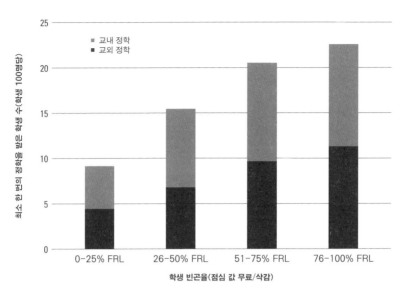

■ 교내 정학
■ 교외 정학

최소 한 번의 정학을 받은 학생 수(학생 100명당)

0-25% FRL   26-50% FRL   51-75% FRL   76-100% FRL

학생 빈곤율(점심 값 무료/삭감)

출처: 시민권리자료집(Civil Rights Data Collection), 미국 교육부, 2009~2010학년도.

이가 없지만, 높은 빈곤율의 학교 교사들은 평균적으로 한 주의 교육 과정에서 실제 가르치는 시간을 대략 3시간 30분 정도 덜 쓰고 있다는 것이다. 높은 빈곤율의 학교는 한 학년도 교육 과정에서 교사 결근, 긴 급 폐쇄emergency lockdowns, 그리고 이런 학교들에서 집중적으로 일어나는 다른 문제들로 인해 거의 2주 이상의 시간 손실을 겪는다. 공식적으로 는 높은 빈곤율의 학교나 낮은 빈곤율 학교 모두 똑같은 재원을 공급 받는다. 하지만 전자가 당면하는 경제적 어려움은 학생들에게 질 높은 교육을 제공하는 데 있어 훨씬 효과가 떨어지게끔 만든다. 이것은 우 리가 산타아나 고등학교와 트로이 고등학교를 비교하면서 살펴본 것 들과 정확하게 일치한다.

소피아와 롤라는 교실 분위기에 대해 주로 학생들의 관점에서 설명하지만, 산타아나의 교사들이 직면한 문제들에 대해서도 어렴풋이나마 보여준다. "학교에는 총을 가지고 있는 아이들도 있었어요. 싸움도 많았고 교실에서 물건을 던지는 아이들도 있고, 교사에게 아주 무례하게 구는 아이들도 있죠. 아이들이 교사의 얼굴에 침을 뱉기도 하고, 욕을 해대며, 싸움을 걸고, 정말로 거칠게 대하기도 해요. 정말 비열한 짓이죠." 우리는 산타아나의 교직원 누구하고도 이야기를 나눌 수는 없었지만, 이들에게 산타아나의 세계가 어떻게 보일지에 대해서는 상상이 간다.

밝고 낙천적인 젊은 교사인 당신이 매일 이러한 전쟁터로 일하러 나온다고 상상해보라. 이상주의가 당신을 한두 해 정도는 이끌어 갈 테지만, 만약 당신에게 무차별적인 폭력도 적고, 배우고자 하는 열의를 가진 학생들이 더 많은 학교로 옮겨갈 기회가 생긴다면 어떨까. 아마도 단번에 옮겨갈 것이다. 교사진의 교체율이 더 높을 것이고, 해마다 더 많은 초년생 교사들이 생겨날 것이다. 그리고 남아 있는 많은 교사들은 기회만 엿보는 사람들이 될 것이다. 혼란에 익숙해지고, 베이비시터 생활에 만족하며, "돈을 받기 위해 존재하고" 선의를 가지고 행동하는 학생들을 돕는 일에 냉소적이며, 이들을 "애처롭다"는 식으로 무시하고, 모든 라틴계는 스페인어만 말할 거라고 게으르게 추정하면서 말이다.

슬프게도, 전국적인 자료들은 이러한 모습을 확인해주고 있다. 학생의 성공적인 미래의 삶에 실질적인 영향을 끼칠 수 있는 더 나은 교사들은 소득이 높고 학업 수행성과도 높은 학교들에 불균형적으로 퍼져 있다. 반면에 전근이 많고 능력이 떨어지는 교사들은 낮은 소득과 낮은 학업 수행성과를 보인 학교들에 불균형하게 퍼져 있다. 이러한 경향의 원인은 아마도 교사들의 학군 배치에 있기보다는 교사의 탈출에 있을 것이다. 간단히 말해 교사의 빈약한 사기와 무질서하고 심지어 위험하기까지 한 분위기에 휘둘려 나타나는 저소득 학교에서의 높은 이직률은, 왜 저소득 학교가 학생들의 배경이나 능력과 상관없이 학업 성취도가 낮은 학생들을 만들어내는가를 설명하는 데 도움을 준다.[47]

미국의 학교들에서 증가하고 있는 계급격차에 대한 설명으로 때로는 두 개의 다른 요인들이 제시되기도 한다. 그러나 이들 요소들은 기껏해야 아주 작은 역할만 수행하고 있다는 것을 보여주는 증거도 있다.

첫 번째 요인은 학급 편성이다. 대학 준비반과 대학 준비를 하지 않는 학급으로 학생들을 나누어 편성하는 일은 수십 년 동안 흔하게 행해지고 있고, 보다 교육을 잘 받은 가정의 아이들에게 약간의 강점을 제공하는 경향이 있다. 그렇지만 기회격차가 더 벌어진 기간 동안에도 특권이 적은 배경을 가진 아이들 사이에서는 대학 준비반으로의 진입이 증가해왔다. 학급 편성이 상층 계급의 아이들에게 계속해서 약간의 이점을 제공하고 있지만, 이것이 전반적인 기회격차의 실질적인 증가에 대한 설명이 되지는 못한다.[48] (확실하게도 **도표 4-1**은 가난한 학생들을 가르치는 학교들이 AP 과목을 더 적게 제공하고 있으며, 이러한 학교들에서 나타나는 교육 기회의 중요한 결과를 보여주고 있다.)

두 번째 요인으로는 사립학교가 있다. 아마 많은 사람들이 생각하는 것과는 달리, 이것은 늘어나는 기회격차에 대한 중요한 기여 요인이 되지는 않는다. 지난 50~60년 동안 사립학교의 고등학생 비율은 10%를 조금 넘는 정도에서 8% 조금 아래로 떨어졌다. 대학 교육을 받은 부모가 있는 가정의 아이들은 종교 또는 비종교 교단의 사립학교에 다니거나 홈스쿨을 택한 비율이(대략 10%) 고등학교 교육을 받은 가정의 아이들(대략 5%)보다 약간 더 많은 것으로 나타났다. 하지만 격차가 변한 것은 아니다. 사립학교가 부유한 학생들에게 약간의 강점을 제공할지는 모르지만, 기회와 성취의 격차가 급격하게 벌어진 지난 몇 년 동안 그러한 강점이 늘어나지는 않았다.[49]

과외활동

학교에서 실시되는 과외활동extracurricular activities(정규 교과과정 이외의 활동. -역자 주)은 대략 한 세기 전 고등학교운동을 만들어낸 진보적인 교육개혁의 일환으로 등장했다. 원래의 취지는 모든 계층의 아이들에게 오늘날 우리가 "소프트 스킬soft skills(기술이나 지식 등 하드 스킬과 달리 가시적이지는 않지만 사회와 조직 생활에 필요한 의사소통, 협상, 팀워크, 리더십 등을 활성화할 수 있는 능력. -역자 주)"이라 부르는 강인한 노동 습관, 자기 훈련, 팀워크, 리더십, 시민 참여 정신 등을 확산시키기 위한 방법으로 과외활동을 이용하자는 것이었다. 그러나 요즘 이루어지는 과외활동—미식축구, 밴드, 프랑스어 동아리, 학생 신문에 이르는 무엇이든—을 살펴보면, 미국 교육 제도에서 나타나는 계급격차의 증가에 대한 또 다른 차원을 엿볼 수 있다.

　과외활동에 참여하는 것은 무시할 수 없을 정도의 유익한 결과를 반복해서 보여준다. 의도적이든 아니든 간에, 교육을 더 잘 받은 부모들은 이러한 사실을 잘 알고 있다. 그래서 우리가 살펴보았듯이, 그들은 과외활동에 참여하는 아이들을 지원하는 데 상당한 시간과 돈을 점점 더 많이 투자하고 있다. 이것은 벤드에서 얼이 그의 딸 루시에게 말을 한 필 사주고 마구간을 지어 준 일과, 애틀랜타에서 데스몬드의 어머니인 시모네가 시즌마다 자기 아들들이 운동을 해야 한다고 고집한 것, 그리고 오렌지카운티에서 이사벨라의 어머니 클라라가 과속 운전으로 벌금을 내면서까지 자기 아이들을 폭넓은 과외활동에 참여하도록 한 일에 대한 충분한 설명이 된다. 이들은 가난한 아이들의 부모가 가지고 있지 않는 돈과 시간을 가지고 있었다. 그래서 이들은 자기 자녀들이 과외활동을 통해 유용한 소프트 스킬을 갖출 수 있도록 재원을 투입한 것이다.

과외활동에 착실하게 참여하며 쌓는 경험은, 학창 시절은 물론 그 이후에 타나는 다양한 긍정적 성과물과 밀접한 관계가 있다. 가족 배경, 인지 능력, 그리고 다른 많은 잠재적 혼란 요인들을 제한한 이후에도 그렇다. 이 긍정적인 성과물들은 높은 평점, 낮은 중도 포기율, 낮은 비행 비율, 투표나 자원 봉사와 같은 많은 시민 참여 활동, 그리고 미래의 더 높은 수준의 임금과 직업 획득 등을 포함한다.[50] 예컨대 한 신중한 통제 연구는 과외활동에 꾸준히 참여한 아이들이 단지 일시적으로만 참여한 아이들보다 70%나 더 많이 대학에 진학하고 있고, 전혀 참석하지 않은 아이들보다는 무려 400%나 더 많이 진학하는 경향이 있음을 보여준다.[51] 우리가 만났던 오렌지카운티의 학생들과 특별히 관련된 또 다른 연구는 저소득층 라틴계 학생들 사이에서의 과외활동 참여(롤라와 소피아의 경험이 보여주었듯이 거의 드물게 나타난)는 학교에서의 성취도를 미리 예측하게 해준다고 한다.[52]

과외활동에서의 리더십은 훨씬 더 강력한 효과를 가져오는 것 같다. 한 연구는 동아리나 단체의 리더들이 만년에 더 높은 봉급을 요구할 수 있는 관리직에 포진할 가능성이 더 높다는 사실을 밝혀냈다.[53] 1940년대에 오하이오의 클리블랜드에 있는 고등학교를 다녔던 학생들에 대한 한 흥미로운 연구는 반세기 후에 나타난 신경학적 효과를 찾아내기까지 했다. 즉 IQ와 교육 달성에서의 차이에 대한 조정을 한 이후에도, 세기가 바뀌는 시점이 되었을 때 과외활동에 참여했던 학생들이 그렇지 않았던 학생들보다 치매에 덜 걸렸다는 것이다.[54] 과외활동의 상관관계에 대해 수행된 많은 연구들에서 유일하게 부정적인 발견이 나타나기도 하지만 놀랄 만한 것은 아니다. 바로 청년들이 운동에 참여하는 것이 때때로 과도한 음주(그러나 약물 이용은 아니다)와 상관관계가 있다는 것이다. 그럼에도 불구하고, 높은 학문적 성취와 가장 일관성 있게 연관되는 과외활동 역시 운동이다. 정력적인 활동이 두뇌에도 좋은 것으로 판명된 것이다.

이들 연구 중에서 정확한 실험이라 할 수 있는 것은 드문 것이 분명하다. 무작위로 몇몇 아이들을 참여시키고 다른 아이들은 배제하고 있기에, 우리는 과외활동 참여와 인생의 성공 사이의 확고한 상관관계가 적어도 부분적으로는 아마도 측정되지 않은 변수들, 예컨대 타고난 에너지 수준 때문일지도 모른다는 가능성을 완전히 배제할 수는 없다. 한편 많은 연구들은 시간이 지남에 따라 같은 개인에게서 일어나는 변화도 측정하는데, 이것은 지속적인 성격 특성의 영향력을 배제할 수도 있다. 한 재치 있는 연구는 타이틀 9$^{\text{Title IX}}$(1972년 6월 23일 미 국회를 통과한 교육 개정법의 하나로 여성의 교육 참여 기회를 남성과 동일하게 만들려는 노력으로 시작되었다. '미국의 어떤 누구도 성별에 근거해 교육 프로그램 또는 연방의 재정 보조 활동을 받는 혜택에 대한 차별을 받지 않을 권리가 있다'는 것이 이 법률의 요지다. -역자 주) 운동이 여성 참여를 확대한 이후 대학 진학과 노동 시장에서의 성과에 미친 강력한 영향력을 밝혀냈는데, 그것은 일종의 자연적 실험이었다. 또 다른 연구는 형제자매들과의 비교를 통해 과외활동 참여가 훗날의 소득에 미치는 인과적 영향력을 애써 찾아내기도 했다. 또한 몇몇 실험연구는 전통적인 과외활동과 유사한 프로그램도 효과가 있음을 확인했다.[55]

그렇다면 왜 과외활동은 아이의 미래와, 그렇게 방대할 정도의 함축적 관계를 가지고 있을까? 지금까지 많은 의견들이 있었다. 자신감, 시간 활용('백수idle hand' 이론), 긍정적인 또래 효과에 미치는 영향 등등. 다음 장에서 우리가 살펴보게 될 중요한 한 가지 이점은 가족 이외의 어른들이 아이를 돌보는 것이다. 즉 코치나 다른 성인 관리자는 주로 귀중한 멘토로서 도움을 준다. 포트클린턴에서 제시의 미식축구 코치나 이사벨라의 육상 코치처럼 말이다.[56]

하지만 과외활동에의 참여가 주는 가장 커다란 혜택은 이러한 실천을 만들어낸 교육 개혁가들이 희망했던 것, 즉 소프트 스킬과 품성의 함양이다. 웰링턴 공작Duke of Wellington이 이튼Eton 학교의 운동장을 재방문하면서 큰소리로 "워털루 전쟁의 승리가 이루어진 곳은 바로 이곳이다"라는 유명한 말을 했을 때, 아마도 그가 마음에 담고 있었던 것은 군사적 능력이 아니라 품성이었을 것이다. 담력, 협동 정신, 리더십, 사회성과 같은 비인지적 능력은 틀림없이 과외활동에 참여한 사람들 가운데서 개발된다는 것이다. 많은 연구자들은 교육적 성취나 10년 후의 수입을 설명하는 데 소프트 스킬과 과외활동 참여가 하드 스킬이나 정규 학습만큼이나 중요하다고 생각한다. 가정 배경을 통제한다면 말이다. 이는 고용주들이 점점 더 노동 습관 또는 다른 사람들과 더불어 일을 할 수 있는 능력과 같은 비 인지적인 특성을 더 소중하게 평가하기 때문이다. 이러한 비인지적 특성은 보다 불리한 가정환경을 가지고 있는 학생들에게는 더욱 중요할 것이다.[57]

종합해서 요약하면 과외활동 참여는 신분의 상향 이동을 위해 중요하다. 따라서 과외활동에 참여하는 데 상당한 격차가 있다는 사실을 모든 연구가 확인해준다는 것은 우울한 일이 아닐 수 없다. 특히 그러한 격차는 다양한 유형의 활동 모두에서 지속적인 연관성을 나타내기에 더욱 그렇다. 가난한 아이들은 가난하지 않은 급우들보다 운동과 동아리 활동 모두에 전혀 참여하지 않을 가능성이 세 배나 되고(30% 대 10%), 운동과 동아리 모두에 참여할 가능성은 반 밖에 되지 않는다(22% 대 44%).[58]

더욱 슬픈 사실은 최근의 과외활동 참여율이 잘 알려진 가위 모양의 격차를 나타낸다는 것이다.(가위 모양은 격차가 점점 더 벌어진다는 것을 의미한다. -역자 주) 한 연구에 따르면, 지난 15년 동안 학교 밖 동아리와 단체에서의 활동 수준이 부유한 청소년 사이에서는 상승했고, 가난한 청소년 사이에서는 하락했다. 1997년부터 2012년까지 6세에서 11세까지의 가난한 아이들과 가난하지 않은 아이들 사이의 '과외활동 격차'는 거의 두 배로 늘어나 15%에서 27%로 증가했다. 반면 12세에서 17세까지의 아이들의 경우는 19%에서 29%로 늘어났다.[59]

도표 4-3은 최근 수년 동안의 전국 고등학교 조사로 과외활동에서 나타나는 격차 증가를 보여주고 있다. 음악, 무용, 미술 등의 개인 교습에서도 간격이 유사하게 벌어졌고, 운동 단체에서의 리더십 위치에서도 간격이 벌어졌다. 풍요로운 배경을 가진 졸업반(12학년) 아이들은 빈곤한 배경의 급우들보다 단체의 주장으로 활동하는 경우가 두 배나 더 많았다. 이 격차는 지난 수십 년 동안 거의 두 배나 늘어난 것이다. 실제로 모든 유형의 과외활동을 하나하나 나누어서 살펴보면 위와 같은 기본적인 가위 모양의 유형이 모든 분야에 적용되고 있다. 중요한 예외사항은 학생 자치회student government의 경우에 나타나는데, 여기에서는 격차가 아래쪽으로 좁혀져 왔다. 이는 부자 아이들이 가난한 아이들보다 더 빠르게 학생 자치회를 탈퇴하기 때문에 생기는 현상으로, 우리 민주주의를 불행하게 만드는 자치 수행의 집중적인 실종일 따름이다.[60]

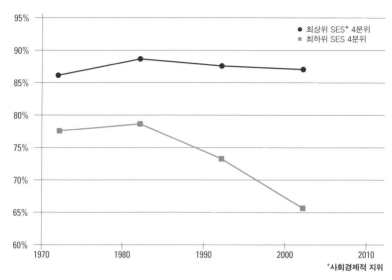

도표 4-3 학교 내 과외활동 참여의 계급격차 증대 (1972~2002)

출처: 국가종단연구 1972(National Longitudinal Study of 1972),
고등학교와 그 너머(High School and Beyond)(1980), 국가교육종단연구 1988(National Education
Longitudinal Study of 1988), 교육종단연구 2002(Education Longitudinal Study of 2002).

이 도표는 우리의 사례 연구에서 나타났던 학급 유형을 전국적인 차원에서 확인해주는 것이다. 학교 축구팀에서 앤드류의 적극적인(유유자적했지만) 활동과 6년 동안 받은 기타 레슨, 데스몬드가 1년 내내 학교 운동에 참여한 것과 수년 동안 받은 피아노 레슨, 이사벨라가 운동, 무용, 피아노 등에 집중적으로 참여했던 일 등을 떠올려보자. 이러한 풍부하고 효과적인 경험과 우리가 만났던 가난한 가정의 아이들 사이에서 나타난 과외활동 참여에 있어서의 철저한 경험적 결핍을 비교해보자. (예컨대) 독서 동아리에 들어가고자 한 롤라와 배구팀에서 활동하고자 했던 소피아의 헛된 시도가 있었지만 말이다. 특권적인 배경을 지닌 아이들 하나하나는 대학 입학 사정관에게 호감을 살 수 있고 미래의 고용주를 감동시킬 수 있는 소프트 스킬을 학습해왔다. 우리가 만났던 가난한 배경의 아이들 중에서는 이와 유사한 지원의 혜택을 본 아이가 하나도 없다. 타고난 능력이 무엇이었든 간에 말이다.

과외활동 참여에서 나타나는 이러한 계급격차의 증가를 설명할 수 있는 것은 무엇일까?

부분적인 설명으로 롤라와 소피아가 말한 것처럼 학교 직원이 낙담시키는 말들을 적극적으로 내뱉은 것을 들 수 있다. "교사와 행정 직원들은 그들이 재능이 있다고 생각하는 학생들은 뽑아주고, 학업 기준에 따라 자격이 주어지지 않는 아이들은 제한하는 등, 과외활동으로 가는 통로의 문지기 역할을 하고 있다"라고 교육비평가 랄프 맥닐Ralph McNeal은 쓰고 있다.[61] 교통수단의 결핍 또한 하나의 요인이 될 수 있다. 그렇지만 전체적으로 더 중요한 것은 높은 빈곤율을 보이는 학교들에서 활용 가능한 과외활동 기회의 목록이 옹색하다는 사실이다.

예컨대 **도표 4-4**가 보여주듯이 미국 전역에서 부유한 학생들이 다니는 고등학교들은 빈곤율이 높은 학교들보다 두 배나 더 많은 운동 팀을 갖고 있다.[62] 다른 연구들도 부유한 학교들과 가난한 학교들 사이의 이러한 과외활동 격차가 프랑스어 동아리나 오케스트라와 같은 운동 외 활동에서와 마찬가지로 크다는 사실을 보여준다. 그 결과 과외활동 제공에서의 이러한 차이는 빈곤율의 높은 학교들이 보여주는 보다 낮은 학문적 성취에 대한 설명 중에서 중요한 부분을 차지하는 것으로 나타났다.[63]

50년 전에는 모든 학생들에게 과외활동에 참여할 기회를 제공하는 것이, 학생이나 학부모 또는 보다 확대된 공동체에 대해 공립학교가 갖는 책임의 중요한 일부로 인정되었다. 아무도 소프트 스킬에 대해 이야기하지 않았지만, 유권자와 학교 행정가들은 미식축구, 합창, 토론 동아리 등이 가족 배경과 관계없이 모든 아이들에게 개방되어야 하며 귀중

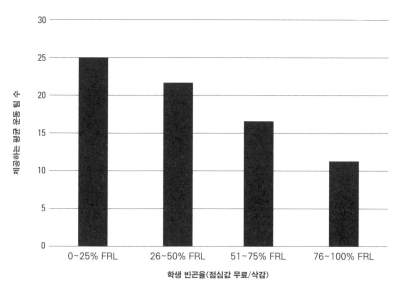

학생 빈곤율(점심값 무료/삭감)

출처: 시민권리자료집(Civil Rights Data Collection), 미국 교육부 2009~10학년도.

한 교훈을 가르친다고 이해하고 있었다. 1950년대에 포트클린턴 고등학교에서 아이들이 추구했던 풍부한 과외활동 목록을 떠올려보자.

그러나 긴축 예산, 흥망을 좌우하는 시험, 그리고 학문적 '핵심 역량'이 지배적인 추세가 된 우리의 새로운 시대에서는 모든 곳의 교육위원회가 과외활동과 소프트 스킬이 '겉치레'에 지나지 않는다고 판단한다. 부유한 학군이든 가난한 학군이든 모두 이러한 압박을 느끼고있지만, 이들 각 학군은 유권자들이 다르기 때문에 각각 다른 노선을따르고 있다. 도표 4-4가 보여주듯이 몇몇 가난한 학군들은 과외활동비용을 너무도 간단하게 삭감했다. 반면 부유한 학군들은 사적인 재원을 끌어와서 과외활동 비용을 유지(심지어는 확대)하고 있다. 우리가 보았듯이 그러한 재원 중 하나로 학부모와 공동체 구성원들에 의해 이루어지는 학교 밖 기금 조성을 들 수 있다. 이러한 접근 방식이 부유한 학교들에게 호의적인 것이 분명하지만, 적어도 학교 자체 내에서는 그 방식이 부유한 학생들과 가난한 학생들을 차별하지는 않는다.

보다 널리 퍼지고 있으며 더욱 방심할 수 없는 것은 지금 미국 고등학교 중 절반 이상의 학교에서 학생들에게 부담을 지우는 유료 활동 정책이 급속히 확산되고 있다는 사실이다. 2010년에 수행된 전국적 차원의 한 조사는 과외 운동 활동의 팀 회비와 부대 비용이 학생 당 평균 300달러에서 400달러 사이라고 산정했다. 6개의 중서부 주에 대한 연례 조사는 고등학교 스포츠에만 지불하는 유료 활동비가 2007년의 75달러에서 2012년의 150달러로 두 배가 늘었다고 밝히고 있다. 반면 마칭 밴드marching band의 평균 비용은 2010년의 85달러에서 2013년의 100달러로 늘어났다. 심지어 법원에 의해 유료 활동이 헌법에 위배된다는 판결이 난 캘리포니아에서조차, 학교들은 실제로는 강제적으로 이루어지는 '기부금' 모금의 명분을 내세워 판결을 피하고 있다.[64] 어떤 학교들은 각기 다른 스포츠에 대해 별도의 비용을 받고 있다. 오하이오 주의 페인즈빌Painesville에서는 크로스컨트리는 521달러, 미식축구는 783달러, 테니스는 933달러를 지불해야 한다![65] 여기에 추가해서 장비(이전에는 학교가 제공했지만 지금은 일반적으로 부모가 제공하는) 비용은 대략 1년에 350달러에 육박한다.[66]

전국적으로 확실한 수치는 알 수 없지만, 요즘의 과외활동 참여를 위해 지출된 총비용에 대한 합리적 추산에 따르면 매년 학생당 400달러 정도로, 두 명의 아이가 2개의 활동에 참여하는 가정의 경우 한 해에 대략 1,600달러가 든다. 전국적인 소득 분포도에서 상위 5분의 1에 속하는 부모들에게는 이 비용이 연 소득의 약 1%내지 2% 정도에 지나지 않지만, 하위 5분의 1에 속하는 부모들에게는 이 비용이 연 소득의 거의 10%(또는 그 이상)에 육박하게 된다. 이러한 수치에도 불구하고, 놀라운 사실은 몇몇 가난한 아이들은 그럼에도 불구하고 과외활동에 참여하고 있다는 것이다.

때때로 학교들은 가난한 아이들을 위해 비용을 면제해준다. 그러나 면제를 받은 아이에게 필연적으로 붙는 딱지 때문에, 2012년에 학교 스포츠에 참여했던 전국의 모든 아이들 중 60%가 유료 비용을 지급해야 하는 처지에 놓였음에도 불구하고 오직 6%만이 면제를 받았다. 유료화 이전에는 부유하거나 가난한 배경에 관계없이 거의 절반에 이르는 모든 아이들이 운동을 즐겼지만, 이 제도가 도입된 이후에는 연소득이 6만 달러 이하인 가정에서—전국 평균 소득은 6만 2천 달러였기에 이 아이들 상당수는 안정적인 중산층이라 할 수 있다—과외활동으로 운동을 하는 아이들 중 3명 중 1명이 늘어난 비용 때문에 중도 포기를 했다. 6만 달러 이상의 소득을 가진 가정의 아이들 10명 중 1명만 중도 포기하는 것과 대비되는 수치다. 수십 년 동안 미국의 공립학교들은 과외활동의 부담을(그리고 그 결과로 나오는 소프트 스킬 혜택의 부담을) 가정에 부과해왔다. 이는 거의 한 세기에 걸쳐 자리잡은 교육 정책을 뒤집는 것으로, 접근의 평등에 있어서 예측 가능한 결과를 보여줄 뿐이다.

하지만 오늘날 미국에서는 공립학교를 통한 과외활동 기회의 공급이 피아노 레슨, 클럽 축구 등과 같이 완전히 사적인 공급의 경우보다는 덜 차별적이라고 할 수 있다. 저소득층 아이들은 학교에서 과외활동에 참여하는 것보다는, 방과 후 프로그램, 육상 팀, 음악 레슨, 스카우트와 같은 학교 밖의 조직적인 과외활동에 참여할 가능성이 훨씬 적다. 더군다나 이들 학교 밖 프로그램 중에서, 교회나 공동체 단체에서 운영하는 저렴한 프로그램이 아니라 운동이나 음악 레슨 같은 비싼 활동에 참여할 경우 계급격차는 더 크게 나타난다고 연구자들은 밝히고 있다.[67] 따라서 노동 계급 아이들에게 학교는, 실제로는 그들이 접근할 수 없는 활동들을 제공하기 때문에 여전히 과외활동 참여에 있어서는 온건한 평준화 효과를 행사하고 있는 것이다.

재학하는 동안 갖게 되는 일자리가 기회격차 증가의 또 다른 기여 요인인가?[68] 여기서 전문가들은 시간제 일자리와 상근직 일자리을 혼동하지 말도록 주의를 주고 있다. 성인의 삶을 준비하는 데 있어 시간제 일자리는 대개 긍정적인 혜택을 가지고 있고, 이러한 일자리는 과거 수십 년 동안에는 비교적 부유한 10대들 사이에서도 흔했던 일이다. 반면, 사실상 상근직 일자리는 장기적인 결과에 있어서는 혜택이 (있다고 하더라도) 적었고, 과외활동에도 상당한 지장을 초래할 수 있다. 지난 40년간 모든 출신 배경의 아이들에게서, 학년 전체 기간 동안 이루어진 고용 추세는 꾸준히 하락해왔다. 물론 이러한 하락이 부유한 아이들 사이에서 좀 더 빠르게 진행되었고, 결과적으로 계급격차를 약간 줄였지만 말이다. 따라서 일자리는 과외활동 격차 증가의 주요 이유가 될 수 없다. 미국 학교들의 예산 삭감과 우선 사항의 변동이 아마도 과외활동의 기회가(그리고 그것이 가르치는 소프트 스킬이) 점점 더 부유한 젊은이들의 보호장치가 되는 주된 이유가 아닐까 한다.

이 장의 핵심적인 질문으로 다시 돌아가보자. 즉 유치원에서 12학년까지, 학교들은 기회격차를 개선하고 있는가 아니면 악화시키고 있는가?

답은 다음과 같다. 그 격차는 학교가 아이들에게 행사하는 어떤 것에 의해서라기보다 아이들이 학교에 입학하기 이전에 일어났던 것, 즉 학교 밖에서 일어난 일들이나 그들이 학교로 가지고 오는(또는 가지고 오지 않은) 것—어떤 아이들은 자원을 가지고 오지만, 어떤 아이들은 문젯거리를 가지고 온다—에 의해 만들어진다.[69] 오늘날의 미국 공립 학교는 일종의 반향실反響室(흡음률이 작은 재료로 실내를 만들어 소리가 잘 울리도록 만든 방 -역자 주)이라 할 수 있는데, 이 안에서는 아이들이 학교로 가지고 오는 강점과 약점들이 다른 아이들에게 영향을 미친다. 우리 이웃들 사이에서 늘어나는 계급 차별과 학교들 사이에서 늘어나는 계급 차별이 의미하는 것은 이사벨라와 같은 중산층 아이들은 학교에서 대부분 고무적이며 혜택이 많은 메아리를 듣게 되는 반면, 롤라와 소피아 같은 저소득층 아이들은 대부분 스스로를 낙심하게 만드는 해로운 메아리를 듣게 된다는 것이다.

이것은 **장소**로서의 학교가 아마도 계급격차를 확대한다는 것을 의미한다. 우리는 **조직**으로서 학교가 대부분 경쟁의 장의 평준화에 기여하고 있다는 증거들을 보아왔다. 한 세기가 넘는 시간 동안, 학교와 관련된 과외활동은 기회격차를 줄여왔다. 이는 경제적, 전문적인 성공을 위해 점점 더 중요하다고 여겨지는 소프트 스킬을 다질 수 있는 중요한 기회를 저소득층 배경을 가진 아이들에게 제공함으로써 가능한 일이었다. 한편, 1950년대(나의 트롬본과 트롬본 레슨, 미식축구 코칭과 장비 모두를 고등학교에서 무료로 제공했던 때)의 포트클린턴과 비교해서 보면, 그러한 역사적인 책무를 철회하고자 하는 교육위원회들의 최근 결정은 계급격차를 넓히고 있는 행위다.

조직으로서의 학교가 오늘날의 기회격차에 혼합적이면서도 미미한 정도의 영향만 미친다고 하더라도, 그것이 학교 개혁이 격차 해소를 위한 중요한 일부가 되지 않을 수 있다는 것을 의미하지는 않는다. 반대로 비록 학교들이 기회격차의 증대 원인을 제공하지는 않았을지라도—학교들이 원인을 제공했다는 증거는 거의 없다—학교들은 기회격차를 해소할 수 있는 가장 중요한 장소가 될 수 있다. 기회격차를 염려하는 미국인들은 그 문제에 대해 학교를 비난하는 너무도 일반적인 실수를 저질러서는 안 된다. 그 대신 우리는 학교와 더불어 격차를 좁히려 노력해야 한다. 어쨌든 학교는 아이들이 있는 곳이다. 마지막 장에서 논의하겠지만, 저소득층 학생들을 가르치는 학교의 수행 능력을 향상시킬 만한 믿음직한 개혁은 전국적으로 실시될 수 있다. 문제의 커다란 부분을 차지하지는 않지만 해결에 있어서는 크나큰 역할을 학교들이 할 수 있다는 전망을 불러일으키면서 말이다.[70]

교육 달성의 추세

미국에서 교육은 오랫동안 상향 이동을 위한 가장 유력한 통로가 되어왔다. 교육적 성취—고등학교 졸업, 대학 진학, 그리고 대학 졸업—는 우리가 현재 어떻게 하고 있는지, 특히 오늘날의 학생들이 노동 인구로 참여하게 되는 미래에 우리가 무엇을 어떻게 하고 있을지 측정할 수 있는 가장 중요한 지표가 되기 때문이다. 고등학교와 대학은 가정에 의해 제공되는 어린 시절의 토대와 성인으로서 인생에서 얻게 되는 보상 사이에 놓인 기회 사다리의 중요한 발판이다. 그렇다면 최근 들어 다양한 계급 배경을 지닌 아이들은 그러한 발판을 오르면서 어떻게 일해왔는가? 각각의 경우, 좋은 소식과 나쁜 소식이 함께 있는 것으로 나타났다.

고등학교

20세기 전체를 통해, 미국의 젊은이들 중 고등학교를 졸업한 이들은 세기 초의 6%에서 시작해 1970년대에는 80%에 이를 정도로 꾸준히 상승했다. 이는 앞에서 언급한 고등학교운동이 맺은 결실이 아닐 수 없다.[71] 우리가 GED를 포함시키면, 지난 세기의 마지막 30년 동안에도 그러한 증가 추세는 계속되었다. 더군다나 고등학교 졸업증서(GED를 포함해서)로 인해, 위에서 말한 30년 동안에는 초기에 나타났던 계급 격차가 좁혀지는 경향을 보였다. 이것은 특권이 적은 배경을 가진 아이들까지 교육에 포함시켰기 때문이다. 비록 격차는 남아 있지만—실제로 오늘날 사회경제적 신분의 상위 4분위에 속한 아이들은 모두 고등학교를 졸업한다. 반면 하위 4분위에 속한 아이들은 4분의 1을 약간 넘는 수가 졸업을 하지 못한다—이러한 추세에 대한 뉴스는 어느 정도까지는 고무적인 것으로 보인다.

그러나 좀 더 자세히 들여다보면 몇 가지 좋지 않은 뉴스도 있다.

첫째, 1970년대 이후 몇 년 동안 특권이 적은 배경의 아이들 사이에서 분명하게 나타났던 개선 상황 대부분은 GED 자격증의 급속한 증가에 따른 것이라는 사실이다. 실제로 2011년 무렵에는 모든 고등학교 졸업 자격증의 12%를 GED가 차지했고, 이는 롤라와 같이 가난한 배경을 가진 아이들에게 불균형적으로 많이 발행되었다. 더 나아가 최근에 이루어진 연구의 상당수는 GED가 정규 고등학교 졸업장과 똑같은 가치를 지니지 못한다는 사실을 확인해준다. 대학 진학 또는 노동 시장으로의 진출 모두에서 말이다. 사실 어떤 연구는 GED가 고등학교 중퇴나 졸업장이 전혀 없는 경우와 비교해 더 나은 점은 아주 미미하다고 주장한다. 많은 GED 취득자들은 대학 학위를 갖는 것이 목표라고 말하지만, 아주 소수만이 그렇게 될 뿐이다. 그러한 의미에서 지난 몇십 년 사이 고등학교 졸업이라는 이름으로 계급격차가 좁혀졌다고 주장하는 말은 대부분 허구로 드러났다고 하겠다.[72]

둘째, 비록 정규 고등학교 졸업장(GED는 계산하지 않은)의 가치는 지난 몇 년 동안 단순한 중퇴와 비교해 다소 변함이 없는 상태지만, 대학 학위와 비교해서는 급격하게 떨어져왔다. 이는 '대학 프리미엄'이 급속하게 높아졌기 때문이다. 평균 임금으로 말해서, 1980년의 대학 학위는 정규 고등학교 졸업장보다 50% 정도 더 가치가 있었지만, 2008년에는 대학 학위가 95%나 더 가치 있는 것으로 나타났다.[73] 이런 의미에서 가난한 배경의 아이들이 교육적인 이익을 얻었다는 것은 갑절의 허구에 지나지 않는다. 그들은 내려오는 에스컬레이터를 잡고 올라가려고 아등바등해온 것이다.

대학

최근 몇십 년 동안, 대학 준비(학업 성취의 측면에서)와 대학 입학은 모든 사회경제적 배경의 아이들 사이에서 증가해왔다. 그렇지만 대학 등록에서의 상당한 계급격차는 지속적으로 나타나고 있다. 물론 그 격차가 유지되고 있는지 증가했는지는 불분명하다.[74] 경제학자 마사 베일리Martha Bailey와 수잔 다이너스키Susan Dynarski는 1980년 무렵에 대학에 들어간 아이들과 20년 후에 대학에 들어간 아이들을 비교했다. 전자의 집단에서는 수입 분포에서 가장 부유한 5분의 1에 속하는 가정의 아이들 중 58%가 대학에 들어갔고, 이와 비교해서 가장 가난한 5분의 1에 속하는 가정의 아이들은 19%만이 대학에 들어갔다. 세기말 무렵이 되면, 이들의 숫자는 각각 80%와 29%로 나타난다.

가난한 아이들의 대학 진학이 빠르게 늘어난 반면, 부자 아이들의 대학 진학률은 훨씬 더 많이 증가하기 시작했다. 때문에 두 집단 사이의 절대적인 격차는 39%에서 51%로 확대되었다. 이러한 격차의 증가에 대한 자세한 검토는 우리가 이미 논의했던 많은 인과적 요인들—초등학교와 고등학교, 가정과 또래의 지원 속에서의 학업 준비—과 다음 장에서 탐색할 다른 인과적 요인들, 특히 멘토와 보다 확대된 공동체로부터의 지원과 같은 요인들의 관계를 밝히게 된다.[75]

하지만 고등교육으로의 진출에서 나타나는 이러한 변화를 좋은 소식으로 간주할 수 있더라도, 몇 가지 나쁜 소식에도 주의를 기울여야 한다.

첫째, 가난한 아이들의 대학 진학 접근성이 늘어난다는 것이 그들이 선택한 대학이나 대학교에 대한 접근성 증가를 의미하지는 않는다는 사실이다. 대학에 진학하는 가난한 아이들은 점점 더 커뮤니티칼리지에만 집중되고 있다. 1972년에 대학에 진학한 가난한 아이들 비율은 14%로 2004년의 34%와 비교된다. 커뮤니티칼리지가 가난한 아이들이 빈곤의 사다리에서 벗어나는 데 가치 있는 역할을 하는 것은 사실이다. 벤드의 카일라와 애틀랜타의 미셸과 로렌, 그리고 오렌지카운티의 소피아에게 해준 것처럼, 커뮤니티칼리지는 특권이 없는 아이들에게 용기를 심어준다. 결론부에서 우리는 커뮤니티칼리지가 기회격차를 좁히는 데 기여한 부분에 대해 논의할 것이다.

그러나 실제로 대부분의 아이들에게 커뮤니티칼리지는 보다 높은 사다리로 오를 수 있는 발판이 아니라, 교육의 종착점에 지나지 않는다. 커뮤니티칼리지에 갓 들어갈 때, 학생들의 81%는 앞으로 4년제 대학으로 진학할 계획이라고 말하지만, 실제로는 12%만이 진학한다.[76] 따라서 커뮤니티칼리지를 4년제 학교와 동등하다고 평가하는 것은(이는 대학 진학과 관련해 우리가 '좋은 소식'으로 간주했던 것이다) 사실을 오도하는 것이다.

좋든 싫든 미국에서 성공에 대한 최상의 전망을 보장하는 선택성 높은 대학 기관과 관련해서 보면, 실제로 최근 수년 동안 계급격차는 벌어졌다고 할 수 있다. 수입 분포에서 하위 5분의 1에 속하는 아이들 중 선택성 높은 대학이나 대학교로 들어간 학생은 1972년의 4%에서 30년 후에는 5%로 늘어났다. 그러나 상위 5분의 1에 속하는 아이들은 같은 시기에 26%에서 36%로 늘어났다. 2004년에는 전국에서 '가장 경쟁력이 있는' 대학과 대학교들에서—에머리Emory, 육군 사관학교West Point, 보스턴 칼리지, 남가주 대학교USC와 같은—사회경제적 단계에서 상위 4분의 1에 속하는 가정 출신의 아이들과 하위 4분의 1에 속하는 가정 출신의 아이들의 비율은 약 14 대 1인 것으로 나타났다.[77] 고등학교 졸업장을 가지고 있는 것과 마찬가지로, 특권이 적은 배경의 젊은 이들이 50~60년 전의 유사한 배경의 가진 아이들보다는 어느 정도 더 잘하고 있는 것은 사실이지만, 특권을 가진 배경의 아이들은 자신들이 앞서고 있는 거리를 더 벌리고 있는 것이다.

이것도 나쁜 소식이지만 사실 더 나쁜 소식도 있다. 최근에 일어나고 있는 일로, 저소득층 학생들에 의한 고등교육기관에의 등록 증가가 영리만을 목적으로 하는 섹터에 집중되어 있다는 사실이다. 피닉스 대학University of Pheonix과 케플런Kaplan 같은 영리 목적 교육기관은 최근에 급속히 증가하고 있다. 2013년에 이 섹터는 모든 전업 대학생들의 13%를 끌어들였는데, 이는 1991년의 2%와 크게 비교되는 숫자다. 이들 학생들은 일정치는 않지만 대개 저소득층 출신이다(나이도 많고 인종적으로 소수자이기도 하다). 이런 학생들을 지원해주면 기회격차를 좁힐 수 있을 것이다. 실제로 애틀랜타에 있는 스테파니의 '귀중한' 아들의 경우 그러한 가능성의 예를 보여준다. 그러나 영리를 목적으로 하는 교육기관들은 공립 대학교들보다 학생들에게 두 배나 더 비싼 비용을 치르게 하지만, 졸업률, 고용률, 그리고 수입 면에서 훨씬 나쁜 기록만 보일 뿐이다. 따라서 영리 기관들에 다니는 학생들이 훨씬 더 높은 부채 부담을 가지고 있고(특히 정부 지원 융자금), 훨씬 더 높은 채무 불이행 비율을 나타내고 있다는 사실은 놀라운 일이 아니다. 영리 기관들은 기간도 짧고 잘 편성된 자격증 과정들을 가지고 있지만, 이들을 대학 등록률 계산에 포함시키는 것은, 최근에 저소득층 학생들 사이에서 성과가 있었다고 과장하는 것에 지나지 않는다.[78]

여기에 더해서 가장 최악의 뉴스는 다음과 같다. 대학 등록과 학위 취득은 별개라는 사실이다. 대학 졸업에서 나타나는 계급격차는 30~40년 전에도 이미 상당했고 이후에도 지속적으로 확대되었다. 이러한 사실이 갖는 중요성은 말로 할 수 없을 정도로 큰데, 대학을 마친다는 것은 모든 차원에서 대학에 들어간다는 것보다 훨씬 더 중요하기 때문이다. 즉 사회경제적 성공에 있어서, 육체적 건강과 정신적 건강에 있어서, 수명, 삶의 만족도 등등에 있어서 말이다. **도표 4-5**는 지난 40년에 걸쳐 나타난 커다란 '그림'을 수치로 평가하고 있다.[79] 가장 중요하다고 여겨지는 고등교육, 즉 대학 졸업률을 측정하는 데 있어 부유층 아이들이 더욱 더 성큼 앞으로 나아가고 있음을, 우리를 낙담시키는 가위 모양 차트로 보여주고 있는 것이다.

노동시장과 관련해, 어떤 대학은 대학을 다니지 않은 것보다는 낫다. 하지만 경제적 성공과 사회이동의 가장 커다란 추진력은 대학 학위를 지녔다는 사실에서 나오기 때문에, 다시금 상층 계급의 아이들은 대학이라는 가장 중요한 경주에서 자신들이 점한 우세한 지점에서의 간격을 최대한 벌리고 있다. 저소득층 아이들은—데이비드, 카일라, 미셸, 로렌, 롤라, 소피아와 같은, 그리고 엘리아는 말할 것도 없다—자신들의 인생 전망을 밝히기 위해 열심히 일하고 있지만, 이들이 얼마나 재능이 있는지 얼마나 열심히 일하고 있는지 여부와 관계없이 기껏해야 자신들에게 주어진 장기판 위에서의 역할만 수행하고 있을 뿐이다. 반면 상위 계급의 아이들은 3차원의 장기판에서 주도적인 역할을

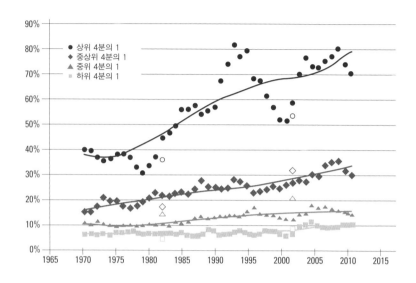

도표 4-5 가족 수입에 따른 대학 학위 취득에서의 격차 증가 (1970~2011)

출처: 「가족 수입과 교육 기회의 불평등(Family Income and Unequal Educational Opportunity)」,
『중등 과정 후 교육 기회(Postsecondary Education Opportunity)』 245(2012.11.)

확대하고 있다.

최근 몇 해 동안, 교육 사다리에 오른 부자 아이들과 가난한 아이들의 발전 과정을 요약해서 보여주는 **도표 4-6**은 아이들이 10학년이던 2002년에서 그들 대부분이 자신들이 할 수 있는 만큼 올라간 때인 2012년까지, 10년 동안 한 아이들 집단을 추적한 결과를 보여준다.[80] 가장 왼쪽에 있는 기둥 한 쌍은 2002년 당시의 10학년 반 아이들 대부분이 성공적으로 고등학교 졸업장을 받았음을 나타낸다. 여기에 사회경제적 위계에서 상위 4분의 1에 속하는 가정의 아이들은 92%가 포함되고, 하위 4분의 1에 속하는 가정의 아이들은 64%가 포함된다.[81]

또한 **도표 4-6**은 실제로 고등학교를 졸업한 아이들 대부분이 대학에 지원했음을 보여준다. 물론 부자 아이들이(90%) 가난한 아이들

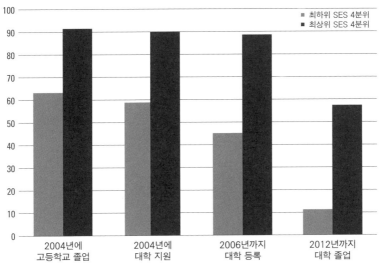

도표 4-6 (불균형한) 교육 사다리에 오르기.
2004년 졸업반 100명의 구성원 중에서 대략 얼마가 각 단계에 도달했는가?

■ 최하위 SES 4분위
■ 최상위 SES 4분위

| | 2004년에
고등학교 졸업 | 2004년에
대학 지원 | 2006년까지
대학 등록 | 2012년까지
대학 졸업 |

출처: 교육종단연구 2002-2012(Educational Longitudinal Study of 2002-2012),
이전까지의 중퇴자들을 조정.

(59%)보다 훨씬 더 많이 이 단계에 도달해 있다. 아이들이 실제로 대학의 문턱을 넘어섰는지 여부와 관련해서는 훨씬 더 심각한 키질 winnowing(선별 작업. -역자 주)이 발생했다. 모든 아이들 중에서 89%가 고등학교 졸업 후 2년 내에 대학에 등록했는데, 이는 가난한 아이들의 46%와 비교되는 수치다. 그리고 실제로 이들 집단이 대학에 졸업할 무렵, 부자 아이들은 58%가 목표에 도달한 데 비해 모든 가난한 아이들은 12%만이 목표에 도달했다. 가난한 아이들은 마치 사다리 계단을 한 칸씩 올라갈 때마다 갈수록 더 무거워지는 추를 발에 달고 있는 셈이다.

한편 이 장 전체를 통해서 살펴보았듯이, 불균형이 일어나는 **장소**와 불균형의 원인은 구별해서 보는 것이 중요하다. 가정의 소득이 대학 졸업 여부를 아주 근접하게 예측하게 해주기 때문에, 대학에서 드는 비용이 계급 불일치의 원인이 틀림없다고 쉽게 추정할 수도 있을 것이다. 그러나 대학 졸업에서와 같이 주어진 사다리의 칸이 계급격차가 급속하게 증가하는 장소라는 사실이, 그 사다리 칸 자체가 격차를 불러왔다는 사실을 함축하지는 않는다. 실제로 지금까지 우리가 이 장에서 논의한 모든 요인들―가족구조, 부모의 양육, 아동발달, 또래 집단, 과외활동 기회―은 최근 수십 년 동안 대학 졸업에서 나타난 격차를 확대하는 데 기여해왔다. 다음 장에서 우리가 논의할 이웃과 공동체의 영향력 역시 격차 확대에 함께 기여해왔다.[82] 가난한 아이들에게 지워진 부담들은 아이들이 아주 어릴 때부터 계속 무게가 축적된 결과라 할 수 있다. 늘어나는 학비와 학생 부채는 마지막 고생거리가 되기는 하지만 주된 부담거리는 아니다.

도표 4-7은 사뭇 진지한 어조로 이 장을 끝맺게 만든다. 21세기가 시작된 이후 8학년 학생들 중 누가 대학을 졸업할지 예측하는 데 있어, 가정의 사회경제적 지위는 아이들이 치른 시험 성적보다 훨씬 더 중요한 역할을 하는 것으로 드러났다.[83] 한 세대 전에는 교육 달성 정도를 예측하는 데 있어서 사회계급의 역할은 학업 능력에 비해 더 작았다.[84] 요즘은 높은 성적을 받는 부자 아이들이 대학을 졸업할 가능성이 아주 높고(74%), 반면 낮은 성적의 가난한 아이들은 거의 대학을 졸업하지 못한다(3%). 중간 성적의 아이들은 보다 부유한 가정 출신인 경우 대학을 졸업하는 경우가(51%) 부유하지 못한 가정 출신 아이들이 졸업하는 경우(8%)보다 여섯 배나 더 많다. 더 충격적인 사실은 오늘날 높은 성적의 가난한 아이들이 대학 학위를 갖게 되는 경우가(29%) 낮은 성적의 부자 아이들이 대학에 가는 경우(30%)보다 좀 더 적다는 것이다. 바로 이 마지막 사실이 아메리칸드림의 핵심 사상과 조화를 이루기란 여

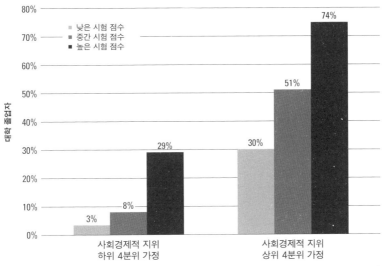

출처: 국가교육종단연구 1988(National Education Longitudinal Study of 1988)
(NELS:88/2000), 4번째 후속 조사.

간 어려운 일이 아니다. 아메리칸드림의 핵심은 기회의 평등이기 때문
이다.

제5장

공동체

대공황이 한창이던 때, 캐서린 햅번Katharine Hepburn이 주연으로 출연한 〈필라델피아 이야기The Philadelphia Story〉는 이 도시의 부유한 메인 라인Main Line 교외 지역을 배경으로, 이 지역에 사는 상위 1%에 속하는 사람들의 사회적 방종을 화면에 담았다. 햅번의 캐릭터는 소설 『허영의 시장Vanity Fair』에서 '필라델피아 WASP 과두제의 비공식적인 여왕'으로 그려졌던 헬렌 호프 몽고메리 스코트Helen Hope Montgomery Scott의 실제 삶을 모델로 하고 있다.[1] 그녀가 보유한 800에이커의 아드로산 장원Ardrossan Estate과 같은 황금시대의 거대한 영지는 오늘날 꼬불꼬불한 나무 그늘의 자동차 길로 대부분 대체되었고, 이 길을 따라 필라델피아의 새로운 엘리트인 금융, 컨설팅, '교육과 의료(대학교와 메디컬 센터들)'에 종사하는 사람들이 거주하는 자연석으로 지은 대저택들이 늘어서 있다. 한 세기 전과 마찬가지로, 목가적인 로워메리언 타운십Lower Merion Township과 그 이웃의 타운들은 미국에서 가장 부유하고 교육도 많이 받은 소수 가정들의 거주지로 남아 있다.

동쪽으로 11마일 떨어진 곳에서는 영화 사회학의 또 다른 고전이라 할 수 있는 〈록키Rocky〉가 켄싱턴Kensington의 거친 백인 노동자 계급 지역을 배경으로 촬영되었다. 이곳은 한때 필라델피아 번영의 본거지였었던 델라웨어Delaware 부두와 지금은 거의 죽어가는 산업시설 단지에서 가까운 곳이다. 19세기 말과 20세기 초에는 아일랜드계, 이탈리아계, 폴란드계 이주민들이 제재소, 무두질 공장, 조선소, 식품 가공 공장 등에서 일했고, 거의 비슷한 외형으로 밀집해서 지어진 2층짜리 연립 주택으로 몰려들었다. 수세대 동안 가족들은 같은 지역에서 함께 지냈으며, 같은 가톨릭교회와 가톨릭 학교를 다녔다. 그렇지만 1970년 무렵 공장과 이들이 거주한 지역들이 오랜 세월 내리막길을 걷기 시작하면서, 1970~2000년 사이에 이 도시에서만 25만 개 이상의 일자리가 사라졌다. 가정주부들이 매일 자랑스럽게 문 앞 계단을 쓸어내리던 굳게 단결된 공동체는 버려진 공장들, 길거리 마약 시장, 범죄에 감염된 공터 등으로 인해 무너지고 말았다. 가난한 흑인들이 백인 인종 집단 가까이로 이주하면서 인종 간의 긴장도 폭발했고, 이는 록키 발보아Rocky Balboa와 아폴로 크리드Apollo Creed(영화 〈록키〉에 등장하는 흑인 복서. -역자 주) 사이의 잔인한 싸움으로 표상되었던 것이다.

미국의 다른 지역과 마찬가지로 필라델피아 대도시 내의 불평등과 계급 차별은 최근 수십 년 동안 증가해왔다. 1980년 말까지는 중간 가구 소득이 로워메리언 타운십의 경우 켄싱턴의 대략 두 배정도였지만, 2010년에는 그 차이가 4 대 1이 되었다.[2] 사회과학연구회의Social Science Research Council는 미국 전역의 도시 지역에 있는 '단절된 청년들disconnected youth', 즉 일하지 않고 학교에도 다니지 않는 16세에서 24세에 해당하는 사람들의 비율에 있어 켄싱턴이 전국에서 거의 최고 수준에 가깝고(30%), 반면 로워메리언 밸리는 거의 제로에 가깝다(3%)고 추산한다.[3] 켄싱턴은 로워메리언 타운십에서 11마일이 아닌 백만 마일 정도는 멀리 떨어져 있는 것처럼 보인다.

이 장은 기회격차의 증대가 전국적으로 펼쳐지는 공동체 환경에 대해, 그리고 서로 현저히 대비되는 사회적 자원과 이웃 환경이 부자 아이들과 가난한 아이들의 운명에 도전하는 모습을 서술하고 있다. 우리는 두 백인 가정과의 만남으로 이야기를 시작할 것이다. 한 가정은 로워메리언 타운십에 있는 가정이고, 다른 한 가정은 켄싱턴에 있는 가정이다. 각 가정은 싱글맘이 이끌고 있다. 그녀들은 가정의 혼란과 해체의 와중에 처하게 되는 마약 문제, 10대 성관계 문제, 학교에서의 문제 등과 싸우면서 두 딸을 힘겹게 키우고 있다. 우리가 앞으로 보게 될 것이지만, 두 엄마는 자식에게 도움을 주기 위해 주어진 재원을 가지고 열심히 노력했고, 어떤 의미에서는 모두 성공을 거두었다. 우리는 교외 지역에 있는 교육을 잘 받은 부유한 가정의 사회경제적 자원이 어떻게 아이들을 스트레스로부터 지켜주었는지도 보게 될 것이다. 한편, 서로 도움을 주며 강한 사회관계망social network으로 유지되었던 켄싱턴 지역이 지금은 가난한 아이들에게 문제의 해결이 아니라 문제의 근원지가 되고 있다는 것 역시 확인하게 될 것이다.

마니, 엘리너, 매들린

엘리너Eleanor(19세)와 매들린Madeline(18세)은 태어난 이후로 계속해서 어머니 마니Marnie(55세)와 함께 로워메리언 타운십에서 살아왔다. 딸들이 어렸을 때, 그들의 부모는 아이에게 친화적인 마을길과 우수한 학교들(공립과 사립 모두), 그리고 로워메리언의 유쾌한 이웃들이 있는 이곳을 구입하기 위해 재정적인 위험을 무릅썼다. 이 지역은 풍부한 공동체 시설을 가지고 있다. 로워메리언 축구 클럽, 아드모어 커뮤니티센터, YMCA, 그리고 몇 개의 활동적인 시민 협의체로부터 유태인, 장로교 교인, 퀘이커 교도, 가톨릭 신자, 성공회 교인, 아르메니아인, 복음주의자 등을 위한 무수한 종교 기관들까지 있다. 지금도 이 모든 기관들은 트위터와 페이스북상에서 활발한 활동을 벌이고 있다.

오래된 주민들은 한때 메인 라인도 다양성을 지녔다고 말한다. 지역의 학교에는 우편배달부와 항만 부두에서 일하는 노동자의 자녀가 함께 다닐 정도였다. 하지만 지금은 많이 바뀌었다. 엘리너는 이렇게 말한다. "다양성은 별로 없어요. 메인 라인 구역 내에는 대부분 중상층 가정들이 살고 있죠." 매들린 역시 자신이 다니는 고등학교의 많은 아이들에 대해 이렇게 말한다. "정말 '아이비리그가 아니면 죽겠다'는 식이에요. '수백만 달러를 벌어들이는 부모의 발자취를 따라가지 못한다면, 패배자가 될 거야'라면서요."

이 소녀들의 어머니인 마니는 벼락같은 경기호황으로 돈을 번 영화 제작자의 딸로 비벌리힐스Beverly Hills에서 성장했고 집안에서 처음으로 대학에 진학한 인물이기도 했다. 부모님은 알코올 중독자였고, 가정에도 문제가 많아서(부모는 각각 결혼과 이혼을 3번이나 했다) 마니의 가정환경을 어렵게 했다. 그러나 마니는 그녀 자신이 말하는 것처럼 비버리힐스 고등학교의 '영재'였으며, 최고의 아이비리그 대학에서 경제학을 전공해 모든 과목에서 A의 성적으로 졸업했다. 한동안 극장 경영을 하다가 결혼을 했고 와튼 스쿨Wharton에서 MBA를 받고 컨설팅 회사에 합류했다.

아이들의 아버지 테드Thad는 그녀와 같은 아이비리그 대학에서 학사 학위를 받고 또 다른 우수한 대학교에서 대학원 학위를 받았다. 딸들이 태어날 때를 전후한 수년간 아주 성공적이고 높은 보수를 받는 기업가로 일하면서, 로워메리언에 있는 규모가 큰 저택으로 이사하는 능력을 발휘했다. 하지만 아이들이 중학교에 다닐 무렵, 갑자기 테드는 사업 실패를 겪고 우울증에 빠지게 되었다. 1~2년 후에 마니는 결혼생활에 종지부를 찍었다. 테드가 재정 지원을 할 수 있는 입장이 아니었기에, 그녀는 자기가 돈을 벌 수 있는 유일한 사람이라는 사실을 인식하게 되었다. 미래의 전망이 암담한 상황에 부딪히자 마니는 독립적인 컨설턴트가 되기로 중대한 결심을 하게 된다. 돈을 충분히 벌어서 가족들이 사립학교, 승마, 수많은 가사도우미 등이 포함된, 딸의 말마따나 "아주 사치스런 스타일"로 살 수 있도록 지원하는 것이 목표였다. 좋든 싫든 간에 스스로 독립하고자 한 마니의 결정은 가족 모두의 삶에서 하나의 결정적인 전환점이 되었다.

어머니의 아주 긴 근무 시간과 높은 보수를 받는 전문 기술 덕분에, 그리고 빈번하게 사용하는 신용카드 빚 덕분에 엘리너와 매들린은 커다란 집, 피아노 레슨, 하계 요트 캠프, 공들여 꾸민 생일 파티 등을 즐길 수 있었고, (이들이 중학교에 들어갔을 때에는) 이 지역 최고의 사립학교 중 하나를 다닐 수 있었다. 여자애들은 숨바꼭질, 레모네이드 노점, 안정적인 우정을 바탕으로 행복했던 몇 년 동안의 어린 시절을 기억하고 있다. 엘리너는 어머니에 대해 이렇게 말한다. "엄마는 정말 대단해요, 굉장한 엄마죠. 삶의 대부분을 저와 동생을 최우선 순위로 생각하고 보내셨거든요. 우리가 정말로 좋은 삶을 살게끔 열심히 일하셨고, 우리를 위해서라면 무엇이든 하셨지요."

부모의 이혼은 그녀들 모두에게 힘든 타격이었다. "그런 일이 다가오고 있다는 걸 정말 몰랐어요. 아마도 제 어린 시절에서 가장 커다란 사건이었죠." 엘리너는 이렇게 털어놓는다. 처음에 마니와 테드는 아이들을 함께 양육하기 위해 열심히 일했고, 이혼 전문 치료사를 고용하면서까지 날선 대립을 진정시키려 노력했으며, 번갈아가며 아이들과 집에서 살기도 했다. 그러나 이러한 노력의 성과는 없었고, 테드는 '치료를 위해' 마운틴 웨스트Mountain West로 도망가버렸다.

마니의 고강도 전문직 생활은(그리고 그것이 제공하는 물질적 지원은) 그녀의 모든 시간을 빼앗아 갔기 때문에, 보모나 오페어au pair(언어나 풍습을 배우기 위해 집안일을 도와주고 숙박과 식사를 제공받는 유학생으로 보통 젊은 여성이다. -역자 주) 그리고 집사를 두어 아이들이 학교를 마친 후 집에 왔을 때 같이 있어주거나, 차로 아이들을 과외활동에 데려다주거나, 저녁식사를 마련해주는 등의 일을 하도록 했다. "집사가 우리를 키웠죠." 매들린은 비꼬는 말투로 불쑥 끼어들었다. 나중에 마니는 달관한 투로 웃으며 말한다. "그 시기를 안정시키는 데 제가 큰 몫을 차지했다는 걸 아이들도 알 거예요. 언젠가는 매들린도 이 일에 대해 다른 눈을 가지고 돌아보게 되겠죠."

부모의 결혼이 파탄에 이르고 있을 때, 엘리너는 엘리트들이 다니는 고등학교의 기숙사로 가기로 결정했다. 그녀가 말하는 바에 따르면 부분적인 이유로는, "집에서 벌어지는 그런 복잡한 문제에 끼고 싶지 않았기"때문이다. 그녀가 떠난 직후, 마니는 몇몇 다른 어머니들로부터 엘리너와 그 지역에 사는 한 무리의 여자애들이 마니가 집에 없는 틈을 타 대낮에 집에서 마약을 했다는 사실을 알게 되었다. 자신의 순진함에 충격을 받은 마니는 엘리너의 방을 뒤졌고 1온스(야드-파운드법의 질량, 부피 단위. 1온스는 약 28.35그램이다. -역자 주)의 마리화나를 발견했다. 그녀는 기숙학교로 달려가서 엘리너와 6시간 동안 "그 문제로 계속 싸웠다." "저는 딸아이에게 내 목표는 네가 사춘기 동안 약에 중독되지 않고, 엉망진창이 되지 않고 건강하게 보내는 것이라고 말했지요. 가치 없는 일에 매달려 시간을 낭비하고 있었지만, 딸아이는 우리 가족의 모든 것을 위험에 빠뜨리려는 마음은 없었어요." 마니는 엘리너의 신용카드를 모두 끊었고, 운전면허증을 받게 될 때까지 기다려야 한다고 고집했다. 또 만약 그녀가 법적으로 곤경에 처해지더라도 "나는 너를 빼내기 위해 대단한 법률가를 고용하는, 그런 메인 라인의 평범한 엄마들과 달라"라고 딸에게 경고했다. 이번에는 거친 사랑이 작동한 것처럼 보인다. 이후로는 아무런 문제가 일어나지 않았다고 하니 말이다.

엘리너는 기숙학교에서 성과를 내고 적응을 해야 했기에 스트레스를 받았다. 그것은 "부유하고, 운동을 잘하고, 예쁘고, 똑똑하고, 한마디로 완벽해지는" 것을 의미했다. 너무 압박감이 심해서, 결국 그녀는 11학년을 시작할 무렵에 기숙학교를 떠나 집 뒤에 있는 공립 고등학교로 돌아왔다. 진단하지는 않았지만, 엘리너는 스스로 ADHD(주의력결핍 과잉행동장애)가 있지 않았나 하고 짐작한다. 하지만 마니는 딸이 집으로 돌아오고 나서야 이 문제를 알게 되었다.

강력한 지원을 위해 마니는 행동에 돌입했다. 전문가들에게 상담을 받았고, 많은 접촉 끝에 마침내 정신과 의사를 찾게 되었다. 의사는 문제를 진단하고 효과가 있는 약을 처방해주었다. 또한 엘리너의 학습 전략에 도움을 줄 수 있는 상담가도 찾았다. "ADHD가 있는 아이들은 조용한 공부 공간이 필요하다"는 것을 알고, 마니는 3층을 리모델링해 엘리너가 쓸 침실과 조용하고 공부하기에 좋은 조명이 있는 공부방을 꾸며주었고, 그녀의 마음이 혼란해지고 집중이 안 될 때 쓸 수 있도록 침실을 추가로 하나 더 만들어주었다. 또한 아이가 '낙인찍힐 수 있는' 위험에 섬세하게 대처하기 위해 ADHD 진단을 받은 사실을 비밀로 하도록 신경을 썼다. "우리는 이 아이를 위해 길을 하나 만들었던 것이지요. 잘될 거라고 믿었고, 실제로 잘되었어요."

한편 매들린은 또 다른 종류의 사춘기에 직면해 있었다. 8학년 때, 마니는 매들린과 그녀의 남자친구 샘Sam이 성과 관련해 활발한 관계에 이를 정도로 가까워졌다는 사실을 알게 되었다. 마니와 샘의 부모는 저녁식사를 함께하면서 "우리가 할 수 있는 상식적인 대응방식이 무엇일까 찾아내려고" 논의를 했다. 마니는 매들린에게 피임을 쉽게 할 수 있도록 주선해주었다. "전 아이에게 말했어요. 이처럼 이른 나이에 성적인 관계를 활발히 갖는 것을 정말 인정하고 싶지 않지만, 아이가 그러한 선택을 했다면 보호장치를 갖춰줘야 한다는 것을 확실히 알고 있기를 바란다고 말했지요. 그리고 양쪽 부모 네 명은 모두 아이들이 둘만 같이 있을 수 있는 기회를 주지 않도록 최선의 노력을 기울일 거라고 딸에게 말했어요. 저와 샘의 엄마는 문자를 주고받는 관계가 되었지요. '지금 야채 가게를 가려고 해요. 제가 돌아올 때까지 샘을 집에서 못나가게 해주세요' 같은 내용의 문자였죠."

마니와 테드는 자기 딸들에게 문제가 생겼을 때 서로 도움을 주려고 노력했다. 하지만 딸들은 이 문제로 엇갈리는 압박감을 느끼기도 했다. 매들린은 2학년 때, 아빠를 보살피기 위해 웨스트로 옮겨가겠다는 허락을 엄마에게 받았다. 메인 라인에서 벗어났던 그 1년은 생산적이었던 것으로 판명됐다. 그녀는 태어나서 처음으로 변변찮은 배경을 지닌 아이들과 만나게 되었고, 그들이 지닌 가치관과 그들이 하는 힘든 일에 깊은 인상을 받았다. "전 카페에서 일하는 친구들도 사귀게 되었어요. 그래서 그들은 점심을 사 먹을 수도 있고… 아무튼 메인 라인에서 익숙하던 풍경과는 전혀 다른 모습이었지요." 마니, 테드, 매들린 모두는 정말 그 한 해가 매들린에게 아주 좋은 시간이었다는 데 동의한다.

하지만 매들린은 시골 지역인 웨스트에서 공부하는 것이 충분히 도전적이지 못하다는 것도 알고 있었다. 그래서 그녀는 다시 집으로 돌아왔고, 로워메리언 타운십에 있는 한 엘리트 사립 고등학교에 등록했다. 그리고 아빠를 다시 필라델피아로 옮겨오게 해, 졸업할 때까지 자신의 근처에서 살도록 설득했다. 또한 그녀는 작문을 위해 도움이 필요하다는 것을 깨닫고 펜실베이니아 대학의 작문 과목 하나를 듣기로 했다. 매들린은 자신을 가르치던 교사가 '아주 가까운' 멘토가 되어 책을 추천해주고, 저녁식사 시간에 몇몇 대학생들과 함께 책에 대해 토론하게 해주었다고 말한다. 그녀는 이렇게 말한다. "그 선생님은 제 인생을 완전히 바꾸어놓은 사람이에요."

마니는 이러한 종류의 지원이 있어야 한다고 권고한다. "전 항상 10대들이 부모 외에도 안전한 어른들과 친밀한 관계를 형성할 필요가 있다고 믿어요." 두 딸들이 그랬다. 예컨대 두 딸들은 부모의 이혼으로 힘들어하던 때, 정기적으로 다니던 교회에서 멘토를 찾았다. 매들린은 이렇게 설명한다. "아주 멋진 청소년 목회자셨어요. 엄마는 저를 걱정해서서 그와 이야기 해보도록 해주었기 때문에, 전 거의 6개월 동안 매주 그를 만났어요. 그는 절대로 종교에 대해 압박을 주지 않았고, 다만 제 말과 문제를 들어주기만 했어요. 거의 치유의 관계였죠." 그녀가 성장하면서 매들린의 친구 어머니 몇 명은 그녀의 롤모델이 되기도 했고, 그녀의 가장 친한 친구들은 어릴 적 교회에서 만난 아이들이었다. 그녀가 웨스트로 이사해 나갔을 때, 그녀는 아빠의 친구 한 분을 만났었다. 우연히도 그는 상담학 학사 학위를 가지고 있었고 비공식적으로 그녀가 전학 문제를 이겨내도록 도움을 주기도 했다.

엘리너 또한 살면서 부모 외의 많은 어른들을 만날 수 있었다. 교회의 청소년 담당 목회자도 있었고, 특히 아빠의 대학원 친구 한 명이 있었다. 그녀와는 매년 여름 웨스트로 하이킹을 가기도 했고, 가족의 갈등에 대해 이야기를 나누기도 했다. 두 딸은 모두 선생님들과의 친밀한 관계는 물론, 또래 친구들과의 가깝고 또 서로 도움을 주는 우정에 대해서도 이야기한다. 이들의 우정은 대부분 초·중·고등학교 시절부터 만들어진 것이다. 이들은 또한 둘 다 SAT 시험을 준비할 때 도움을 줬던 전문 개인교사가 있었다. 매들린은 이러한 지원을 해주는 어른들과 또래의 넓은 관계망이 가지는 중요성에 대해 잘 인식하고 있었다.

"전 정말 운 좋은 유년기를 보냈어요. 지원 시스템이 실패하거나 잘 맞지 않을 때마다, 다른 모든 종류의 지원 시스템을 가질 수 있었으니까요. 전 행운아예요. 제가 있던 모든 곳에서 멋진 어른들과 좋은 친구들을 만났죠."

이 가족들이 마주쳐야 했던 사나운 급류에도 불구하고, 지금 마니와 두 딸은 아주 잘해내고 있는 것으로 보인다. 엘리너는 중서부의 한 주요 대학교에서 경영학을 전공하며 행복하게 지내고 있고, 그곳에서 "스스로 학비를 충당하느라 장학금을 받을 수 있는 기회조차 갖지 못하는" 중산층 아이들과 강한 관계망을 형성하며 즐겁게 지내고 있다. 매들린은 캐나다의 한 이름 있는 대학에 진학해 프랑스어를 공부하고 국제 개발을 전공하고 있다. 그녀는 성숙했고 집중력도 높다. 그리고 최종적으로는 예일대 법대에 진학하는 것을 목표로 삼고 있다. 마니는 행복한 재혼을 했다. 처음에는 딸들이 반대하기도 했지만 지금은 그녀의 새 남편을 "두 번째 아버지로" 사랑하고 있다고 말한다.

마니는 딸들을 10대에서부터 대학까지 성공적으로 보호할 수 있었던 것에 대해 자랑스러워한다. "정말 심각할 정도로 치열했어요. 결코 두려워하지는 않았지만 아무튼 전 해냈지요. 제 가정은 위험한 바다를 통과해야 하는 잠수함 같았어요. 주변에는 온통 지뢰가 깔려 있었지요. 자살 기도, 다식증, 식욕 부진, 가출 등 모두 1도 정도 비켜나 있었는데, 제 딸들은 이러한 모든 가정의 혼란스러움을 잘 해결하면서 그것들을 뚫고 지나갔지요."

에어백이 예기치 못한 충돌로부터 사람을 보호하기 위해 자동적으로 터지듯이, 엘리너와 매들린이 위험에 처할 때마다 경제적, 사회적, 그리고 제도적 자원들이 이들을 보호해주었다.[4] 딸들은 로워메리언 타운십과 그 인접 지역을 훨씬 벗어난 곳까지 퍼져 있는 부모들의 방대한 사회관계망이 보호자 역할을 해왔다는 사실을 반쯤은 인식하고 있다. 나중에 우리가 보게 될 것이지만, 미국의 교육받고 부유한 부모들은 일반적으로 사회학자들이 '약한 유대관계weak ties'라고 부르는 것, 즉 다른 사회 분야의 지인들(정신과 의사, 교수, 경영인, 가족의 친구, 친구의 친구 등)과 광범위한 관계를 맺고 있다. 마리의 딸들은 분명히 그러한 관계를 통해 혜택을 보았던 것이다. 이와는 대조적으로 사회경제적 위계에서 더 낮은 곳에 있는 사람들은 이러한 약한 유대관계를 갖고 있지 못하고 있고, 대신 사회적 지원이 필요할 때 가족이나 이웃에게 상당히 의존하게 된다.

몰리, 리사, 에이미

몰리Molly(55세)와 그녀의 두 딸 리사Lisa(22세)와 에이미Amy(18세)는 리사의 시댁 식구들과 함께 켄싱턴에서 수세대에 걸쳐 살아왔다. 우리는 몰리와 두 딸을 사람들로 붐비는 20피트 넓이의 연립주택에서 만났다. 이 집은 몰리의 현재 남편 가족이 3세대에 걸쳐 살아왔던 집이다.[5] 몰리와 리사의 시어머니 다이앤Diane(41세)은 항상 이 지역에 살았다. 때문에 우리는 이 두 대가족과 나눈 대화를 통해 이들이 사는 지역이 지난 반세기 동안 얼마나 극적이고 범상치 않은 변화를 겪었는가를 영화처럼 생생하게 들을 수 있었다.

켄싱턴은 미국에서 가정 범죄가 가장 많이 일어나는 도시 중 하나로, 오늘날 가장 위험한 이웃들이 사는 구역 중 하나로 알려져 있다. 그러나 그곳이 항상 그랬던 것은 아니다. 몰리와 다이앤은 자신들이 자랄 때에는 그 지역이 아주 안전해서 더운 여름밤이면 아이들이 지붕

위에서 한데 잠을 잘 수도 있었다고 회상한다. 끈끈하게 연결된 백인 노동자 계급의 마을이었기에 모두가 이웃들의 이름을 알고 있었고, 함께 이웃을 안전하고 깨끗하게 지켜주었다. 다이앤의 할아버지는 그 지역의 경찰이었기에 모든 아이들과 그들의 부모를 개인적으로도 잘 알고 있었다. 사실 그곳의 모두는 서로의 아이들을 알고 있었고, 공동 육아의 문화를 만들어내기도 했다. "모두가 서로서로 돌봐주었지요. 만약 어떤 아이가 두 블록 떨어진 이웃 사람에게 문제를 일으켜도, 아이의 어머니는 그 사람들을 잘 알기 때문이죠. 그 사람들은 아이를 혼내고, 아이의 집으로 가서 아이의 부모님께 이야기를 하죠. 그러면 아이의 부모는 다시 아이를 혼내고요." 다이앤이 이렇게 말하면서 추억에 잠긴다. 이에 몰리가 한 마디 덧붙인다. "길 아래쪽으로 내려가면 항상 '몰리, 집으로 돌아가라' 아니면 '무슨 일이니?'라고 (누군가가) 하는 말을 듣지 않고는 지나갈 수 없었죠."

두 어머니는 조직화되어 있으면서도 비용이 들지 않았던 많은 청소년 활동을 기억한다. 거기에는 작은 요정들Leprechauns이라는 이름(당시에는 아일랜드계 지역이었기 때문에)이 붙은 지역 청소년 레크리에이션 단체도 하나 있었다. 아이들은 동네에 있는 스케이트장에 가서 스케이트를 탔고, 지역의 공원과 공공 수영장을 돌아다녔다. 또 몰리가 자신의 10대 시절을 기억하듯 공원의 후미진 곳에서 맥주를 마시기도 했다. 지역의 경찰운동연맹PAL, Police Athletic League은 친목회들과 함께 단체 스포츠를 지원했고, 시의 레크리에이션과는 재즈와 무용 교실을 제공했다. 리사와 에이미가 초등학교에 다닐 때조차, 분명하게 경계가 그어진 동네 너머 다른 곳을 배회하지 않는 한도 내에서는 바깥에서 자유롭게 놀 수 있었다.

그 시절의 메인 라인과 비슷했지만, 켄싱턴은 계급적으로 좀 더 다양했다. 우리가 당시의 이웃 사람들은 어디에서 일했는지 물어보자 몰리는 "공장 노동자, 시내 (사무실 근무자), 변호사 등 한 블록 안에도 온갖 종류의 노동자들이 있었죠"라고 설명한다. 하지만 오래 전, 연안 부두 인부들의 아이들이 메인 라인 지역에서 사라졌던 것처럼, 켄싱턴 지역에서도 변호사의 아이들은 더 이상 살지 않게 되었다. 1970년대 이후 켄싱턴의 역사는 직장이 없어지고, 가정이 풍비박산되고, 인구가 줄어들고, 다양한 인종들이 늘어나고, 무엇보다 범죄와 마약의 증가로 점철되었다.

범죄에 대한 공포가 만연했다. 경찰은 더 이상 도보 순찰을 하지 않고 있었다. 총격을 받을까 두렵기 때문이었다. 최근에는 마을의 아기 세 명이 유탄에 맞기도 했다. 그래서 리사는 딸을 홈스쿨로 공부시키고 있었다. 이웃 간의 예절에 대한 주민들의 관심은 무너져버렸다. "아무도 이웃과 관계를 맺지 않아요." 다이앤은 이렇게 말하면서 과거에는 어땠는지 회상한다. "주말에는 모두가 빗자루를 가지고 나왔었죠. 시에서는 쓰레기봉투를 제공했습니다. 그런데 요즘 사람들은 대부분 자기 일에만 신경 쓰고 있어요. 범죄가 일어나도, 심지어 아이들이 이웃 가정집에 스프레이로 그림을 그려도 아무도 관여하지 않아요."

레크리에이션 센터와 수영장 대부분은 폐쇄되었다. 공원과 레크리에이션 예산이 계속된 예산 감소 목록 중에서도 첫 번째로 삭감되었기 때문이다. 시 예산은 3분의 1 정도(고정 달러 기준으로) 증가한 반면, 공원이나 레크리에이션에 대한 지출은 80% 이상 줄었다. 투자 철회는 도서관 같은 공공 서비스의 감소에서도 나타났다. 경찰운동연맹은 여전히 존속하고 있지만, 요즘은 참가자가 경기를 하려면 비용을 지불해야 한다.

오랫동안 거주했던 몇몇 백인들은 마을의 침체가 비백인들의 유입 때문이라고 비난한다. 여전히 이웃들은 백인들이 주를 이루고 있음에도 불구하고 말이다. "여기는 인종차별이 너무 심해요. 심지어는 공원의 농구장도 철거해버렸어요. 흑인 아이들이 방과 후에 반 아이들과 함께 농구를 하며 놀았기 때문이지요." 에이미는 이렇게 증언한다. 분명 경기 침체로 꾸준하던 일거리가 마을에서 실종된 것은 이 이야기의 중요한 부분을 차지하고 있다. 그러나 우리가 이야기를 나눈 여자들은 마을이 황폐해진 것이 순전히 마약 때문이라고 비난한다.

마리화나, 헤로인, 메스meth(필로폰의 일종. -역자 주)가 마을로 유입된 것은 1990년대였다. 리사는 다음과 같이 털어놓는다. "우리 가족에게 영향을 미쳤지요. 이웃에게도, 누구에게든 영향을 미쳤어요. 여기는 더 이상 안전하지 않아요. 우리가 아는 모든 사람들은 누구나 다 약에 취해 있어요. 어디에 있든지, 누구인지는 중요한 문제가 아니에요." 리사가 말하는 "모든 사람들"에는 리사의 아버지, 에이미의 아버지, 그리고 에이미와 리사도 포함돼 있다. 이들의 옆집 사람은 큰 마약 딜러였고, 그 블록에만 3명의 다른 딜러들이 당시 겨우 10대에 지나지 않았던 리사에게 마약을 팔았다.

"어디에서든 약에 취할 수 있었고, 나이가 얼마인지는 관계없어요. 마약은 우리의 삶이 되었지요. 이유는 모르겠어요. 그냥 쳐들어온 것이지요." 리사가 이렇게 설명한다. 그러자 몰리가 중간에 말을 가로막는다. "사실 이웃 사람들이 그냥 앉아서 다른 사람들 앞에서 마약을 하게 된 건 아니에요." 상황은 그때 이후 더 나빠졌다. 몰리가 덧붙여서 말한다. "겨우 한 블록만 걸어가는데도 마약을 사라는 제안을 받지 않은 적이 없어요. (조금만 길을 가다 보면 나오는) 켄싱턴 애비뉴Kenshington Avenu는 세상에서 가장 무서운 거리에요. 많은 사람들이 총격을 받기도 하지요. 전 이 말만은 하고 싶지 않아요. 하지만 정말로, 거기는 정말로 빈민굴ghetto이나 마찬가지에요."

널리 퍼져 있는 공포 때문에, 몰리는 이렇게 말한다. "지금은 사람들이 어디에서 일하는지 아무도 몰라요. 집에서 나오지 않고 있기 때문이지요. 우리가 아주 어렸을 때는 사람들이 가다가도 멈추어 서서 '안녕' 하고 말하고는 했지요." 리사도 다음과 같이 덧붙인다. "전 웃음을 짓고 친절하려고 애써요. 그러나 모두 그저 언짢은 표정을 짓고 있지요." 이곳은 과대망상증이 널리 퍼져 있는 사회적 분위기로 가득한 곳이고, 그 안에서 몰리는 리사와 에이미, 그리고 그들의 두 남자 형제들을 키워왔다. 두 딸이 모두 우리에게 "아무도 믿을 수 없다"고 주의를 준 일은 놀랄 만한 일도 아니다.

어린 시절 몰리는 (켄싱턴의 다른 대부분의 주민들과 함께) 많은 가톨릭 교구 중 하나에 깊게 관여했다. 인구통계학자 캐서린 이든Kathryn Edin과 그의 동료들이 이들 마을에 대한 보고서에서 밝혔듯이 가톨릭교회와 여기저기의 많은 교구 학교들은 이곳 공동체의 기본 조직이었다. 그러나 이러한 기관들의 약화가 주변 마을의 해체를 가속화했다.[6] 몰리의 아버지가 죽었을 때, 몰리의 엄마는 가정을 꾸려나갈 능력이 없었기에 9명의 아이들을 여러 위탁 가정으로 보냈다. 몰리 자신도 6년 동안 가톨릭계 고아원에 보내졌다. 이 고아원은 그녀가 떠난 직후 아동학대로 인해 폐쇄되었다. 이 사건으로 그녀는 다이앤과 그 당시의 많은 사람들이 그랬던 것처럼 교회로부터 멀어지게 됐다.

몰리가 집으로 돌아왔을 때는 마을의 경제적 붕괴가 시작되었던 바로 그 시기였다. 그녀는 자주 학교를 빼먹었고, 그야말로 거친 아이가 되었다. "엄마가 있었지만 있으나 마나였죠"라고 몰리는 고백한다. 그녀는 가족으로부터 어떤 도움도 받지 못했다. 학교 상담지도 교사는 몰리에게 이렇게 말했다고 한다. "넌 이다음에 커서 아무것도 되지 못할 거다." 몰리는 고등학교 시절에 임신을 했고, 12학년 때에 학교를 그만두었다. 아이 아빠는 이웃의 알코올 중독 집안 출신이었기에, 이모들과 삼촌들은 그와 엮이지 말라고 충고했다. 하지만 그녀는 그들의 충고를 무시하고 그와의 관계에서 아이 두 명을 더 갖게 되었다. 리사와 그녀의 오빠였다.

몰리의 인생 이야기는 이 마을의 사회적, 경제적 변화를 구체화한 것과 다름없다. 그녀와 다이앤은 모두 *끈끈한* 관계의 이웃들에 대한 따뜻한 어린 시절의 기억을 가지고 있지만, 성인으로서 그들이 경험한 왜곡과 학대, 분열은 마을의 퇴화와 나란히 진행되었다. 리사와 에이미는 정말 이러한 상황보다 나은 삶을 알지 못했다. 이웃과의 연대가 소용돌이치며 추락했고, 마약과 범죄가 주민들의 삶을 황폐하게 만들었기 때문이다.

몰리의 첫 번째 남편은 결혼한 지 몇 년 만에 그녀의 가족들이 우려했던 것처럼 끝내 알코올과 마약에 빠진 중독자가 되었다. 몰리는 그와 헤어졌고 자신과 두 아이들을 위해 웨이트리스로, 그리고 건축 노동자로 거친 10년을 보냈다. 그녀는 30대에 지붕 수리 일을 하는 두 번째 남자와의 사이에서 아이 둘을─에이미와 남동생─더 낳았다. 여자아이들은 그가 처음에는 좋은 아빠였지만 나중에는 마약에 걸려들고 말았다고 말한다. 리사와 몰리는 그를 내쫓았다. 그는 지금 노숙자로 살고 있으며, 아이들은 가끔 그가 마을을 배회하는 것을 보았다고 말한다.

설상가상으로 몰리도 다발성 경화증[MS]으로 인해 뇌졸중을 겪었고, 결국 휠체어 신세를 지게 되었다. 이즈음 그녀의 가장 어린 아들도 자폐 진단을 받았고, 결국 가족은 보험도 없이 의료비에 눌려 지내게 되었다. 거의 극빈 상황에 처하게 되자 그들은 다양한 공공복지 프로그램으로 근근이 살아갔는데도, 복지와 조세 당국은 이해할 수 없을 정도로 반응이 없었다. 그러나 다행스럽게도, 마을에 있던 한 개신교 교회의 개입으로 최저 생계비를 받을 수 있게 되었다.

이 교회는 마을의 청소년들을 위해 활동적인 프로그램을 내놓고 있었다. 여기에는 방과 후 개인 교습과 여름 소풍 등이 포함되어 있었는데, 리사는 아홉 살 때부터 그 교회를 다니기 시작했다. 에이미의 아버지가 쫓겨나고 가정이 풍비박산 났을 때, "교회는 우리의 중요한 지지대가 되었다"고 리사는 고백한다. 신체적으로는 마약에 취한 아버지로부터 그들을 보호해주었고, 교회에서 편하게 밤을 지낼 수 있도록 해주었다. 몰리가 다발성 경화증에 걸리게 되자 교회는 가족을 위해 교회 근처에 있는 출입이 쉬운 아파트를 찾아 주었고 휠체어를 위한 경사로도 만들어 주었다. 그 당시에는 아직 그녀가 교인이 되지 않았음에도 불구하고 말이다. "사람들의 도움 없이 우리끼리만 그걸 만들어낼 수는 없었어요"라고 몰리는 말을 마친다. 목사 댄Dan("커다란 자전거를 타는 멋쟁이")과 그의 아내 안젤라Angela(교회의 청소년 담당 목회자)는 여전히 리사의 가장 가까운 친구다.

리사는 정말로 친구가 필요했다. 10대 시절 동안 그녀는 내내 비틀거렸기 때문이다. 교회에 깊이 관여하고 있었지만, 그녀는 가족과 마을의 붕괴에 압도되지 않을 수 없었다. 학교에 자주 무단결석을 해서 정학에 처해지자, 리사는 과음을 하기 시작했고 마약에 중독되고 말았다. 주변에 널린 게 마약이었기 때문이다. 사실 교회 안팎에서도 마약은 쉽게 구할 수 있었다. 교회에는 마약 중독으로부터 회복 중인 사람들도 나왔기 때문이다. 특히 리사가 중독된 것은 '스키틀즈skittles'였는데 감기약에서 파생된 것이다. 그녀는 또한 '레이스드 위드laced weed(레이스로 장식된 풀이란 뜻으로 다른 종류의 마약이 섞인 마리화나를 일컫는다. -역자 주)'로 몸을 망치기도 했는데, 바로 옆집에서 구한 것이었다.

어머니가 그랬었고, 그녀가 다니는 학교의 많은 여자아이들이 그랬던 것처럼 리사도 12학년 때 임신을 했다. 아이의 아빠는 반 친구였는데 그 또한 마약 밀매꾼이었기에 그녀는 그와의 결혼을 거절했다. 바로 그때, 그녀는 교회에 참여함으로써 일종의 기적을 만나게 된다. 그녀는 교회에서 만난 남자 아이 존John과 사랑에 빠졌는데, 그녀가 이미 임신 7개월이었음에도 존은 그녀에게 청혼했다. "너를 사랑하기 때문에, 나는 네 아기도 사랑할 거야"라고 존은 그녀에게 말했다. (다이앤은 리사에게 낙태를 권했지만, 몰리는 그 생각에 반대했다.) 4개월 후에 그들은 결혼을 했다.

청소년 담당 목회자인 안젤라는 리사와 존이 힘든 시기를 겪을 때 그들을 정서적으로 지지해주었다. 하지만 교회의 또 다른 목사는 리사에게 "네가 다른 아이들에게 나쁜 영향을 미치고 있다"며 임신 기간 동안 교회에 나오지 못하게 했다. 부분적으로는 이러한 이유 때문에, 그리고 신학적인 차이로 인해 리사와 존은 최근 (안젤라와 댄 목사 부부를 따라서) 마을에서 급속하게 성장하고 있던 복음주의 교회로 옮겨갔다. 리사와 존이 알코올 중독에 빠져 있는 존의 식구들과 사는 것에 힘들어하자, 안젤라는 리사가 새 집을 찾도록 도와주었고, 교회의 도움으로 존은 한 기독교 보안 회사에서 일자리를 갖게 되었다. 리사는 그들이 지금 다니는 교회가 이전 교회처럼 마을의 마약 사용자들의 피난처가 된 것에 대해 걱정하고 있지만 그녀는 "솔직히 말해서 교회 없이는 우리가 어디에 가 있게 될지 모르지요"라며 말을 끝맺었다.

존은 기술 고등학교를 졸업했지만 커뮤니티칼리지는 그만두었다. 자기에게 맞지 않다고 결정했기 때문이다. 임신 9개월 차에 리사는 고등학교를 졸업했고, 영리를 목적으로 운영되는 기술학교에 들어가 약사보조 전문학사를 취득했다. 하지만 직업을 찾을 수가 없어서 힘들게 갚아야 하는 학생 부채 5만 달러만 지게 되었다. 지금 그녀는 조기 아동 교육 온라인 과목 하나를 들으면서 집에서 딸을 가르치고 있다. 그들의 결혼생활은 안정적인 것처럼 보이지만 그들이 사는 마을은 아주 위험한 상태고, 리사는 자신의 재정적인 전망이 밝지 않은 것에 "두려워하고" 있다.

에이미의 이야기도 언니의 이야기와 마찬가지로 우울하지만, 약간 다르게 시작하고 다르게 끝난다. 중학교 때 그녀는 음악에 재능이 있어서 특수학교magnet school에 입학했고 필라델피아 청소년 오케스트라에 초대되기도 했다. 하지만 사춘기를 겪으며 그녀 역시 이웃이 쳐놓은 알코올과 마약, 그리고 무방비 상태의 섹스의 덫에 깊게 걸려버렸다. "전 엄마에게 모퉁이에 있는 친구 집에 간다고 말했지만, 실제로는 두 블록 떨어진 마을에 가서 남자 아이들과 어울리며 술을 마시고는 했지요"라고 그녀는 털어놓았다. 에이미가 마약에 손을 대고 학교에서 거친 싸움에 연루되자, 몰리는 그녀를 학교에서 데리고 나와 홈스쿨로 수업을 받게 했다. 하지만 에이미는 온라인 시험에서의 부정행위로 성적을 받지 못했다. 결국 몰리는 그녀가 다시 학교에 가도록 했고, 학교에 10학년으로 돌아온 에이미는 3개월 뒤 그녀의 모든 친구들이 그랬던 것처럼 임신을 하게 되었다. 그녀는 이렇게 말한다. "저와 싸웠던 친구들이나 함께 술을 마시던 친구들 모두, 하나도 빠짐없이 임신을 하게 됐지요."

예기치 않은 에이미의 임신은 긍정적인 전환점으로 바뀌게 되었다. 그녀는 젊은 부모를 위한 특수 고등학교로 옮겨갔고, 그곳의 상담사들이 그녀가 학교에 계속 다닐 수 있도록 도와주었기 때문이다. 새로운 학교에서 에이미는 모든 과목에서 A 학점을 받았고 학생회의 회장으로 선출되었다. 그녀의 남자친구(이자 아이의 아빠)는 여전히 주변에서 배회하고 있지만, 그녀는 결혼할 생각을 전혀 하지 않고 있다. "결혼은 빚더미에 처하게 할 뿐이지요. 그런데 왜 제가 그런 일을 나서서 하겠어요?" 몇몇 좋은 주립대학교에 합격했지만, 그녀는 미혼모들을 위한 특별 프로그램을 가지고 있는 주州 북부의 한 인문대학으로 진학할 예정이다. 그녀는 이렇게 말한다. "임신이 제 인생을 바꾸어 놓았어요. 아들이 아니었다면 전 대학에 가지 못했을 거예요." 그럼에도 불구하고 그녀는 이러한 희망적인 미래를 위한 돈을 어디에서 구할 것인가에 대해 염려하고 있다. 그래서 최근 그녀는 자신의 페이스북에서 자금을 조달하고 도움을 받기 위해 노력하고 있다.

약물 남용과 10대 때의 결혼에도 불구하고, 리사와 에이미는 지극한 가정의 분규와 이웃의 트라우마 속에서 살아남은 것처럼 보인다. 교회가 이들의 생존을 위해 중요한 역할을 했고, (에이미의 경우처럼) 10대 엄마들을 위한 특별 프로그램 또한 주요한 역할을 했다. 이들의 이야기는 황폐화되고 고통받는 가정들에게 도움을 줄 수 있는 종교 공동체의 수용 능력에 대한 모습을 아주 강력하게 시사하고 있다. 하지만 이 장의 뒷부분에서 검토할 것이지만, 우리의 정신을 번쩍 들게 하는 증거들도 있다. 즉 가난한 아이들이 점차 종교 기관으로부터 소외되고 있다는 사실이다.

몰리는 그녀의 딸들을 알코올, 마약, 임신 등으로부터 구해내려고 애썼지만 성공적이지는 못했다. 아이들의 아빠들이 마약 중독으로 파괴되었기 때문이기도 했고, 그녀들을 허약하게 만든 질병과 우울증, 그리고 켄싱턴 마을의 압도적인 붕괴 때문이기도 했다. 최근 몰리는 교회에서 만난 한 남자와 재혼을 했다. 딸들에 의하면 그 남자는 어머니에게 잘하고 있다고 한다. 몰리의 딸 중 누구도 결혼을 하려 하지 않고 있으며, 아이들을 더 가지려고 하지도 않고 있지만, 그들은 모두 엄마가 된 것을 사랑하고 있다고 말한다. 그렇지만 아주 냉정하게 생각하면, 둘 다 자신들의 경제적 미래에 대해 두려워하고 있다.

요약하자면, 필라델피아 지역에서 우리가 살펴보았던 두 가정은 어느 정도 "그 후로 행복하게 오래오래" 살 만한 균형 상태에 도달했지만, 그 상태가 로워메리언보다는 켄싱턴에서 훨씬 더 불안정하다고 할 수 있다. 마니와 몰리는 현재 10대들이 겪는 도전으로부터 아이들을 보호하는 데 있어 아주 남다른 능력을 가지고 있었고, 마니의 딸들은 몰리의 딸들보다 성공을 위한 훨씬 나은 위치에 자리 잡고 있다. 아이들을 키우는 데 있어서 마을을 고려해보면, 미국 어린이들의 전망은 그리 좋지 않다고 말할 수 있다. 최근 수년 동안, 미국 전역의 마을들은 부유하든 가난하든 황폐해지고 있는데, 그 이유는 우리가 우리 아이들에 대한 집단적 책임을 회피하고 있기 때문이다. 그리고 대부분의 미국인들은 집단적으로 공급받아야 할 것을 사적 공급으로 대체할 수 있었던 마니처럼 충분한 자원을 가지고 있지 않다.

마니의 이야기에서 가능했던 사적 공급은 부분적으로는 아이 양육을 위한 도움을 구매하는 것(가사 도우미, 치료사, 작문 교사, SAT 개인교사, 사립학교, 엘리너가 ADHD를 극복하도록 돕기 위해 리모델링된 방)을 의미하는 것이었지만, 동시에 몰리와 그녀의 딸들에게는 없었던 사회관계망의 활용을 의미하는 것이기도 하다. (즉 마약과 10대 성관계의 위험을 최소화하기 위한 이웃의 협조적인 부모들, 일류 의료 전문가를 만나게 해준 전문가들의 관계망, 정신적 지주 역할을 한 친구와 동료들, 그리고 아이들과 친구가 되어준 '멋진 어른들') 교회가 일부분 예외적인 역할을 했지만, 몰리, 리사, 에이미가 찾을 수 있었던 이웃 관계망은 해결책보다는 문제를 더 많이 불러일으켰을 뿐이다. 그리고 공동체 기관 최후의 보루라 할 수 있는 교회 자체도 마을의 해로운 영향력에 취약해진 상태라고 할 수 있다.

공동체와 아이들: 사회관계망, 멘토, 이웃, 교회

미국인들은 스스로를 '거친 개인주의자들'로 생각하기도 한다. 마치 석양을 향해 말을 달리면서 변경frontier을 개척하는 외로운 카우보이처럼 말이다. 그러나 적어도 미국의 상징적 이야기라고 분명히 말할 수 있는 것은 짐마차wagon train다. 개척자들의 공동체에서 서로 도움을 주었던 바로 그것 말이다. 미국의 역사를 통해서, 시계추는 개인주의와 공동체 사이를 천천히 오갔다. 우리의 공공 윤리와 일상생활 모두에서 말이다.7 그러나 지난 반세기에 걸쳐 우리가 목격한 것은 우리의 문화, 사회, 그리고 정치에 있어서 거대한 움직임이 다소나마 개인주의자 또는 자유론자libertarian 쪽으로 몰려 있다는 사실이다. 한편, 연구자들은 꾸준히 증거를 쌓아가고 있다. 바로 사회적 환경, 사회 제도, 사회관계망, 간단히 말해 우리 공동체가 우리의 행복과 우리 아이들에게 제공될 기회를 위해 아주 중요한 역할을 한다는 것을 말이다.

사회관계망

사회과학자들은 사회적 연고, 즉 가족, 친구, 이웃, 지인과의 비공식적인 유대관계를 설명하기 위해 **사회자본**social capital이라는 용어를 자주 사용한다. 그것은 또한 시민 협의체, 종교 기관, 운동 단체, 자원봉사 활동 등에의 참여를 통해서도 형성된다. 사회자본은 개인이나 공동체 모두의 행복을 예견할 수 있는 강력한 지표로도 반복해서 입증된다. 공동체의 결속과 사회관계망은 건강, 행복, 교육적 성공, 경제적 성공, 공공 안전, 그리고 (특히) 아동복지에 상당한 영향력을 미치고 있다.[8] 그러나 재정 자본이나 인적 자본과 마찬가지로 사회자본은 고르게 분포되어 있지 않다. 그리고 우리가 여기서 분석하려는 것처럼, 사회적 연결성의 측면에서의 차이는 청소년들 간 기회격차를 불러온다.

많은 연구들은 교육을 더 잘 받은 미국인들이 보다 깊고 넓은 사회관계망을 가지고 있다는 것을 보여준다. 바로 그들의 가장 가까운 친족과 친구들 안에서, 그리고 보다 넓은 사회 내 모두에서 말이다.[9] 이와 대조적으로 교육을 덜 받은 미국인들은 보다 희박하고 중복된 사회관계망을 가지고 있고, 그것도 주로 그들의 가족 내에 집중돼 있다. ('중복된'이란 말을 통해서 말하고자 하는 것은 그들의 친구들 역시 그들이 이미 알고 있는 동일한 사람들을 알고 있는 경향이 있어서, 상층 계급 미국인들이 활용 가능한 '친구의 친구'라는 개념 범위를 갖지 못한다는 뜻이다.) 간단히 말해 교육을 덜 받은 사람들에 비해 대학 교육을 받은 부모들은 보다 많은 수의 가까운 친구와 지인을 가지고 있다.

도표 5-1은 인종과 계급 문제에 있어서 '친밀한' 우정의 밀도, 즉 사회 정서적이고 물질적인 지원을 제공해줄 수 있는 일종의 '강한 유대 관계'를 나타내고 있다.[10] 인종을 상수로 묶어 두고 보면, 사회경제적 위계의 상위 5분의 1에 속하는 부모들은 하위 5분의 1에 속하는 부모들보다 20~25% 정도 더 많은 수의 가까운 친구들이 있다고 보고된다. (사회계급을 상수로 묶어두고 보면, 백인 부모들은 비백인 부모들보다 15~20% 더 많은 가까운 친구들이 있다.) 오늘날 가난한 사람들 사이에서 가능하다는 끈끈한 공동체적 생활에 대한 낭만적인 이미지와는 반대로, 낮은 계급의 미국인들은 특히 그들이 비백인일 경우에는 사회적으로 소외

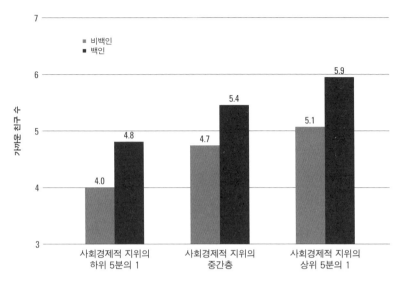

■ 비백인
■ 백인

가까운 친구 수

4.0 / 4.8	4.7 / 5.4	5.1 / 5.9
사회경제적 지위의 하위 5분의 1	사회경제적 지위의 중간층	사회경제적 지위의 상위 5분의 1

출처: 사회자본공동체 기준조사(Social Capital Community Benchmark Survey), 2000.

되며 심지어는 자신의 이웃들로부터도 고립되는 경향이 있다.

아마도 보다 중요한, 더 많은 교육을 받은 사람들은 더욱 많은 '느슨한 유대관계', 즉 보다 방대하고 다양한 관계망의 연고도 가지고 있을 것이다. 이러한 사회적 유대의 범위와 다양성은 사회이동과 교육적, 경제적 진출을 위해 특히 소중하다. 왜냐하면 그러한 유대가 교육받고 부유한 부모와 그들의 자녀로 하여금 풍부한 전문 지식과 지원을 향해 문을 두드릴 수 있게 해주기 때문이다. 그러나 가난한 부모와 그들의 자녀에게는 간단히 말해 이러한 것에 대한 접근 자체가 불가능하다.[11]

도표 5-2가 보여주듯이, 대학 교육을 받은 부모들은 온갖 직업의 사람들을 더 잘 '알고' 있다. 느슨한 유대관계의 강점이 크게 작동할 때는 자녀의 미래 진출을 위해 가장 중요한 요소인 직업―교수, 교사, 변호

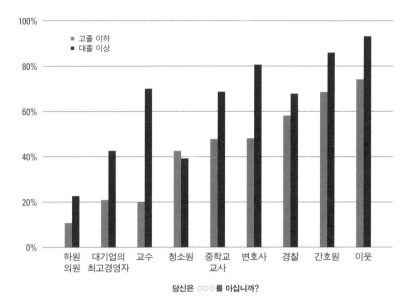

당신은 ○○○를 아십니까?

출처: 퓨 연구소(Pew Research Center), 2010년 11월 조사

사, 의료인, 사업 지도자 등의―문제와 관련될 때다. 그러나 이러한 느
슨한 유대관계는 보다 전통적인 노동 계급의, 예컨대 경찰관과 그 이
웃들과 같은 연고 관계에서도 가시적으로 나타난다. 단지 청소부를 안
다는 것에서도 교육을 덜 받은 사람들은 강점이 될 수 있고, 관계도 밀
접할 수 있다.[12]

우리는 우리가 만났던 가족들의 생활에서 이러한 유형의 결과를
이미 보았다.

• 벤드의 앤드류는 직업을 찾으려 할 때 부모님이 지니고 있던 가게
주인과 지역 소방서장과의 약한 유대를 이용했다.

• 애틀랜타의 칼은 데스몬드로 하여금 몇몇 '의료 전문가들'과 이야

기를 해서 의학 관련 직업에 대해 조사할 수 있도록 주선해주었다.

- 오렌지카운티의 클라라는 우연하게도 대학 교수와 학장인 두 친구에게 아들의 대학 지원에 대한 조언을 구했다.
- 로워메리언의 마니는 엘리너를 위한 최고의 ADHD 전문가를 찾기 위해 자신의 개인적인 관계망을 활용했다.

실제로 우리가 살펴본 낮은 계급의 가정들 중 어느 한 가정도, 직업이나 대학 설정 문제에 또는 건강 문제에 대해 도와줄 수 있는 느슨한 유대관계를 지니지 않았다. (눈에 띄는 예외적인 경우는 리사의 남편인 존이 교회와의 관계를 통해 경비 회사의 일자리를 갖게 된 때다.) 이와 반대로 낮은 계급의 부모들이 지닌 사회적 유대관계는 그들의 확대 가정(그리고 아마도 고등학교 친구 한 명 내지는 한두 명의 이웃) 내에 불규칙적으로 집중되어 있다. 이들은 사회적 위계에서 자신들이 차지하는 위치로 인해 부모가 지닌 범위를 넘어설 가능성이 없어 보인다. 고학력의 부유한 부모들은 그들의 개인적인 관계망의 크기에 양적인 강점이 있는데, 실은 이보다 훨씬 더 중요한 것이 질적인 측면이다. 즉 친구나 지인의 입장에서 무엇을 해줄 수 있느냐 하는 것이다.

상층 계급 부모들은 자기 아이들을 조직적인 활동이나 전문가, 그리고 다른 어른들에게 더 자주 노출시킴으로써 약한 유대관계를 형성시켜줄 수 있다. 반대로 노동자 계급의 아이들은 친척이나 이웃의 아이들과만 정기적으로 상호관계를 하는 경향이 많기 때문에, 그들에게 소중한 자산이 될 수 있는 약한 유대관계 형성이 제한된다.[13] (이들 노동 계급 이웃들이 좋은 직장을 갖게 되어 친구들에게 그 직장을 소개라도 해줄 때에는 이웃이 보다 소중한 존재가 된다.) 대학을 결정하고, 대학 전공을 선택하며, 경력에 대한 계획을 수립할 때, 보다 부유한 고학력 가정 출신 아이들은 가족 구성원, 교수진, 그리고 외부인 같은 더 넓은 범위의 비공식적인 조언자들을 만나게 된다. 반면에 가난한 가정의 아이들은 일반적으로 대학 경험을 가졌을지도 모르는 소수의 자기 직계 가족 구성원 한두 명과 상담을 할 뿐이다.[14] 간단히 말해, 보다 부유한 고학력 가정이 지닌 사회관계망은 자신들의 자녀가 더욱 풍부한 기회를 가질 수 있도록 확실하게 도움을 주면서 그들이 가진 자원을 더욱 증폭시킨다고 할 수 있다.

부유한 가정은 가난한 가정이 줄 수 없는 연결고리를 자녀에게 제공한다. 그러나 그 연결고리가 단지 최고의 대학이나 직장에 들어가는 일에서만 중요한 것은 아니다. 적어도 인턴십에서 좋은 평가를 받아 사무실 구석 한 자리를 차지하는 통로만큼이나 중요한 것은 사회자본이 특권층의 자녀로 하여금 10대들이 겪을 수 있는 일반적인 위험으로부터 보호받을 수 있게 해주는 방식들이다. 지난 40여 년의 연구들이 일관적으로 보여주는 것은 부유하지 못한 또래들 사이보다는, 오히려 특권층의 10대 자녀들 사이에서 약물 사용과 술잔치를 벌이는 일이 더 흔하게 나타났다는 사실이다.[15] 그러나 다른 것이 있다면 가족과 공동체가 제공하는 '에어백'이다. 이것은 부자 아이들 사이에서 벌어지는 약물과 우발적 사고의 부정적 결과를 최소화해준다. 엘리너의 약물 사용 문제를 잘 해결할 수 있었던 마니의 능력은 공동체 안에서 다른 어머니들과의 유대관계를 통해 크게 강화되었던 것이다. 반면에 마리화나를 피우고 마약을 강권하는 몰리의 이웃들은, 바로 그녀의 딸들을 중독되게 만든 원천이었다. 물론 사회자본이 특권층 아이들이 예상하지 못한 위험에 부딪혔을 때 가질 수 있는 유일한 강점은 아니다. 결국 마니가 최고급 전문가 도움을 받고, 엘리너의 ADHD 치료를 돕기 위해 공부 공간을 리모델링해준 것은 재정적 자본이었다.

사회관계망의 계급 차이가 최근에 변화했는가? 15년 전『나 홀로 볼링Bowling Alone』에서 나는 미국의 공동체 연대가 꾸준하게 시들어가고 있음을 보여주는 증거를 모았다. 10년 후에 한 독립적인 연구는 (원래는 내 발견에 회의적인 학자들에 의해 이루어진) 지난 20년 동안 친척 관계망나 비친척 관계망 모두 움츠러들고 있지만, 비친척 관계망의 감소가 더 커졌다고 보고했다. 실제로 이들은 미국인들의 사회관계망이 내부적으로 붕괴하고 있고, 지금은 소수의, 더 밀접하고 동질적이면서 가족적인(그러면서도 친척관계가 아닌) 유대관계로 구성되어 있다는 사실을 알아냈다.[16] 미국인들의 이탈과 상대적인 사회적 고립으로의 후퇴에 대해 이 분야의 가장 최신 연구는 다음과 같이 결론짓고 있다. "비록 모든 계급의 개인들에게서 일반적이라 할 수 있을지는 모르지만, 이러한 경향은 낮은 계급 구성원들에게 영향을 미친다. 즉 사회계급 사이의 차이를 불평등하게 만들고, 궁극적으로 그 차이를 강화하는 것이다."[17] 아직 최종적인 판단을 내리기에는 확실한 증거가 제한적이다. 하지만 사회적 유대에서, 특히 상향 이동을 위해서 중요하다고 할 수 있는 약한 유대관계에서 계급의 차이가 크게 나타날 뿐만 아니라 더욱 증가하고 있다고 믿을 만한 이유는 존재한다.

그렇다면 인터넷은 어떠한가? 인터넷은 부자 아이들과 가난한 아이들 사이의 사회관계망 격차를 좁히는 데 도움이 되는가, 아니면 그 격차를 넓히고 있는가? 그것도 아니면 최종적으로 아무런 영향도 미치지 못하는가? 원칙적으로 인터넷은 약한 유대관계의 수량을 늘릴 수는 있을 것이라는 게 링크드 인Linked in(SNS 서비스의 하나로 직장인들이 자신의 커리어를 관리하고 다른 사람들과 공유하는 곳이다. -역자 주)이 설정한 목표였다. 그렇지만 온라인과 오프라인 연결고리가 밀접한 상관관계를 갖는 경향이 있기 때문에,[18] 만약 그러한 온라인 유대관계가 ('실제 생활'

의 유대관계와 같이) 보다 고학력의 미국인들에게서 더 쉽게 유용된다면, 단순히 온라인상의 유대관계의 수적 증가가 반드시 계급격차를 좁히지는 않을 것이다. 그렇다면 '정보격차'는 존재하는가?

인터넷 초기에는 단순한 **접근**도 불평등하게 분포되었다. 그것은 저학력의, 특히 비백인계의 미국인들이 웹사이트에 접근하는 속도가 느렸기 때문이다. 그러나 최근에는 이러한 디지털 **접근**에서의 양극화가 상당히 좁혀져서, 인종적인 차이는 실제로 사라졌다.[19] 그러나 인터넷에 대한 접근이 동등해졌다고 해서 모두가 그 접근을 통해 똑같은 혜택을 받는다는 것을 의미하지는 않는다.

사회학자 에처 하지타이Eszter Hargittai와 인터넷의 실제 사용에서의 전문가인 그녀의 동료들은 다음과 같이 지적한다. "기본 사용자 통계의 증가가 반드시 모든 사람이 유사한 방식으로 이 매체를 유리하게 활용한다는 것을 의미하지는 않는다." 가난한 젊은이들과 비교해볼 때, 상층 계급의 젊은이들은 (그리고 그들의 부모는) 직업, 교육, 정치적·사회적 참여, 건강, 뉴스 수집을 위해 인터넷을 많이 사용하고 있고 오락이나 레크리에이션을 위해서는 덜 사용하고 있다. 부유한 미국인들은 인터넷을 이동성을 강화하는 방식으로 사용하고 있는 반면, 일반적으로 가난한 미국인들은 그렇지 않은 방식으로 인터넷을 사용하고 있다.[20] (이는 책이나 우편 제도의 이용에서도 동일한 사실로 나타난다. 요점은 인터넷의 사용이 불평등과 무관하지 않다는 것이다.)

인구통계학자 다나 보이드Danah Boyd는 인터넷을 어떻게 사용하는가에 대해 전국의 10대들 수십 명과 이야기를 나눈 후, 오프라인에서의 불평등이 온라인으로 이동된다고 결론지었다. "정보를 쉽게 얻을 수 있는 곳에서는 강한 개인적인 관계망과 도움이 되는 사람들에게의 접근이 때론 정보 자체에 대한 접근보다 더 중요하다. (…) 단지 10대 청소년이 어느 곳의 누구하고도 자신들을 연결할 수 있는 기술에 대한 접근성이 있다고 하더라도, 그것이 지식과 기회에 대해서도 동등한 접근성을 가진다는 것을 의미하지는 않기 때문이다."[21]

교육을 더 받은 가정의 아이들은 보다 복잡한 디지털 교육 기술을 배울 수 있다. 그들은 인터넷에서 정보를 어떻게 찾고 그것을 어떻게 평가하는지 알고 있으며, 이러한 기술을 전개함에 있어서도 더 많은 사회적 지원을 받는다. 이러한 아이들은 점차 늘어나고 있는 디지털 경제와 사회가 주는 보상을 거두어들이는 데 도움이 되는 방식으로 인터넷을 이용한다. 낮은 계급의 아이들도 실제 물리적으로는 평등하게 인터넷에 접근할 수 있게 되었지만, 그들은 자신들의 기회를 증진시키는 방식으로 접근성을 활용하는 디지털 상식을 가지고 있지 못하다. 적어도 인터넷이 진화하고 있는 현재의 시점에서 볼 때, 인터넷은 기회격차를 좁히는 대신 더욱 늘리고 있는 것처럼 보인다.[22]

멘토와 '분별력'

우리가 반복해서 살펴보았듯이, 가족 이외의 어른들은 종종 아이가 자신의 잠재력을 완전하게 개발하도록 도움을 주는 데 중요한 역할을 맡는다.

- 포트클린턴에서 나의 반 친구였던 흑인 여성 셰릴은 대학에 대한 포부에 대해, 그녀가 매주 청소를 해준 집의 나이 많은 백인 여성에게서 결정적인 지원을 받았다.
- 고등학교 시절 나의 반 친구였던 노동자 계급 출신의 쿼터백 단은

목사의 지원에 힘입어 (그의 부모들은 '전혀 아는 것이 없었던') 대학에 가게 되었다.

- 벤드의 앤드류는 아버지의 고등학교 친구였던 소방서장으로부터 직업에 대한 자세한 안내를 받았다.
- 오렌지카운티의 클라라는 자기를 지지해준 한 대학교 선생에 의해 대학원에 진학하라는 권고를 받았고, 한 세대 뒤에 그녀의 딸 이사벨라는 트로이 고등학교에서의 영화 대본 교사 덕분에 예상치 못한 직업으로 진출하게 되었다. 한편 이사벨라의 반 친구 키라는 아버지의 죽음으로 인한 트라우마에서 벗어날 수 있었는데, 그녀의 영어 선생님으로부터 지속적인 도움이 있었기 때문이었다.
- 펜실베이니아 대학교에 있는 매들린의 작문 선생님은 "인생을 바꾸어놓은" 멘토가 되었고, 한편 엘리너 아버지의 대학원 친구인 한 여성은 여름 하이킹에서 나눈 긴 대화를 통해 (부모 외에) "나의 인생에서 가장 중요한 사람"이 되었다.
- 로워메리언과 켄싱턴 두 곳에서 가족의 혼란으로 힘들어 하던 기간 동안, 청소년 담당 목회자는 필라델피아의 젊은 여성 네 명 모두에게 지지를 보내는 멘토로서의 중요한 역할을 해주었다.

이러한 예들은 '비공식적인 멘토링' 즉 교사, 목회자, 코치, 가족의 친구 등과의 관계에서 솟아나는 자연적인 관계를 나타내고 있다. 이와 대조적으로 '공식적인 멘토링'은 큰 형제자매들Big Brothers Big Sisters(청소년을 포함한 젊은이들의 특기, 흥미, 장래희망, 종교, 인종, 언어 및 지역 사회의 특징을 고려한 멘토링 프로그램 기관. -역자 주)과 내 형제의 보호자My Brother's Keeper(멘토링 서비스 기관. -역자 주)와 같은 조직화된 프로그램의 결과로 만들어진다.

신중하고 독립적인 평가들은 공식적인 멘토링이 학대받는 아이들이 어른들과의 건강한 관계를 발전시키도록 도울 수 있고, 그 결과 학문적이고 심리적인 성과에서 중요한 성취—예컨대, 학교 출석, 학업 성취, 자존감, 약물 남용의 감소—를 얻어낼 수 있다는 것을 보여주고 있다. 물론 교란을 일으킬 수 있는 잠재적인 변수들을 조심스럽게 통제한 상태에서 말이다. 측정이 가능한 이러한 효과는 멘토링 관계가 장기적일 때, 특히 학대받는 아이들일 경우 가장 크게 나타난다. (상층 계급의 아이들은 그들의 삶에서 이미 비공식적인 멘토들을 지니고 있기에, 공식적인 멘토를 추가한다고 해서 그들의 성취에 크게 더해지는 것은 없다.) 어느 정도까지는 멘토링이 중요하다는 것이다.[23]

공식적인 멘토링은 비공식적인 멘토링보다 흔하지도 않고 오래 지속되지도 않는다. 2013년 젊은이들을 상대로 이루어진 전국적인 조사에서 공식적인 멘토링과 비공식적인 멘토링 여부에 대해 질문을 했다. 모든 연령대의 아이들 중 62%가 일종의 비공식적인(또는 '자연적인') 멘토링에 대해 말했고, 이와 비교해서 공식적인 멘토링에 대한 보고는 15%에 지나지 않았다. 나아가 비공식적인 멘토링은 평균적으로 약 30개월간 지속되었지만, 이에 비해 공식적인 멘토링은 대략 18개월간만 지속되었다.[24] 그래서 빈도와 기간을 합해서 보면 미국의 아이들은 공식적인 멘토링보다 여덟 배나 더 많은 비공식 멘토링을 지니고 있다고 하겠다.

하지만 이러한 전국적인 평균이 멘토링에 대한 접근성에 있어 실질적으로 존재하는 계급 차이를 불투명하게 하기도 한다. 비공식적인 멘토링은—현재 우리가 다루고 있는 사례 연구에서 방금 전에 기억해낸 경우와 정확하게 일치하듯이—낮은 계급의 아이들보다는 상층 계급과 중상층 계급 아이들에게서 훨씬 더 빈번하게 나타난다. (포트클린

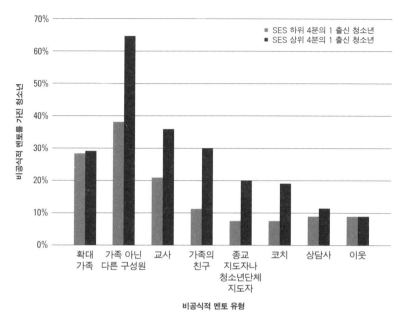

범례:
- SES 하위 4분의 1 출신 청소년
- SES 상위 4분의 1 출신 청소년

세로축: 비공식적 멘토를 가진 청소년 (0%~70%)

가로축 (비공식적 멘토 유형): 확대 가족 / 가족 아닌 다른 구성원 / 교사 / 가족의 친구 / 종교 지도자나 청소년단체 지도자 / 코치 / 상담사 / 이웃

출처: 멘토링효과조사(The Mentoring Effect survey), 2013.

턴에서의 사례 연구는 가난한 아이들에 대한 비공식적인 멘토링이 1950년대에는 훨씬 더 일반적이었음을 밝히고 있지만, 이러한 결론을 지지할 수 있는 양적인 증거는 없다.) **도표 5-3**은 오늘날의 패턴을 요약하고 있는데, 부유한 고학력 가정의 아이들이 보다 넓고 깊은 비공식적인 멘토링 풀에서 혜택을 보고 있음을 보여준다.

가족 외의 모든 항목에서의 비공식적인 멘토들—교사, 가족의 친구, 종교 지도자와 청소년 지도자, 코치—중에서 실제로 부유한 가정의 아이들은 가난한 아이들보다 멘토를 가질 가능성이 두세 배나 더 높다. 특권을 지닌 아이들과 특권을 덜 가진 또래들은 모두 동일하게 확대된 가족 구성원에 의해 주어지는 멘토링을 가진다고 보고되고 있지만, 특권층 아이들의 가족 구성원들은 보다 가치 있는 전문적인 지

식을 가지고 있기에 가족 멘토가 특권층 아이들의 학문적 성취에 미치는 영향이 더 큰 경향이 있다.[25]

전체적으로 볼 때, 특권층 아이들이 받는 비공식적인 멘토링은 가난한 아이들이 받는 비공식적인 멘토링보다 더 오랫동안 지속되고 더 많은 도움이 된다(아이들 자신의 눈으로 보아도). 간단히 말해 부유한 아이들은 실질적으로 더 많은, 그리고 더 좋은 비공식적인 멘토링을 갖게 된다는 것이다.

비공식적 멘토링의 격차는 초등학교에서도 상당하며, 아이들의 나이에 따라 중학교를 거쳐 고등학교로 가면서 꾸준히 증가한다. 현 상태로는 공식적인 멘토링이 그러한 격차를 좁히는 방식으로 시작되는 경우는 거의 없다. 공식적인 멘토링에서 나오는 적당한 보상은 초등학교와 중학교에 집중되다가 아이들이 나이가 들어가면서 사라진다.[26] 고등학교에서는 부자 아이들과 가난한 아이들 사이에서 공식적인 멘토링의 발생률(8%)에 차이가 전혀 나지 않는다. 이처럼 (비공식적인 것에 공식적인 것을 더한) 멘토링에서의 계급격차는 초등학교부터 늘어나기 시작하고 아이들이 가족 외부로부터 도움이 가장 많이 필요할 때 급속히 증가한다.

요약하면, 부유한 아이들의 거의 3분의 2(64%)는 그들의 확대된 가족 너머에서 몇몇 멘토링을 갖지만, 가난한 아이들의 거의 3분의 2(62%)는 그렇지 못하다.[27] 그리고 이러한 놀라운 격차가 존재하는 이유가 가난한 아이들은 멘토링을 원하지 않다는 사실에 있지는 않다. 사실 가난한 아이들은 부자 아이들보다 자신의 삶의 어느 시점에서 멘토를 원했던 경우가 부자 아이들보다 거의 두 배나 더 많다(38% 대 22%). 결국 멘토링은 기회격차에 상당할 정도로 많은 기여를 하고 있는 것이다.

멘토링 격차의 한 가지 중요한 결과는 우리가 앞장에서 처음으로 주목했던 **분별력 격차**savvy gap를 더욱 악화시킨다는 것이다. 우리가 전국에 걸쳐 있는 부자 아이들과 가난한 아이들 수십 명과 이야기를 나누면서 알게 된 가장 두드러진 차이 중 하나는 기회의 길에 자리 잡고 있는 제도를 이해하고, 그러한 제도를 자신을 위해 작동하게끔 만드는 능력에서 뚜렷하게 대비되는 차이가 나타난다는 사실이다.

보다 특권이 많은 배경을 가진 아이들은 기회의 사다리를 오르는 데 있어 더욱 분별력이 있다. 그렇지만 포트클린턴에 있는 데이비드, 벤드의 카일라, 애틀랜타의 미셸과 로렌, 산타아나의 롤라와 소피아, 켄싱턴의 리사와 에이미 등에게서, 그리고 다른 불리한 처지에 놓여 있던 18~19세의 수십 명의 아이들에게서 들었던 이야기들은 혼란과 당혹스러움으로 가득 차 있다. 이 아이들은 학업 수행에 있어서, 2년제와 4년제 대학 진학에 있어서, 재정 문제에 있어서, 직업 기회에 있어서, 그리고 심지어 그들과 같은 아이들을 돕기 위해 특별히 설계된 프로그램(공적인 것과 사적인 것 모든 측면에서) 예컨대 학자 융자금 같은 프로그램에서조차 어려움을 겪었다. 그들의 저학력 부모들의 제한된 능력과 경험은 이러한 어려움의 일부를 설명해주지만, 중요한 사실은 아이들에게 비공식적인 멘토들의 조밀한 관계망이 결핍되어 있다는 사실이다. 물론 많은 멘토들은 상층부의 아이들을 둘러싼 형태로 존재한다. 현장 방문 과정에서 겪은 한 가슴 아픈 사례가 있다. 한 노동자 계급 아버지가 자신의 어린 딸을 아들과의 인터뷰 자리에 데리고 와도 되겠냐고 물은 것이다. 이유는 어린 소녀가 실제로 대학을 졸업한 사람을 만날 수 있다는 것, 단지 그것 때문이었다. 기회격차의 증대를 대해 강조하는 어떠한 진지한 프로그램도 반드시 분별력 격차에 대해, 그리고 멘토링 격차에 대해 역점을 두고 다루어야 한다.

이웃들

우리가 1장에서 살펴보았듯이 계급 차별은 미국 전역에서 수십 년 동안 증가해왔다. 따라서 가난한 이웃들 사이에서 사는 부유한 아이들과, 부유한 이웃들 사이에서 사는 가난한 아이들의 숫자는 이제 소수에 불과하게 되었다. 로워메리언과 켄싱턴은 이러한 유형을 완벽하게 나타내고 있다. 이러한 단순한 사실이 이 장의 가장 중요한 문제를 제기하고 있다. 이웃의 특성은 아이들이 성장하는 동안 그들의 개인적인 성격과 관계없이, 그들의 미래에 대한 전망에 영향을 미치고 있는가? 가난한 가정에서 성장하는 것과 가난한 아이들과 함께 학교에 다니는 것 모두는, 우리가 앞서 다룬 3개의 장에서 살펴 본 것과 마찬가지로, 기회에 족쇄를 채우고 있다. 여기서 문제는 가난한 이웃에서 성장하는 것이 어떤 추가적인 장애를 부과하는지 여부다. 그리고 그 답은 '그렇다'이다.

미국의 이웃 연구에 있어 선도적인 전문가 로버트 샘슨Robert Sampson은 마을들이 아주 불평등하고, 이 불평등은 마을 주민들에게 강력한 영향력을 행사한다는 사실을 보여주었다. 샘슨은 널리 퍼져있는 이웃 사이에서의 불평등이 "미국인들이 인생을 (…) 범죄, 빈곤, 아동 건강, 대중 저항, 엘리트 관계망의 밀도, 시민 참여, 10대 출산, 이타주의, 각성 장애, 집합효능, (그리고) 이민 등을 경험하는 여러 분야의 다양한 방식에 걸쳐서" 중요성을 지닌다고 적고 있다. 그는 다음과 같이 결론짓고 있다. "진정 미국적인 것은 완전한 개인이 아니라 이웃 간의 불평등이다."[28]

이러한 이웃의 영향은 유아기 때 가장 강력하게 나타나며, 그 다음에는 10대 후반에 다시 나타난다.[29] 아이들이 나쁜 이웃들과 오래 살면 살수록 그 영향은 더욱 나빠진다. 이러한 결과들은 다세대에 걸친 불리한 조건에 의해 종종 배로 증가된다. 즉 가난한 이웃들 사이에서 성장했다가 여전히 가난한 이웃들 사이에서 살아가는 부모를 둔 아이들은 그 불리함을 이중으로 갖게 된다. 부모들이 이웃에게서 받은 어린 시절의 상처를 갖고 있기 때문이다.[30] 이러한 이중적 불이익은 몰리와 그녀의 딸들의 삶에서 잘 나타나고 있다.

아이들, 그리고 아이들과 가까운 가족들의 성격을 고려하더라도, 이웃의 풍요와 빈곤 여부는 많은 부분에서 어린이와 청소년의 발달에 영향을 미친다는 사실이 반복적으로 나타난다. 사회계급은 별개라 하더라도 인종 또한 이웃이 미치는 영향에 있어서 매우 중요하다. 그 이유는 켄싱턴에서 나타난 바와 같이, 이 나라의 인종주의와 인종차별이라는 쓰라린 역사 때문이다. 그러나 여기서 우리가 우선적으로 초점을 맞추고자 하는 것은 모든 인종의 아이들에게 영향을 미치는 계급의 강력한 영향력에 대해서다.

부유한 이웃은 학문적 성과를 증대시킨다. 가장 큰 이유는 앞장에서 검토했던 학교 때문이지만, 질 높은 보육, 도서관, 공원, 스포츠 리그, 청소년단체 등과 같은 여타의 청소년 봉사 기관이 켄싱턴 같은 가난한 지역보다 더 흔하게 존재하기 때문이기도 하다. 공동체 내의 잘 발달된 사회관계망은 학교에서 리더가 될 수 있게 만드는 중요한 자원을 제공한다.[31] 이에 반해 세심하게 행해진 많은 연구들에 따르면, 가난한 이웃은 행동의 문제, 빈약한 정신 건강과 육체 건강, 비행, 범죄, 폭력, 위험한 성관계 등을 불러일으킨다고 한다.[32] 이웃에 대한 대부분의 연구는 주로 도시에 초점을 맞추어 왔지만, 최근의 연구는 농촌 지역에서도 유사한 효과가 나타난다는 우울한 결과를 보여주고 있다.[33]

이웃의 빈곤이 아이들에게 좋지 않다는 사실에는 다양한 이유가 있다. 하지만 가장 중요한 것은 이웃 간의 협조에 바탕을 둔 사회적 결속과 비공식적인 사회 통제가—샘슨을 따라 사회학자들이 '집합효능collective efficacy'이라고 명명한—켄싱턴, 산타아나, 또는 애틀랜타의 빈민가 같이 가난한 이웃 사이에서는 더 낮게 나타난다는 사실이다. 샘슨의 만에 따르면 "시민들 사이의 집합효능은 비공식적으로 활성화된 사회 통제, 그리고 신뢰에 뿌리를 둔 기대의 공유와 주로 연관된다."[34]

다이앤과 몰리가 자신들의 청소년 시절을 회상하면서 언급한 공동 양육은 집합효능의 생생한 예시가 된다. 반면 오늘날 켄싱턴의 주민들이 이웃집에서 일어나는 스프레이 낙서를 멈추게끔 간섭하지 못하는 것은, 집합효능이 결여되었다는 사실의 뚜렷한 예시다. 이웃에 대한 신뢰를 반영하는 집합효능은 보다 부유하고 교육을 많이 받은 지역에서 더 높게 나타나고, 그 결과 마을에 사는 모든 젊은이들에게 각 가정의 자원 여부와 관계없이 도움을 준다. 이웃의 집합효능과 10대의 성과를 연결시키는 확고한 증거들은 많이 있다.

이웃에 대한 신뢰와 이웃 빈곤의 밀접한 연관성은 **도표 5-4**에 잘 나타나 있다.[35] 성격과 관계없이 부유한 마을에 살게 되면, 이웃을 더 많이 알고 신뢰하게 된다. 청소부나 법률가 모두 보다 부유한 이웃들 사이에서 산다면 그들은 이웃에 대해 더 많이 알고 신뢰하게 된다. 우리가 본 것처럼 가난한 아이들은 가난한 이웃들과 살고 있는 반면, 부유한 아이들은 부자 이웃들과 살고 있다. 따라서 집합효능과 신뢰가 주는 혜택은 점점 더 부유한 아이들에게만 집중된다. 간단히 말해 아이를 키우는 데 있어서 마을은 정말로 중요하지만, 미국의 가난한 아이들은 점점 더 버려진 마을에 몰려 있다는 것이다.

가난한 아이들이 점점 더 신뢰할 수 없는 사회 환경에서 살고 있다는 사실은 지난 40년간 고등학교 졸업반(12학년) 사이에서 나타난 사회적 신뢰에 대한 경향에서도 확인된다. 이것은 아이들에게 두 개의 선

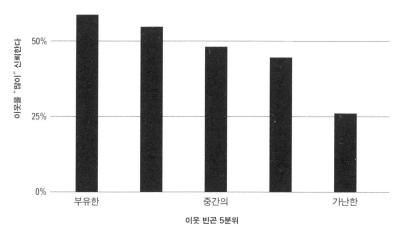

출처: 사회자본 공동체 기준조사, 2000.

택지 중 하나를 고르도록 한 질문을 통해 측정할 수 있는데, 선택지는 다음과 같다. "대부분의 사람들을 믿을 수 있다.""사람들을 충분히 사려 깊게 대할 수 없다."(자주 사용되는 이러한 질문은 자기의 이웃에 대한 느낌만이 아니라, 다른 사람들과의 일반적인 경험에 대해서도 해당될 수 있다.) 이 간단한 질문에 대한 대답들은 건강, 행복, 그리고 인간적 성장을 나타내는 다른 지표들을 보여준다. 아마도 그 지표들이 개인의 사회 환경에 대한 지속적인 두려움이 인간의 신체에 지속적으로 스트레스를 부과하기 때문일 것이다. 전 세계 어느 곳에서나 사회적 신뢰는 항상 가지지 못한 자들보다는 가진 자들 사이에서 더 높게 나타나고, 이러한 패턴은 오랫동안 미국 청소년들의 피부에 와 닿는 사실이 되었다.[36]

지난 반세기 동안, 모든 사회적 배경의 청소년들에게 신뢰의 가치는 하락해왔다.[37] 그렇지만 **도표 5-5**가 보여주듯이 지난 50~60년 동안 미국 10대 아이들 사이에서 나타난 사회적 신뢰에서의 오랜 계급격차는 또 다른 가위 모양의 차트를 만들어낼 정도로 상당히 확대되어 왔다. 1970년대 말부터 2010년대 초까지의 조사에서, 주변에 있는 대부분의 사람들을 신뢰할 수 있다고 말했던 상위 3분의 1에 해당하는 고학력 가정 출신의 12학년 학생들의 숫자는 대략 3분의 1 정도 하락했다. 반면 하위 3분의 1에 해당하는 교육을 덜 받은 가정 출신으로 주변 사람들을 신뢰한다는 이들의 숫자는 대략 1과 2분의 1정도 하락했다. 오늘날의 가난한 아이들 7명 중에서 거의 6명 정도는 신뢰하지 않음을 선택하고 있는 것이다.

우리가 만났던 전국의 아이들에게 이와 똑같은 질문을 했을 때, 가난한 아이들 중 한 아이도 "대부분의 사람들을 신뢰할 수 있어요"라고 말하지 않았다. 그리고 대부분(그들이 묘사한 삶이 주어진 상태에서는) 마치 질문 자체가 답을 하고 있다는 식으로 반응했다. 삶은 그들에게 "아무리 조심을 많이 해도 지나치지 않다"는 것을 가르쳤던 것이다. 이와 대조적으로 부유한 아이들은 거의 대부분 (몇 가지 단서를 달기는 했지만) 다른 사람을 신뢰한다고 말했다. 이런 비교를 통해 확인할 수 있는 것은 가난한 아이들 쪽의 과대망상이 아니라, 그들이 사는 악의에 가득 찬 사회 현실이며, 여러 제도나 사람들이 끊임없이 그들을 실망시켜 왔다는 사실이다.

과거에는 로워메리언과 켄싱턴 모두에서 신뢰의 정도가 높았지만, 지금의 켄싱턴에서는 대부분 사라져버렸다. 로워메리언의 엘리너가 대부분의 사람들을 신뢰할 수 있다고 말했을 때와 켄싱턴에서 몰리가 "필라델피아에서는 아무도 믿을 수가 없어요. 심지어 당신이 사랑하는 사람도요"라고 말했을 때, 그들 각자는 자기 주변 환경의 신뢰성을 정

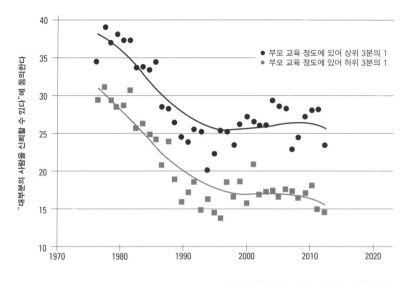

● 부모 교육 정도에 있어 상위 3분의 1
■ 부모 교육 정도에 있어 하위 3분의 1

"대부분의 사람을 신뢰할 수 있다"에 동의한다

출처: 미래세대관찰(Monitoring the Future) 연례조사.

확하게 반영하고 있는 것이다. 앤드류가 "벤드는 정말로 믿을 수 있는 사람들의 공동체죠"라고 말할 때는 그가 알고 있는 부유한 벤드에 대해 말하는 것이었다. 그러나 이것은 카일라가 알고 있는, 서로에게 관심을 두지 않는 벤드는 아니다. 페이스북에 씁쓸한 내용을 올린 매리수Mary Sue(우리가 포트클린턴에서 만난 가난한 젊은 여성)는 전국의 가난한 아이들이 가지고 있는 공통적인 견해를 다음과 같이 표현했다. "사랑은 너를 상처받게 하고, 신뢰는 너를 살해당하게 만든다."

아이들에게 가난한 이웃이 좋지 않은 이유가 낮은 신뢰와 낮은 집합효능 때문만은 아니다. 이웃의 빈곤과 아이들의 나쁜 성과 사이에 있는 또 다른 중요한 경로는 우리가 애틀랜타, 산타아나, 그리고 켄싱턴에서 목격한 이웃의 범죄, 마약, 폭력 등이다.[38] 부분적으로는 이러한 이유로 인해 가난한 이웃은 아이들에게 좋지 않은 양육방식을 만들어낸다. 켄싱턴의 몰리와 애틀랜타의 엘리아의 어머니의 경우에서 보았듯이, 가난한 마을의 부모들은 우울증, 스트레스, 질병 등을 더 많이 경험한다. 그 결과 "덜 따뜻하고, 일관성도 떨어지는 양육으로 이어진다."[39] 정확히 어떤 스타일의 양육이 가장 좋은지에 대해서는 이웃 지역에 따라 다양할 수는 있다. 하지만 우리가 살펴보았듯이, 자원이 많은 이웃들과 사는 부모는 구조화된 기회 조직에 등록함으로써 아이의 재능을 잘 키워주는 경향이 많이 나타나고, 낮은 자원의 공동체에 사는 부모는 안전을 위해 집에서 아이를 키우는 경향이 더 많다.[40] 가난한 이웃과 산다는 것은 거의 언제나 무질서, 차선의 양육, 불리한 아동발달과 같은 높은 위험 속에 머물러 있는 것이다.

이와 유사하게, 이웃의 빈곤은 건강에도 해로운 결과를 가져오는 것으로 나타났다. 예컨대 비만은 가난한 지역에서 체계적으로 더 악화된다.[41] 우리가 자체적으로 수행한 연구는 이 분야에서 또 다른 가위 모양의 도표를 보여주고 있다.

도표 5-6이 보여주듯, 1990년대에는 비만 유행이 전국으로 확산되면서 모든 10대들에게 비만이 비슷한 비율로 증가했지만, 지난 10여 년 동안에는 대졸 부모를 둔 자녀들 사이에서는 비만이 줄어들기 시작했다. 하지만 고등학교 교육을 받은 가정의 자녀들 사이에서는 비만이 계속 확대되고 있다. 이처럼 10대 아이들이 겪는 비만 문제에서 나타나는 계급격차는 상당한 정도로 벌어져 있다.

왜 이러한 격차의 증가가 생기는가? 부분적인 설명으로는 아마 공공의 건강에 대한 메시지가 상층 계급의 아이들에게는 빠르게 전달된다는 사실 때문이라고 설명할 수 있을 것이다. 이 아이들은 그러한 메시지가 보다 풍부하게 잘 전달되는 관계망에 자리하고 있기 때문이다.

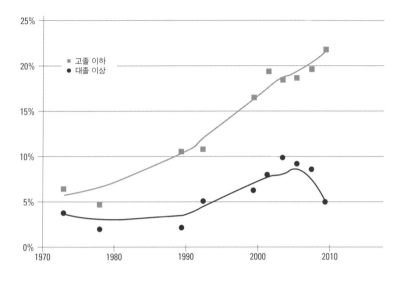

■ 고졸 이하
● 대졸 이상

출처: 칼 프레데릭(Carl B. Frederick)&카이사 스넬먼(Kaisa Snellman)&로버트 퍼트넘(Robert D. Putnam),
「청년기 비만에서의 사회경제적 격차 증가(Increasing Socioeconomic Disparity in Adolescent Obesity)」,
『미국 과학 아카데미 회의록*Proceeding of the National Academy of Sciences*』 111 (2014년 1월), 1338~1342.

반대로 가난한 아이들의 상대적인 사회적 고립은 이들을 모든 종류의 위협에 더욱 취약한 상태로 내버려둔다. 이웃의 자질도 이러한 격차 증가에 대한 또 다른 설명이 될 수 있다. 비만에서의 불균형은 무엇보다도 육체적 활동에서의 불균형에 기인하기 때문에, 실외 활동과 운동 시설에 있어서의 차별적인 접근성이 가장 의심스럽다. 실제로 변수를 통제한 상황에서 행해진 '기회로의 이동Moving to Opportunity'이라 불리는 한 실험은 가난한 가정을 무작위로 선택하여 빈곤율이 낮은 이웃 곁으로 이사하도록 한 결과 이들 가족들이 비만과 당뇨병에 있어서 유의미한 감소를 경험했다는 사실을 밝혀냈다.[42]

이웃 간 경제적 차별의 광범위한 증가는 수십 년 전으로 거슬러 올라간다. 우리가 지적한 바와 같이, 그것은 1970년대에 경제적 불평등이 전국적으로 고조된 직후부터 눈에 띌 정도가 되었다. 2008년에 있었던 대침체의 공격과 그 후유증은 단지 이러한 불균형의 속도를 높였을 뿐이다. 이웃 간 경제적 차이가 젊은이들에게 펼쳐진 생활과 기회에 영향을 미치는 방식이 다양하게 전개되는 상황에서, 대도시 지역을 가로지르는 이웃 간 불평등이 질 낮은 기회와 연관되는 것은 놀라운 일이 아니다.[43] 부유한 프랭크와 가난한 단이 단지 네 블록 떨어진 곳에 살았던 1950년대의 포트클린턴과는 달리 부자와 가난한 자가 서로 별도의 지역에서 살게 되면, 이웃이 주는 영향력의 혜택은 부자 아이들에게 집중되고 이웃의 빈곤에 따른 희생은 가난한 아이들에게 집중된다. 이웃을 가로지르는 불평등이 크면 클수록 사회적 상향 이동의 비율을 더 낮아지고 기회격차는 더 커진다. 이것은 사회적 환경(가정과 학교는 별개로 하더라도)이 우리 아이들이 갖는 인생에서의 성공 기회를 얼마나 크게 좌우하는지 보여주는 강력한 실례라 할 수 있다.

종교 공동체

미국의 종교 공동체는 청소년과 가난한 사람들을 위한 중요한 서비스 지원 단체다. 다른 요인들은 변하지 않는다고 가정한 상태에서 보면, 매주 교회에 가는 사람들은 교회를 가지 않는 사람들보다 가난한 사람들과 청소년을 위한 자원봉사에 두세 배 이상 더 참여하며, 이러한 명분을 가진 사업에 재정적 기부도 훨씬 많이 한다. 이러한 종교적 장점은 종교 기관을 통한 자원봉사와 기부에서는 물론, 세속적인 기관을 통한 자원봉사와 기부에서도 나타난다. 결정적인 요인은 신학에 있지 않고 종교적인 회합에 달려 있다.[44] 이러한 의미에서 몰리와 그녀의 가족이 받은 빈곤의 충격을 완화하는 데 있어 교회가 수행한 역할은 드문 일이 아니다.

자선사업과 선행 외에도, 청소년들의 자발적인 종교 참여는 광범위한 긍정적인 결과로 이어진다. 학업적인 면과 비학업적인 면 모두에서 말이다.[45] 교회에 가지 않는 또래들에 비해 종교 단체에 가입한 청소년들은 보다 어려운 과목을 택하고, 더 높은 성적과 시험 점수를 받으며, 학교를 그만두는 비율도 낮은 것으로 나타났다. 아이와 가족, 그리고 학교 수업 등이 지니는 다른 많은 특성들을 통제한 상태에서 보면, 정기적으로 교회에 다니는 부모를 둔 아이는 그렇지 않은 부모를 둔 아이보다 대학에 갈 가능성이 40% 내지 50% 더 많다.

교회에 다니는 아이들은 그들의 부모나 다른 어른들과 더 나은 관계를 갖고 있고, 높은 수행 능력을 보이는 또래들과 더 많은 우정을 쌓고 있고, 운동이나 다른 과외활동에 더 많이 참여하고 있으며, 약물 남용(마약, 알코올, 흡연), 위험한 행동(안전벨트를 착용하지 않는 것 같은), 그리고 비행(가게 물건 훔치기, 학교에서의 나쁜 행실, 정학과 퇴학)을 보이는 경향은 더 적다. 멘토링과 더불어 종교적 관여가 일어날 때, 부자 아이들보다 가난한 아이들에게 훨씬 더 큰 차이가 생겨난다. 부분적인 이유로는 부유한 청소년들은 다른 긍정적인 영향에 더 많이 노출되기 때문일 것이다.

전통적으로 종교 참여는 다른 어떤 종류의 공동체 활동이나 과외활동보다 계급적 편견이 적다.[46] 그러나 최근에는 가난한 가정이 부자 가정보다 종교 공동체에 참여하는 비율이 일반적으로 더 낮다. 그래서 이러한 계급격차 또한 늘어나고 있다. 지난 수십 년간 미국의 종교성 상승과 하락을 통해 볼 때, 종교 의식은 교육을 많이 받은 미국인들 사이에서는 더 빠르게 상승하거나 느리게 하락하는 경향을 보여왔다. 더군다나 모든 사회계급의 흑인계 미국인들은 백인 또래들보다 종교 의식을 더 잘 준수하고 있지만, 교회 출석에서의 계급격차 증가는 백인들과 마찬가지로 흑인들 사이에서도 나타난다.

1970년대와 1980년대의 복음주의 열풍은 중산 계급과 중상층 계급에 집중되었다. 1970년대 이후 대학 교육을 받은 중년 백인 성인들 사이에서 나타난 주별 교회 참석률은 거의 일률적이다(대략 30%에서 27%로 미끄러졌다). 그러나 대학을 졸업하지 않은 같은 또래 사람들의 경우 약 3분의 1이 줄어들었다(약 30~32%에서 약 20~22%로). 이는 세기 중반에는 존재하지 않았던 상당한 계급격차의 서막을 여는 것이었다. 세심하게 귀를 기울이면, 미국 교회 예배당에서의 찬송가에 점차 상류층의 악센트가 더해지고 있는 것을 알 수 있을 것이다.[47]

놀랄 것도 없이, 똑같은 경향은 10대들 사이에서도 나타나고 있다. 젊은이들의 교회 출석은 최근 수십 년 사이 전국적으로 하락했다. 하지만 경제적 위계의 상위 3분의 1에 속하는 배경을 가진 아이들에 비해, 하위 3분의 1에 속하는 아이들은 그러한 하락이 두 배나 더 빠르게 나타났다. 도표 5-7에서 보이는 우리에게 익숙한 가위 모양의 새로운 격차는 필라델피아의 리사와 에이미가 어린 시절에 경험했던 종교의 강력하고 긍정적인 역할이, 이제는 전국의 가난한 아이들에게 점차 일반적이지 않은 것이 되고 있다는 사실을 증명한다.

이 장에서 우리는 사회관계망, 공동체, 그리고 교회와 같은 공동체 기관이 아동발달과 사회이동에 있어서 강력한 자원이 될 수 있음을 살펴보았다. 그러나 또한 우리는 오늘날 미국에서는 이러한 자원이 보다 덜 공공적이 되고 덜 집합적이며, 모든 부모들 역시 사적인 공급에 더 많이 의존하도록 강요당하고 있음을 살펴보았다.[48] 부유한 부모들은 풍부한 경제적 자본과 사회적 자본을 지니고 있어서, 아이들에 대한

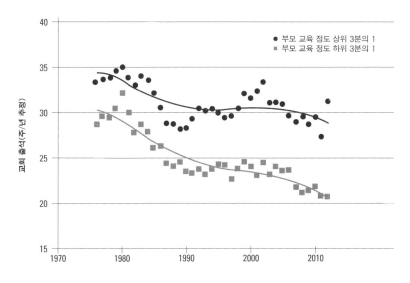

출처: 미래세대관찰(Monitoring the Future) 연례조사.

지원의 사유화에 보다 더 쉽게 길들여져 있다. 과거에는 아이들을 돌보는 일이 훨씬 더 넓게 공유되었고 집합적인 책임이었다. 하지만 이러한 윤리는 최근 수십 년 사이에 희미해져버렸다. '우리 아이들'의 유효 범위가 협소해진 현상은 특권을 지닌 아이들과 가난에 처한 아이들에게 아주 다른 별개의 영향을 미쳐왔다. 이는 우리가 다음 장에서 하게 될 질문을 이끌어낸다. "그래서 어떻다는 것인가?"와 "무엇을 할 것인가?"가 바로 그것이다.

제6장

무엇을 할 것인가?

지금까지 이 책은 미국에서 많은 특권을 누리는 계급과 그렇지 못한 계급의 아이들이 보여주는 대조적인 삶에 대해 일련의 상세한 묘사를 해왔다. 더불어 이러한 개인적인 묘사들이 전국적인 현실과도 통한다는 보다 엄밀한 증거도 함께 제시했다. 우리는 오늘날 청소년들이 성장하는 공간으로서 영향력을 집중적으로 행사하는 가족, 학교, 공동체 등의 범주들을 검토해왔고, 최근 수십 년 동안 부자 아이들과 가난한 아이들이 당면했던 도전과 기회가 점점 더 서로 일치하지 않는 방향으로 나아가고 있다는 것을 확인했다.

이러한 개인적인 측면에 초점을 맞춘 밀착 취재는 기회격차와 소득불균형 증가 간의 보다 깊은 연관성을 간과할 수도 있는 위험성을 안고 있다. 포트클린턴에서 필라델피아, 그리고 벤드에서 애틀랜타를 거쳐 오렌지카운티까지 이르는 여정에서 나타나는 가정들 사이의 경제적 불균형은 각각의 이야기에서 적잖게 중요한 부분을 차지하고 있다. 이 책 모든 곳에서 깊게 요동치며 쿵쿵 울리는 불길한 소리는 하층 계급 가정의 경제 상황이 꾸준하게 악화되고 있다는 사실과 맥을 같이한다. 상층 계급 부모들에게 유용한 자원은 계속 확대되고 있는 것과 대조적으로 말이다.

분명히 소득불평등과 기회불평등의 연계가 간단히 또는 순간적으로 일어나는 것은 아니다. 우리가 살펴본 사례들이 나타내듯이 막연한 경제적 불안이 가족구조와 공동체의 지원을 훼손시키는 데에는 수십 년이 걸린다. 부모의 양육과 학교 교육에 있어서의 격차를 불러일으키는 데도 수십 년이 걸릴 것이다. 여기에 더해서 어린 시절에 받은 서로 다른 영향력의 충격이 온전하게 성인의 삶 속에서 드러나는 데까지도 수십 년은 더 걸린다. 더군다나 연속적으로 발생하는 이러한 슬픈 일들은 미국 내의 다른 여러 곳에서, 그리고 각각 다른 시점에서 시작된다. 예컨대 이러한 과정은 훨씬 일찍부터 시작되었지만, 더 폭넓은 확산이 일어난 곳은 비백인 공동체였다. 하지만 지금은 백인 공동체에서도 동일한 과정이 널리 진행되고 있다.

이처럼 상이한 기간 동안 제각기 지체되는 시간은 소득불평등과 기회불평등 사이의 단순한 통계적 상관관계를 끌어내고자 하는 상황을 한층 복잡하게 만든다. 이러한 방법론적 딜레마는 지구 온난화를 진단할 때 생기는 문제와도 비슷하다. 내연 기관의 발명과 지구 대기권 상층부의 화학적 변화 사이의 문제를 연구하는 데는 수십 년이 걸렸다. 대기권의 변화와 빙하의 해빙 사이의 문제와 관련해서도 수십 년을 더 보냈다. 바닷물이 맨해튼과 마이애미에 밀려들지 여부에 대해서도 수십 년이 더 소모될 것이다. 이렇게 오래 지체되는 시간에 대해 필연적으로 과학자들 사이에서는 제도적 변화의 속도에 대한, 그리고 심지어 그 실제에 대한 다양한 논의가 일어날 것이다. 하지만 두 경우 모두—지구촌 온난화와 기회 불균형—인과적 연결고리에 대한 논의와 미래를 대비한 계획 등은 불확실한 상태로 남게 될 것이다. 또한 두 경우 모두, 우리가 완벽할 정도의 명확한 원인과 해결책이 나올 때까지 기다려야 한다면, 그때는 이미 대처하기에 너무 늦을 것이다.

사회경제적 상향 이동성은 변하지 않고 그대로 남아 있을까? 증가하는 계급격차의 원인으로 우리가 찾아낸 요인들은 경제학자 라즈 체티Raj Chetty와 그의 동료들이 오늘날 미국 전역에 걸쳐서 찾아낸 사회경제적 이동성에 관련된 요인들과 정확하게 일치한다. 즉 가정의 안정성, 주거지 차별화, 학교의 질, 공동체의 유대, 그리고 소득불평등 등이 그것이다. 이러한 사실은 (이 책이 주장하는 것과 마찬가지로) 이들 요인들이 이동성의 추세를 보여주는 주도적인 지표들이라는 점을 시사한다. 체티는 이 연구를 통해 처음으로 얻은 결과가 사회경제적 이동성에 있어서 아무런 하락을 나타내지 않는다고 믿는다. 하지만 다른 사람들은(나를 포함해서) 지금부터 약 10년 후, 더욱 젊은 세대들에 의해 보다 완벽한 연구 결과에 도달하기 시작할 즈음에는 이러한 초기 연구 결과들이 지지받지 못할 것이라고 믿고 있다.[1]

그렇지만 어느 편이든 간에 논의에 참여한 모든 진영들은 한 가지 사실에는 동의한다. 소득불평등이 확대됨에 따라 보다 특권을 누리는 배경을 가진 아이들은 특권이 적은 배경의 또래들보다 훨씬 더 앞서서 출발하고 앞서서 도착하게 될 것이라는 사실이다. 사회경제적 이동성은 변하지 않더라도 말이다. 경제학자 이사벨 소힐Isabel Sawhill은 『앞서든지, 뒤쳐지든지Getting Ahead or Losing Ground』에서 이 점을 생생하게 표현하고 있다. 그녀는 이렇게 말한다. "불평등이 증가함에 따라 미국 사회의 이동성 범위에 대한 논란이 고조되었다. 소득격차가 넓어지자 아이들이 그들의 부모보다 더 나은 삶을 살기 위해 필요한 기회는 점점 더 중요하게 되었다. (…) 아이들이 과거에 했던 것보다 더 빠른 속도나 더 느린 속도로 일을 수행하는지 여부는 해결되어야 할 문제가 아니다. 그러나 사다리의 계단 사이가 과거보다 훨씬 더 떨어져 있기 때문에 가정 배경이 한 사람의 궁극적인 경제적 성공에 주는 영향력은 더 커졌고, 아마도 보다 더 오랫동안 지속될 것이다."[2]

아마도 뜻밖이겠지만, 이 책에서는 이러한 문제를 불러일으킨 원흉으로서의 상층 계급이 존재하지 않는다. 실제로 우리의 이야기에 나오는 중상층 계급의 사람들 중 가문의 재산에 편승하여 할 일 없이 돌아다니는 대부호의 게으른 자손은 아무도 없다. 정반대로 얼과 패티, 칼과 클라라, 그리고 리카도와 마니 등 개개인은 자신들의 집안에서 처음으로 대학에 진학한 사람들이다.[3] 대략 이들 중 절반은 결손가정 출신이다. 모두는 사다리를 오르기 위해 혼신의 힘을 다해 노력해왔고, 많은 시간, 돈, 그리고 생각을 자녀들의 양육에 쏟아부었다. 그들의 평범한 출신 배경은—빈한한 상태는 아니었지만—어떤 의미에서는 그들의 자녀들이 성장한 환경보다는 오늘날 가난한 아이들이 당면하고 있는 환경에 더 가깝다고 할 수 있다.

이들 부모들이 신분 상승을 이룰 수 있었던 부분적인 이유는 그들이 청소년이었던 시대가 비교적 상향 이동에 호의적이었기 때문이다. 물론 이들의 삶에 '자수성가'라는 명칭을 붙여도 이상할 것이 없지만, 이들이 가정이나 공동체의 지원을 통해 보이지 않게 많은 혜택을 받은 것 또한 사실이다. 하지만 이들과 같이 평범한 배경을 가지고 있는 오늘날의 아이들에게는 그러한 지원이 쉽게 다가오지 않는다. 이들이 성장했던 시대에서는 모든 배경 출신의 아이들에게 공립 교육과 공동체의 지원이 제공되었고, 상당히 많은 사람들이 사다리 위로 오를 수 있었다. 벤드, 비벌리힐스, 뉴욕, 포트클린턴, 그리고 심지어 LA 중남부에서도 그랬다. 하지만 이제 그와 같은 공적, 사적인 지원 기관들은 더 이상 보다 가난한 아이들에게 그만큼의 지원을 제대로 해주지 않고 있다. 이것이 이 책의 요점이다.

하지만 이 책의 독자 대부분은 위에서 언급한 가난한 아이들이 겪은 것과 똑같은 곤궁함을 겪지는 않으며, 이는 필자도 마찬가지고 우리의 생물학적 아이들도 마찬가지다. 미국에서의 계급 차별의 증가 때문에, 성공한 사람들 중 점점 더 적은 소수만이(그리고 심지어 이보다 더 적은 소수의 우리 아이들만이) 다른 나머지 절반의 미국 사람들이 어떻게 살아가고 있는지에 대해 제대로 알고 있을 뿐이다. 따라서 우리는 특권이 부여되지 않은 아이들의 곤궁함에 대해 우리가 당연히 해야 하는 것보다 훨씬 더 적게 공감하고 있다고 하겠다.

그것은 이 연구를 시작하기 전의 나도 마찬가지였다. 나는 열심히 노력했고, 그 결과 포트클린턴의 평범한 배경을 딛고 출세할 수 있었다고 생각했다. 상당 시간 동안 내가 간과했던 것은 내가 지닌 행운의 상당 부분이 공동체적이며 평등주의적이었던 시대의 가정과 공동체, 그리고 공공 기관 덕분이었다는 사실이다. 나와 반 친구들이 사다리를 오를 수 있었다면, 오늘날 평범한 배경의 아이들 역시 그렇게 할 수 있다고 생각했다. 그런데 이 연구를 마치면서 나는 그렇지 않을 수도 있다는, 그렇게 하지 못할 수밖에 없다는 점을 인식하게 됐다.

우리의 이야기에서 문제를 유발한 개인적인 원흉은 존재하지 않는다고 하지만, 그렇다고 해서 누구에게도 잘못이 없다는 것을 의미하지는 않는다. 오늘날 미국에서 벌어지고 있는 기회의 평등을 억제하는 많은 요인들은 집단적 결정을 반영하는 사회 정책에 기인하고 있다. 우리가 그러한 집단적 결정에 어느 정도 책임을 지고 있는 한, 다른 사람의 성공을 가로막는 장애물을 제거하는 데 실패했다는 사실에 우리 또한 연루되어 있는 것이다.

그렇다면 운이 좋은 쪽에 속한 사람들에게 기회격차가 왜 문제가 되어야 하는가? 그 대답은 다음과 같다. 미국의 가난한 아이들의 운명은 우리의 경제, 민주주의, 그리고 우리의 가치에 광범위한 영향을 미치고 있기 때문이다.

불평등한 기회와 경제성장

어떤 잘못도 저지르지 않았음에도 불구하고 가난해질 수밖에 없는 아이들 또한 부자 아이들만큼이나 신이 그들에게 부여한 재능을 충분히 개발할 수 있어야 한다. 그러나 그들의 가정, 학교, 그리고 공동체는 이를 수행할 준비가 덜 되어 있다. 미국은 경제적 성장과 생산력 향상을 위해 많으면 많을수록 좋은 최대한의 인재들을 필요로 하고 있고, 분명한 것은 우리가 그러한 인재들을 헛되이 버릴 여유가 없다는 사실이다. 기회격차는 실제 비용과 경제학자들이 '기회비용opportunity costs'이라 명명한 것 전부를 우리 모두에게 부과할 것이다.

1975년, 경제학자 아서 오쿤Arthur Okun은 공평성과 효율성 간의 '거대한 교환Big Tradeoff'을 공식화함으로써 명성을 얻었다.[4] 우리는 사회적 공평성을 향상시킬 수 있는 정책을, 예컨대 조세 체계를 통한 소득 재분배에 의해 추구할 수 있다. 하지만 이는 오로지 경제적 생산성의 비용으로만 치르는 것이다. 때때로 우리가 망각하는 것은 오쿤 스스로도 이러한 엄격한 교환이 기회 평등의 추구에는 일반적으로 적용되지 않는다고 주장했다는 사실이다. 그러한 경우에서는 아무런 교환이 일어나지 않는데, 그 이유는 가난한 아이들에 대한 투자는 모든 사람의 성장률을 높여주는 동시에, 경쟁의 장을 가난한 아이들에게도 우호적인 방식으로 평준화해주기 때문이다. 이것은 미국의 역사 전체를 통해 나타났던 공공 교육의 핵심적인 원리다. 또한 많은 경험 연구가 그러한 전제를 확인해주고 있다.[5]

가난한 아이들에 대한 저투자가 치러야 하는 비용은 세계화 시대에 들어 훨씬 더 커진다. 이는 기술력이 부족한 노동자들이 할 수 있는 일과 급속한 기술 변화의 시대에서 고용주가 필요로 하는 일 사이의

'기술 불일치' 때문이다. 이로 인해 경제학자 클라우디아 골딘과 로렌스 카츠가 말한 것처럼 "교육을 덜 받은 사람들의 활용도 감소"와 경제성장의 속도 저하가 유도될 수 있다.[6] 현재 우리들이 펼치고 있는 공적 논의는 이러한 문제를 인식하고 있다. 하지만 대부분은 그것을 하나의 '학교 문제'라고만 생각하고 있다. 그러한 인식과는 반대로, 우리가 지금까지 보아왔던 가난한 아이들이 마주할 도전적인 문제 대부분은 학교에 의해 야기되지는 않는다. 완벽하게 독립적인 추세를 보이는 증거를 이끌어내면서, 경제학자 대런 애쓰모글루[Daron Acemoglu]와 데이비드 아우터[David Autor]는 다음과 같은 동일한 결론에 도달했다. "미국의 교육시스템이 미국의 교육 능력 쇠퇴의 유일한 원인이 될 수는 없다."[7]

기회격차로 생기는 경제적 비용에 대해 선명한 수치를 산출하는 것은 쉽지 않다. 하지만 다양한 방법을 사용하는 세 개의 독립된 연구들은 폭넓게 비교할 수 있는—그리고 놀랄 정도로 규모가 큰—예상 평가를 내기에 이르렀다.

- 해리 홀저[Harry Holzer]와 그의 동료들은 아동빈곤이 미국 경제에 미치는 한 해 총비용을 추산해냈다. 이들이 결론짓기를 "이러한 총비용은 매년 약 5000억 달러 내지는 국내총생산[GDP]의 거의 4%에 맞먹는 액수에 이른다. 보다 구체적으로 보면, 아동빈곤은 매년 ❶ 생산성과 경제적 산출을 GDP의 1.3%에 맞먹을 만큼 감소시키고, ❷ 범죄 비용을 GDP의 1.3% 정도로 상승시키며, ❸ 건강에 드는 지출액을 GDP의 1.2% 정도로 상승시키며 건강의 가치를 떨어뜨린다."[8]
- 클라이브 벨필드[Clive Belfield]와 그의 동료들은 그들이 '오퍼튜니티 유스[opportunity youth](단절된 청년들[disconnected youth]이라고도 불린다. -역자 주)'라 명명한 개념에 초점을 맞추고 있다. 이들은 16세에서 24세에 이르

표 6-1 '오퍼튜니티 유스'의 경제적 비용 (벨필드 등, 2012)		
	납세자 부담	**사회적 부담**
연간(청소년 1인당)	$13,900	$37,450
성인 평생(청소년 1인당)	$170,740	$529,030
오퍼티니티 유스 집단으로부터의 생애 총 부담금(현재의 가격 가치로)	$1.59조	$4.75조

는 나이로 학교에 다니지도 않고 일을 하지도 않는 젊은이들의 집단
이다. 대체로 이 집단은 이 책에서 중점적으로 다루는 가난하고 교육
을 덜 받은 가정 출신의 아이들과 중첩된다.[9] 벨필드와 그의 동료들
은 고심 끝에 각각의 오퍼튜니티 유스를 위해 세금 납부자들이 매년
그리고 평생 동안 지출해야 할 비용을 산출해냈다. 이들은 또한 각각
의 오퍼튜니티 유스를 위해 전체 사회에 부과되는 부담(예컨대 범죄에
드는 사적 지출 비용 또는 속도가 느려진 총생산에 대한 비용)에 대해서
도 똑같은 비용을 산출해냈다. 이들의 분석은 아주 광범위하기에 현
재 우리가 받고 있는 교육시스템에 대한 '비용 절감'까지 인정하고 있
는데, 이는 이러한 아이들이 중간에 학교를 포기하기 때문이다. 표 6-1
에서 요약한 것처럼 이들이 항목별로 매긴 총비용은 어마어마하다.

대략 이들 비용의 3분의 2는 상실 수익[lost earning], 낮은 경제성장,
낮은 세금 수입 등을 반영하는 한편, 5% 이하는 '복지' 프로그램의
비용을 반영하고 있다. 우리가 냉정한 마음을 가지고 이들 가난한 아
이들로 하여금 자기 힘으로 삶을 꾸려나가도록 한다고 할지라도, 우
리는 여전히 이들 비용의 가장 큰 몫을 지불해야만 한다. 왜냐하면
이 아이들은 국가 경제에 아무런 기여를 하지 않을 것이기 때문이다.

• 마지막으로 캐서린 브래드버리[Katharine Bradbury]와 로버트 트리이스트

Robert K. Triest는 기회의 불평등이 불리한 입장에 놓인 잠재적 노동자들이 자신의 능력을 충분히 개발하지 못하도록 방해함으로써 성장을 둔화시킨다는 이전의 연구를 요약하고 있다. 그 다음으로 미국 각각의 대도시 지역의 사회이동과 성장률을 비교하면서, 사회이동이 경제성장을 촉진시키는 것을 발견했다. 그것은 표준 성장 이론을 근거로 예측하던 수치를 넘어설 정도였다. 만약 애틀랜타 지역(세대 간 이동성이 낮은)이 솔트레이크 지역(세대 간 이동성이 높은)과 맞먹을 정도로 이동성이 증가한다면, 애틀랜타 지역의 1인당 실제 소득의 10년 성장률을 추정치로 11% 정도 증가시킬 것이다. 만약 테네시 주의 멤피스 지역이 세대 간 이동성을 아이오와 주의 수 시티Sioux City의 비율과 맞먹을 정도로 증가시킨다면, 추정된 멤피스의 1인당 실소득의 10년 성장률은 추정치로 37% 정도 껑충 뛰어오를 것이다.[10]

의심할 여지없이 더 많은 연구들은 이러한 수치들을 세밀하게 다듬어줄 것이다. 하지만 여기서의 추정치들은 신중하고 사려 깊게 이루어진 것이다. 더군다나 각각의 추정치들은 놀랍게도 중요한 지점에서 한군데로 모여든다. 우리 사회의 모든 청소년들 중에서 상당한 비율에 해당하는 아이들을 가치가 없다고 간주하는 것은 지극히 많은 비용을 소모시키는 나태한 행동이라는 것이다.

행동하지 않음으로써 치러야 하는 고비용을 추산하는 것은 그러한 비용을 피하기 위해 어떤 행동을 취해야 하는지에 대해 말해주지는 않는다. 또한 그러한 행동 개선에 드는 비용이 얼마인지도 말해주지 않는다. 비록 노벨상 수상자인 경제학자 제임스 헤크먼James Heckman이 유아기 교육에 대한 비싼 투자가 장기간의 주식 시장 수익을 능가하는 실제 수익률(대략 6~10%에 이르는)을 산출해낼 것이라고 추정했지만 말이다.[11] 이러한 계산이 가지는 약식 계산의 특성을 인정할지라도, 누구라도 가난한 아이들의 곤궁함을 무시하는 것이 우리 모두에게 실질적인 경제적 부담을 부과한다는 결론에 도달하지 않을 수 없다. 물론 그러한 사실을 무시한다고 하더라도, 그 사실 자체를 사라지게 하지는 못한다.[12]

이러한 통계적 발견은 우리가 이 책에서 검토해온 삶의 이야기와 완벽하게 맞아떨어진다. 예컨대 포트클린턴의 데이비드는 예의 바르고 열심히 노력하는 아이다. 자기 아이인 딸은 물론이고 8명이나 되는 그의 배다른 동생들에 대한 책임을 지고 있고, 파트타임을 전전하며 저임금의 일들을 지속적으로 하면서 근근이 생계를 꾸려가고 있다. 그러나 10대 때부터 보유해온 범죄 전과 기록과, 적절하게 받지 못한 교육, 그의 가족과 공동체로부터의 유해한 영향, 그리고 제한된 경제적 선택권 등에 의해 정체된 상태에 있다. 그는 자신이 하고 싶은 일인 포트클린턴 경제의 부흥에 기여하기보다는 의도하지 않게 공동체의 자원에―실제 비용과 기회비용 모두에―비용을 부과하고 있는 것이다. 우리 중 누군가의 도움이 주어지지 않는다면, 그는 평생 동안 그렇게 지내야만 할 것이다. 폭넓게 말해서 카일라, 일라이저, 미셸, 롤라와 소피아, 그리고 리사와 에이미 등도 마찬가지인 것이 사실이다. 우리가 기회격차를 없애는 작업을 시작할 수 있다면, 이 아이들은 우리 경제의 발목을 잡기보다는 그들이 원하는 것처럼 경제의 기여자가 될 수 있을 것이다.

오쿤이 말하는 교환이 필연적이지 않다는 말은 그러한 교환이 결코 없었다는 것을 의미하지는 않는다. 우리는 사회적 생산성에 드는 용납하기 어려운 비용을 불러일으키는 재분배적인 기획에 대해 쉽게 상상할 수 있다. 이것은 결국 하나의 실용적인 이슈가 된다. 즉 기회의 평등을 촉진시키고자 하는 특별한 노력이 감당하기 어려운 비용을 필요로 할 때는 언제인가? 하나의 합리적인 평가는 오늘날 미국은 기회의 평등과 경제성장을 동시에 강화할 수 있는 풍부한 여유를 가지고 있다는 것이다. 하지만 그러한 결과를 달성하기 위해서는, 우리는 지금 상당한 투자를 해야만 한다.

불평등한 기회와 민주주의

민주주의의 본질은 공공의 결정에 동등하게 영향력을 행사하는 것이다.[13] 적어도 대의 민주주의는 보편적이지는 않더라도 널리 확대된 투표권 행사와 풀뿌리 시민 참여를 요구한다. 정치적 영향력 행사를 위한 다른 수단, 예컨대 금전과 같은 것이 강력한 힘을 발휘하고 시민들에게 고르지 않게 분배되면 될수록, 민주주의에 어느 정도 근접한 것을 보장하기 위해서는 더욱 더 많은 선거 참여와 풀뿌리 참여가 있어야만 한다.

교육을 많이 받은 부유한 시민들이 가난하고 교육을 적게 받은 동료 시민들보다 더 적극적으로 공공의 관심사에 참여하고, 더 많은 정치적 지식과 시민적인 능숙함을 지니며, 실제로 모든 형태의 정치적 참여와 사회적 참여에 더욱 적극적으로 나서는 것은 정치행동 연구자들에게 큰 힘이 되는 결론이라 할 수 있다. 그렇다면 미국의 민주주의와 관련한 기회격차의 증가가 갖는 암시는 무엇인가? 부유한 아이들은 더욱 자신감에 넘쳐서 정부에 영향을 미칠 수 있는 능력이 있으며, 대부분 그렇게 하고 있다.[14] 놀랄 것도 없이 당연하게도, 가난한 아이들은 그러한 시도조차도 적게 하고 있다.

미국 인구조사국은 주기적으로 전국에서 미국인 표본을 뽑아 시민들의 사회적 참여civic involvement에 대한 질문을 한다. 여기에는 최근에 정치에 대해 토론을 한 적이 있는지, 자원봉사 단체에 속해 있는지, 공개 회의에 참가했는지, 불매운동boycott 또는 구매운동buycott에 참여했는지, 이웃의 문제를 해결하기 위해 다른 사람들과 함께 일했는지, 그리고 공무원을 만났는지 등의 질문이 포함된다. **도표 6-1**은 2008년과 2010년에 20~25세에 이르는 청년들이 그러한 행동에 참여한 빈도수를 요약해 보여주고 있다. 고등학교만 졸업한 청년들은 대학을 졸업한 청년들보다 두 배 이상 실제 모든 형태의 시민 생활과 유리되어 있는 반면, 이들보다 두 배나 더 많은 숫자의 대학 교육을 받은 청년들은 위에서 열거한 활동 중 하나 이상에 참여하고 있다.[15]

하지만 설상가상으로 민주적 참여의 가장 근본적이며 유일한 수단인 투표와 관련해서 젊은이들 사이에 크게 벌어진 계급격차는 최근 수십 년 동안 더욱 늘어났으며, 또 다른 가위 모양의 격차를 보여준다. 최근에 있었던 총선에서 대학을 졸업한 젊은이들은 고등학교 이후의 교육을 받지 못한 그들의 동년배들에 비해 두세 배 정도 더 투표에 참여했다.[16]

아이러니하게도 투표 이외의 다른 많은 사회적 참여의 측정치를 살펴보면 계급격차가 최근 수년 동안에 좁혀진 것처럼 보이지만, 이는 단지 부유한 아이들이 가난한 아이들보다 시민으로서의 삶에서 더 급속하게 빠져나가고 있기 때문이다.[17] 이미 우리가 4장의 학생 자치회 참여에 대한 논의에서 살펴보았듯이, 이러한 하향 수렴은 위안이 될지도 모른다. 이것이 다음 세대 사이에서는 참여가 더욱 줄어든다는 것을 의미한다는 사실을 제외한다면 말이다. 가위 모양의 간격이 좁혀지는데도 불구하고 실질적인 격차는 그대로 남아 있는 것이다.

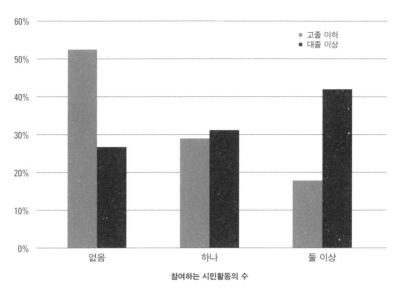

출처: 현재인구조사(Current Population Survey), 2008, 2010.

고등학교 졸업반 학생들에 대한 높은 수준의 전국적인 조사를 통해 교육을 덜 받은 가정 출신의 아이들은 대학 교육을 받은 가정 출신 아이들보다 정치에 대한 지식이 더 부족하고, 관심도 더 적으며, 정부에 대한 신뢰도도 낮고, 투표도 적게 하고, 지역의 관심사에 대한 사회적 참여도 더 적다는 사실이 확인되었다. 더군다나 이러한 계급 차이는 비백인들 사이에서보다는 백인들 사이에서 더 큰 것으로 나타났다.[18] 온라인 참여는 급속도로 증가하고 있지만 인터넷의 정치적인 사용에서 나타나는 디지털 양극화는 매우 커다란 상태를 보이고 있으며 줄어들 기미를 전혀 보이지 않고 있다.[19]

설상가상으로 정치학자 케이 슐로즈만Kay Schlozman, 시드니 베르바 Sydney Verba, 헨리 브래디Henry Brady가 증명한 것처럼, 정치 참여에서 나타나는 이러한 계급격차는 점점 더 세대 사이에서도 이어지는 현상이 나타나고 있다. 그 이유는 아이들이 그들 부모의 사회경제적 지위를 이어받는 경향을 보이는 것과 마찬가지로, 부모의 정치적 참여의 정도를 물려받는 경향을 보이기 때문이다. 결국 세대를 넘어서 계급격차가 축적되는 것이다. 학자들은 다음과 같이 적고 있다. "교육을 잘 받은 부유한 부모를 가지고 있다는 것은 직업적인 성공에서뿐만 아니라 정치적 목소리를 내는 데에도 이점을 갖게 한다."[20]

따라서 정치 참여의 계승은 이중적인 불운을 나타낸다. 교육받은 부모들은 정치에 참여할 가능성이 좀 더 많고, 정치적으로 자극을 주는 가정에서 자라난 아이들은 어른이 되었을 때 자연스레 정치에 참여할 가능성이 더욱 늘어난다. 이것은 부모의 정치 참여가 낳은 직접적인 유산이다. 이에 덧붙여서 교육받은 가정의 아이들은 성장한 뒤 교육받은 성인이 될 가능성이 더 많고, 그들이 받은 고도의 교육은 성인이 되었을 때 정치 참여에 호의적으로 반응하게 한다. 이것은 간접적인 유산이다. 반대로 특권이 적은 배경의 아이들은 가정에서의 시민적 역할 모델의 부재에 의해, 그리고 그들 자신의 한정된 교육적 성취에 의해 정치 참여에 대한 용기를 잃게 된다.

이러한 이중적 불행은 우리가 1장에서 탐구한 미국이 지향하는 전통적인 교육적 이상에 대한 이중적 도전이 된다. 첫째, 미국인들은 일반적으로 정치적 불평등이 경제적 불평등보다 더 나쁘다고 믿는다. 둘째, 미국인들은 물려받은 불평등이 주어진 한 세대 안에서의 불평등보다 더 나쁘다고 믿는다. 불편한 사실은 물려받은 정치적 불평등이 미국혁명이 상대해서 싸웠던 정치체제로 우리를 더 가까이 이끈다는 것이다.

우리가 수행한 인터뷰들을 보면, 부유하거나 가난하거나 관계없이 모든 배경의 아이들 사이에서 정치적 소외가 널리 퍼져 있고 증가하고 있다는 것을 알 수 있다. 실제로 오늘날 모든 미국인들은 정치와 정부에 대해 많은 불만을 가지고 있다. 그러나 유사성은 바로 여기에서 종결되고 만다. 우리가 만났던 낮은 계급의 아이들은 끊임없이 시민활동에서 유리되어 있는 반면, 대부분의 상위 계급 아이들은 부모, 또래, 그리고 멘토들에 의해 정치 참여를 권유받고 있다. 몇 가지 사례를 생각해보자.

포트클린턴에서 첼시의 부모는 공동체 내에서 활동적이고 정치에 대한 이야기도 많이 한다. 그녀는 이렇게 말한다. "대체로 저는 부모님들과 정치적으로 같은 태도를 취하고 있어요. 그러나 제가 아직 상황 파악을 하고 있는 면이 있죠. 왜냐하면 전 이제 투표를 할 수 있게 되었기 때문이에요. 전 노동 인구 속에 들어갈 것이고 사회에 기여를 할 테죠. 그래서 전 사회에서 어떤 일들이 일어나고 있는지에 대해 더 많은 교육을 받을 필요가 있어요."

이와는 다른 한 축에 있는 데이비드는 정치적인 참여나 시민적 참여를 위한 어떠한 역할 모델도 없이 혼란한 가정에서 살고 있다. 따라서 이러한 주제에 대해 우리가 질문하자, 그는 놀란 눈으로 우리를 빤히 응시했고 반응도 간결했다. 마치 우리가 모차르트나 여우 사냥에 대해 질문한 것처럼 말이다.

질문 투표한 적이 있어요?
대답 한 번도 없어요.

질문 부모님이 정치에 참여한 적이 있는지 없는지 아세요? 아니면 그런 일에 연루된 적이 있나요?

대답 전 그런 문제에 대해 부모님과 이야기하지 않아요.

벤드에 사는 앤드류는 그의 부모와 마찬가지로 지역 공동체 활동에 참여하고 있고(비록 지지 정당은 아빠와 다르다고 덧붙여 말하지만), 투표를 할 예정이라고 말한다. 현 시점에서는 앤드류가 활동가라고 말할 수 없지만, 그는 대학 토론을 통해 공공적인 주제에 대해 더 많은 관심을 갖게 되었고, 스스로 정치에 뛰어들 수도 있다고 생각하고 있다.

이와는 반대로, 카일라의 정신세계에서 가장 동떨어진 것이 정치다. 그녀는 자신의 심각한 개인적인 문제들에 더 몰두해 있기 때문이다.

질문 당신은 정치적인 일이나 공동체의 일에 관여하고 있습니까?
대답 전혀요.

질문 뉴스를 보는 데에는 관심을 가지고 있나요?
대답 뉴스는 조금만 지나면 낡은 것이 되지요. 누가 누구를 쐈고, 아니면 누가 누구에게 강도짓을 했다는 거죠. 전 관심 없어요.

질문 선거일이 다가오면 흥미가 생기지는 않나요? 투표를 할 거라고 생각하십니까?
대답 아뇨, 전혀 상관 없는 일이에요.

질문 좋아하는 정당이 있나요?
대답 그런 건 다 사기를 치는 거죠.

질문 당신의 부모님들은 정치에 참여한 적이 있나요?

대답 전혀요.

상층 계급의 참여와 하층 계급의 소외라는 대조적인 모습은 통계 분석과 젊은이들과의 대화 모두에서 나타나는데, 이는 미국 민주주의에 두 개의 근본적인 위험을 부과하고 있다. 하나는 좀 더 선명하게 나타나고 있고, 두 번째 것은 보다 미묘하다고 할 수 있다.

첫째, 정치적 목소리에서 나타나는 계급적 차이가 증폭됨에 따라 정치체제는 미국 전체의 관심사와 가치를 덜 반영하게 되고, 그 결과 정치적 소외를 더욱 악화시키게 된다. 실제로 미국이 이러한 방향으로 가고 있음을 명확하게 나타내는 증거 자료들이 점점 더 많아지고 있다.[21] 오늘날 미국의 정치에서 돈은 점점 더 중요한 요소가 되고 있다. 결국 투표함에서 오는 압력의 부재는 대의제의 한계를 강화할 뿐이다. '선거는 중요하다.' 정치인들은 이렇게 말하는 것을 좋아하지만, 만약 당신이 선거에 참여하지 않는다면 선거 결과가 당신에게 좋을 가능성은 낮다. 정치학자 로버트 달Robert Dahl은 말한다. "정치에서 동등한 목소리를 빼앗긴다면, 목소리를 가진 사람들이 자신들의 이해관계에 보이는 관심과 같은 크기의 관심이 당신의 이해관계에는 주어지지 않을 가능성이 매우 높다." "목소리를 전혀 내지 않는다면 누가 당신을 위해 목소리를 높여줄 것인가?"[22]

미국 정치학회의 한 탁월한 특별연구팀은 10년 전 이와 유사한 결론에 도달한 적이 있다. "오늘날 미국 시민들의 목소리는 불평등하게 높여지고 있으며 들리고 있다. 특권을 가진 이들은 그렇지 못한 사람들보다 더 많이 정치에 참여하고, 점점 더 정부에 대해 자신들의 요구 사항을 잘 압박하게끔 잘 조직되어 있다. 그 결과 공무원들은 평범한 시민들과 부유하지 못한 사람들보다는 특권을 가진 사람들에게 훨씬 많은 반응을 보이고 있다. 소득이 낮거나 보통인 시민들의 속삭임은 공무원들의 귓바퀴만 맴돌다 사라지는 반면, 특권을 가진 사람들은 분명하고 일관성 있게 큰 목소리를 냄으로써 정책 결정자들이 쉽게 들을 수 있고 일상적으로 따르게끔 하고 있다."[23] 간단히 말해서, 기회격차는 정치적 평등성을 손상시키고, 그 결과 민주적인 정당성도 훼손시키고 있는 것이다.

둘째, 미국 청소년, 특히 기회격차 면에서 불리한 진영에 있는 젊은 이들이 겪는 정치적 소외의 증가는 민주적 안정성에 대해 좀 더 미묘하고 추측성이 짙은 위험을 부과하고 있다. 그것은 정치학자 한나 아렌트[Hannah Arendt]와 사회학자 윌리엄 콘하우저[William Kornhause] 같은 관찰자가 중요하게 지적했던 위험성이다. 이들은 제2차 세계대전 이후 나타난 1930년대의 경제적·정치적인 악몽과 반민주주의적 극단주의의 등장에 대단한 공포를 느꼈던 사람들이다.

시민사회로부터 유리되고 사회적 제도로부터 절연된 생기 없고 원자화된 대중은 아마도 정상적인 상황 아래서는 정치적 안정에 아주 작은 위협만 부과할 수 있을 것이며, 어떠한 위험이라도 대중의 무감각함에 의해 소리가 잠재워질 것이다. 이러한 상황에서는 정부가 아주 민주적이지 않을 수 있어도, 적어도 안정은 유지할 것이다. 그러나 심각한 경제적 또는 국제적 압력 아래서는 — 예컨대 1930년대에 유럽과 미국을 질리게 했던 압박과 같은 — 그러한 '생기 없는' 대중이 갑자기 감정적으로 격해져서 이데올로기적 극단주의를 표방하는 반민주적 선동 조작에 노출될지도 모른다.

콘하우저는 『대중사회의 정치*The Politics of Mass Society*』에서 나치즘, 파시즘, 스탈린주의, 그리고 심지어 여기 미국에서의 매카시즘과 같은 선동적인 대중 운동에 가장 취약한 시민들이 정확하게 "공동체의 공식적·비공식 활동에 참여할 기회가 가장 적은 사람들"이었다고 주장했다.[24] 아렌트도 그녀의 고전적인 저술인『전체주의의 기원*Origins of Totalitarianism*』에서 비슷한 주장을 폈다. "대중적인 인간의 주요한 특성은 잔인성과 후진성이 아니라 그가 처한 고립과 정상적인 사회적 관계의 결핍이다"[25] 정치적 악몽에 굴복하지 않은 채로, 우리는 오늘날 미국의 가난한 아이들이 직면하고 있는 냉혹하고 사회로부터 소외된 미래가 예기치 못한 내일의 정치적 결과를 가져오지는 않을지 심각하게 생각해야 할 것이다. 따라서 국가적 번영에 끼칠 수 있는 위험성과는 별개로, 기회격차는 우리의 민주주의를 훼손하고 아마도 정치적 안정성마저 손상시킬지 모른다.

불평등한 기회와 도덕적 책무

지금까지 우리는 이 나라에서 불우한 아이들의 곤궁함이 가져온 경제적, 정치적 결과에 초점을 맞추어왔다. 바로 데이비드, 카일라, 일라이저, 롤라, 그리고 이 책에서 언급된 다른 이들을 말하는 것이다. 하지만 이러한 논의 밑바닥에 깔려 있는 근본적인 논의거리가 존재한다. 바로 이러한 아이들의 존재를 무시하는 것이 우리의 좀 더 심오한 종교적, 도덕적인 가치를 더럽히는 것이라는 사실이다.

실제로 모든 종교가 공유하는 심오한 가치 중 하나는 가지지 못한 사람들을 돌보는 일에 대한 헌신이다. 잠언 29장 7절은 "착한 사람은 가난한 사람들의 사정을 돌보지만 나쁜 사람은 아랑곳하지 않는다"라고 적고 있다. 예수는 마가복음 10장 21절~25절에서 한 신앙심 깊은 부자에게 훈계하기를 가난한 자를 위해 모든 것을 포기하라고 한다.

그 이유는 "부자가 하느님 나라에 들어가는 것보다는 낙타가 바늘귀로 빠져 나가는 것이 더 쉬울 것이기" 때문이다. 이사야에 따르면 진노한 하느님은 이스라엘의 장로들과 지배자에게 큰소리로 "어찌하여 너희는 내 백성을 짓밟으며, 어찌하여 가난한 사람들의 얼굴을 맷돌질하듯 짓뭉개느냐?"(이사야 3장 15절)라고 호통 치면서, 그들이 정의로운 진노를 받게 될 것이라고 예언했다.

프란치스코 교황이 신앙 유무를 떠나 모든 이들에게 베풀었던 봉사의 가장 중요한 점은 우리가 이웃을 돌봐야 한다는 깊은 도덕적 의무를, 특히 가난한 아이들을 돌봐야 한다는 의무를 상기시킨다. 2013년에 그는 이렇게 말했다. "우리는 가난한 이의 부르짖음에 공감하지 못하고, 다른 사람의 고통에 울어주지 못하고, 그들을 도울 필요성을 느끼지 못하게 되었습니다. 마치 이 모든 일이 우리의 책임이 아니라 누군가 다른 사람의 책임인 것처럼 말입니다. (…) 우리가 (젊은이들을) 소외시킬 (때) 우리는 그들에게 불의를 행하는 것입니다. 젊은이들은 하나의 가족, 하나의 나라, 하나의 문화, 하나의 신앙에 속해 있습니다. (…) 그들은 정말로 우리 인류의 미래입니다."[26]

독립선언문(영국으로부터 미국의 독립을 선언한 문서로 1776년 7월 필라델피아 대륙 의회에서 승인받았다. "모든 사람은 평등하게 창조되었으며, 신으로부터 몇 가지 양도할 수 없는 권리를 부여받았다. 바로 생명권, 자유권, 행복 추구권 등이 그것이다"라는 내용으로, 나중에 미국의 제3대 대통령을 지내기도 한 토머스 제퍼슨이 초안의 상당부분을 작성했다. -역자 주)부터 게티즈버그 연설 Gettysburg Address(1863년 11월 19일 미국 16대 대통령 링컨이 남북전쟁의 격전지인 펜실베이니아 주 게티즈버그에서 했던 연설. 시작부의 "모든 사람은 평등하게 창조되었다"라는 구절에서부터, "인민의, 인민에 의한, 인민을 위한 정부는 이 지상에서 결코 사라지지 않을 것입니다"라는 유명한 구절로 끝맺는 명연설이다. -역자 주)까지, 우리의 역사적 건국 문서는 모든 인간은 동등한 도덕적 가치를 지닌다는 근본적인 가르침을 채택하고 있다. 우리가 침묵으로 만든 우리나라 역사의 상당 부분은, 부끄럽게도 백인이 아닌 사람들과 여성들에게는 그러한 원칙을 제외시켰다. 그렇지만 실제로 공정성이나 정의에 대한 모든 도덕 이론은 그러한 원칙을 다시금 이끌어냈고, 이 원칙은 지난 100년에 걸쳐 전개된 해방 운동이 평등한 권리를 일구어내기 위해 받침대로 사용한 모루라 할 수 있다. 1963년에 있었던 워싱턴 행진에서 마틴 루터 킹Martin Luther King이 말한 것처럼 "우리 국가를 건설한 이들이 헌법과 독립선언문의 장엄한 문구를 적어냈을 때, 그들은 모든 미국인이 그 상속인이 되었다는 약속의 기록에 서명한 것입니다."

1장에서 우리가 보았듯이 우리들 중 95%는 "미국에 사는 모든 사람들은 앞으로 나아가는 데 있어서 동등한 기회가 부여되어야 한다"라고 말한다. 이는 경쟁 사회가 된 오늘날의 미국에서는 사실상 결코 도달할 수 없는 수준의 합의consensus라 할 수 있다. 기회의 평등이라는 규범은 자세하게 보면 복잡한데, 특히 정확히 어떤 것을 평등하게 할 것인가라는 논점을 해결하기 어렵기 때문이다. 예컨대 철학자들은 지혜나 건강, 또는 에너지의 수준에서 나타나는 발생학적인 차이가 불평등한 기회를 정당화할 수 있는지 여부에 대해, 심지어는 평등의 기회 원칙이 그러한 불운함까지도 고려해서 배상을 해주어야 하는지 여부에 대해 여러 논의를 주고받고 있다.

이러한 추상적인 논의는 오늘날 다음과 같은 논란을 함축하고 있다. 즉 지능 또는 근성의 결핍 때문에 고등학교를 중도에 그만두는 사람들이 있다면, 이것은 기회의 평등 원칙을 해치는 것인가?[27] 이론적인 세계에서는 우리가 이러한 복잡함에 대해 언급할 필요가 있을 수도 있지만, **오늘날 미국의 현실 세계에서는 그렇지 않다.** 이 책이 밝혀왔듯이 오늘날 우리는 기회 평등에서 아주 멀리 떨어져 있는데, 심지어 재능이 있고 에너지가 넘치는 아이들의 경우에도 마찬가지다. 이는 우리가 겪은 과거와도 동떨어진 것이기 때문에 우리가 기회의 평등 원칙을 아무리 엄중하게 적용하더라도 그것은 결코 위험한 일이 아니다.

우리가 사는 세상에서도 기회 평등은 다른 가치, 특히 자유와 자율성의 가치와 대립적으로 평가될 필요가 있다. (기회 평등의 이름으로) 부유한 부모들로 하여금 **굿나이트 문**^{Goodnight Moon}('Goodnight Moon time'은 유명한 그림책으로 잠자기 전 아이들에게 책을 읽어주는 시간을 의미한다. –역자 주)을 읽어주지 못하게끔 방해하는 것이나, 커플에게 아이를 갖기 전에 결혼을 하라고 요구하는 것은 모두 우스꽝스러운 일일 것이다. 한편 때로는 우리의 기회 평등 원칙이 다른 가치들을 압도하는 경우도 있다. 예컨대 부모의 자율권이 기본 교육에 대한 아이들의 권리를 침해하지 말아야 한다는 원칙에 따라, 우리는 자녀들을 위해 공립학교나 사교육을 통한 적절한 교육을 제공할 것을 부모들에게 요구하고 있다.

때때로 우리는 부모가 자기 아이들을 어떻게 길러냈는지에 대해 부모를 비난하는 것을 정당화하기도 한다. 우리는 잘못된 결정을 내린 것과 관련해 일라이저의 부모나 카일라의 부모, 또는 데이비드나 소피아의 부모를 비난할 수 있을지도 모른다. 실제로 이들의 아이들은 자신의 부모들을 비난했다! 그러나 아이들에 대한 책임이 실패한 부모에게만 있다고 주장하는 것은 가장 미국적인 도덕적 감수성을 해치는 것과 다름없다.[28]

기회 평등은 공공적인 행동에 대한 하나의 단순한 지침은 아니다. 그렇지만 오늘날 미국에서 증가하고 있는 부유한 아이들과 가난한 아이들 사이의 기회격차가 도덕적으로 수용할 수 없는 수준이라는 사실을 인정하기 위해 우리가 그러한 철학적인 난제를 일일이 풀어야 할 필요는 없다. 우리가 현재 가지고 있는 종교적 이상과 기본적인 도덕률이 요구하는 기회 평등 원칙에만 동의하더라도, 굳이 완벽한 기회 평등에 대해 믿을 필요는 없는 것이다.

무엇을 할 것인가?

가난한 아이들이 부자 아이들을 따라잡게끔 돕기 위해, 개인적으로 그리고 공동체와 국가의 구성원으로 우리는 무엇을 할 수 있을까? 이 책이 대략적으로 설명해왔듯이 이것은 쉬운 문제가 아니며 해결책 또한 간단하지 않다. 그와는 반대로, '빨강'과 '파랑' 사이의 대립(빨강은 공화당의, 파랑은 민주당의 상징색이다. -역자 주)이 심화되는 우리 미국에서, 그것은 많은 기여 요인을 지닌 궁극적인 '자줏빛purple(빨강과 파랑을 섞으면 자줏빛이 된다. -역자 주)'의 문제다. (혼전 출산과 같은) 어떤 원인들은 '빨강'의 보수적인 렌즈를 통해 보다 선명하게 보일 수 있고, (늘어나는 소득불평등 같은) 다른 원인들은 '파랑'의 자유주의적 렌즈를 통해 두드러지기도 한다. 우리가 모든 아이들에게 보다 많은 기회를 제공해야 한다면, 우리의 시민 지도자들은 정당과 이데올로기의 경계를 넘어설 필요가 있다. 기회격차에 대해 언급함에 있어서 우리는 모든 범주의 잠재적 해결책을 고려해야 한다.

이 책의 나머지 부분에서는 현재의 추세를 변화시킬 집단적인 약속을 이루기 위한 일련의 상보적 접근 방식들이 제시되어 있다.[29] 이러한 제안들을 광범위한 영역에서 구체적인 실행 방안으로 바꾸는 것은 어려운 작업이 될 것이다. 각각 다른 경우마다 색다른 정책들의 혼합이 필요할지도 모른다. 이 나라는 방대하고 다양하기 때문에 포트클린턴에서 할 수 있는 일이 애틀랜타나 오렌지카운티, 또는 필라델피아나 벤드에서 필요한 것과 구별될지도 모른다. 정책 입안자들이 생각하는 우선순위가 시민활동가나 종교활동가들이 생각하는 가장 효율적인 접근 방식과 다를 수도 있다. 다음에 소개할 정책 실행을 위한 방대한 의제는 모든 미국인들에게 반성과 행동을 촉구하는 데 목표를 두고 있다.

여기서 내가 하는 제안은 현재 사용할 수 있는 최상의 증거 자료에 바탕을 둔 것이다. 다행스럽게도 이러한 증거는 학자나 활동가 모두가 추구한, 보다 풍부한 상상적 차원의 해결책으로 흥미진진한 분야에서 빠르게 이루어진 연구의 성과물이라 할 수 있다. 우리는 비용 효율도 추구해야 하지만, 주어진 기회격차의 범위 때문에 그것을 좁히는 데까지는 상당한 비용을 지불해야 할 것이다. 우리는 어느 곳에서 어떤 것이 작동되는지를 실천적 경험을 통해 학습하는 시행착오의 전략을 추구해야만 한다. 그래서 나의 기준은 어떤 계획안이 효율적인 것으로 판명되었는지 여부를 따지는 것 아니라, 최상의 유용한 증거들이 해결의 희망을 제시하고 있는지 여부를 따지는 것이다.

다행스럽게도 미국의 연방 제도는 그러한 전략에 맞도록 잘 설계되어 있다. 우리의 연방 제도가 다양한 지역에서 많은 아이디어를 시도해보고 서로 배울 수 있도록 격려해줄 수 있기 때문이다. 이전 시기에서도 우리는 비교적 커다란 문제들을 이러한 방식으로 해결해 성공을 거두기도 했다. 19세기 말에 있었던 급속한 도시화, 대규모 이민, 떠들썩했던 사회적·경제적·기술적 변화, 그리고 정치적 분규와 높은 경제적 불평등의 와중에서도 전국에 걸친 양당의 시민 지도자들은 방대하고 다양한 사회적·경제적·정치적 개혁을 추구했다. 어떤 것들은 실패하고 폐기되기도 했지만, 어떤 것들은 예상을 뒤엎고 효율적인 것으로 증명되기도 했다. 혁신주의시대의 성공은 급속도로 전국에 걸쳐 퍼져나갔고 결과적으로 연방 법률(그리고 기금)은 개혁을 전국적으로 확대했다. 변화는 아래에서 위로, 그리고 위에서 아래로 일어났다. 이제 우리도 성공적인 혁신의 시대를 열심히 모방해야만 한다.

가족구조

분열된 우리의 공적 논의에 있어 하나의 예기치 못했던 합의가 이데올로기적인 노선을 넘어 구체화되기 시작했다. 우리가 2장에서 보았듯이 노동 계급 가정의 붕괴가 기회격차 증대의 주된 기여 요인이라는 사실이다. 불행하게도 또 다른 합의점도 나타나기 시작했는데 그것은 (노동 계급 소득의 오랜 하락 추세를 뒤집는 것은 별개로 하더라도) 이 문제를 해결하기 위한 정부 주도의 직접적인 접근이 지금까지 밝은 전망을 거의 보여주지 못했다는 사실이다.

전통적인 결혼 규범을 회복함으로써 한부모 가정의 숫자를 줄이고자 하는 '결혼 정책'이 몇몇 보수적인 논평자들에 의해 강조되어 왔다.[30] 그렇지만 목적이 지니는 장점과 관계없이, 드러난 명백한 사실은 안정적으로 결혼률을 증가시키고자 하는 선의의 정책이 작동되지 않았다는 것이다. '우리가 알고 있는 그 복지'로 끝난 1996년의 복지 개혁은 빈곤하고 교육을 덜 받은 미국인들 사이에서 결혼률이 꾸준히 하락하는 데에는 별다른 효과를 내지 못했다. 조지 W. 부시 행정부는 결혼을 장려하고 부부 사이의 안정성을 강화하는 일련의 정책 실험을 추진했고 그 결과에 대해 엄격하게 평가했다. 이러한 실험 중에서 건실한 가정 만들기Building Strong Families 정책은 관계 기술 훈련과 결혼하지 않은 부모들을 위한 특별 서비스를 제공했으며, 건강한 결혼 지원Supporting Healthy Marriage 프로그램은 결혼한 커플들에게 비슷한 지원을 해주었다. 하지만 단발적인 희망을 불러일으키는 조짐에도 불구하고, 어떤 실험도 설계가 잘 되고 기금 지원도 잘 이루어지는 공공 프로그램이 결혼률을 높인다거나 부모와 함께 살게 해준다는 것에 대한 충분한 증거를 제시하지는 못했다. 확실한 건, 종교 공동체는 정부의 개입이 없이도 구성원들에게 영향을 미칠 수 있기에 교회들은 결혼, 양육, 자녀에 대한 책임에 지원을 강화할 수 있었다는 점이다.[31] 사적인 규범으로 오랫동안 정착되었던 추세가 뒤바뀌거나 노동자 계급에 집중된 강력하고 지속적인 경제적 부흥이 일어나는 것 외에, 내게는 가난한 미국인들의 결혼률을 회복시킬 만한 명쾌한 길이 보이지 않는다.[32]

결혼률의 회복이 요원한 상황에서 혼외 출산 비율을 줄임으로써 한부모 가정의 숫자를 줄일 수 있을까? 과거에 있었던 성[姓]과 결혼의 강한 연계를 다시 정착시키는 것이 바람직할지는 모르겠지만, 거의 확실한 사실은 너무 늦었다는 것이다. 그렇다면 보다 효율적인 피임은 성과 아이 양육을 분리시킬 수 있을까? 경제학자 이사벨 소힐Isabel Sawhill 이러한 접근 방식을 주장해왔다.

> 너무나 많은 청소년들이 서로에게 그리고 그들의 아이들에게, 부모 양육이 요구하는 정도의 헌신을 할 준비가 되어 있기도 전에 관계에 빠지고 아기를 갖고 있다. 결혼하지 않은 상태에서 부모가 되는 것을 비난하던 사회적 규범이, 이제는 계획 없이 부모가 되는 것을 비난하는 것이 될 필요가 있다. 유지하기 쉽고 장시간 작용할 수 있는 형태의 새로운 산아 제한은 태만한 태도의 변화를 가능하게 할 것이다.[33]

피임이 정답이 될 수 있을까?[34] 몇몇 종교 지도자들이 도덕적 근거에 따라 강력하게 반대하고 있음에도 불구하고, 미국인 열 명 중의 아홉은 산아 제한을 지지하고 있다. 추정에 의하면 젊은 싱글맘에 의한 출산의 60%는 무계획에 따른 것이고, 저소득층 여성들은 부유한 여성들보다 아이를 갖는 일을 열망하지 않는다. 우리는 사람들이 말하는 것과 실제로 행동하는 것 사이의 이러한 커다란 불일치를 정말로 이해하지 못한다. IUD(자궁 내 피임 기구) 또는 삽입형 피임법과 같은 장기적으로 사용하는 가역적 피임법LARC은 피임약을 사용하는 여성들 사이에서 무계획적 임신 사고를 줄이는 데 있어 알약보다 약 20배 더 효과적이지만, 가난한 젊은 여성들이 실제로 얼마나 많이 보조금이 지급된 LARC를 선택할지는 모른다. 지금까지의 경험적 증거들은 이미 산아제한을 선택해왔던 여성들로부터 나온 것이기 때문이다.

태만한 태도가 아니라 계획에 따라 아이를 키우는 것으로 규범을 바꾸는 일은 기회격차에 커다란 영향을 미칠 수 있을 것이다. 아이오와 주의 '출산을 피하자Avoid Stork' 캠페인 같은 사회적 마케팅이 어느 정도 진전을 보여왔고, 지난 수십 년 동안에 걸친 10대 임신의 급격한 감소는 사회적 규범이 변화를 가져올 수 있다는 사실에 약간의 희망을 주고 있다. 하지만 우리는 이러한 접근 방식이 젊은 여성들 사이에서의 혼외 임신을 줄여줄 것이라는 확실한 증거를 가지고 있지는 않다. 특히 우리가 2장에서 살펴보았듯이 많은 출산은 '어느 정도 의도적인' 것이었기 때문이다.

따라서 가난하고 교육을 덜 받은 싱글맘이 이끄는 가정들이 곧바로 사라질 것 같지는 않다. 이러한 가정과 이러한 가정의 어린이들을 우리가 어떻게 도울 수가 있을까? 분명 돈이 문제다. 가난한 가정, 가난한 학교, 가난한 공동체가 당면하는 문제점의 배경에는 우리 중 교육을 덜 받은 가난한 사람들에게 수십 년 동안 아무런 실질적 증가를 보이지 않았던 정체된 경제가 놓여 있다. 여기에 원인과 결과의 결합이 분명하게, 그리고 뿌리 깊게 존재하고 있는 것이다. 예컨대 노스캐롤라이나에서 공장 폐쇄로 생겨난 지역경제 상황의 변화는 아이들, 특히 나이가 많은 아이들의 독서와 수학 점수에 측정 가능할 만큼의 큰 영향을 미쳤다.[35] 저임금 노동자들을 위한 지속적인 경제적 회복은 상상 속에나 존재하는 마법의 탄환에 가깝다고 하겠다. 그것은 특히 임신을 늦출 수도 있고, 가난한 남녀의 결혼을 권장할 수도 있기 때문이다.

단지 약간의 특별 현금을 가난한 가정에 제공하는 것만으로도 아이들의 학교 성적을 증진시킬 수 있고, 아이들을 고소득층으로 만들 수도 있다. 특히 이러한 추가 기금이 아이의 초기 유년기에 집중된다면 말이다. 주의 깊게 통제된 정책 실험은 유치원과 초등학교 시기에 투여된 경제적 지원이 기회격차를 좁히는 데 힘을 발휘한다는 사실을 보여준다. 이는 아마 초기 뇌 발달에 영향을 미치는 가정의 스트레스를 줄여주는 효과 때문일 것이다.

아이의 생애 초기 5년 동안에 가정의 소득이 3,000달러 증가하면 SAT 성적 20점에 맞먹을 정도의 학업 성적 증가가 발생하고, 이후의 삶에서 거의 20% 정도나 높은 소득을 올리는 효과가 있다. 사회 정책 전문가인 레인 켄워시Lane Kenworthy는 이러한 연구를 다음과 같이 요약한다. "단 몇 천 달러의 정부 현금이라도 그것을 가장 필요로 하는 아이들에게 전달된다면, 아이들은 평생 동안 경기 활성화에 상당한 기여를 할 수 있다."[36] 가장 필요한 곳에 재원을 투여하는 작업은 검증이 잘 이루어진 다양한 방식을 통해 수행될 수 있다.[37]

- **근로소득 보전세제**Earned Income Tax Credit(EITC, 일정 소득 이하의 근로 소득자를 대상으로 소득에 비례한 세액 공제액이 소득 세액보다 많은 경우 그 차액을 환급해주는 제도. -역자 주)를 확장해야 한다. 특히 어린 자녀들이 있는 가정을 위해 확장해야 한다. 원래는 보수적인 경제학자

밀턴 프리드먼^{Milton Friedman}이 고안하고, 지난 세기 마지막 사분기에 양당 행정부에 의해 확장된 이 프로그램은 노동하는 가난한 부모의 가처분 소득을 합리적인 수준에서 증가시키는 효율적인 방법으로 널리 인정되고 있다. 그리고 그것은 푸드스탬프와 메디케이드^{Medicade}(저소득층에 대한 의료 보장 체제. -역자 주) 다음으로 미국에서 가장 규모가 큰 빈곤 퇴치 프로그램 중 하나가 되었다. 한편 이 프로그램은 가난한 노동자에게만 도움을 줄 뿐, 가난한 아이들 중에서도 가장 가난한 아이들에게까지는 미치지 못한다.

• 티파티 운동을 선호하는 유타 주의 공화당 상원의원 마이크 리^{Mike Lee}가 주장한 바대로 현재 간소하게 존재하는 **자녀세액 공제제도**^{child tax credit}를 확장해야 한다. 하지만 공제액이 완전하게 환불되도록 해야 한다. 그래서 너무 가난해 연방 세금조차 전혀 내지 못하는 가정의 아이들에게 혜택이 가도록 해야 한다. 이런 방식을 통해서라면 가장 가난한 아이들에게도 혜택이 도달할 수 있을 것이다.

• 빈곤 퇴치 프로그램이 오래 지속되도록 보호해야 한다. 푸드스탬프나 주택바우처^{housing vouchers}제도, 그리고 아동보호지원제도와 같이 말이다. 이러한 것들은 현재의 기금 지원 수준에서는 기회격차의 확장을 멈출 만큼 충분하지는 않았다. 하지만 이 모두를 합치면 안정망에서 하나의 중요한 부분은 될 수 있다.

가정과 공동체가 당면한 기회격차의 양상을 다루는 데 신중하려는 노력은 어떤 것이든 비폭력적 범죄로 생긴 구금을 줄이고 사회 복귀를 강화하는 노력을 포함해야 한다.[38] 그중에서도 특히 부모의 구금은 이 책에서 실제로 우리가 만난 모든 가난한 아이들에 대한 이야기의 일부를 이루고 있다. 범죄는 기록에 가까울 정도로 줄어들었지만, 최근 수십 년 동안 생긴 구금의 급증은 납세자가 내는 세금과 가정과 공동체에 미치는 충격 등 모든 면에 있어서 커다란 비용이다. 이러한 문제는 오늘날 워싱턴과 전국 모든 주의 수도에서, 정당과 관계없이 널리 인식되고 있다. 궁극적으로 기회격차를 좁히기 위해 시작할 수 있는 정책 변화는 다음과 같다.

- 비폭력적 범죄에 대한 형 선고를 줄이고 자유재량에 의한 집행유예가 보다 널리 사용되어야 한다.
- 교도소 재소자 인구가 저학력, 초라한 직업 경력, 빈번한 정신 질환과 약물남용 역사를 지닌 젊은이들로 구성되어 있음을 유념하면서 전과자를 갱생시켜야 한다.
- 오늘날의 교도소 기금을 직업 훈련, 약물 치료와 의료 치료, 그리고 다른 갱생 서비스를 위한 기금으로 전환해야 한다.

어린이 발달과 부모의 양육

3장에서 우리는 무엇보다도 초기 유년기에 이루어진 육아와 부모에 의한 양육이 기회격차의 중요한 기여 요인이라는 사실을 살펴보았다. 해결책과 관련된 어떤 생각들이 이러한 통찰력을 제시하는가? 첫째, 가장 최근의 증거 자료는 특히 조기에 이루어지는 최고의 육아가 평균적으로 아이의 친부모로부터 생겨난다는 사실을 말해준다. 아동발달 전문가인 제인 월드포겔Jane Waldfogel은 다음의 사실을 요약해서 말해주고 있다: "평균적으로 아이들은 태어난 후 첫해 동안에 엄마가 풀타임으로 일하지 않을 때 더욱 잘 살아간다."[39] 기회격차를 좁히기를 원한다면 우리는 부모들에게 일자리에서 보다 많은 선택의 융통성을 허용해야 하고, 태어난 첫해에는 양육 휴가(적어도 파트타임으로라도)를 제공해야 하며, 복지 수령인들에게 신생아가 태어난 첫해 동안에 일을 하도록 요구하는 정책(이 정책은 지금 몇몇 주에서 실행되고 있다)을 피해야 한다. 실제로 다른 모든 선진국에서는 아이들이 태어난 처음 1년 동안 우리나라보다 훨씬 더 많은 지원을 부모들에게(특히 소득이 낮은 부모들에게) 하고 있다.[40]

아이들이 데이케어를 받기 시작할 때, 서비스의 질이 문제라는 사실이 연구를 통해 분명히 나타났다. 더군다나 부모에 의해 제공되는 돌봄을 제외하고는 일반적으로 데이케어 센터에서 제공하는 돌봄 서비스가 친척, 이웃, 또는 친구 등을 통한 비공식적인 돌봄보다 더 낫다는 사실 또한 연구는 보여주고 있다.[41] 확실히 이들 각각의 범주에서는 질적인 차이가 다양하게 나타난다. 그 질의 정도 자체를 측정하는 것은 복잡하기에 논쟁거리가 되기도 한다. 하지만 고품질의, 센터 중심 데이케어로의 접근은 또 다른 차원의 문제다. 이 차원에서는 이 책에서 우리가 자주 보아온―부유한 가정 출신의 아이들에게서는 상승하고 가난한 아이들 사이에서는 정체되거나 하락하는―계급격차가 넓어지고 있다. 그래서 기회격차를 좁히기를 원하는 사람에게는 양질의, 센터 중심의 적절한 데이케어를 저소득 가정에 어떻게 제공할 수 있을지 찾아내는 작업이 우선시되어야 한다. 이러한 분야에서 가장 눈에 띄는 기획은 조기 헤드스타트Early Head Start(낮은 소득의 임산부, 신생아, 3세까지의 유아 등을 지원하는 프로그램. -역자 주) 프로그램으로, 사적인 자선사업가들에 의해 기금이 제공되며 전국적으로 광범위하게 퍼져 있는 비영리 데이케어 센터 연결망을 말한다.[42] 아이들이 무슨 데이케어를 받든지 간에 우리는 3장을 통해 교육을 더 받은 가정과 덜 받은 가정 사이에 나타나는 '양육 격차'가 증가하고 있음을 알게 되었다. 이러한 격차의 일부는 물질적 재원에 따른 직접적인 결과라 할 수 있지만, 부분적으로는 대다수의 저학력 부모들 사이에 만연한 빈약한 양육 기술 때문이다. 오클라호마 시와 같이 우리가 방문했던 가난한 이웃 공동체에 거주하는 가난한 아이들을 돕기 위해 일선에서 고군분투하는 교사들, 사회복지사들, 그리고 의학 전문가들은 아이들이 가정에서 부딪치는 문제들을 강조하면서 '랩어라운드wraparound' 가정 서비스를 제공할 필요가 있다고 말한다. 이것은 부모와(특히 싱글맘들과) 일대일 가정 방문을 통해 수행되는 서비스다.

"매일 당신의 아이들에게 책을 읽어주세요"와 같은 간단한 조언도 가치가 있지만, 훨씬 더 강력한 것은 가난한 부모들을 전문적으로 '코치'하는 것이다. 아동의 발달 결과를 개선하기 위해 지금까지 나타난 프로그램들의 예로 간호사방문 프로그램Nurse-Family Partnership, HIPPYHome Instruction for Parents of Preschool Youngster(취학 전 아동을 위한 부모 교육 프로그램), 아동우선 프로그램Child First, 그리고 (영국에 있는) 정부의 불화가정지원 Troubled Families 법안 등이 포함된다. 이러한 프로그램들이 공통적으로 수행하는 것은 가족들이 건강 문제, 아이 양육, 스트레스, 기타 가족 문제 등을 이겨내도록 돕는 훈련받은 전문가들이 정기적으로 가정을 방문하는 일이다. 비용이 들지만, 그러한 프로그램은 바람직한 '수익률'을 낸다.[43]

우리가 3장에서 보았듯이, 아동발달 전문가 사이에서는 취학전 교육의 중요성에 대한 의견 일치가 늘어나고 있다. 하지만 미국에서의 유아기 교육 등록 정도는 OECD 39개 국가 중 32위에 지나지 않는 상태다. 이들 선진국들의 전체 평균을 보면 3세 아이의 70%가 등록을 한 반면, 미국에서는 38%만이 등록을 했다.[44] 프로그램 평가의 황금률을 이용하여 무작위 통제 실험이 이루어졌고, 수십 년에 걸쳐 추적 조사를 한 소수의 질 높은 프로그램이 연구되었다. 1960년대 미시간에서 있었던 최초의 헤드스타트 프로그램과 1970년대 노스캐롤라이나에서 있었던 초보자 프로젝트Abecedarian Project에 대한 고전적 연구들은 놀라운 결과를 보여주었다. 이들 프로그램은 초기의 교육적 발전을 활성화시켰고, 아이들이 성인이 되었을 때 법률과 관련된 문제를 일으킬 확률을 축소시켰으며, 참여자들의 평생 소득을 증가시켰던 것이다.[45]

헤드 스타트에 대한 후속 연구들은 이러한 실질적 효과를 보여주지 않음으로써 초기 아동 교육의 비용 편익 비율이 정말로 바람직한지 여부에 대해 의심을 갖게끔 만들었다. 전문가들은 이를 그 후 프로그램들이 보인 명백한 효과의 약점, 그러니까 a) 미국 사회의 구석구석에 생긴 양육의 전반적인 개선(이는 특별 프로그램의 효과를 드러내는 데 걸림돌이 된다), b) 랩어라운드 지원이 더 줄어든 후기 프로그램에서 때때로 나타나는 질적 저하, c) 단기간 시험 결과에 대한 과도한 집중 등의 탓으로 여기고 있다. 이와는 달리 가장 긍정적인 처음의 결과는 학업 성취뿐 아니라 아이들의 삶 후반기에 나타난 사회 정서적 발달과 행동, 예컨대 범죄 행위와 관련한 것들도 보여주었다. 유아기 교육 프로그램의 질은(예컨대 교사 훈련, 학습 기간, 커리큘럼) 범주가 다양하며, 질 높은 프로그램은 더 큰 효과를 지닌다. 비록 정확하게 질을 측정하는 데 어려움이 많지만 말이다.[46]

그럼에도 불구하고 한 가지 분명한 발견은 잘 설계된 센터 중심의 유아기 교육은 다른 대안들보다 낫다는 사실이다. 물론 비용은 더 들지만 말이다. 예컨대 보스턴의 모든 공립 초등학교에 제공된 신중한 연구는 질 높은 유치원 취학 전 프로그램이 비싸기는 하지만 매우 효과적이었다는 사실을 증명했다. 교육 전문가인 그레그 던컨Greg Duncan과 리처드 머네인Richard Murnane에 따르면 보스턴 프로그램의 핵심적인 내용물은 질 높은 커리큘럼, 즉 보수가 높고 훈련이 잘되었으며 지도를 잘 받은 교사들과 책임성에 대한 규정을 포함한다. 던컨과 머네인은 다음과 같이 결론짓는다. "잘 설계되고 운영되는 유치원 취학 전 프로그램은 저소득층 어린이들의 생애기회를 증진시킬 전략을 구성하는 데 중요한 요소가 될 만한 잠재력이 있다."[47]

유아기 교육에 대한 주 정부의 지원은 최근 수년간 꾸준히 증가해왔다. 하지만 앞에서 지적한 대로 이 영역에 있어서 미국은 아직 다른 선진국들에 비해 뒤처져 있다. 주 전역으로 확산된 하나의 주목할 만한 유아기 교육 법안이 1988년 미국에서 가장 보수적인 주 중 하나인 오클라호마에서 시작되었다. 2012년 무렵 이 프로그램은 오클라호마 학군의 99%에 제공되었고, 주의 모든 네 살짜리 아이들 중 74%가 이 프로그램에 등록했다. 오클라호마 프로그램은 국가조기교육연구소National Institute for Early Education Research의 10개 질적 기준 중 9개를 충족시켰고, 이에 추가해서 부모들에게 랩어라운드 지원과 지침을 제공했다. 털사Tulsa 시의 중요 프로그램에 대한 첫 평가는 학생들의 읽기, 쓰기, 그리고 수학 능력에서 놀라울 정도의 성과가 있었음을 보여준다.[48]

학교

4장에서 살펴본 것은 부유한 아이들과 가난한 아이들이 질적으로 아주 상이한 학교에 다니고 있으며, 학교들이 추구하는 정책보다는 재원이, 그리고 아이들이 학교에 가지고 오는 도전거리들이 이러한 양자의 현저한 차이들을 더 잘 설명해준다는 사실이었다. 따라서 이러한 영역에 대한 가장 유망한 접근 방식은 다른 학교로 옮겨가는 아이들, 금전, 그리고/또는 교사들을 논의에 포함시키는 것이다.

이 책 전체를 통해서, 우리는 사회계급에 의한 거주 지역 분리 현상의 증가가 아이들의 교육 경험에서 나타나는 차이점들의 가장 우선적인 주요 원인이라는 사실을 살펴봤다. 주거지 분리의 원인은 소득불균형의 증가, 자신과 같은 부류와 살고 싶어 하는 사람들의 욕망, 그리고 중산층 미국인들이 자기 가정 내에 구체화시킨 재정적 형평성 등의 요인에 깊이 뿌리 박혀 있다. 따라서 계급 차별을 줄이고자 하는 노력은 강한 저항에 부딪치게 된다. 몇몇 정부의 정책은 이웃의 불평등을 축소하는 방향으로 설계되었지만, 배타적인 구역제 조례와 주택저당세 금공제와 같은 다른 정책들은 간접적인 방식으로 주거 차별을 조장하고 있다. 하지만 그러한 정책을 바꾸려는 노력은 교육 구역 경계와 학교 위치를 바꾸려는 정책과 마찬가지로 커다란 정치적 논쟁의 대상이라 할 수 있다.

공공 기금이 지원되는 혼합소득주거mixed-income housing는 지난 수십 년간 다양한 형태로 시도된 하나의 잠정적인 해결책이다. 장소가 근접하다는 것이 '사회자본의 연결'을 만들어내지는 않는다. 즉 부유한 이웃들 틈에 새로 이사해온 가난한 거주자들이 자동적으로 이웃 사람들과 사회적 통합을 이루는 것은 아니라는 것이다. 그럼에도 불구하고 보다 나은 학교로 옮겨 간 가난한 아이들은 일반적으로 학교에서 더 잘하게 된다. 예컨대, 뉴저지의 마운트 로렐Mount Laurel에서 이루어진 한 자연 실험은 보다 부유한 지역으로 이사를 간 가난한 가정의 아이들이 이사를 가지 않은 아이들과 비교할 때 학교에서 더 높은 성적을 거두었고 학교에도 더 많이 간다는 사실을 보여주었다. 부분적인 이유로는 그들의 부모가 아이의 교육에 더 많은 지원을 했기 때문이다. 예컨대 부모가 새로운 이웃(그리고 학교)으로 이사를 한 아이들 중 96%가 고등학교를 졸업했는데 이는 통제집단에 있는 아이들 29%와 비교되는 수치다. 수년 동안 마운트 로렐의 실험을 추적해온 사회학자 더글러스 매시는 다음과 같은 결론을 내렸다.

(혼합 소득 주거가) 미국의 모든 가난하고 불리한 입장에 있는 가정들을 위한 신분 이동 모델을 반드시 제공하고 있지는 (않다). 약물 남용, 범죄, 가정 폭력, 가정 불안정성 등의 곤경에 처한 사람들은 주택 개발을 감당할 만한 좋은 후보자들이 아니다. (…) 그렇지만 감당할 수 있을 정도의 주택 개발은, 갈 곳이 없어서 도시의 빈민 지구에 몰려 살면서도 더 나은 삶에 대한 희망을 품고 학교와 일자리에서 정말 최선을 다해 열심히 사는 저소득 또는 보통 소득의 수백만 가정들을 위한 적절한 조정을 해내고 있다.[49]

가난한 아이들을 좋은 학교로 옮기는 것 대신 할 수 있는 다른 방안은 그들이 지금 다니는 학교들에 더 많은 돈을 투자해서 학교의 질을 증진시키는 것이다. 훨씬 근본적으로는 학교 시스템이 가난한 학교들에 보다 양질의 교사들을 투입시키고, 이들을 단지 질서 유지만을 하도록 두는 것이 아니라 명실상부하게 가르칠 수 있는 환경을 만들어 주는 것이다. 우리가 오렌지카운티의 두 학교에 대해 비교하면서 놀라울 정도로 세세하게 살펴보았듯이, 황폐화된 지역의 학교들은 훨씬 커다란 도전들에 직면해 있다. 우리가 기회격차에 대해 관심을 둔다면, 우리의 목표는 단지 형평성 있는 기금 지원에 그치는 것이 아니라 보다 적절하고 보다 동등한 결과에 가깝게 이끌어내는 것이다. 이러한 작업은 좀 더 규모가 큰 기금 보충을 요구할 것이다. 예컨대 지도상담사의 숫자가 같다고 하더라도 가난한 학교의 상담사들이 하루 종일 징계 청문회에 매어 있다면, 대학 준비를 돕는 일에 있어서 부유한 학교와 같은 정도의 결과를 산출해내지 못할 것이다. 2012년에는 단 17개의 주만이 높은 빈곤율을 지닌 학군에 학생당 예산을 더 많이 할당했을 뿐이다. 반면 16개 주는 이와는 반대로 학교 기금 제도에 있어서 '후퇴하는' 모습을 보여주었다.[50] 2013년도 형평성 및 수월성위원회 Equity and Excellence Commission는 주 정책과 연방 정책 변화를 통해 미국 교육부 장관에게 유치원에서 12학년까지의 학교 평준화를 위한 다면적인 전략을 추천했다. 여기에는 빈곤 집중도가 높은 학교들을 겨냥한 실질적이고 새로운 재원 지원이 포함되었다.[51]

가난한 학교들에게 추가로 기금을 지원하는 일의 중요한 목표는 훈련이 더 잘되어 있고, 경험이 더 많은 유능한 교사들을 채용하기 위한 것이다. 우리가 살펴보았듯이 폭력, 무질서, 무단결석, 낮은 학업 준비도, 낮은 영어 실력, 가정의 낮은 지원 환경 등이 지배적인 학교로 향하는 도전을 교사가 피한다는 것은 일반적으로 이들 학교의 학생들이 열등한 교육을 받는다는 것을 의미한다. 오늘날 많은 교사들이 가난한 학교에서 이상을 품은 채 영웅적인 일을 해내고 있지만, 시장경제가 지배하는 곳에서 그런 벅찬 일에 훌륭한 교사들을 더 많이 끌어당길 수 있는 가장 분명한 방식은 고용 조건을 개선하는 것이다. 하나의 실험적인 원칙에 근거하여 연방 정부가 지원하는 재능전환계획Talent Transfer Initiative 프로그램은 우수한 교사들에게 2년 동안 2만 달러를 추가로 지급하고, 대신 빈곤율이 높고 학업 수행도가 낮은 열 개의 규모가 크고 다양한 인종을 가진 학군에서 가르치도록 했다. 결원된 10명의 교사 자리에 9명의 우수한 교사가 채워졌는데 이들 대부분은 보너스 지급 기간이 끝난 후에도 여전히 그 학교에 남아 있었고, 이들의 영향을 받은 학교의 독서와 수학 성적은 상당히 향상되었다.[52]

전국적인 '학교 개혁' 의제가 지니는 다른 요소들도 기회격차를 좁히는데 일조할 것이다.[53] 더 많은 과외활동과 질적 향상의 기회를 제공하기 위한 학업 시간의 연장은 어느 정도 가능성을 보이고 있다.[54] KIPPKnowledge Is Power Program(지식이 힘 프로그램) 학교들과 할렘어린이구역 프로미스학교Harlem Children's Zone Promise Academy와 같은 몇 개의 특성화 학교
charter school는 가난한 아이들이 좋은 결과를 만들어내는 모습을 보여주
었다. 그렇지만 특성화 학교가 만병통치약은 아니며 일반적으로 계급
격차를 좁히지는 않는다고 지적하면서, 그 부분적인 이유로 교육을 많
이 받은 부모들이 좋은 학교를 선택하고 자녀들을 그런 학교로 실어
나르는 과정에서 보다 많은 능력을 발휘하기 때문이라는 사실을 보여
주는 신중한 연구들도 존재한다.[55]

기회격차를 좁히는 한 방법으로 간주된 교육에 대한 또 다른 광범
위한 접근은 학교와 공동체 사이의 연계를 강조한 전통적인 교육 개혁
가들(혁신주의시대에 시카고에서 활동한 존 듀이의 작업으로 거슬러 올라가는)
의 오랜 전통에서 파생된다.[56] 이러한 해결 방식의 한 가닥은 가난한
아이들을 지원하는 학교에 사회복지 서비스와 건강 서비스를 포함시
키는 것이다. 공동체학교연합Coalition for Community Schools은 결론짓기를 "공동
체학교는 학교와 다른 공동체 자원 간에 파트너십이 이루어지는 장소
이며 동시에 하나의 파트너십 세트다. 여기에서의 학업과 건강, 사회복
지 서비스, 청소년과 공동체 발전, 그리고 공동체 참여 등에 대한 통합
적 강조는 학생의 학업 증진, 가정의 유대 강화, 그리고 보다 건강한 공
동체를 이끌어내고 있다."[57] 일반적으로 공동체 학교들은 모든 시간과
프로그램의 학습 과정에 부모와 공동체 구성원들을 적극적으로 참여
시키고, 아이들과 가족들을 사회복지 서비스와 보건 기관으로 연결시
키는 청소년 프로그램을 포함하고 있다. 유사한 학교들이 영국과 같은
다른 나라에도 있는데, 프로그램에 비용이 좀 들기는 하지만 어려움에
처한 아이들과 공동체에게 아주 긍정적인 평가가 이루어지고 있다. 보
다 제한된 평가지만 미국의 공동체학교들도 지금까지는 호의적인 평
가를 받고 있다.[58]

학교-공동체 해결 방식의 또 다른 가닥은 공동체 기반의 단체들을 포함시키는 것이다. 이들 단체는 특성화 학교를 만들어내는 데 보다 적극적인 역할을 취하고 있으며, 더 나은 학교를 만들기 위해 압력을 가하는 공동체를 구성할 수 있다. 이러한 종류의 계획에 있어서 가장 유명하고 철저하게 연구된 것은 카리스마를 지닌 교육자이며 조직가인 제프리 캐나다Geoffrey Canada에 의해 만들어진 할렘어린이구역Harlem Children's Zone이다. 1970년에 시작된 HCZ는 유아기 프로그램, 방과후 개인 지도, 과외활동 제공, 가족, 공동체, 건강 프로그램, 대학 권면, 위탁양육예방foster-care-prevention 프로그램과 그밖의 많은 프로그램이 포함되어 있다. 중점적인 학업 투자는 특성화학교에 있다(HCZ Promise Academy). 엄격한 평가 결과, 프로미스 아카데미는 뉴욕에 있는 다른 공립학교들과 비교해볼 때 시험 성적에서 나타나는 인종격차를 없애는 데 상당한 발전을 보여주었다.[59]

폭넓은 공동체와의 친밀한 관계를 통해 학교들에 혜택이 돌아간 또 다른 사례는 가톨릭 학교들을 들 수 있다. 훗날 앤소니 브릭Anthony Bryk과 그의 동료들에 의해 확인되고 확대된 한 전국적인 연구에서 제임스 콜먼James Coleman은 (이들 학교에 다닌 아이들의 부류에 대해 광범위한 통제를 했음에도) 가톨릭 학교들에서 특히 가난한 배경 출신의 아이들이 공립학교들에서보다 더 높은 수준의 학업적 성취를 이루어냈다는 사실을 찾아냈다. 콜먼, 브릭, 그리고 이들의 동료들은 이러한 수행 능력의 강화가 교구 학교들이 터를 잡고 있는 사회적이고 도덕적인 공동체 덕분이라고 주장한다. 예컨대 크리스토레이Cristo Rey 학교들은 전국적으로 확대된 가톨릭 고등학교 네트워크로서 좋게 인식되고 있는데, 도시 내의 라틴계 어린이들에게 교육 지원과 직업 교육을 제공하고 있다.[60]

한때 미국은 학교 안팎으로 직업 교육, 견습직, 직업 능력 훈련 등을 위한 활발한 시스템을 갖추고 있었다. 독일과 같은 다른 나라들은 여전히 이런 시스템을 갖추고 있지만, 최근 수십 년 사이 우리는 이러한 프로그램에 투자를 하지 않았다. 부분적인 이유로는 '모두가 대학을'이라는 주문呪文에 있었는데, 이는 대학 학위가 현재의 경제 시스템에서 성공으로 나아가는 통행권이라는 신념을 반영하는 것이다. '대학 프리미엄'이 높은 것은 사실이지만, (우리가 4장에서 보았듯이) 불리한 처지의 배경을 지닌 아이들 중에서는 아주 소수만이 대학 학위를 취득하고 있다. 4년제 대학에 가난한 아이들이 진학하고 학위를 마치는 비율을 높이고자 하는 노력은 가치 있는 일이며, 이러한 노력은 대학 진학에 훨씬 앞서서 제대로 시작되어야 한다. 왜냐하면 우리가 보았듯이 가난한 아이들이 당면하는 도전들은 그들이 초등학교에 들어가기 훨씬 전부터 위협적으로 나타나기 때문이다.

그럼에도 불구하고 '모두가 대학을'이라는 표어는 기술 교육에 대한 중등·고등교육에서의 공적이고 사적인 지원을 악화시키는 경향을 보여왔다. 오늘날의 직업 교육에 대한 잠재력을 가진 한 사례가 눈에 띄는데, 이는 작가 돈 펙Don Peck에 의해 다음과 같이 설명되는 커리어 아카데미스Career Academies에 의해 제공된다. "규모가 커다란 고등학교 내에 100명에서 150명의 학생들을 지닌 학교로, 학문적인 과정과 작업 기술을 쌓기 위해 설계된 실습 기술 과정을 혼합한 커리큘럼을 제공하는 학교이다. 전국적으로 약 2,500개의 직업학교들이 이미 운영 중이다. 학생들은 함께 수업에 참여하고 동일한 지도 상담사를 지닌다. 지역 고용주들은 학교와 파트너십을 맺고 있으며 학생들이 학교에 다니는 동안 작업 경험을 제공한다."[61] 통제된 실험 연구는 아카데미 참여자들의 수입이 아카데미에 다니지 않은 이들보다 연간 17% 정도 더 높고, 직업학교 학생들의 대학 학위 취득률은 비 직업학교 학생들의

비율과 같은 것으로 나타났다.[62]

이 분야의 전문가들은 또 다른 전도유망한 실험을 인용하고는 한다. 조지아청소년견습 프로그램^{Georgia Youth Apprenticeship Program}, 위스콘신과 사우스캐롤라이나에서의 유사한 프로그램, 그리고 전국적으로 퍼져 있는 유스빌드^{YouthBuild}(16세에서 24세의 직업이 없는 청소년들, 특히 고등학교 중퇴자들에게 교육, 카운슬링, 직업 기술 등을 제공하는 비영리 단체. ―역자 주) 네트워크 등이 그것이다. 하지만 이 분야에 대한 평가는 유치원에서 12학년까지의 교육에 대한 평가보다 그렇게 탄탄하지 않다. 다른 나라의 연구들은 기술 교육의 확대와 직업 교육이 주는 혜택이 개별 학생은 물론 전체 경제를 위해 아주 클 수 있다는 사실을 제시하지만, 미국은 (우리 경제의 작은 단편으로서) 다른 나라들이 지불하는 비용의 대략 10분의 1정도만 그러한 프로그램에 지불하고 있다.

이러한 프로그램이 계급에 바탕을 둔 2-계층의 교육 제도를 유도할 수도 있다는 두려움이 비현실적인 것은 아니다. 이 분야에서의 직업 교육 또는 견습 훈련이 2등급 교육으로 간주되는 오명을 지우려는 노력이 필요하다. 이는 양질의 교육들을 통합함으로써, 그리고 양질의 기준을 개발하고 시행하기 위한 산업과 대학의 보다 끈끈한 파트너십을 가짐으로써 가능하다. 나아가 학생 지도에도 상당한 투자가 요구될 것이다. 여전히 어떤 프로그램이 비용 효율이 높고 어떤 프로그램이 그렇지 않은지 엄격한 연구가 필요하다. 그럼에도 불구하고 데이비드와 카일라, 미셸과 로렌, 롤라와 소피아, 그리고 리사와 에이미와 같은 젊은 친구들 앞에 놓여 있는 선택은 직업 자격증 취득을 유도하는 신중한 직업 훈련과 보다 고임금 직업으로 이끄는 4년제 대학 사이에 놓여 있지 않다. 그것은 양질의 직업 훈련, 그리고 대학 교육이 전혀 이루어지지 않는 것 사이의 선택이다. 견습과 직업 교육은 하나의 전망 좋

은 분야로 주와 시 행정부가 시도해보아야 하며, 특히 양질의 평가를 해야 하는 분야다.[63]

커뮤니티칼리지가 처음 세워진 것은 혁신주의시대였으며 1960년 대와 1970년대에 크게 확대되었다. 이것은 이유가 무엇이든 4년제 대학 수준에서 시작할 수 없었던 학생들에게 대학 교육을 제공하기 위한 목적을 지니고 있었다. 커뮤니티칼리지를 옹호하는 사람들은 이들 학교들의 목적이 4년제 대학으로의 진학을 위한 통로를 제공하기 위해서인지, 아니면 직업 교육의 대안을 제공하기 위해서인지에 대해 양분되어 오랫동안 논란을 벌여왔다. 1960년대에 이들 학생들의 4분의 3이 '전학transfer'의 트랙에 진출했지만, 1980년 무렵이 되어서는 거의 4분의 3이 '종착점terminal'의 트랙에 놓여졌다. 지금은 전국의 대학생 중 거의 반에 이르는 숫자가 커뮤니티칼리지에 다니고 있다. 이들 중 80% 이상이 4년제 대학 학위를 받고 싶어 하지만 오직 적은 소수만이 그러한 목표에 도달할 수 있을 것이다.

성인 대학생들을 위한 커뮤니티칼리지의 장점은 분명하다. 대부분 등록이 개방되어 있고, 거주 지역에서 가깝고, 파트타임이 가능하며(그래서 대학 공부와 일을 병행할 수 있고), 무엇보다도 비용이 저렴하다는 것이다. 그러나 이 길의 한계 또한 분명하다. 즉 거의 3분의 2에 해당하는 학생들이 학위를 받거나, 4년제 대학으로 전학하기 전에 중도에 포기한다는 것이다. 커뮤니티칼리지가 4년제 학위만큼 보수가 많지는 않지만, 이 책에서 우리가 만난 가난한 아이들의 경우에서처럼 하나의 실제적인 대안, 즉 단순히 고등학교 졸업 이후 교육을 마치는 것보다는 더 매력적이다. 한편 커뮤니티칼리지에 등록한 사람들 중 단 40%만이 가족 중에서 대학을 처음으로 다니게 된 학생들이고, 이들 집단은 4년제 대학으로 갈 가능성이 훨씬 더 낮다. 이 때문에 커뮤니티칼리지는 저소득층 아이들로 하여금 학사 학위를 얻게 하는 데 있어 아주 효율적인 길은 아니라고 할 수 있다.

커뮤니티칼리지는 충분하지 못한 기금을 가지고 많은 일을 하도록 요구받고 있다. 그리고 최근에는 그 기금마저 삭감되었기에 장학 지원이 제한되고 학비가 늘어나며 학생에 대한 서비스가 줄어드는 경향이 나타난다. 상담과 교육의 질이 고르지 못하기도 하다. 이러한 결함은 저소득층 학생들에게 불균형적인 영향을 미치고 있다. 그럼에도 불구하고 커뮤니티칼리지의 역할 수행을 평가하는 주요 의제는 '무엇과 비교해서?'이다. (리사가 쓸모없는 약사보조 전문 학사 학위를 받은 학교와 같은) 상업적인 학교는 커뮤니티칼리지보다 자격증 취득에 있어서 보다 나은 성취율을 지니고 있지만, 비용이 세 배나 더 들기 때문에 이 학교 학생들은 커뮤니티칼리지 학생들보다 훨씬 더 많은 빚을 지고(리사의 경우 5만 달러) 졸업을 하게 된다.

기록이 복잡하게 나타남에도 불구하고, 커뮤니티칼리지는 가난한 아이들에게 실질적인 신분 상승의 통로를 제공해 기회격차를 좁히는 하나의 수단으로서 실제적 전망을 가지고 있다. 그러한 역할을 수행하기 위해 이들 학교들은 더 많은 기금, 개선된 학생 지원 서비스, 지역 직업 시장과 4년제 대학과의 보다 나은 연계성, 그리고 낮은 중도 포기율을 필요로 한다. 마이애미 데이드 대학Miami Dade College과 같은 최고의 커뮤니티칼리지는 열정을 가지고 이러한 도전을 받아들였다. 커뮤니티칼리지에 대한 전문가인 아더 코헨Arthe Cohen과 플로렌스 브로어Florence Brawer는 다음과 같이 결론짓는다. "커뮤니티칼리지의 잠재력은 다른 어느 기관보다 더 크다. 그 이유는 이들 학교들의 관심이 도움을 필요로 하는 사람들에게 있기 때문이다. (…) 커뮤니티칼리지가 그들의 고객 중 약간이라도 더 많은 이들을, 지배 사회가 성취라고 간주하는 것으로 이동시키는 데 성공한다면 그것은 마치 세상을 바꾼 것과 마찬가지의 일이다."[64]

공동체

학교와 공동체 사이의 경계를 넘나들 수 있는 것은 방과 후 학교, 멘토, 그리고 무엇보다도 과외활동이다. 4장에서 논의했듯이 엄밀한 의미에서 미국은 균등한 기회를 촉진하기 위해 과외활동을 창안했다. 또한 우리는 수많은 연구를 통해 이러한 전략이 작동되고 있음을 잘 알고 있다. 과외활동은 멘토의 조언을 제공하고 소프트 스킬soft skills(기술이나 지식 등 하드 스킬과 달리 가시적이지는 않지만 사회와 조직 생활에 필요한 커뮤니케이션, 협상, 팀워크, 리더십 등을 활성화할 수 있는 능력. -역자 주)을 깨우쳐주는 자연적이고 효율적인 방법을 제공한다. 그리고 우리는 이미 코치, 지도자, 조언자, 그리고 아이들에게 도움을 주도록 훈련된 어른들로 구성된 전국적 차원의 풍부한 관계망을 가지고 있다. 간단히 말해, 미국인들은 이미 이러한 문제에 역점을 두고 다루기 위한 도구를 거의 완벽하게 창안해내고 배치해왔다는 것이다. 그것은 사회적, 교육적, 경제적 정책의 실제 세계에서 우리가 찾고 싶어 하는 마법의 탄환에 가까운 것이다. 그러나 우리의 의도와 반대로 기회격차가 넓어진 일과 마찬가지로, 유료 과외활동을 제도화함으로써 우리는 오랜 세월에 걸쳐 그 유효성을 증명한 시스템에 가난한 학생들이 참여할 기회를 점차 배제시켰던 것이다.

따라서 이 책에서 검토된 쟁점들에 대해 관심을 가지고 있다면, 우리가 당장 할 수 있는 일을 해야 할 것이다. 그것은 이 책을 덮고 여러분의 학교 감독 기관장을 찾아가는 것이다. 더 좋은 것은 친구와 함께 가는 것으로, 찾아가서 당신의 학군에 유료 과외활동 정책을 실시하는

지 질문해야 한다. "저는 너무 가난해서 부모님이 회비를 감당할 수 없습니다." 이 말을 남기며 참여를 포기한 아이들이 작성한 서류는 부끄러울 정도로 무가치한 것임을 분명히 해주어야 한다. 왜냐하면 그것은 사실상 노란별(독일 나치 정권이 유태인들의 옷에 달게 했던 별. -역자 주)을 착용하도록 강요된 것에 지나지 않기 때문이다. 또 설명해야 할 것은 학교에서는 모두가 팀에 들어가 있고 무리와 함께 하는 것이 보다 나은 학교생활을 하게 할 것이라는 사실이다. 유료 활동은 폐지되어야 한다고 주장해야 한다. 또 다른 한편, 지역 학교가 가난한 아이들을 학교 안팎에서 보다 효율적으로 지원하기 위해 당신이 할 수 있는 일이 있는지에 대해서도 질문해야 한다.

도움을 줄 수 있는 한 가지 중요한 방법은 멘토링 프로그램을 통해서다. 5장에서 우리는 멘토링이 아이들의 삶에 있어서 무시할 수 없을 정도의 차이를 만들어낼 수 있다는 사실을 보았다. 그러나 우리는 또한 지금까지의 공식적인 멘토링 프로그램들이 비공식적 멘토링으로 접근함에 있어서 나타나는 거대한 계급격차를 좁히기 위해 무언가를 시작한 적이 거의 없음을 확인했다. 지역의 멘토링 프로그램이 미국 전역에 걸쳐 많은 공동체에 존재하고 있지만, 가난한 아이들은 더 많은 성인 멘토링을 갈망하고 있다. 이러한 프로그램이 극적으로 확대된다면 기회격차를 좁히는 데 있어서 정말로 효과를 낼 수 있을 것이다.

분명한 것은 신중한 멘토링은 진지한 훈련, 신중한 품질 관리, 그리고 무엇보다도 안정감을 필요로 한다는 것이다.[65] 하지만 가난한 아이들이 정말로 필요로 하는 것은 그들의 삶에 '얼굴을 내밀어주는' 의지할 만한 어른의 존재다. 테니스나 스케이트보드 타기, 또는 낚시와 같은 관심사를 공유하는 연결고리의 부차적 결과물일 때 멘토링은 가장 잘 작동한다.[66] 전국적인 아메리코AmeriCorps(건강과 교육, 환경, 공공 안전 분아에서 자원 봉사를 지원하는 미국 연방 차원의 자원봉사 단체로 1993년에 제정된 국가 및 지역사회 봉사지원법National and Community Service Trust Act에 의해 창설되었다. -역자 주) 자원봉사 프로그램이 가난한 아이들을 위한 대규모 멘토링에 집중하는 것은 기회격차를 좁히기 위한 실질적인 노력이 전국적으로 일어나고 있다는 신호가 될 것이다.

교회 지도자들의 지원과 멘토링은 필라델피아 지역에서 우리가 만난 4명의 젊은 여성들 모두에게 절대적으로 가치 있는 일이었다. 하지만 전국적인 차원에서 보면 교회들은 표면적으로만 이 일에 기여하고 있을 뿐이다. 예컨대 우리가 5장에서 설명한 전국 청소년 멘토링 서비스 조사는 (위험에 처한 아이들이 바라본 것처럼) 종교 기관들은 공식적이든 비공식적이든 주요한 멘토링 공급원이 아니라는 사실을 보여준다. 미국의 종교 공동체들이 기회격차의 부도덕함에 대해 문제를 삼는다면 멘토링은 종교 공동체들이 즉각적인 영향을 줄 수 있는 방법 중 하나가 될 것이다.

이웃 공동체가 주는 영향력의 중요성을 고려한다면 우리가 5장에서 검토했듯이 이웃 공동체의 쇄신은 기회격차를 좁히는 데 중요한 기여를 할 수 있을 것이다. 그러한 노력은 학습 수행과 학교 밖에서의 아이들의 생활 모두에 의미가 있을 것이다. 이웃의 개발은 대부분 미개척 분야가 아니다. 왜냐하면 지방과 주, 그리고 전국의 정책 결정자들은 물론 기업과 공동체의 지도자들이 지난 반세기에 걸쳐 많은 부흥 전략을 가지고 실험해왔기 때문이다. 폭넓게 말하자면 이들 전략들은 두 가지 항목으로 나누어진다.

• 가난한 이웃 공동체에 투자하라. 1970년대 이후 이를 위한 많은 노력이 시도되었는데 성공도 있었지만 실패도 있었다.[67] 예컨대 1990

년대에 밀워키Milwaukee에서 실시한 새 희망New Hope 프로그램은 가난한 이웃 공동체에 속한 가난한 가정들에게 임금과 직업을 제공하면서 부모의 수입과 아이들의 학문적 성취 및 행동 양식을 개선하는 데 성공했다. 볼티모어, 채터누가Chattanooga, 데이턴Dayton, 로스앤젤레스, 그리고 세인트 폴St. Paul 등에서의 잡스 플러스Jobs-Plus 프로그램도 유사한 긍정적인 결과를 전하고 있다.[68] 프로그램의 성공을 위한 주요 요소는 정부, 민간 부문, 그리고 지역 공동체 간의 협력이다.

• 가난한 가정을 더 나은 이웃 공동체로 이사하게 하라. 면밀하게 평가된 이런 종류의 많은 프로그램들은 성공과 실패가 뒤섞였지만 보통은 긍정적인 결과를 특히 나이가 아주 어린 아이들에게 가져다주었다. 새로운 이웃 공동체로 옮겨온 가정들에 대한 지원에 강도 높은 상담을 더할 때 결과가 더욱 개선될 수 있다는 몇 가지 증거가 존재한다.[69]

우리는 기회격차를 줄일 수 있다

미국에서 부자 아이들과 가난한 아이들을 양분하는 기회격차는 서서히 커져온 복잡한 문제다. 이것은 간단하고 빠르게 해결할 수 있는 방책이 존재하지 않을 뿐만 아니라, 함께 시작해야 할 지점들이 많다는 것을 의미한다. 우리가 즉각 취할 수 있는 일은 유료 과외활동을 종식시키는 것 같은 일들이다. 유아기 교육을 전국적인 차원에서 제도화하거나 노동 계급의 임금을 증대시키는 것과 같은, 보다 커다란 변화들을 실행하는 데에는 좀 더 긴 시간이 걸릴 것이다. 하지만 우리는 지금 시작해야 한다. 비용 절감을 위한 확실한 단서들을 찾는 한편, 행동을 위한 편향된 생각이 필요하다.

공립 고등학교가 미국에서 거의 보편화되는 데까지 수십 년이 걸렸다. 하지만 경제적 생산성과 사회이동 면에 있어서 미국이 세계를 선도하는 데 기여한 고등학교운동은, 한 세기 전 국가 전역에 걸쳐 퍼져 있는 지역 공동체에서 본격적으로 시작되었다. 이 개혁 운동의 핵심은 부유한 미국인들이 타인의 아이들에게 주된 혜택이 가도록 학교에 대한 재정 지원을 기꺼이 하고자 하는 마음에 있었다.

사회경제적 격차의 증대가 우리의 경제, 우리의 민주주의, 그리고 우리의 가치를 위협해온 것이 역사적으로 이번이 처음은 아니다. 이들 도전을 성공적으로 이겨내고 기회를 복원하기 위해 우리가 추구해온 구체적인 대응 방침을 상세히 살펴보면 그 모습이 다양했음을 알 수 있다. 하지만 이러한 모든 대응의 바탕에는 타인의 자녀들에게도 투자를 하고자 하는 헌신적인 태도가 깔려 있었다. 그리고 이러한 헌신하는 마음의 바탕에는 이 아이들 또한 우리 아이들이라는 심오한 인식이 자리하고 있었다.

모든 미국인들이 이러한 공동체적 의무감을 지니고 있지는 않다. 보스턴의 명문가 출신 랄프 왈도 에머슨Ralph Waldo Emerson은 자신의 에세이 「자기 신뢰Self-Reliance」에서 다음과 같이 말했다. "내게 말하지 말라. 오늘날 선한 사람들이 말하는 것처럼 내 의무가 모든 가난한 사람들을 좋은 환경에 살게끔 하는 것이라고. 그들이 내 사람들인가? 그대 어리석은 자선사업가에게 말하노니, 나는 1달러, 10센트, 아니 1센트도 나와 어울리지 않는 사람들에게, 그리고 나와 동류가 아닌 사람들에게 주는 것이 아깝다."[70] 에머슨은 미국의 개인주의적 전통에 대해 유창하게 연설했던 것이다.

그로부터 두 세기가 훨씬 지난 후, 시 행정관이면서 보스턴 첼시

Chelsea 교외의 불굴의 노동자 계급 출신인 제이 애쉬Jay Ash는 보다 관대하고 공동체주의적인 전통을 요구하고 있다. "만약 우리 아이들이—나의 아이들, 우리의 아이들, 그 누군가의 아이들이—고통에 처하게 된다면, 우리 모두는 그들을 돌보아야 할 책임을 지닌다."⁷¹

오늘날의 미국에서는, 애쉬를 옳다고 여기는 사람뿐만 아니라 심지어 에머슨과 같은 생각을 하는 사람들 역시 아이들에 대한 우리의 책임을 인정해야만 할 것이다. 미국의 가난한 아이들은 우리에게 속해 있으며, 우리 역시 그들에게 속해 있기 때문이다. 그들은 우리 아이들이다.

우리 아이들의 이야기

제니퍼 M. 실바와 로버트 D. 퍼트넘

우리의 질적 연구

우리는 숫자로부터도 배우는 것이 있지만, 대개 이야기에서 더 많은 것을 배운다. 이 책의 중요한 목표 중 하나는 '인구의 절반을 차지하는 다른 사람들이 어떻게 살고 있는지'에 대해, 다수의 교육받은 미국인들이 살펴보게끔 하는 데 있다. 그렇기 때문에 우리는 부자 아이들과 가난한 아이들의 삶에 대한 이야기에 가장 중요한 의미를 부여했던 것이다. 이 책의 많은 부분은 미국 아이들 사이에서 분명하게 증가하고 있는 기회격차에 대한 엄밀한 양적 증거물로 구성되어 있다. 그런데 양적인 데이터가 미국의 아이들에게서 무슨 일이 일어나고 있는지에 대해 말해줄 수는 있지만, 아이들을 양육할 기회가 점차 사적인 책임으로 간주되어 '우리 아이들'이라는 의미가 시들해진 세상에서 아이들이 경험한 성장과정에 대해서는 충분한 설명을 해줄 수 없다.

양적 데이터는 일상생활의 사정을 우리에게 보여주지 못한다. 예컨대 어떻게 스테파니와 같은 싱글맘이 넉넉지 못한 임금으로도 자식들을 키우고 그들이 거처하는 집을 계속 이끌어가며 거리의 위험으로부터 보호하기 위해 아이들과 어떻게 상호작용했는지, 데이비드와 같은 소년이 구금된 아버지와 알코올 중독에 빠진 어머니에 의해 내버려졌다는 사실에 괴로워하면서도 끊임없이 그의 기대를 저버리는 공동체 내에서 좋은 아버지가 되기 위해 얼마나 몸부림치고 있는지, 마니와 같은 중상층 어머니조차 자녀들이 일자리 경쟁이 치열하게 전개되고 가정이 무너지기 쉬운 세상을 향해 나갈 준비를 제대로 하고 있나 매일 얼마나 노심초사하고 있는지 등에 대해 말해주지는 못한다는 것이다.

젠(제니퍼) 실바는 그러한 사정들을 찾아서 청소년이나 그들의 부모님과 인터뷰를 하며 미국 전역을 2년 동안 돌아다녔다. 주된 관심 주제는 '오늘날 우리 사회에서 자라서 어른이 된다는 것이 어떠한 일인가'였다. 그녀가 처음 도착한 곳은 밥(로버트) 퍼트넘의 고향 마을인 오하이오의 포트클린턴이었다. 밥은 포트클린턴을 부모, 가게 주인, 교사, 목회자, 교장, 그리고 코치 등이 가난하든 부자든, 흑인이든 백인이든 모든 아이들에게 기회를 부여하고 조언과 지원을 아끼지 않았던 곳으로 기억하고 있다. 10여 명에 이르는 그의 급우들과의 인터뷰에서, 그리고 전체 급우들을 상대로 한 설문조사(나중에 논의할 것이다)를 통해 이러한 기억들을 확인할 수 있었다. 하지만 이들이 함께 나눈 번영, 강한 공동체적 유대, 놀라울 정도의 기회 평등이 나타났던 1950년대의 모습은 젠이 다시 포트클린턴을 방문했던 2012년 봄에는 어디서도 찾아볼 수 없었다. 그 대신 젠은 (미국을 대표하는) 포트클린턴의 두 가지 모습을 담은 이야기를 보내왔다. 하나는 풍족한 대학 기금, 여행을 다니는 축구팀, 그리고 돌봐주는 대부모를 지닌 중상층 계급 아이들의 성장 모습이고, 다른 하나는 학대를 일삼는 의붓어머니, 구금 중인 아버지, 계획에 없던 임신, 소년원 감금 등 예기치 못한 장애물에 압도당해 있는 같은 또래의 노동자 계급 아이들의 모습이다. 딱 반세기만에 나타난 고향 마을의 부유하지 못한 아이들의 처지에 대해 밥이 처음에 받은 충격은 우리가 전국 평균보다 훨씬 더 악화된 러스트벨트[Rust Belt]라는 상황에 처한 흔치 않은 노동자 계급의 아이들을 제대로 마주한 적이 있는지 돌이켜보게 해주었다.

우리는 표본의 범위를 넓혔다. 미네소타의 덜루스Duluth, 펜실베이니아의 필라델피아, 조지아의 애틀랜타, 앨라배마의 버밍햄, 텍사스의 오스틴, 오래곤의 벤드, 캘리포니아의 오렌지카운티, 매사추세츠의 월섬Waltham과 웨스턴Weston 등을 우리의 연구 지역으로 추가했다. 이들 지역은 미국 전역을 가로지르는 다양한 종류의 경제와 문화를 대표하면서 러스트벨트(포트클린턴과 덜루스)의 탈산업화되고 있는 작은 도시들, 고급 주택지로 탈바꿈하고 있는 관광지들(벤드), 고도의 기술로 붐을 일으키고 있는 '기적의' 도시들(오스틴), 고르지 못하게 활성화되는 도시 중심지들(필라델피아와 애틀랜타)을 아우르고 있으며 여전히 시민권혁명의 명성을 갖고 있는 버밍햄을 포함하고 있다. 오렌지카운티도 선택되었는데, 굉장한 부자들의 메카로서의 명성이 'OC(오렌지카운티)' 신화에 의해 가려진 가난한 노동자 계급 이민 공동체에 대한 탐구가 가능하기 때문이다. 가계 수입, 학교의 질, 주택 가격 등에서 막대한 차이를 나타내 보이면서 보스턴 교외 지역 가까이 붙어 있는 두 개의 도시 월섬과 웨스턴은 '두 개의 미국'이 어떻게 미국의 '테크놀로지 하이웨이Technology Highway'인 128번 도로의 정반대쪽에서 공존할 수 있는지 살펴볼 기회를 제공해주었다.

우리는 그 후 2년 동안 수백 시간을 이들 연구 지역에 있는 가족들과 이야기하면서 보냈다. 107명의 청소년들과 그들의 부모들과 인터뷰를 했다. 실제로 젠은 이 책에 등장하는 모든 인터뷰를 직접 감당했다. 한편 하버드 사회학과의 유능한 대학원생 재스민 샌델슨Jasmin Sandelson은 애틀랜타 쇼핑몰에서 일라이저를 찾아냈다. 우리는 먼저 고등학교를 막 지나 대학이나 미래의 직업에 대해 깊이 생각하기에 충분한 나이인 18세에서 22세 사이의 젊은이들을 대상으로 삼아 실험을 시작하기로 결정했다. 가정과 고등학교라는 제도적 환경을 뒤로 하고 스스로의 정체성과 삶을 어떻게 세워나갈지 심각하게 고민하기 시작하는 때인 청년기에 집중함으로써, 우리는 청년들이 어린 시절에 어떤 의미를 부여하며 자신의 미래로 옮겨가는지를 엿볼 수 있었다. 또한 우리는 미래에 대한 그들의 열망과 그들의 길을 가로막는 재정적, 사회적, 문화적 장벽들을 나란히 놓고 비교할 수 있었다.

우리는 적어도 부모 중 한 명과 인터뷰를 함으로써, 이들 청소년들과의 인터뷰를 보충할 수 있었다. (가끔 부모와 아이가 함께 인터뷰하기도 했지만, 가능하면 따로따로 인터뷰를 했다. 몇몇 청소년들의 경우 부모 중 어느 누구하고도 더 이상 접촉을 하지 않았기 때문에 부모의 생각을 들을 수 없기도 했다.) 부모들은 가정의 재정, 어디서 거주하고 아이들을 어느 학교에 보낼지에 대한 결정, 아이 양육의 철학과 실천, 아이들이 어디에 정착할지에 대한 두려움과 염려 등 자세한 내용들로 인터뷰를 채워주었다. 부모들은 그들 자신의 어린 시절에 대해 회고하면서 지난 수십 년 동안 성장 방식이 어떻게 바뀌었는지에 대해 중요한 통찰력을 보여주기도 했다. 양육, 이웃, 공동체의 친밀감, 또는 학교의 실제 등에 대해서도 말이다.

이 책은 늘어나는 계급격차에 관해 다루고 있다. 그래서 우리는 면접자interviewee를 중상층 계급과 노동자 계급으로 나누었다. '사회계급'이 미국 문화에서는 모호하고 논쟁적인 용어이기에 우리는 단순하게 부모가 받은 교육 정도를 우리의 지표로 사용했다. 즉 4년제 대학 졸업자들(그리고 그들의 자녀들)은 중상층 계급으로 분류했고, 고등학교를 넘어 진학하지 못한 부모들(그리고 그들의 자녀들)은 저소득층 또는 노동자 계급으로 분류했다. 이 책에 등장하는 10명의 중상층 계급 부모들 중 5명은 대학 학위를 가지고 있고, 4명은 대학원 학위를 가지고 있으며,

한 명은 아이들을 키운 후에 대학으로 돌아갔다. 이 책에 나오는 13명의 노동자 계급 부모들 중 5명은 고등학교 졸업장 미만의 학력을 가지고 있고, 4명은 고등학교 졸업장을 가지고 있으며, 나머지 4명은 잘 모른다(그들이 더 이상 자녀들의 삶에 관계하고 있지 않기 때문이다). 우리가 다룬 노동자 계급 아이들 중 어느 누구도 고등학교(또는 GED)보다 낮은 학력을 지닌 경우는 없었고, 3명은 대학을 조금 다녔지만 아무도 학위를 받지는 못했다.

각 도시에서 우리는 이상적으로나마 '사분체quarter' 모델을 목표로 했다. 한 명의 노동자 계급 소녀와 그녀의 어머니, 그리고 한 명의 중상층 계급 소녀와 그녀의 어머니로 구성하거나, 한 명의 노동자 계급 소년과 그의 아버지, 그리고 한 명의 중상층 계급 소년과 그의 아버지로 구성하는 것이다. (때로는 지역 사정으로 인해 사분체 모델을 완벽하게 따르는 것이 불가능하기도 했고, 대부분의 지역에서 하나의 사분체 이상의 인원과 인터뷰하기도 했다.) 우리는 자녀들을 그들의 동성 부모와 일치시켰는데, 이는 성장 방식이 시간을 어떻게 두고 변화했는지에 대한 비교에서 젠더 상수를 유지하기 위해서였다. 예컨대 오하이오의 웬디는 그녀의 부모들이 자신이 경력을 많이 쌓는 것을 기대하지는 않았다고 회상한다. 반면 그녀의 딸 첼시는 어린 시절부터 변호사가 되는 것이 우선적인 목표였다. 이러한 접근을 통해 우리는 어떻게 아이 양육의 구체적 실천이 젠더에 의해 수렴되고 사회계급에 의해 나누어지는지 살펴볼 수 있게 된다.

가정들을 모집하기 위해 처음 우리는 지역 지도 상담사, 학교 위원회 구성원, 비영리 단체, 그리고 정보를 가지고 있는 지역 구성원들의 추천을 요청했다. 그리고 우리는 '현장에서' 많은 사람들을 모집했다. 쇼핑하고, 일하고, 공부하며, 떠돌아다니는 곳에서 젊은이들을 찾기 위해 월마트에서부터 비디오 게임방을 거쳐 패스트푸드 대리점으로, 대학에서부터 정비소로, 그리고 쇼핑몰의 임시 매장 등으로 차를 몰고 돌아다녔다. 우리의 또 다른 '낚시터'로는 경찰서와 소방서, 식당, 커뮤니티센터, 레크리에이션센터, 커뮤니티칼리지, 지역 대학, 주립대학, 사립대학 등이 포함된다.

참여자들은 '오늘날 우리 사회에서 성장한다는 것이 어떤 것인가에 대한 연구에 동참할' 의지가 있는지 질문을 받게 된다. 우리가 접근한 이들 중에서 참여를 거부한 사람은 손에 꼽을 수 있을 정도로 적었다. 몇몇 가난한 아이들은 우리가 그들의 부모와 접촉하는 것을 거부했는데, 그 이유는 부모와 아이 사이에 오랫동안 지속된 깊은 소원함 때문이었다. 우리는 모든 참여자들에게 시간을 빼앗은 대가로 50달러를 제공했다. 그들이 이 돈을 어떻게 썼는가 하는 문제도 눈여겨볼 만하다. 중상층 계급 부모들은 가끔 돈을 거절했다. 중상층 계급 아이들은 맥주 값이라고 농담을 하기도 했지만, 노동자 계급 응답자들은 그 돈을 당장 긴박한 필요를 위해 썼다. 오렌지카운티의 신앙심 깊은 한 가족은 우리를 문자 그대로 '신으로부터의 선물'로 간주했는데, 그들은 그날 자동차 가스비와 점심값이 없었기 때문이었다. 오렌지카운티의 로라 또한 갱들의 총격으로 살해당한 가족 구성원의 장례를 치르기 위해 그 돈을 사용했다.

때로는 모집 과정을 통해 우리는 그들의 일상생활에 대해 많은 것을 알게 되었다. 예컨대 애틀랜타에서 서비스업에 종사하는 스테파니에게 연구에 참여할 경우 그녀의 딸들에게 50달러씩 지급할 것이라고 말했을 때, 그녀는 젠에게 대답도 하기 전에 즉각 딸 미셸에게 전화해서 집을 떠나지 말라고 강요했다. 일도 없고 학교에도 다니지 않는 미셸이 자동차 가스와 음식을 구하기 위해 돈이 얼마나 절실한가를 보여주는 사례라 할 수 있다. 벤드의 소방서 직원인 빌은 가족 모두를 이끌고 나와 지역의 생선 튀김을 파는 식당에서 젠을 만났다. "대학을 졸업한 뒤 자기 삶에서 뭔가를 이루고 있는 사람을 우리 애들 모두가 만나볼 수 있기를 원했습니다." 그가 이렇게 말했을 때 우리는 노동자 계급가족들이 자녀들을 자신들은 이해할 수 없는 미래로 인도하려고 할 때얼마나 당황스럽고 갈피를 잡기 힘들지를 본능적으로 깨달았다.

인터뷰가 진행되는 동안, 우리는 계획했던 주제들을 꺼내놓기 시작했다. 가정의 경제적 상황을 다루었는데, 그들이 사는 곳이 어딘지, 집을 소유하고 있는지 세를 살고 있는지, 집세를 지불하기에 충분한 여유가 있는지, 건강보험과 은퇴 후 계획이 있는지, 언제 돈이 빠듯하다고 느끼는지 우리에게 말해줄 수 있는지 등이 질문에 포함되었다. 그다음 우리는 가족구조, 양육 관행, 학교에서의 아이들의 경험, 과외활동, 교회, 그리고 생일과 휴일에 대한 기억 등에 대해 물어보았다.

우리는 기회와 신분 이동에 대해 특별한 관심을 가지고 있었기 때문에, 다음으로 청소년들과 그들의 부모에게 다음과 같이 미래에 대한 열망과 기대를 떠올려 볼 것을 요청했다. "다음에 할 일을 결정할때, 당신이 지나온 발자취에 대해 말해주세요. 어떤 종류의 선택이 당신 앞에 놓여 있었습니까? 당신의 성적은 어땠습니까? SAT는 치렀습니까? 대학을 가거나 직업을 얻을 계획은 세웠습니까? 몇 살 때 부모님과 대학 진학에 대해 이야기를 시작했고, 대학에 대해서는 어떤 이야기를 나누었습니까?" 또한 우리는 청소년들과 그들의 부모님들에게대학 탐방, 대학 예비반, 사립대학 코치나 글쓰기 개인교사, 인턴십과직업, 그리고 과외활동 등에 대한 일련의 질문을 했다. 우리는 대학을위한 저축, 재정 지원, 대학 기금 등에 대해서도 물어보았다. 우리는 젊은이들이 활용 가능한 사회적 자원에도 관심을 기울였는데, 여기에는 멘토, 지도 상담사, 교사, 목사, 그리고 다른 중요한 어른들이 포함되었다. 우리는 또한 그들의 미래에 대한 신뢰, 안전, 희망, 염려 등에 대한 그들의 '느낌'에 대해 많은 질문을 했다. 그리고 그들이 상상한 대로 삶의 결과가 나왔는지 여부에 대해 질문했고, 삶의 행로에서 그들이 어떤 종류의 도움과 장애물을 만났는지도 물어보았다.

모든 인터뷰에서 이러한 주제를 다루는 동안, 우리는 인터뷰를 받는 이들에게 그들 나름대로 할 이야기나 우리의 인터뷰 지침에서 다루지 않은 다른 중요한 주제가 있으면 밝혀도 좋다고 여지를 남겨주었다. 몇몇 경우에는 인터뷰 지침이 웃음거리가 될 정도로 순진해보이기도 했는데, 매리 수^{Mary Sue}에게 피아노 레슨에 대해 질문했을 때가 그랬다. 매리 수는 아주 어린 나이에 어머니로부터 버림을 받아 누구와도 함께 살지 못했던 노동자 계급 여성이었다. 그러한 상황을 통해 우리가 깨달은 것은 노동가 계급 아이들이 우리가 '정상적인' 어린 시절이라 언급하는 것으로부터 얼마나 멀리 떨어져 있는가 하는 것이었다. 그래서 우리는 응답자들에게 그들의 삶에 대한 이야기를 자신의 언어로 이야기하도록 권유했다.

응답자들이 각본에게 벗어나도록 허용함으로써 우리는 성장에 대한 우리의 분석에서 놓치고 있던 매우 중요한 경험 항목들을 발굴해낼 수 있었다. 예컨대 가족구조에 대한 우리의 사분체 자료는 중상층 계급에서 기존과 다른 안정성과 노동 계급에서의 분열적 흐름을 구별했다. 그렇지만 이혼한 중상층 계급의 어머니인 마니는 한 가지 색다른 현상에 대한 실마리를 던져주었다. 즉 중상층 부모가 스트레스로 가득한 시간을 보내고 있는 자녀들을 위해 어떻게 '에어백^{air bags}'을 작동시키는지(딸을 기숙사 학교에 보내고, 과외활동에 몰입하게하기 위해 집사를 고용하고, 전문적인 상담사를 고용하는 등), 그리고 그 결과로 이혼과 싱글 부모가 주는 부정적인 잠재적 반발로부터 아이들을 어떻게 보호할 수 있었는지를 보여주었다.

우리의 인터뷰는 한 시간에서 세 시간 가량 진행되었다. 젠은 직접 만나서, 또는 전화상으로 이후의 진행 결과에 대한 조사를 계속했다. 응답자들은 아무 때나 인터뷰를 끝낼 수 있었고, 어떤 질문이라도 대답을 거절할 수 있었다. 그러나 실제로는 아무도 그렇게 하지 않았다. 우리는 그들의 허락 아래 녹음을 했고, 그들이 한 이야기를 옮겨 적었다. 젠은 각각의 내용을 짧게 요약하면서 기록을 해나갔다. 이 기록을 가지고 우리 둘은 연구팀의 다른 구성원들과 광범위한 토론을 전개했다. 함께 나눈 평가를 근거로, 밥은 이 책에 나타난 이야기들의 초안을 잡았다.

노동자 계급 출신 청소년들을 계속 추적하는 일은 어렵다는 것이 확인되었는데, 그들의 주거 상황이 급격히 변하고, 돈을 제때 납입하지 않아 전화도 자주 차단되었기 때문이다. 우리는 노동자 계급 아이들과 계속해서 접촉을 할 수 있는 가장 좋은 방법이 페이스북이라는 사실을 알게 되었다. 그들은 전화번호는 아주 빈번하게 바꿨지만, 페이스북 계정은 작동 상태 그대로 남겨두었기 때문이다. 그들이 페이스북에 글을 올리고 사람들과 상호 소통하는 것을 보면서, 우리는 인터뷰보다 더 깊이 있는 정보를 얻을 수 있었고, 허락을 구한 뒤 그들이 올린 최근 자료와 글을 분석하는 데 사용했다.

우리는 응답자가 선택한 장소에서 인터뷰를 진행했다. 중상층 계급 가정의 경우 주로 그들의 집에서 했는데, 여기서 우리는 커다란 뒷마당, 안전한 길, 자랑스럽게 진열해놓은 야구 유니폼을 입은 아이들의 사진과 무용복 사진 등을 볼 수 있었고, 안락하고 일상적인 리듬의 가족 간 저녁식사와 편안한 대화를 엿볼 수 있었다. 때로 우리는 노동자 계급 가정의 집에도 갔었는데 이때도 마찬가지로 정보를 얻을 수 있었다. 예컨대 우리가 산타아나에 있는 로라와 소피아를 방문하면서 차를 몰고 이웃 마을을 지나갈 때, 우리에게 경계의 눈초리를 보내던 길가의 젊은 친구들을 주목하지 않을 수 없었다. 다른 경우에는 주로 커피숍, 식당, 또는 공원에서 튀긴 농어 같은 그 지역의 맛있는 음식을 먹거나 아이들을 바라보며 이야기하는 식으로 인터뷰를 했다.

때로 우리는 녹음테이프가 돌지 않을 때 일어난 일들에서 더 많은 것을 알게 되었다. 예컨대 이 프로젝트를 처음 시작했을 무렵 가족 구조에 대한 조사 보고서가 하나의 냉혹한 현실이 된 때가 있었다. 우리가 만난 노동자 계급 아이들 몇몇이 차례로 이야기하기를, 자신들의 아버지와는 인터뷰를 할 수 없다고 했다. 그 이유는 그들이 감옥에 있거나 약물 중독 상태에 있거나, 아버지로부터 학대를 당하기도 했고, 아니면 간단하게 말해 자신들의 삶에서 사라진 상태이기 때문이었다. (이들은 우리의 사분체 연구 계획에 차질을 가져올 수밖에 없게 했다.) 노동자 계급 아버지들의 목소리 부재는 예기치 못한 일이었고, 우리의 데이터 자료에 영향을 미칠 만큼 중요한 사안으로 판명되었다. 또한 우리는 눈 깜짝할 순간에 젊은 흑인 노동자 계급이 된다는 것이 어떤 느낌인지도 알게 되었다. 미셸이 젠을 태우고 클레이턴 카운티를 조심해서 운전하던 때였는데, 그녀는 아주 작은 위반 행위에도 경찰이 차를 세울까 두려워하고 있었고, 젠에게 거친 이웃 사람들의 위험성에 대해 주의를 주기도 했던 것이다. 확실한 교통수단, 자동차 가스 요금, 안정적인 노동 시간, 그리고 보육 등이 결핍된 노동자 계급 응답자들과 인터뷰 날짜를 잡는 단순한 행위를 통해, 우리는 지속적인 불안과 불확실성 속에서 미래를 계획하는 것이 얼마나 어려운 일인가를 깨닫게 되었다.

이러한 어려운 작업을 할 때에는 신뢰를 쌓는 것이 필수적이다. 응답자들을 보호하기 위해 우리는 그들에게 연구의 목적, 그러니까 오늘날 우리 사회에서 자라나는 아이들의 경험을 이해하기 위해서라는 것을 알려주었고, 이야기를 다른 형식으로 구성할 때 그들이 누구인지 비밀로 하겠다고 약속했다. 따라서 여러분이 이 책에서 읽는 이야기들은 자세한 내용 하나하나 사실이지만 우리는 익명을 사용했고, 때로는 알려질 가능성이 있는 정보, 예컨대 학교 이름이나 직장명 등은 뺐다. 독자로 하여금 문맥을 이해하도록 하기 위해 '아이비리그 대학' 또는 '유수한 월가의 법률 회사' 등으로 부르는 것으로 충분하다고 여겼다. 모든 인용 부분은 응답자들이 한 말과 정확히 일치한다.[1] 인간을 주제로 하는 연구에 대한 연방 정부의 규제 방침에 동의해 인터뷰를 처음 시작할 때, 우리는 그들이 우리와 나누는 정보를 어떻게 활용할 것인지에 대해 설명했고, 우리가 취득한 자료의 사용을 허락한다는 내용으로 그들이 서명한 동의서를 받기도 했다.

젠은 청소년들을 모집해 그들의 삶에 대한 이야기를 인터뷰하는 일에 있어서 놀라울 정도의 경험을 가지고 있다.[2] 그리고 그녀는 사람들을 편안하게 하는 데 아주 드문 재능을 지니고 있기도 하다. 거의 모든 정보 제공자들이 기꺼이 그녀를 집으로 데리고 가서, 자신의 이야기를 나누고자 하는 것을 보면 알 수 있다. 아마도 이러한 개방적인 태도는, 부분적으로는 젠과 같은 젊은 백인 여성들이 위협적이지 않고 양육을 담당하고 있는 사람일 것이라는 우리 사회의 일반적인 인식에서 나왔을 것이다. 젠은 응답자들과 유대감을 갖기 위해 자신의 배경을 이용하기도 했다. 젠은 (실제 나이보다 훨씬 젊어 보이는) 30세에 막 들어서면서부터 이 인터뷰를 시작했고, 대학원을 졸업했으며, 취업 면접을 치렀고, 약혼을 하기도 했다. 청소년들과 이야기를 나눌 때, 그녀는 성인으로의 전환기에 아주 근접해 있었다. 그래서 일자리를 찾거나 교육적 선택을 할 때, 또 배우자를 선택할 때 등의 문제에 대해 그들이 가지고 있던 불안감을 잘 이해했던 것이다. 그녀는 부모들과 이야기할 때도 이와 똑같은 의제들에 대한 진심어린 조언을 해주려 했다.

젠 또한 1세대 대학 졸업자였고, 어린 시절에는 소방관, 교도소 간수, 그리고 농부 등의 노동자 계급 세계와 웰즐리^{Wellesley}(미국 매사추세츠 주 동부에 위치한 여자 명문대학. -역자 주)와 하버드의 중상층 계급 세계 사이를 오가면서 성장했다. 경계를 넘나드는 배경 덕분에, 그녀는 자신의 중상층 계급 세상과 응답자들의 노동자 계급 세상 사이를 편안하게 연결시킬 수 있었다. 또한 그녀는 응답자들의 페이스북 친구 요청을 수용했다. 이는 응답자들이 자기들의 삶을 그녀에게 개방한 것인 동시에 그녀의 삶을 그들에게 개방한 것이었다. 이러한 선택으로 인해 그녀는 보통의 인간으로 비추어졌고 거리를 둔 연구자로 보이지 않게 되면서 신뢰와 상호관계가 더 싹트게 되었다. 그녀가 자신의 페이스북에서 결혼했다는 사실과 함께 결혼사진을 올리자, 우리에게 정보를 제공한 많은 사람들이 그녀의 새로운 상태를 '좋아'해주었다.

결국 이 책에는 우리의 연구 지역 중 다섯 지역만 나타나게 되었고, 이 다섯 지역의 각각에서 둘 내지 세 개의 가정만 모습을 보여주게 되었다. 우리의 이야기를 5개 지역으로 한정함으로써 우리는 응답자들이 지닌 보다 역사적이고, 사회경제적이며, 문화적인 상황들을 제시할 수 있었다. 이들 지역을 선택한 이유는 북부, 남부, 동부, 중서부, 서부의 크고 작은, 그리고 떠오르고 침잠하는 미국의 다양성을 집단적으로 제시해주었기 때문이다. 또 우리가 그들 가정들을 선택한 부분적인 이유는 그들이 미국의 인종적 다양성을 집단적으로 대표해주는 한편 주어진 인종 집단과 공동체 내에서의 계급 차이를 잘 드러내고 있기 때문이다. 인종, 종족, 그리고 지역 경제와 문화가 지니는 미묘한 차이로 인해 우리는 미국 사회의 복잡성을 잘 전달할 수 있었다. 반면 이러한 범주들(예컨대 인종 또는 지역) 너머에 존재하는 차이는 그들 내부에서의 차이(바로 사회계급)만큼 별로 뚜렷하지도 않고 영향력도 있지 않음을 알 수 있었다.

또한 우리는 두 개의 짝을 비교하기도 했다. 이러한 방법은 우리의 조직적인 연구가 전국적으로, 그리고 가정, 양육, 학습, 그리고 공동체의 지점들에서 계급격차가 늘어나고 있다는 본질적인 문제를 잘 그려내준다. 예를 들면 가족구조를 다룬 장에서 우리는 부모의 삶과 가족구조에 대해 풍부한 사례들을 가지고 있는 어떤 지역에서 한 쌍의 대조적인 사례를 찾아보았다. 한편 교육을 다룬 장에서는 서로 대조적이면서 근처에 위치한 두 고등학교에 대한 풍부한 정보가 필요했고 한 지역으로부터 한 쌍의 사례를 구할 수 있었다.

이러한 제약 요소들, 즉 제한된 지역, 인종적, 지리적 다양성, 짝의 계급적 편성, 그리고 풍부한 실제 자료 등이 의미하는 것은 많은 생생한 삶의 이야기들이 편집실 안에 남겨져 있다는 것을 의미한다. 우리는 다음과 같은 인물들의 이야기를 들려주기를 원했다. 고등학생 시절에 임신을 했지만 학교를 졸업하려 애쓰면서 피자헛에서 밤 근무를 하는 어린 여성인 오스틴의 니콜Nicole, 또는 대학 교수인 아버지를 두고 있으며 콘트라베이스 연주자이자 지금은 선도적인 아이비리그 학교에 다니는 딜루스Duluth의 타일러Tyler, 매사추세츠 월섬Waltham에 살지만 사회복지국의 권고에 의해 (아마도 적절하거나 정당한 이유 없이) 집에서 쫓겨나 지금은 주유소에서 일하면서 세상 전체에 대해 깊은 불신으로 가득한 노동자 계급 소년 딜런Dylan 등이 그들이다. (아마도 젠은 이들을 포함한 다른 사람들의 이야기를 추후에 출판될 그녀의 저술에서 보여줄 것이다.) 우리는 최선의 능력과 지식을 동원해 부득이하게 원재료를 편집했지만 우리가 수집한 삶의 이야기에 실질적인 편견을 도입하지는 않았다.

어쨌든 우리는 이 이야기들을 증거로서가 아니라 실례로서 보여준다. 이 연구의 민족지학적인 부분들의 목적은 미국을 대표하는 그림을 제공하는 데 있지 않고(이는 우리의 표본과 편의적인 표본 추출 때문에 가능하지도 않았을 것이다), 구체적인 사건들이 우리의 응답자들이 자세히 열거한 것과 정확히 똑같이 일어났다는 증거를 제시하는 데 있지도 않다. 오히려 우리의 분석 범주들, 즉 가족구조, 양육 관행, 학교, 이웃, 공동체 등이 각각 다른 장소에서, 다른 인종적 배경을 지닌 가정들에서 일어나는 방식을 탐구하는 데 있다. 이 책에서 일반화를 위한 확실한 데이터는 우리가 요약한 사회과학적 발견물들이다. 그럼에도 불구하고, 우리는 삶에 대한 이야기들이 양적인 정보 면에서 분명한 증거가 되는 경향들을 정확하게 묘사하고 있다고 믿는다.

우리가 인터뷰에서 찾아낸 것은 중상층 계급 아이들이 인종과 젠더, 그리고 지역의 차이를 가로질러, 전국에 걸쳐서 놀라울 정도로 유사하게 보인다는 것이다. 이것은 노동자 계급 아이들도 마찬가지다. 예컨대, 애틀랜타의 일라이저와 같은 흑인 노동자 계급 소년은 애틀랜타의 교외 지역에 거주하는 흑인 중상층 소년인 데스몬드보다는 포트클린턴의 백인 노동자 계급 소년 데이비드와 더 많은 삶의 경험(부모로부터의 버림받음, 투옥, 빈곤한 교육 등)을 공유하고 있다. 이것이 아이들의 결말에 있어서 인종이 문제가 되지 않는다는 것을 말하지는 않는다. 우리가 애틀랜타에서 보았듯이 데스몬드(중상층)와 일라이저(노동자층)는 학교와 이웃 공동체에서, 그들에게 해로운 선입견과 차별에 직면해 있다. 그렇지만 데스몬드 어머니의 **계급에 근거한** 양육 관행, 즉 학교 기관에 대한 간섭, 사려 깊게 만들어진 인지적 능력, 유아기 때부터 형성된 자신감, 그리고 심지어 데스몬드가 집을 떠나 있을 때에 어떻게 옷을 입어야 하는지에 대한 세심한 관찰 등은 일라이저가 매일같이 경험하는 숱한 가혹한 현실로부터 데스몬드를 보호했던 것이다.

인터뷰를 진행하는 동안 때때로 우리는 우리가 무엇인가를 놓치고 있지는 않은지 돌아보고는 했다. 처음부터 많은 노동자층 아버지들이 우리의 이야기에서 빠져 있다는 사실을 깨달았을 때, 젠은 의도적으로 두 명의 아버지와 인터뷰를 했는데, 이들은 더 이상 자녀들과 접촉하지 않는 이들이었다. 이들을 인터뷰한 목적은 양육을 할 수 없는 그들의 무능함을 매도하기 위해서가 아니라 이해하기 위해서였다. 우리는 우리가 연구한 공동체에 대한 보다 충실한 그림을 그려내기 위해 추가적인 정보원을 더 확보했다. 이들은 공동체 지도자들, 학교 위원회 구성원들, 비영리 단체의 책임자들이었다. 심지어 보호시설에서 생활하는 집 없는 아이들과도 접촉했다. 이들과의 인터뷰에 직접적으로 의존하지는 않았지만 그들의 지식과 통찰력은 우리가 얻은 결과에 대한 분석을 구체화시켜 주었다.

우리의 표본 추출 방식은 직장, 학교, 그리고 놀이터 등지에서 사람들을 모집하는 것이었다. 이는 우리가 예외적으로 성공을 거둔, 즉 모든 불행을 이겨 내고 아주 좋은 대학교까지 진출을 이루어낸 소수의 노동자 계급 아이들을 만나지 않았다는 것을 의미한다. 한편 이들 공동체에서 가장 소외되고 유리된 청소년들, 즉 일하지 않고 학교에도 가지 않으며 지역의 여가 활동에도 참여하지 않는 아이들과, 집이 없거나 가출했거나 감옥에 있는 아이들 또한 우리의 망에 걸려 있지 않다. 사실 이 책에서 등장하는 저소득 계급의 아이들은 모두 고등학교 졸업장(또는 GED)을 취득했다. 반면 전국적으로 가난한 배경의 모든 아이들 대략 4명 중 1명은 교육 사다리에서 고등학교까지의 높이로 올라가는 데 실패한 상태다. 따라서 저소득 출신의 가난한 아이들 중 4분의 1은 우리의 표본에서 제외되었다. 미국에 있는 가난한 아이들의 고통을 과장하기 위해 선별적으로 추출한 것과는 거리가 멀지만, 이 책에 나오는 가난한 아이들의 가슴 아픈 사연들은 우리 사회의 가장 밑바닥에 있는 아이들의 비극적인 삶의 경험을 줄잡아 말하고 있는 것이다. 이들은 미국 아이들 중에서 가장 많은 것을 박탈당한 아이들이다.

한 가지 예외적인 경우를 제외하고는 이 책에 나오는 이야기에 대해, 우리는 응답자들로부터 어떠한 코멘트도 받으려 하지 않았다. 한 가지 예외적인 경우는 밥의 학급 친구들의 인생 이야기와 관련한 것이다. 이들은 (우리가 미리 주의를 기울였음에도 불구하고) 포트클린턴의 많은 사람들에게 쉽게 정체가 드러날 수 있었다. 이러한 이유로 우리는 때때로 그들의 이야기에 대한 우리의 해석에 그들이 어떤 반응을 보이는지 살펴보았다. 하지만 아무도 아주 두드러질 정도의 삭제나 수정을 요구하지는 않았다.

우리의 양적 연구

밥이 수행한 1950년대와 1960년대 포트클린턴에 대한 기억과 증언에 대한 설명이 소중한 옛 추억이 주는 편견에 사로잡혀 있지는 않는지, 그리고 단, 프랭크, 리비, 제시, 그리고 셰릴 등에 대한 심층적인 이야기가 전체 학급을 대표하고 있는지를 검토하기 위해, 2012년 우리는 대략 71세가 된 1959년 전체 학급에 대한 익명의 서면조사를 실시했다.

처음엔 150명으로 시작했지만, 2012년에는 이 중에서 26명은 세상을 떠난 것으로 알려졌고, 14명은 추적이 불가능했다(이들 중 상당수 역시 세상을 등진 것 같다). 남은 110명에게 우리가 질문을 해 설문을 완성시켰다. 여기에 75명(68%)이 응답했다. 응답을 하지 않은 이들 중 15명은 건강이 나빠져서 설문을 완성할 수가 없었던 것으로, 우리가 추산해서 적절하게 내릴 수 있는 평가는 설문을 완성할 수 있는 원래 학급 인원 중 4분의 3이 실제로 설문에 응했다는 것이다.

다행히도 우리는 1959년 학급 구성원 **모두**에 대해 어느 정도 중요한 정보를 가지고 있다. 여기에는 젠더, 인종, 학급 석차, 그리고 (졸업 앨범에 나오는) 운동이나 기타 학술모임, 경진대회 등을 포함한 과외활동에의 참여와 같은 완전한 기록이 포함된다. 따라서 우리는 우리의 설문조사 표본이 전체 학급과 비교해볼 때 인종적인 방식이나, 학문적인 방식, 또는 기타의 방식으로 편파적이지 않은지 여부를 확인하기 위한 철저한 분석을 행할 수 있었다. 이에 대한 짧지만 간단한 대답은, 조사 표본이 놀라울 정도로 대표성이 있다는 것이다. 학업이나 과외활동 모두에서 성공을 이루어낸 여성들은 최종 표본에서 희미할 정도의 대표성을 보이지만, 기본적인 결과에 의문을 제기할 정도는 아니다. 다른 모든 면에서도 우리의 조사 표본은 사망, 질병, 추적 불가, 또는 단순한 거절 등으로 우리가 접근에 실패한 학급 구성원 무리와 실제로 거의 일치하는 것으로 나타난다.

우리는 어느 시점까지는 1959년 학급의 구성원이었다가 함께 졸업하지 못한 24명의 학생들도 추적함으로써 표본의 대표성에 대한 또 다른 조사를 수행했다. 이 집단의 응답률이 낮은 것은 놀라울 일이 아니지만, 우리는 이들 중 8명에 대한 조사를 마쳤다. 실제로 이들 모두는 다른 곳에서 고등학교를 마쳤다. 따라서 포트클린턴 고등학교에 신입생으로 입학했으나 고등학교를 마치지 못한 1959년 학급 구성원 몇명이 우리가 이 조사에서 끌어낸 결론 중 일부가 편견에 사로잡힌 것이라고 말하기 충분할 정도로 다수는 아니다.

1950년대 포트클린턴의 기억에 대한 자유로운 질문에 덧붙여, PCHS 1959년 학급에 대한 조사는 응답자의 가족 배경, 학교 안팎의 성장 경험, 교육적 성취와 직업적 성취, 그리고 배우자와 자녀들의 정보 등에 대한 상세한 고정 질문을 배치했다. 1장에서 우리는 조사에서 나온 결과를 1950년대 포트클린턴의 사회적, 경제적, 그리고 가정의 상황을 설명하는 데 사용했다. 우리의 통계 분석이 던지는 가장 중심적이고 분석적인 질문은 사회이동을 포함한다. 즉 그들의 가정 배경으로 볼 때 1959년 학급이 달성해낼 수 있는 일들이 어느 정도로 예견될 수 있었는지, 어떠한 요인들이 사회경제적 지위의 세대 간 계승을 중재하고 완화시켰는지 하는 것이다.

우리는 부모와 자녀 모두의 다양한 사회경제적 지위의 지표를 탐구했다. 하지만 지금까지 가장 확실하고 신뢰할 만하다고 할 수 있는 유형들은 교육적 성취를 포함했기에 사회이동에 대한 우리의 분석은 이 기준에 크게 의존했다. 1959년 학급의 구성원들이 결과적으로 이루어낼 수 있는 교육적 성취가 부모의 교육 정도로부터 어느 정도까지 예견될 수 있는가? (우리의 결론이 세대 간 이동성이 비교적 높다는 것이기 때문에, 교육을 기준으로 사용하는 것은 방법론적으로 보수적이다. 예컨대 우리가 경제적 부의 기준을 사용했더라면, 아마도 세대 간 이동성은 훨씬 더 크게 나타났을 것이다.)

1장에서 보고된 것처럼 결과는 놀라울 정도로 분명하고 간단했다:

- (학급 석차로 측정된) 학업 성취는 대학 진학을 예측하는 데 무리가 없었다.
- 교육을 적게 받은 부모들이 자녀들에게 대학 진학을 권고하는 경

우는 대체로 적었다. 결국 부모의 권고는 대학 진학을 결정하는 데 비교적 중요하다는 것이다. 이러한 유형은(계급 지위와 대학 진학 사이의 연계성보다 비교적 훨씬 더 약한) 실제로 부모의 배경과 그 자녀들의 결과적인 성취 사이의 유일한 연결고리였다.

• 부모의 부유함 또는 가족구조, 또는 이웃 공동체의 사회 자본의 척도(혹은 우리가 측정했던 다른 어느 것) 중 어느 것도 대학 진학 또는 다른 학업적인 성취에 상당한 영향력을 미치지 않았다. 이 책이 보여준 요인들 중 아무것도 오늘날 기회격차를 만들어내는 데 있어서 그렇게 중요하지 않았다.

이러한 결과들을 펼쳐 보여주는 다변량 모델(경로 도표)은 www.robertdputnam.com/ourkids/research 에서 찾아 볼 수 있다.

통계에 익숙한 사람들에게 도움이 될 만한 몇 가지 유의 사항이 있다. 물론 여기서의 짧은 언급은 어쩔 수 없이 포괄적이기에, 모든 전문가적인 의구심을 만족시켜 줄 수는 없을 것이다.

• 이 책에 나오는 모든 상관분석correlational analysis은 표준인구제어standard demographic controls 방식으로 수행되었다.

• 이 책에서 보고된 모든 경향은 모든 인종을 포함하면서 전국적으로 대표성을 가진 표본에 근거한 것이다. 그렇지만 실제 모든 경우에서 백인들에 대해서만 동일시분석identical analyses을 수행했고, 비백인들의 표본 개수는 제한되었다. 이 추가적인 분석은 필요한 모든 경우에 있어서 이들 경향이 인종적인 패턴만 단순하게 반영하는 것이 아니라, 다만 (적어도 부분적으로는) 계급에 바탕을 둔 것이라는 사실을 확인해준다.

• 이 책의 가위 모양 차트에서 나타나는 기회격차의 증가는 모든 경우에 있어서 통계학적으로 유의미하다. 그러한 차트 대부분에서 나타나는 추세선^{trend lines}(단기적인 변동을 무시하고 장기적인 변동을 그린 직선 또는 곡선을 말한다. -역자 주)은 연례 통계에서 나타나는 '노이즈(트렌드를 벗어난 단기적 변동)'의 시각적 (왜곡)효과를 감소시키기 위해 (굴곡을 없애고) 매끈한 모양으로 가공되어 있다^{LOESS-smothered}.

• 우리가 중점적으로 주장하는 것은 어린 미국인들에게 유용한 자원에 있어서, 그리고 그들의 성취 측면에서 나타나는 계급 불일치 경향에 대한 관심이다. 그렇지만 때때로 우리는 어떤 시점에서의 계급 불일치를 단순하게 보여주는 횡단적인 데이터를 제시했는데, 이는 오늘날 시간이 흐르면서 그러한 계급 불일치가 어떻게 변화했는지는 보여주지 않는다. 이러한 빈틈이 존재하는 이유는 간단하다. 우리가 이전 수십 년과 비교할 만한 증거를 찾지 않은 채 지내왔기 때문이다. 예컨대 오늘날 멘토링에 대해 갖고 있는 자료들은 멘토에 대한 접근에 있어서 거대한 계급적 차이를 보여주고 있다. 그러나 비공식적인 멘토링에 대한 이전 수년 동안 얻을 수 있는 비교할 만한 데이터에 대해 우리가 아는 것은 없다. 따라서 우리는 어떻게 계급 차이가 변화해왔는지에 대한 어떠한 양적인 증거도 가지고 있지 않다. 물론 우리가 이러한 점에 대한 질적인 증거에 대해서는 언급하고 있지만 말이다.

마지막으로 분석을 위해, 그리고 이 책에 나오는 차트를 구성하기 위해 우리는 공공연하게 유용이 가능한 전국적 차원의 데이터 세트를 사용했다. 우리가 사용한 데이터베이스는 다음의 주소에서 살펴볼 수 있다. http://www.robertdputnam.com/ourkids/research

감사의 말

수년 동안 창의적이고 열정적인 학자들은 이 책이 의존하고 있는 여러 학문 분야들을 개척해왔다. 사회계층, 사회이동, 그리고 불평등과 같은 주제를 처음 접하는 나로서는 이들의 노고와 날카로운 통찰에 상당히 의존했다. 연구 과정에서 나는 많은 이들과 개인적인 친구가 되었지만, 다른 사람들은 오로지 그들의 저술을 통해서만 알고 있을 뿐이다. 기회격차 문제에 우리나라가 하나로 뭉쳐서 맞서게 됨에 있어서, 하나의 핵심적이며 국가적인 차원의 재산이라 할 수 있는 것은 바로 사회적, 경제적 불평등에 주목하고 있는 대규모의 다양한 전문가 집단이다.

이름을 열거하다 보면 의도하지 않게 빠뜨리는 실수를 할 수 있다. 그러나 이름을 전부 생략하는 것은 더욱 나쁠 수 있겠다. 미주尾註에서 인용한 모든 저술가들 명단에 추가해 들어갈 사람들이 있다. 크리스 에이버리Chris Avery, 진 부룩스-건Jeanne Brooks-Gunn, 라즈 체티Raj Chetty, 셸던 댄지거Sheldon Danziger, 그레그 던컨Greg Duncan, 수잔 다이나스키Susan Dynarski, 캐시 에딘Kathy Edin, 폴라 잉글랜드Paula England, 로버트 프랭크Robert Frank, 프랭크 퍼스텐버그Frank Furstenberg, 클로디아 골딘Claudia Goldin, 데이비드 구르스키David Grusky, 제니퍼 혹실드Jennifer Hochschild, 마이클 하우트Michael Hout, 크리스토퍼 젠크스Christopher Jencks, 로렌스 카츠Lawrence Kats, 레인 켄워시Lane Kenworthy, 글렌 로우리Glenn Loury, 더글라스 매시Douglas Massey, 사라 맥라나한Sara McLanahan, 리처드 머네인Richard Murnane, 캐서린 뉴먼Katherine Newman, 션 리어든Sean Reardon, 리차드 리브스Richard Reeves, 로버트 샘슨Robert Sampson, 이사벨

소힐Isabel Sawhill, 패트릭 샤키Patrick Sharkey, 잭 숀코프Jack Shonkoff, 마리오 스몰Mario Small, 티모시 스메딩Timothy Smeeding, 벳시 스티븐슨Besty Stevenson, 제인 월드포겔Jane Waldfogel, 브루스 웨스턴Bruce Western, 그리고 윌리엄 줄리어스 윌슨William Julius Wilson 등이다.

많은 친구들과 동료들은 기꺼이 통찰력을 제공해주었고, 격려를 해주었으며, 계속된 초안들에 논평을 해주며 이 책의 탄생에 기여했다. 앞 단락에서 언급된 사람들 외에 또 다른 그룹을 덧붙인다면 조엘 아버바크Joel Aberbach, 로버트 액설로드Robert Axelrod, 존 브리지랜드John Bridgeland, 존 카John Carr, 조나단 콘Jonathan Cohn, 매튜 데스몬드Matthew Desmond, 로날드 퍼거슨Ronald Ferguson, 맷 길먼Matt Gillman, 존 컴퍼츠John Comperts, 데이비드 할펀David Halpern, 로스 해먼드Ross Hammond, 다이아나 헤스Diana Hess, 나널 코헤인Nannerl Keohane, 로버트 코헤인Robert Keohane, 개리 킹Gary King, 메이라 레빈슨Meira Levinson, 채윤 임Chaeyoon Lim, 마이클 맥퍼슨Michael McPherson, 딕 오베르Dick Ober, 크리스틴 퍼트넘Christin Putnam, 조나단 퍼트넘Jonathan Putnam, 라라 퍼트넘Lara Putnam, 폴 솔먼Paul Solman, 루크 데이트Luke Tate, 엘시 타베라스Elsi Taveras, 데니스 톰슨Dennis Thompson, 그리고 매리 워터스Mary Waters가 포함된다. 모든 전문가들이 있지만, 이 저술에서 나타나는 오류에 대한 책임은 분명히 나에게만 있다.

내가 가장 빚을 많이 진 것은 많은 부모님들과 청소년들이다. 이들은 아주 친절하게도 자신들의 삶에 대한 자세한 이야기를 우리에게 맡겨주었던 것이다. 이들의 목소리는 오늘날 젊은이들이 당면하고 있는 무거운 짐과 기회에 대해 용감하게 털어놓은 것으로, 통계적 추세를 생생하게 만드는 데 도움을 주었다. 불행하게도 전문가 윤리와 익명성에 대한 우리의 엄격한 의무로 인해 이들의 이름을 거명하며 감사를 표할 수 없다. 대부분의 경우 나조차 그들의 실제 이름을 모르고 있으며, 우리는 주의를 기울여 그들의 신분을 보호하려고 애썼다. 그들의 목소리가 없었더라면 나는 귀머거리가 되었을 것이다.

"우리 아이들의 이야기"에서 설명했듯이 젠 실바는 우리 현장 조사 팀의 스타였으며 재스민 샌델슨Jasmin Sandelson의 도움도 컸다. 각 지역에서 이들은 친절한 지역 관찰자들과 접촉하면서 정보를 끌어모았다. 이들 관찰자 한 분 한 분에게 정말 감사드린다. 여기에는 다음의 사람들이 포함된다. 앨라배마의 데이비드 조이너David Joyner와 스티브 워너Stephen Woerner, 애틀랜타의 로렌스 필립스Lawrence Phillips, 오스틴의 조셉 콥서Joseph Kopser, 벤드의 애비 윌리엄슨Abby Williamson과 고인이 된 멜리사 혹실드Melissa Hochschild, 둘루스의 홀리 샘슨Holly Sampson, 오렌지 카운티의 폴 반드벤터Paul Vandeventer, 오하이오의 지니 파크Ginny Park, 코니 세도즈Connie Cedoz, 게리 질Gerri Gill, 잭 니츠Jack Nitz, 잰 글루스Jan Gluth, 크리스 갤빈Chris Galvin, 팻 애킨스Pat Adkins, 개리 스테이어Gary Steyer, 단 소버Don Sauber, 로리 클룬Lori Clune, 대럴 오퍼Darrell Opfer, 로렌스 하트럽Lawrence Hartlaub, 폴 벡Paul Beck, 자크 파가니니Zack Paganini, 나다니엘 웨이든호프트Nathaniel Weidenhoft, 티파니 펄Tiffany Perl, 머린 비클리Maureen Bickley, 나의 1959년 반 친구들, 그리고 필라델피아의 캐시 에딘Kathy Edin, 멜로디 보이드Melody Boyd, 제이슨 마틴Jason Martin, 그리고 트레이시 블루머Tracie Blummer 등이 그들이다.

이 연구 프로젝트는 거의 10년 전에 시작됐다. 레베카 크룩스Rebekah Crooks(지금은 Rebekah Crooks Horowitz)가 작성한 비상할 정도로 직관적인 대학 학기 보고서 때문이었다. 레베카가 보여준 핵심적 통찰은 강도 높은 시민적 참여가 그녀의 하버드 반 친구들의 특성인 반면, 고등학교의 노동자 계층 아이들에게는 특성이 되지 못했다는 사실에 있었다. 나는 그녀에게 몇 가지 경험적인 데이터를 가지고 아이디어를 실험해보라고 권고했고, 이후 4학년 논문에서 그녀의 통찰력이 처음 가졌던 것보다 훨씬 더 방대하게 진실로 판명났다. 레베카는 다른 분야로 옮겨가 나름대로의 길을 걷고 있지만, 그녀의 지지를 받으며 연구팀과 나는 그녀의 아이디어를 추적해왔던 것이다. 처음에는 어느 정도 막연한 방식으로 시작했다고 고백할 수밖에 없다. 하지만 흥미와 관심이 더해짐에 따라 우리는 그녀의 중심적인 가설, 그러니까 미국 청소년들 사이에 존재하는 계급격차 증가를 지지하는 더 많은 증거들을 발견하게 되었다.

이 프로젝트는 훨씬 더 철저한 팀 프로젝트가 되었다. 이는 굳게 맺어진, 그리고 헌신적인 박사 전후 과정의 연구원들 집단이 보여준 놀라운 지적 비상함과 헌신 덕분이었다. 이들 집단의 구성원들은 방대한 문헌에 대한 폭넓고도 자세한 보고서를 만들어냈고, 관련된 데이터 자료를 멀리 있거나 광범위한 곳으로부터 찾아냈다. 그리고 이러한 자료를 가능한 가장 복잡한 기술을 가지고 탐구했으며, 가장 중요한 것은 모든 논쟁거리와 모든 의심쩍은 추론은 사료 깊은 검증을 받게 했다는 사실이다. 나는 대부분 그들의 조언을 따랐으며 이 책에 실수가 있다면 그것은 나만의 책임이다.

나는 가장 날카롭고 가장 진지한 동료들과 함께 작업을 해왔다. 여기에는 조쉬 볼리안Josh Bolian, 브릴르 브라이언Brielle Bryan, 브리타니 버틀러Brittany Butler, 애니 펜턴Anny Fenton, 루벤 피니그한Reuben Finighan, 케이트 글레이즈부룩Kate Glazebrook, 호프 하비Hope Harvey, 엘리자베스 홀리Elizabeth Holly, 레이첼 혼Rachel Horn, 바바라 키피아트Barbara Kiviat, 사이러스 모타냐Cyrus Motanya, 케이티 로버츠-훌Katie Roberts-Hull, 재스민 샌델슨Jasmin Sandelson, 루이스 쉐아Lois Shea, 울프강 실버만Wolfgang Silbermann, 에릭 스티븐Eric Stephen, 로라 타크Laura Tach, 브라이언 톰린슨Brian Tomlinson, 제임스 월시James Walsh, 에드위나 워너Edwenna Werner, 그리고 맷 라이트Matt Wright 등이 포함된다.

연구가 절정에 이르던 3년 동안에는 핵심 팀이 멋진 다섯 사람으로 구성되었다. 에브림 알틴타스Evrim Altintas, 칼 프레데릭Carl Frederick, 젠 실바Jen Silva, 카이사 스넬맨Kaisa Snellman, 그리고 퀴니 주Queenie Zhu인데 이들 5명의 학자들은 이미 불평등 연구 분야에서 젊은 리더로 인정받은 이들로, 다가올 몇 년 안에 그들의 연구가 유명해질 것이라고 생각한다. 그들이 커리어를 시작함에 따라, 나는 그들로부터 많은 것을 배울 수 있었고 이에 매우 감사하고 있다. 그들이 없었다면 이 책은 쓰이지 못했을 것이다.

우리 연구처럼 실질적인 프로젝트는 실질적인 재정 지원을 필요로 한다. 이번 연구에는 우리 견해에 동조하는 기관들로 이루어진 컨소시엄으로부터 도움을 받았다. 이들과 우리가 공유한 생각은 미국의 미래에 대한 근본적인 문제가 요구하는 것이 (다수의 학문과 관점으로부터 얻은 다양한 통찰력을 아우르는) 광각렌즈와 (아이 개개인과 그들의 부모, 그리고 그들의 공동체가 겪은 삶의 경험을 탐구하는) 근접 초점 현미경 둘 다라는 사실이다. 관대한 이들 지원 기관의 명부에는 스펜서 재단Spencer Foundation, 록펠러 형제 재단Rockefeller Brothers Fund, W. K. 켈로그 재단W. K. Kellogg Foundation, 포드 재단, 레가툼 연구소Legatum Institute, 마클 재단Markle Foundation, 윌리엄 T. 그랜트 재단William T. Grant Foundation, 애니 케이시 재단Annie E. Casey Foundation, 빌&멜린다 게이츠 재단Bill and Melinda Gates Foundation, 뉴욕 카네기 법인the Carneigie Corporation of New York, 전국 공동체 지원 법인Corporation for National and Community Service, 그리고 맨체스터 대학교University of Manchester가 포함된다. 하버드의 케네디 정책 학교Kennedy School of Government(특별히 데이비드 엘우드David Ellwood학장과 존 헤이그John Haigh 경영학장)는 충실하게 지원을 해주었고, 호위함처럼 항상 대기한 상태로 우리가 목적지에 확실하게 도착하게끔 도움을 주었던 적이 많았다.

건실한 연구팀은 강한 리더를 요구한다. 거의 20년 동안 톰 샌더^{Tom} Sander는 나와 함께한 일련의 프로젝트에서 그 역할을 해왔다. 실제로 이 책에 나오는 모든 분석적 개괄은 그가 감독하거나 직접 수행한 연구에 의존하고 있다. 톰은 (먼 현장에 있는 적절한 작업도 잘 발견해내는) 대단히 말초적인 시각과 (우리가 쓰레기를 팔고 있는 것이 아니라는 것을 확인하기 위해 주차장에 있는 모든 차의 모든 타이어를 검사하는) 열정적인 성실성, 그리고 보다 정의롭고 평화로운 세상에 대한 인간적인 헌신을 갖췄다. 그는 이 프로젝트의 재정 지원을 확보하기 위해 우리가 기울인 노력을 부지런히 두루 살폈다. 또한 톰은 해결책을 찾고자 하는 우리의 노력들을 주도해 이끌었는데, 단지 이름 문제뿐만이 아니었다.

카일리 깁슨^{Kylie Gibson}(그리고 마찬가지로 놀라운 능력을 보여 준 그녀의 후계자이자 여전히 우리 팀의 중견 상담사인 루이스 케네디 컨버스^{Louise Kennedy Converse})는 온전한 성실함, 능력, 감수성 등을 가지고 우리가 수행한 작전의 행정적인 문제를 다루어주었다. 더 나아가 그녀는 전략을 짜는 일에서부터 편집까지, 이 프로젝트의 모든 측면에서 중심이 되어 참여했다. (다른 삶의 영역에서도 그녀는 전문 편집자나 항공 통제관이 될 수 있을 것이다.) 그녀는 또한 루스 레이예스^{Ruth Reyes}, 새봄 수후^{Saebom Soohoo}, 타라 타이렐^{Tara Tyrrell}, 그리고 블레이크 워렐^{Blake Worrall} 등 우리 팀의 다른 행정 요원들을 지휘하기도 했다.

토비 레스터^{Toby Lester}는 경탄할 만한 전문성을 가지고 이 책의 모든 편집을 도맡았다. 그의 기술과 근면함 때문에 책이 더 나아졌고, 유창해졌으며, 무엇보다도 더 간명해졌다. 밥 벤더^{Bob Bender}와 그의 동료 사이먼^{Simon}과 슈스터^{Schuster}는 세련된 작품을 만드는데 도움을 줘 우리 모두가 자부심을 갖게 해주었다. 거의 20년 동안 나의 저작권 대리인을 맡고 있는 레이프 사갈린^{Rafe Sagalyn}은 다시 한번 좋은 우정과 현명한 조언을, 그리고 자신을 자기 분야에서 가장 널리 존경받는 사람 중 하나로 만들어 준 전문적인 기술을 우리에게 제공해주었다. 앤 멜로Anne Mellor와 피터 세로니Peter Cerroni는 나의 몸과 마음을 건강하게 유지하는 데 도움을 주었고 미국에 사는 가난한 아이들의 고통에 대한 나의 끝없는 수다를 기품 있게 참고 들어주었다.

20년 넘게 나의 가까운 친구이자 멘토로 지낸 류 펠드스타인Lew Feldstein은 미국의 저명한 시민 지도자 중 한 명이기도 하다. (그는 수년 동안 뉴햄프셔 자선 재단New Hampshire Charitable Foundation에서 봉사했다.) 류는 내가 과연 이 일을 해 낼 수 있을까 의심하고 있을 때조차 끊임없이 이 프로젝트를 수행하라고 권했다. 그는 프로젝트 재정 지원을 찾는 우리의 노력을 진두지휘했고, 우리가 시민 활동가들이 기회격차를 줄이는데 활용할 수 있을 만한 아이디어를 개발해야 한다고 주장하기도 했다. 많은 이들이 말하는 것처럼 류는 정말 훌륭한 사람이다.

나의 가족들은 오랫동안 내가 전문 직업에만 몰두하는 데도 기품 있게 인내해 주었다. 하지만 이 프로젝트에 있어서는 그들 또한 실제 연구에 상당히 많이 관여했다. 나의 두 아이(조나단Jonathan과 라라Lara), 그들의 동반자들(크리스틴Christin, 더그Doug, 마리오Mario), 그리고 나의 일곱 손주들(미리암Miriam, 그레이Gray, 가브리엘Gabriel, 노아Noah, 알론소Alonso, 기디언Gideon, 그리고 엘레노어 렌Eleanor Wren)은 오늘날 미국에서 성장한다는 것과 아이를 양육한다는 도전적인 일에 대한 장시간의 생생한 토론에 참여했다. 이 집단에는 몇 명의 초년생 사회과학자들과 재능 있는 작가들이 포함되어 있었기 때문에, 그들은 이 책의 저술에 상당히 유용한 조언을 해주었다. 그리고 이 책을 집필하는 동안 열린 우리 가족의 가상 축구 리그에서 우리 팀의 성적이 급락했을 때도 비난을 하지 않았다. (내년까지만 기다리자!) 더 중요한 것은 이 프로젝트를 진행하는 동안 행운을 덜 가진 가정들에 대해 배움으로써 우리 모두는 하나의 가족으로서 우리가 즐기는 특권과 즐거움에 대해 의식하게 되었다는 사실이다.

가정 내의 진정한 사회 자본주의자인 로즈매리Rosemary는 우리 집은 물론 보다 넓은 공동체에서 아이들을 가르치고 양육하는 것을 직업으로 삼았다. (그녀는 부엌에 달린 격언대로 사는데 그 격언은 바로 이것이다. "내가 은행 구좌에 아무리 많은 돈을 가지고 있더라도 (…) 지금부터 100년 후에 그런 것은 중요하지 않다 (…) 그러나 세계는 조금은 더 나아질 것이다. 바로 내가 한 아이의 삶에 있어서 중요한 역할을 했기 때문에.") 이 연구에서 그녀가 수행한 역할은 이전까지의 내 모든 저술에서 보여준 역할을 훨씬 넘어서는 것이었다. 우리 고향 마을에서 어려움을 겪고 있는 한 쌍의 젊은 여성들을 위해 그녀가 멘토 역할을 해주었을 때와, 이웃 마을에 사는 홈리스 아이들의 개인 교사 역할을 자처했을 때에도, 그녀는 집으로 돌아오면서 이 책의 곳곳에 담긴 통찰들을 가져오고는 했다. 그녀는 이 책에 나오는 모든 현장 인터뷰의 단어 하나하나를 읽으며 젠 실버와 나로 하여금 아이들의 삶에 대해 이해할 수 있도록 도와주었다. 그녀는 거친 개요에서부터 교정지를 옮겨갈 때마다 이 책을 수없이 읽어주었다. 거의 50년 넘게, 나는 말로 다 표현할 수 없을 정도로 그녀에게 빚을 지고 있는 것이다.

주

알파벳 순서로 된 전체 참고문헌을 열람하려면 다음 웹사이트를 참고하라.
http://www.robertdputnam.com/ourkids/research

제1장: 아메리칸드림: 신화와 현실

1 Chrissie Hynde, "My City Was Gone," The Pretenders, *Learning to Crawl*, Sire Records, October 1982. 인용문에 대하여 Harold Pollack에 감사한다.

2 Richard Ellmann, *James Joyce* (Oxford: Oxford University Press, 1965), 520. 인용문에 대해 James Walsh에게 감사한다.

3 이 정보는 William Galston 교수 덕분에 얻을 수 있었다.

4 *Daily News*, Port Clinton, OH, June 2, 1959, 1.

5 이 책에 나오는 삶의 이야기들에 있어서 응답자들의 사생활 침해를 최소화하기 위해 이름을 바꾸었다. 물론 우리와 이야기 한 사람 모두는 그들의 이야기를 우리가 다시 사용할 수 있도록 허락했다. 이름을 바꾼 것을 제외하고는 변형된 사실이 없다.

6 그녀는 목요일 밤 리그에서도 볼링을 했다.

7 이 장에 있는 개관과 통계 자료들은 2012년에 1959년도 학급 중에서 생존해 있는 구성원들에 대해 실시한 설문조사, 그리고 포트클린턴과 주변의 오타와 카운티에 대한 최근의 역사 기록 연구에서 나온 것이다.

8 부분적인 예외의 경우는 다음과 같다. (내가 나중에 검토한 바와 같이) 때로는 결혼을 하기 위해 대학을 그만둔 나의 여자 반 친구들과 다르게 일반적으로 이들의 자녀들은 일단 시작하면 대학은 마쳤다.

9 통계학적으로 말해서 1959년도 학급에서 나온 교육적인 달성에서 나타나는 단 16%의 불일치는 부모의 교육과 관련된 것이었다. 그리고 이러한 사실은 부모의 격려에서 나타나는 차이에 의해 거의 완벽하게 설명할 수 있다. 부모의 격려 요점은 **경제적이거나 사회적인 특권의 어느 척도도 교육적 달성에 눈에 띌만한 영향을 미치지 못했다**는 것이다. 부모의 사회경제적인 지위도 아니고, 부모의 실직도 아니고, 가정의 경제적 불안정도 아니며, 일을 해야 하는 학생의 필요도 아니며, 집 소유권도 아니며, 가족 구조도 아니고 이웃 공동체의 특성도 아니라는 것이다. 우리는 이러한 기본적인 유형을 위스콘신에 있는 모든 1957년도 고등학교 졸업자에 대한 위스콘신 장기적 연구(Wisconsin Longitudinal Study)를 통해 확인한 바 있다. 이는 1950년대에 대해 우리가 찾은 유일한 비교 데이터 자료다. 따라서 놀라울 정도의 이러한 사회 이동이 포트클린턴에만 독특하게 나타난 것은 아니다. http://www.ssc.wisc.edu/wlsresrarch

를 보라.

10 우리 반 여성의 60% 이상은 지금도 이렇게 말한다. 그들의 삶에서 나타난 교육적, 직업적 선택이 그들의 젠더에 의해 "결코 제한된 적은 없었다"고 말이다.

11 Isabel Wilkerson, *The Warmth of Other Suns: The Epic Story of America's Great Migration* (New York: Random House, 2010).

12 변화하고 있는 인종, 젠더, 계급 불평등에 대해서는 Douglas S. Massey, *Categorically Unequal: The American Stratification System* (New York: Russell Sage Foundation, 2007)를 보라.

13 Kendra Bischoff and Sean F. Reardon, "Residential Segregation by Income, 1970–2009," *Diversity and Disparities: America Enters a New Century*, ed. John Logan (New York: Russell Sage Foundation 2014), https://www.russellsage.org/publications/diversity-and-disparity, Richard V. Reeves & Isabel V. Sawhill, "Equality of Opportunity: Definitions, Trends, and Interventions," 경제적 기회 평등 회의(Conference on Inequality of Economic Opportunity)를 위해 준비된 글, Federal Reserve Bank of Boston(Boston, 2014년 10월), https://www.bostonfed.org/inequality2014/agenda/index.htm.

14 시와 카운티를 구별해주는 역사적 자료가 없을 경우에는 주로 카운티 데이터에 의존했다. 시와 카운티 자료 모두를 가지고 있을 때에는 추세에 있어서의 중요한 차이는 없고 수준에 있어서만 아주 작은 차이가 존재한다. 지난 20년 동안의 오하이오 서북부의 공장 폐쇄에 대해서는 Joe Vardon, "Shut Down & Shipped Out," *Toledo Blade*, September 26-28, 2010에 나오는 우수한 3부작 시리즈를 보라.

15 포트클린턴 학교들에서의 무상 점심이나 삭감 가격의 점심에 대한 적격성에 근거한 것이다. 오하이오 교육국 안전부, 건강과 영양, LUNCH MR 81 Report, ftp://ftp.ode.state.oh.us/MR81/의 보고에 따른 것이다.

16 2013년에 나는 포트클린턴에 관해 "Crumbling American Dreams"(*New York Times* (2013년 8월 3일).)라는 제목의 특집 글을 썼다. 그 결과로 생생한 논의가 포트클린턴에서 이루어졌으며 이 도시의 증가하는 기회격차를 반전시키려는 초기의 노력이 시작되었다. 2014년 말 무렵에는 저소득층 3학년의 시험 점수를 올리고자 하는 성공적인 노력을 보임으로써 오하이오 주에서 포트클린턴 학교 제도가 두드러짐을 나타냈다. 한편 크리스 갤빈(Chris Galvin)이 이끄는 지역의 유나이티드 웨이(United Way)는 일련의 아주 유명한 보육 서비스와 멘토링 계획을 시작했다. 이러한 노력이 지속될지는 아직 불투명하지만, 이들은 작은 마을에서는 보다 규모가 큰 공동체에서는 훨씬 어려운 방식으로 시민의 에너지와 창조력을 모으는 것이 가능하다는 것을 보여주고 있다.

17 다시 말해 이 책은 세대 내의 이동성이 아니라 세대 간 이동성에 초점을 맞추고 있다.

18 Benjamin I. Page and Lawrence R. Jacobs, *Class War? What Americans Really Think about Economic Inequality* (Chicago: University of Chicago Press, 2009). 미국인들이 선호하는 결과의 평등 정도에 대한 논의에 있어서, 학자들은 동의하지 않겠지만 우리 모두는 기회의 평등이 하나의 실질적이고 보편적으로 공유되는 가치라는 데 동의하고 있다. Jennifer L. Hochschild, *What's Fair? American Beliefs about Distributive Justice* (Cambridge: Harvard

University Press, 1981); Larry M. Bartels, *Unequal Democracy: The Political Economy of the New Gilded Age* (Princeton: Princeton University Press, 2008); Katherine S. Newman and Elisabeth S. Jacobs, *Who Cares?: Public Ambivalence and Government Activism from the New Deal to the Second Golden Age* (Princeton: Princeton University Press, 2010); Leslie McCall, *The Undeserving Rich: American Beliefs about Inequality, Opportunity, and Redistribution* (Cambridge, UK: Cambridge University Press, 2013). "경제적 기회에 대한 미국인들의 핵심적 가치와 신념, 그리고 국가의 경제적 전망이 낙관적이고 변하지 않았다는 증거를 위해 Andrew Kohut and Michael Dimock, "Resilient American Values: Optimism in an Era of Growing Inequality and Economic Difficulty," 외교위원회(Council on Foreign Relations) 보고서(May 2013)를 보라. http://www.cfr.org/united-states/resilient-american-values/p30203. 2014년 8월 29일 접속.

19 Page and Jacobs, *Class War?*, 57-58.

20 Kay Lehman Schlozman, Sidney Verba and Henry E. Brady, *The Unheavenly Chorus: Unequal Political Voice and the Broken Promise of American Democracy* (Princeton, NJ: Princeton University Press, 2012), 55-56.

21 Pew Economic Mobility Project Poll 2011. 사실 저소득층 미국인들은 결과의 평등보다는 기회의 평등을 약간 더 우선시하는 경향이 있다. 물론 많은 미국인들이 이해하고 있듯이 실제 세계에서는 그러한 선택이 엄격하게 필요한 것은 아니다. 그리고 이 책의 후반부에서 우리는 한 세대 내에서의 결과의 불평등에 대하여 역점을 두는 것이 다음 세대에서의 기회 불평등에 대하여 역점을 두는 것의 선행 조건이라는 사실에 대하여 탐구할 것이다. McCall의 *The Undeserving Rich*를 보라.

22 Ben S. Bernanke, "The Level and Distribution of Economic Well-Being," 오마하 대상 공회의소(the Greater Omaha Chamber of Commerce), Omaha, NE (February 6, 2007) 앞에서의 언급, http://www.federalreserve.gov/newsevents/speech/bernanke20070206a.htm, 2014년 8월 29일 접속.

23 Frederick Jackson Turner, *The Frontier in American History* (Tucson, AZ: The University of Arizona Press, 1986, orig. 1920), 212.

24 David M. Potter, *People of Plenty: Economic Abundance and the American Character* (Chicago: University of Chicago Press, 1969, orig. 1954), 91-94.

25 이러한 유형은 유럽과 비교해서 미국의 공적 지출이 지니는 두드러진 유형에 상응하는데 우리는 교육에 돈을 더 많이 지출하고 복지국가 재분배에는 덜 지출하기 때문이다. Anthony King, "Ideas, Institutions and the Policies of Governments: A Comparative Analysis: Parts I and II," *British Journal of Political Science* 3 (July 1973): 291-313을 보라; Irwin Garfinkel, Lee Rainwater and Timothy Smeeding, *Wealth and Welfare States: Is America a Laggard or Leader?* (Oxford, UK: Oxford University Press, 2010).

26 Richard Weiss, *The American Myth of Success: From Horatio Alger to Norman Vincent Peale* (New York: Basic Books, 1969), 33.

27 정확한 숫자는 질문에 대한 구체적 조합에 달려 있고 차트는 상승과 하락을 보여주지만 분

명한 장기적인 경향에 대한 증거는 보여주지 않는다.

28 Page and Jacobs, *Class War?* McCall, *The Undeserving Rich*. 페이지와 제이콥스는(p. 51) 2007년에 우리의 3분의 2는 "이 나라에서 가난으로 시작해서 열심히 일하면 부자가 되는 것이 가능하다"고 믿고 있음을 보고하고 있다. 다른 한편으로 갤럽은(McCall의 182에서 인용하듯이) "이 나라에 있는 한 개인이 열심히 일함으로써 앞설 수 있는 기회에 만족하는" 미국인들이 2001년에는 76%였지만 2012년에는 53%로 떨어졌음을 보고하고 있다. 더 나아가 2014년의 여론조사는 "대략 10명에서 4명(42%)의 미국인들만이 열심히 하면 앞설 수 있다는 아메리칸드림이 여전히 진실이라고 지지하고 있고, (반면에) 거의 반수의 미국인들은(48%) 아메리칸드림이 과거에는 진실이었지만 지금은 더 이상 아니라고 믿고 있다." 하지만 "대부분의 미국인들은(55%) 이 나라의 가장 커다란 문제 중의 하나는 인생에서 성공할 수 있는 기회가 모두에게 평등하게 주어지지 않는 데 있다고 믿고 있다." Robert P. Jones, Daniel Cox, and Juhem Navarro-Rivera, "Economic Insecurity, Rising Inequality, and Doubts About the Future: Findings from the 1014 American Values Survey," Public Religion Research Institute(PRRI), Washington, DC, 2014년 9월 23일, http://publicreligion.org/site/wp-content/uploads/2014/09/AVS-web.pdf.

29 Claudia Goldin and Lawrence F. Katz, "Decreasing (and then Increasing) Inequality in America: A Tale of Two Half-Centuries," in *The Causes and Consequences of Increasing Income Inequality*, ed. Finis Welch (Chicago: University of Chicago Press, 2001), 37-82.

30 Massey, *Categorically Unequal*, 5.

31 이러한 일반적인 유형은 개인 수입과 가족 수입 모두에 해당되고 납세 전과 납세 후 모두에도 적용된다. 수입 불평등의 증가는 단순히 어떤 사람들이 좋은 한 해를 가졌고 다른 어떤 사람들은 나쁜 한 해를 가졌다는 것을 반영하지는 않지만, 상층부에서는 안정적으로 부유하고 하층부에서는 꾸준히 빈곤하다는 사실은 반영하고 있다. 부의 불평등은 수입의 불평등보다 절대적인 수에서 훨씬 더 크다. 하지만 1970년대의 대반전이후 불평등의 증가는 부에 있어서 보다는 수입에 있어서 더 컸다. Claudia Goldin and Lawrence F. Katz, "The Future of Inequality: The Other Reason Education Matters So Much," *Milken Institute Review* (July 2009): 28. Anthony B. Atkinson, Thomas Piketty, and Emmanuel Saez, "Top Incomes in the Long Run of History," *Journal of Economic Literature* 49 (March 2011): 3-71, http://eml.berkeley.edu/~saez/atkinson-piketty-saezJEL10.pef; Emmanuel Saez and Thomas Piketty, "Income Inequality in the United States, 1913-1998," *Quarterly Journal of Economics* 118(2013): 1-39; Massey, *Categorically Unequal*.

32 미국 인구조사국, "Historical Income Tables: Households," Table H-4, http://www.census.gov/hhes/www/income/data/historical/household/, 2014년 8월 30일 접속, Jennifer Hochschild and Vesla Weaver, "Class and Group: Political Implications of the Changing American Racial and Ethnic Order," (불평등 세미나(Inequality Seminar)에서 준비된 논문, Harvard Kennedy School, March 26, 2014)에서 인용.

33 Testimony of Robert Greenstein, Executive Director, Center on Budget and Policy

Priorities, Subcommittee on Labor, Health and Human Services, Education, and Related Agencies, House Committee on Appropriations(2008년 2월 13일)를 위해 준비된 논문, Congressional Budget Office 데이터를 인용함.

34 David Autor, "Skills, Education, and the Rise of Earnings Inequality Among the 'Other 99 Percent,'" *Science* 344, 6186(2014년 5월 23일): 843-851.

35 Emmanuel Saez, "Striking it Richer: The Evolution of Top Incomes in the United States (Updated with 2012 preliminary estimates)," (Econometrics Laboratory working paper, September 3, 2013), http://eml.berkeley.edu/~saez/saez-UStopincomes-2012.pdf, 2014년 8월 30일 접속. 산정된 수는 매도 후 이익과 소비자물가지수(Consumer Price Index)를 사용하여 통화가 수축된 수입을 포함하는 가정 시장 세금 포함 수입을 말한다.

36 유사한 경향을 많은(그러나 전부는 아닌) 다른 선진국에서 볼 수 있다. "An Overview of Growing Income Inequality in OECD Countries: Main Findings," *Divided We Stand: Why Inequality Keeps Rising*, OECD, 2011, http://www.oecd.org/els/soc/49499779. pdf. 다른 선진국들과 비교한 미국의 증가하는 경제 불평등의 사실과 결과에 대한 최근의 한 유용한 개관은 다음에서 나타난다. Lane Kenworthy and Timothy Smeeding, "The United States: High and Rapidly-Rising Inequality," in *Changing Inequality and Societal Impacts in Rich Countries: Thirty Countries' Experienced*, eds. Brian Noah et al., (Oxford: Oxford University Press, 2014). 695-717.

37 Edward N. Wolff, *Top Heavy: A History of Increasing Inequality of Wealth in America and What Can Be Done About It* (New York: The New Press, 2002); Edward N. Wolff, "Wealth Inequality," in *State of the Union: The Poverty and Inequality Report* (Stanford Center on Poverty & Inequality, January 2014); Michael Hout, "The Correlation between Income and Happiness Revisited," (unpublished manuscript, 2013); Jennifer Karas Montez and Anna Zajacova, "Explaining the Widening Education Gap in Mortality Among U.S. White Women," *Journal of Health and Social Behavior* 54 (June 2013): 166-182.

38 Claude S. Fischer and Greggor Mattson, "Is America Fragmenting?" *Annual Review of Sociology* 35 (2009): 437. 증가하는 차별의 측정은 각 케이스별로 방법론적인 복잡성에 의해 방해를 받는다. 그러나 기본적인 사실은 아주 분명하다.

39 Bischoff and Reardon, "Residential Segregation by Income, 1970-2009"; Richard Fry and Paul Taylor, "The Rise of Residential Segregation by Income," *Pew Social and Demographic Trends* (Pew Research Center, August 1, 2012),http://www.pewsocialtrends. org/2012/08/01/the-rise-of-residential-segregation-by-income/, 2014년 8월 31일 접속; Paul A. Jargowsky, "Concentration of Poverty in the New Millennium: Changes in Prevalence, Composition, and Location of High Poverty Neighborhoods," Century Foundation and Rutgers Center for Urban Research and Education (2013)의 보고서, http://tcf.org/assets/downloads/Concentration_of_Poverty_in_the_New_Millennium. pdf. 2014년 8월 31일 접속.

40 Susan E. Mayer, "How Did the Increase in Economic Inequality Between 1970 and

1990 Affect Children's Educational Attainment?," *American Journal of Sociology* 107 (July 2012): 1-32; Michael N. Bastedo and Ozan Jaquette, "Running in Place: Low-Income Students and the Dynamics of Higher Education Stratification," *Educational Evaluation and Policy Analysis* 33 (September 2011): 318-339; Caroline M. Hoxby and Christopher Avery, "The Missing 'One-Offs': The Hidden Supply of High-Achieving, Low Income Students," NBER Working Paper No. 18586 (Cambridge, MA: National Bureau of Economic Research, December 2012).

41 Robert D. Mare, "Educational Assortative Mating in Two Generations: Trends and Patterns Across Two Gilded Ages," (unpublished manuscript, January 2013). 비록 여기서 내가 세기의 두 개 "반쪽들"에 대하여 느슨하게 언급하지만 사실 인종 간 혼인율 그리고 수입 불평등에 대한 전환점은 1970년경에 나타난다.

42 이것은 우리가 선정한 교육을 잘 받은 잠재적 쌍의 늘어나는 숫자에 대한 계산이 이루어진 경우에도 사실이다. Christine R. Schwartz and Robert D. Mare, "Trends in Educational Assortative Marriage from 1940 to 2003," *Demography* 42 (November 2005): 621-646; Feng Hou and John Myles, "The Changing Role of Education in the Marriage Market: Assortative Marriage in Canada and the United States Since the 1970s," *Canadian Journal of Sociology* 33 (2008): 337-366들 보라.

43 우리의 가장 막역한 친구들이 교육에 있어서 보다 동질적이 되고 있다는 몇 가지 근거는 다음을 확인하라. Jeffrey A. Smith, Miller McPherson and Lynn Smith-Lovin, "Social Distance in the United States: Sex, Race, Religion, Age, and Education Homophily Among Confidants, 1985 to 2004," *American Sociological Review* 79 (June 2014): 432-456. 교육에 의한 사실상의 차별이 증가하고 있다는 사실에 대한 근거는 다음을 확인하라. Michael Kremer and Eric Maskin, "Wage Inequality and Segregation by Skill," NBER Working Paper No. 5718 (Cambridge, MA: National Bureau of Economic Research, August 1996). Theda Skocpol, *Diminished Democracy: From Membership to Management in American Civic Life* (Norman, OK: University of Oklahoma Press, 2003)은 시민 조직체는, 과거에는 그랬지만, 각기 다른 사회 경제적 배경을 지닌 사람들을 더 이상 함께 모으지 못한다는 강력한 사례를 보여주었다.

44 Jacob A. Riis, *How the Other Half Lives: Studies Among the Tenements of New York* (New York: Charles Scribner's Sons, 1890).

45 Michael Hout, "Economic Change and Social Mobility," in *Inequalities of the World*, ed. Göran Therborn (New York: Verso, 2006); Elton F. Jackson and Harry J. Crockett, Jr., "Occupational Mobility in the United States: A Point Estimate and Trend Comparison," *American Sociological Review* 29 (February 1964): 5-15; Peter M. Blau and Otis Dudley Duncan, *The American Occupational Structure* (New York: John Wiley, 1967); David L. Featherman and Robert M. Hauser, *Opportunity and Change* (New York: Academic Press, 1978); Robert M. Hauser and David L. Featherman, "Trends in the Occupational Mobility of U.S. Men, 1962-1970," *American Sociological Review* 38 (June

1973): 302-310; Massey, *Categorically Unequal*.

46 Stephan Thernstrom, *Poverty and Progress: Social Mobility in a Nineteenth Century City* (Cambridge, MA: Harvard University Press, 1964); Stephan Thernstrom, *The Other Bostonians: Poverty and Progress in the American Metropolis*, 1880-1970 (Cambridge, MA: Harvard University Press, 1973); Avery M. Guest, Nancy S. Landale and James L. McCann, "Intergenerational Occupational Mobility in the Late 19th Century United States," *Social Forces* 68 (December 1989): 351-378; Joseph P. Ferrie, "The End of American Exceptionalism? Mobility in the United States since 1850," *Journal of Economic Perspectives* 19 (Summer 2005): 199-215; David B. Grusky, "American Social Mobility in the 19th and 20th Centuries," *CDE Working Paper 86-28* (Madison, WI: Center for Demography and Ecology, University of Wisconsin – Madison, September 1986), http://www.ssc.wisc.edu/cde/cdewp/86-28.pdf. 2014년 8월 31일 접속.

47 Emily Beller and Michael Hout, "Intergenerational Social Mobility: The United States in Comparative Perspective," *Future of Children* 16 (Fall 2006): 19-36; Michael Hout and Alexander Janus, "Educational Mobility in the United States since the 1930s," in *Whither Opportunity? Rising Inequality, Schools, and Children's Life Chances*, ed. Greg J. Duncan and Richard J. Murnane (New York: Russell Sage Foundation, 2011).

48 Daniel Aaronson and Bhashkar Mazumder, "Intergenerational Economic Mobility in the United States, 1940 to 2000," *Journal of Human Resources* 43 (Winter 2008): 139-172; Bhashkar Mazumder, "Is Intergenerational Economic Mobility Lower Now Than in the Past?," *Chicago Fed Letter* 297 (Federal Reserve Bank of Chicago, April 2012)는 상대적 이동성이 1960년대에로 가면서 증가했지만 20세기 후반기에 태어난 집단에 있어서는 매우 빠른 속도로 감소했다는 증거를 밝히고 있다. 이와는 대조적으로 Raj Chetty, Nathaniel Hendren, Patrick Kline, Emmanuel Saez and Nicholas Turner, "Is the United States Still a Land of Opportunity? Recent Trends in Intergenerational Mobility," NBER Working Paper No. 19844 (Cambridge, MA: National Bureau of Economic Research, January 2014)는 최근에 있어서의 상대적 이동성의 변화가 실제로 전혀 없다고 한다. 체티(Chetty)와 그의 동료들이 내린 결론은 26세에 이른 젊은이들의 연수입이 그들의 평생 수입의 신뢰할 만한 지표라는 비전통적인 방법론적 가정에 의존하고 있다. 그렇지만 다른 연구는 이러한 가정에 의심을 던지는데 상류층 배경을 지닌 자녀들은 30대에 접어 들면서 전문적 교육을 받거나 전문적인 경력(따라서 그들의 평생 수입과 비교해서 비교적 적은 수입을 얻는)을 시작하는 반면, 저소득 배경을 지닌 동년배의 아이들은 평생 동안 막다른 직업에 처해있는 경우가 더 많기 때문이다. 20대 중반에 나의 아들은(그 당시 법률회사 직원) 나의 수입의 대략 5분의 1을 받았다. 따라서 체티의 방식에 따르면 나의 아들은 극적인 하양 이동성의 한 예로 간주될 수 있을 것이다. 그렇지만 40대 중반에 접어들어 맨해튼의 시니어 변호사로 활약하던 아들은 나보다 대략 다섯 배나 더 수입이 많아졌기에 이는 결코 하향 이동성의 본보기는 아니다. 이러한 잠재적인 '인생 주기 편향성' 때문에 사회이동을 전공하는 대부분의 학자들은 분석을 40세나 그 이상으로 제한하고, 따라서 본문에서 설명한 '백미러' 문제를 불러오게

끔 하라고 조언하고 있다. 이 점에 대해서는 Bhashkar Mazumder, "Fortunate Sons: New Estimates of Intergenerational Mobility in the United States Using Social Security Earnings Data," *The Review of Economics and Statistics* 87 (May 2005): 235-255; Steven Haider and Gary Solon, "Life-Cycle Variation in the Association between Current and Lifetime Earnings," *American Economic Review* 96 (September 2006): 1308-1320; Pablo Mitnik, Victoria Bryant, David B. Grusky and Michael Weber, "New Estimates of Intergenerational Income Mobility Using Administrative Data," SOI Working Paper(Washington DC: Statistics of Income Division, Internal Revenue Service, 2015)를 보라. 이 전문가들이 정확하다면 우리의 연구가 초점을 두고 있는 젊은이들의 평생 이동성을 판단하는 것은 미성숙한 일이라고 할 수 있다.

49 오늘날의 젊은이들의 다양한 인생 단계에서 계급 차이를 바라봄으로써 미래의 이동성을 추산하는 우리의 접근 방식은 다음의 이 분야 전문가가 제시한 접근 방식을 본뜬 것이다. Thmothy M. Smeeding, *From Parents to Children: The Intergenerational Transmission of Advantage* (New York: Russel Sage Foundation, 2012), 그리고 Isabel Sawhill, Ron Haskins, and Richard Reeves of the Brooking Institution에 의해 행해진 Social Genome 프로젝트를 들 수 있다. http://www.brookings.edu/about/centers/ccf/social-genome-project.

50 사회계급 관련 문헌에 대한 철저한 개관을 위해서는 David B. Grusky with Katherine Weisshaar, eds., *Social Stratification: Class, Race, and Gender in Sociological Perspective* (Boulder, CO: Westview Press, 2014)를 보라. David B. Grusky, Timothy M. Smeeding, and C. Matthew Snipp, eds., "Monitoring Social Mobility in the Twenty-First Century," *ANNALS of the American Academy of Political and Social Science* 657 (January 2015), esp. Richard Reeves, "The Measure of a Nation," 22-26; Michael Hout, "A Summary of What We Know about Social Mobility," 27-36; Florencia Torchek, "Analysis of Intergenerational Mobility: An interdisciplinary Review," 37-62.

51 Massey, *Categorically Unequal*, 252.

제2장: 가족

1 벤드의 과거와 현재에 대한 다음의 설명은 장문의 미발간 보고서 "Social Capital, Diversity, and Inequality: Community Field Studies, Final Report on Bend, Oregon," 에서 추출한 것이다. 이는 Dr. Abigail Fisher Williamson이 2008년 6월에 완성한 것으로 거의 50여명에 달하는 시민지도자, 시민활동가, 2002년과 2006년 사이에 있었던 몇 번의 방문했던 거주자들이 포함된 사람들과의 인터뷰, 그리고 신문과 통계 기록문서에 대한 광범위한 탐구를 바탕으로 한 것이다. 75-76쪽에 나오는 벤드 거주자의 인용문은 이 보고서에서 나온 것이다. 현재의 삶에 대한 이야기들은 2012년에 Dr. Jennifer M. Silva가 행한 긴 인터뷰를 통해 수집되었다. 이 단락에서의 요점을 위해서는 *The Bulletin*(Bend, Oregon)에서 끌어온 윌리엄슨(Williamson) 보고서를 보라.

2 불쑥 찾아온 방문객에게 벤드와 포트클린턴은(1장에서 설명한) 아주 다르게 보인다. 벤드는

붐이 일어나고 있고 포트클린턴은 파산했다. 1970년대 초기에는 오하이오의 오타와 카운티와 오래곤의 데슈트(Deschutes) 카운티는 거의 동수의 인구를 가지고 있었다(약 39,000명). 그러나 40년 후에는 데슈트 카운티의 숫자는 오타와의 인구(41,000명)의 거의 네 배나 늘어났다(약 158,000명). 하지만 보다 깊은 차원에서 보면 양측은 모두 부자인 새로운 이주자(은퇴자와 휴가지 집 소유자, 그리고 이들을 지원하는 개발자 등)와 가난한 오랜 거주자들(죽어가는 목재업과 제조업으로 인해 직장을 잃어버린 일일 노동자들) 사이의 소득 불균형의 경향을 나타내고 있다. 부자 아이들과 가난한 아이들의 상대적 환경에서 나타나는 교차-장소적인 유사성은 계급 대비가 궁극적으로 하나의 단순한 유형의 지역 경제에 달려 있지는 않다는 것을 보여준다.

3 밴드는 주택 붐 때문에 대불황에 의한 타격도 크게 받았다. National City Corp.(현재는 PNC)와 Global Insight(현재는 IHS Global Insight)에 의해 만들어진 2007년 보고서에는 '미국에서 가장 가격이 높아진 주택 시장'이라는 이름이 붙었지만 2009년 벤드는 전국에서 가장 큰 가격 폭락을 경험했고 2006년과 2011년 사이에는 거의 반(47%) 정도로 주택 가격이 하락했다. 데슈트 카운티의 실업률은 17%에 달했다. 하지만 2013년 무렵에는 특히 주택 시장에서 회복이 이루어지고 있다. Zillow로부터 받은 자료. http://www.zillow.com/ 2014년 2월 27일에 접속; 미국 노동청, 노동 통계국의 *Labor Force Statistics from the Current Population Survey*, http://www.bls.gov/cps/home.htm, 2014년 2월 27일 접속.

4 2008년 파산의 후유증으로 청년 실업률이 2007년의 11%에서 우리가 2012년 벤드에서 인터뷰할 당시에는 19%로 급격히 상승했다. "Youth Unemployment Rises While Overall Rates Decline," *Oregon Public Broadcasting*, 2012년 7월 17일, http://www.opb.org/news/article/youth-unemployment-rises-while-overall-rates-decline/, 2014년 2월 27일 접속.

5 "The Story of A Decade," *The Bulletin*(Bend, Oregon), 2002년 5월 19일, 114.

6 U.S. Census Bureau, American Community Survey, 2008–1012, Social Explorer에 의해 자료가 수집되었으며 하버드대학교 도서관을 통해 검토했다.

7 Jerry Casey, "State Releases High School Graduation Rates," *The Oregonian*, July 2, 2009, http://www.oregonlive.com/education/index.ssf/2009/06/high_school_dropout_rates.html#school, 2014년 2월 27일 접속.

8 결혼과 가족 구조 경향에 대한 우리의 설명은 지난 10년 내지 20년에 걸쳐 전개된 한 놀라운 학자 집단에 의해 만들어진 것으로 사회학과 역사학이 통합하여 이루어낸 경이로운 작업에 상당히 의존하고 있다. 다음을 보라. eds. Marcia J. Carlson and Paula England, *Social Class and Changing Families in an Unequal America*(Stanford, CA: Stanford University Press, 2011); Andrew J. Cherlin, *The Marriage-Go-Round: The State of Marriage and the Family in America Today* (New York: Vintage Books, 2009); Frank F. Furstenberg Jr., "Transitions to Adulthood: What We Can Learn from the West," *The ANNALS of the American Academy of Political and Social Science* 646 (2013): 28–41; Sara McLanahan, "Diverging Destinies: How Children Are Faring under the Second Demographic Transition," *Demography* 41 (2004): 607–627; Sara McLanahan and Wade Jacobsen, "Diverging Destinies Revisited," in *Families in an Era of Increasing Inequality:*

Diverging Destinies, eds. Paul R. Amato, Alan Booth, Susan M. McHale and Jennifer Van Hook (New York: Springer, forthcoming 2015); Frank F. Furstenberg, "Fifty Years of Family Change: From Consensus to Complexity," *ANNALS of the American Academy of Political and Social Science* 654 (July 2014): 12-30; Wendy D. Manning, Susan L. Brown, and J. Bart Stykes, "Family Complexity Among Children in the United States," *ANNALS of the American Academy of Political and Social Science* 654(July 2014): 48-65; Karen Benjamin Guzzo, "New Partner, More Kids: Multiple-Partner Fertility in the United States," *ANNALS of the American Academy of Political and Social Science* 654 (July 2014): 66-86. 또한 June Carbone and Naomi Cahn, *Marriage Markets: How Inequality Is Remaking the American Family* (New York: Oxford University Press, 2014)를 보라.

9 Andrew J. Cherlin, "Demographic Trends in the United States: A Review of Research in the 2000s," *Journal of Marriage and Family* 72 (June 2010): 406.

10 이러한 전통적인 결혼에 대한 대표적인 비판가들, 특히 여성주의자들의 관점의 비판가들은 다음과 같다. Judith Stacey, *Unhitched: Love, Marriage, and Family Values from West Hollywood to Western China* (New York: New York University Press, 2011); Stephanie Coontz, *The Way We Never Were: American Families and the Nostalgia Trap* (New York: Basic Books, 2000); Nancy Chodorow, *The Reproduction of Mothering* (Berkeley, CA: University of California Press, 1978); Arlie Hochschild, *The Second Shift: Working Parents and the Revolution* (New York: Avon Books, 1990); John R. Gillis, *A World of Their Own Making: Myth, Ritual, and the Quest for Family Values* (Cambridge, MA: Harvard University Press, 1996).

11 1950년대와 1960년대에는 혼전 임신의 52-60%가 임신으로 마지못해 하는 결혼으로 해결되었지만, 1990년대 초에는 이 비율이 23%로 떨어졌다. U.S. Census Bureau, "Trends in Premarital Childbearing, 1930 to 1994," by Amara Bachu, *Current Population Reports* (Washington, DC, 1999), 23-197. (대략적으로 말해) 1940년대부터 1970년대에 이르는 혼전 임신율과 마지못해 하는 결혼 비율에 대한 조심스러운 분석을 위해서는 다음을 보라. Paula England, Emily Shafer and Lawrence Wu, "Premarital Conceptions, Postconception ("Shotgun") Marriages, and Premarital First Births: Educational Gradients in U.S. Cohorts of White and Black Women Born 1925-1959," *Demographic Research* 27 (2012): 153-166. 대략 1950년대 말부터 1970년대 말까지 교육을 덜 받은 백인 여성 사이의 혼전임신은 약 20%에서 30%로 늘어난 반면, 백인 대학 졸업자들 사이의 비율은 약 10% 선에서 꾸준히 유지되었다. 흑인 여성 중에서 교육을 덜 받은 여성의 경우 위와 같은 변화가 약 50%에서 약 70%로 늘어났으며 흑인 대학 졸업자 중에는 약 25%에서 35%로 늘어났다. 결혼 전에 임신한 여성들 중에서 마지못해 하는 결혼의 비율이 이 기간 동안에는 백인 여성의 경우 약 65%에서 약 45-50%로 떨어졌고 흑인 여성의 경우 약 30%에서 5-10%로 떨어졌다.

12 이러한 주장에 대한 통계는:

• 혼전 성교: 혼전 성교가 '나쁘지 않다'고 믿는 미국인의 숫자는 1969년에서 1973년에 이르는 4년 동안 24%에서 47%로 두 배나 늘었고, 1970년대를 거쳐 점점 상승하다가 1982년에는 62%에 이르렀다. Robert D. Putnam and David E. Campbell, *American Grace* (New York: Simon and Schuster, 2010), 92–93.

• 임신으로 마지못해 하는 결혼: 1960년대에는 모든 신부의 대략 절반(52%)이 이미 임신을 한 상태였다. 반면에 20년 후에는 오직 4분의 1만이(27%) 임신을 했다. Patricia H. Shiono and Linda Sandham Quinn, "Epidemiology of Divorce," *Future of Children: Children and Divorce* 4 (1994): 17.

• 이혼: 15세에서 44세에 이르는 나이의 기혼 여성들의 매년 이혼율은 1965년과 1980년 사이에 두 배 이상으로 늘었다. Shiono and Quinn, "Epidemiology of Divorce," 17.

• 한부모 가정: 20세기 전반부에는 대부분의 한부모 가정들이 부모 중 한 사람의 사망으로 생겨났는데 이러한 경향은 1930년대부터 1970년대에 이르면서 급격하게 하락했다. 고아는 둘째로 치고, 생물학적인 양부모와 함께 사는 16세의 숫자가 1960년대의 85%에서 1990년대는 59%로 떨어졌다. David T. Ellwood and Christopher Jencks, "The Spread of Single-Parent Families in the United States Since 1960," in *The Future of the Family*, eds. Daniel Patrick Moynihan, Timothy M. Smeeding, and Lee Rainwater (New York: Russell Sage Foundation, 2004), 25–65.*

13 George A. Akerlof, Janet L. Yellen and Michael L. Katz, "An Analysis of Out-Of-Wedlock Births in the United States," *Quarterly Journal of Economics* 11 (1996): 277–317.

14 Cherlin, *The Marriage-Go-Round*; David Popenoe, *War Over the Family* (New Brunswick, NJ: Transaction Publishers, 2005); Paul R. Amato, "Institutional, Companionate, and Individualistic Marriages: Change over Time and Implications for Marital Quality" in *Marriage at the Crossroads: Law, Policy, and the Brave New World of Twenty-First-Century Families*, eds. Marsha Garrison and Elizabeth S. Scott (Cambridge, UK: Cambridge University Press, 2012), 107–125; Robert N. Bellah, Richard Madsen, William M. Sullivan, Ann Swidler and Steven M. Tipton, *Habits of the Heart: Individualism and Commitment in American Life* (Berkeley, CA: University of California Press, 1985).

15 U.S. Department of Labor, Office of Policy Planning and Research, *The Negro Family: The Case for National Action*, by Daniel P. Moynihan (Washington, DC, 1965).

16 획기적인 학술적 공로에 대한 인정을 받은 것은 다음 논문이다. McLanahan, "Diverging Destinies"

17 Steven P. Martin, "Growing Evidence for a "Divorce Divide"? Education and Marital Dissolution Rates in the U.S. Since the 1970s," working paper (University of Maryland - College Park, 2005), http://www.russellsage.org/sites/all/files/u4/Martin_Growing%20 Evidence%20for20a%2Divorce%20vide.pdf, 2014년 5월 12일 접속; Steven P. Martin, "Trends in Marital Dissolution by Women's Education in the United States," *Demographic Research* 15 (2006): 552; Frank F. Furstenberg, "Fifty Years of Family

Change: From Consensus to Complexity," *ANNALS of the American Academy of Political and Social Science* 654 (July 2014): 12-30.

18 이러한 연구에 대한 조심스러운 요약을 위해서는 다음을 보라. Sara McLanahan and Christine Percheski, "Family Structure and the Reproduction of Inequalities," *Annual Review of Sociology* 34 (August 2008): 257-276.

19 학술지 *Future of Children*의 전체 판본은 깨어지기 쉬운 가정 문제에 전념하고 있다. "Fragile Families," *Future of Children* 20(Fall 2010); Sara McLanahan, "Family Instability and Complexity after a Nonmarital Birth: Outcomes for Children in Fragile Families," in *Social Class and Changing Families in an Unequal America*, eds. Marcia J. Carlson and Paula England (Stanford, CA: Stanford University Press, 2011), 108-133; Sara McLanahan and Irwin Garfinkel, "Fragile Families: Debates, Facts, and Solutions," in *Marriage at the Crossroads*, eds., Garrison and Scott, 142-69; McLanahan and Percheski, "Family Structure and the Reproduction of Inequalities," 257-76; Marcia J. Carlson, Sara S. McLanahan, and Jeanne Brooks-Gunn, "Coparenting and Nonresident Fathers' Involvement with Young Children After a Nonmarital Birth," *Demography* 45 (May 2008): 461-488; Sara McLanahan, Laura Tach and Daniel Schneider, "The Causal Effects of Father Absence," *Annual Review of Sociology* 39 (July 2013): 399-427.

20 Cherlin, *The Marriage-Go-Round*.

21 도표 2-2와 2-6은 McLanahan and Jacobsen, "Diverging Destinies Revisited"에서 가져온 것이다. "높은" 교육은 교육 분포의 상위 4분의 1에 있는 어머니들을 나타내고 있다; "낮은" 교육 항목은 하위 4분의 1에 있는 어머니들을 나타낸다. Greg J. Duncan, Ariel Kalil, and Kathleen M. Ziol-Guest, "Increasing Inequality in Parent Incomes and Children's Schooling"(미발간 원고, 2014년 10월)에 의하면 몇 번째 출산이든 임산부 나이에 있어서의 계급(소득) 격차는 초산의 임산부 나이에서 나타나는 계급(소득) 격차보다 더 급속도로 증가해왔다. 따라서 도표 2-2는 모든 아이들을 위한 임산부 나이에 있어서의 계급 격차의 전체 성장을 적게 말하고 있다. 더군다나 이들은 출산에서의 임산부 나이에서 나타나는 이러한 계급 격차가 가족 구조의 계급 격차와 맞먹을 정도로 전반적인 기회격차에 어느 정도 기여하고 있다는 사실을 발견했다.

22 Karen Guzzo and Krista K. Payne, "Intentions and Planning Status of Births: 2000-2010," *National Center for Family & Marriage Research*, FP-12-24 (Bowling Green State University, 2012). S. Philip Morgan, "Thinking about Demographic Family Difference: Fertility Differentials in an Unequal Society" in *Social Class and Changing Families in an Unequal America*, eds. Marcia J. Carlson and Paula England (Stanford, CA: Stanford University Press, 2011), 50-67을 보라. 최근 자료는 의도하지 않은 다산에서 교육과 수입에 의해 증가하고 있는 커다란 차이를 보여주고 있다: Heather Boonstra et al., *Abortion in Women's Lives* (New York: Guttmacher Institute, 2006); Laurence B. Finer and Stanley K. Henshaw, "Disparities in Rates of Unintended Pregnancy in the United States, 1994

and 2001," *Perspectives on Sexual and Reproductive Health* 38 (2006): 90-96.

23 Kelly Musick et al., "Education Differences in Intended and Unintended Fertility," *Social Forces* 88 (2009): 543-572; Finer and Henshaw, "Disparities in Rates of Unintended Pregnancy in the United States, 1994 and 2001," 90-96; Paula England, Elizabeth Aura McClintock and Emily Fitzgibbons Shafer, "Birth Control Use and Early, Unintended Births: Evidence for a Class Gradient," in *Social Class and Changing Families in an Unequal America*, eds. Marcia J. Carlson and Paula England (Stanford, CA: Stanford University Press, 2011), 21-49; McLanahan, "Family Instability and Complexity after a Nonmarital Birth," 108-33.

24 Martin, "Growing Evidence for a 'Divorce Divide'?"

25 Zhenchao Qian, "Divergent Paths of American Families," in *Diversity and Disparities: America Enters a New Century*, ed. John Logan (New York: Russell Sage Foundation 2014).

26 Cherlin, "Demographic Trends in the United States," 408.

27 Wendy D. Manning, "Trends in Cohabitation: Twenty Years of Change, 1972-2008," *National Center for Family & Marriage Research* FP 10-07 (2010), http://www.bgsu. edu/content/dam/BGSU/college-of-arts-and-sciences/NCFMR/documents/FP/FP-10-07.pdf. 2014년 4월 18일 접속.

28 Kathryn Edin and Timothy Nelson, *Doing the Best I Can: Fathering in the Inner City* (Berkeley, CA: University of California Press, 2013), 40.

29 McLanahan, "Family Instability and Complexity after a Nonmarital Birth," 117. 동거하는 부모의 헤어짐에 대한 약간 더 낮은 추산에 대해서는 Cherlin, "Demographic Trends in the United States," 408을 보라.

30 Furstenberg, "Fifty Years of Family Change," 21.

31 Edin and Nelson, *Doing the Best I Can*

32 McLanahan, "Family Instability and Complexity after a Nonmarital Birth"; Edin and Nelson, *Doing the Best I Can*; Kathryn Edin, Timothy Nelson, and Joanna Reed, "Daddy, Baby; Momma Maybe: Low-Income Urban Fathers and the "Package Deal" of Family Life," in *Social Class and Changing Families in an Unequal America*, eds. Marcia J. Carlson and Paula England (Stanford, CA: Stanford University Press, 2011), 85-107; Karen Benjamin Guzzo, "New Partner, More Kids: Multiple-Partner Fertility in the United States," *ANNALS of the American Academy of Political and Social Science* 654 (July 2014): 66-86.

33 Laura Tach, Kathryn Edin, Hope Harvey, and Brielle Bryan, "The Family-Go-Round: Family Complexity and Father Involvement From a Father's Perspective," *ANNALS of the American Academy of Political and Social Science*, 654(2014년 7월): 169-84.

34 McLanahan and Percheski, "Family Structure and the Reproduction of Inequalities," 258-59.

35 도표 2-5는 싱글 맘과 싱글 대디 모두를 포함한다. 어린이들의 약 4%는 대부분 저소득층 출

신으로 우선적으로는 그들의 조부모에 의해 양육되었다. 우리는 가족 구조의 이런 측면을 3장에서 논의할 것이다.

36 Finer and Stanley K. Henshaw, "Disparities in Rates of Unintended Pregnancy in the United States, 1994 and 2001"; Federal Interagency Forum on Child and Family Statistics, *America's Children: Key National Indicators of Well-Being, 2013*, "Births to Unmarried Women," http://www.childstats.gov/americaschildren/famsoc2.asp, 2014년 4월 23일 접속.

37 "Trends in Teen Pregnancy and Childbearing," Office of Adolescent Health, U.S. Department of Health and Human Service, 2014년 11월 21일, http://www.hhs.gov/ash/pah/adloscent-health-topics/reproductive-health/teen-pregnancy/trends.html, 2014년 12월 1일 조언받음. B. E. Hamilton, J. A. Martin, M. J. K. Osterman, and S. C. Curtin, *Birth: Preliminary Data for 2013* (Hyattsvile, MD): National Center for Health Statistics, 2014를 인용. http://www.cdc.gov/nchs/data/nvsr/nvsr63_02.pdf, 2014년 11월 14일 접속; Pamela J. Smock and Fiona Rose Greenland, "Diversity in Pathways to Parenthood: Patterns, Implications, and Emerging Research Directions," *Journal of Marriage and Family* 72 (June 2010): 579; Furstenberg, "Fifty Years of Family Change." 10대 임신은 자주 훗날의 혼외 출산의 전조가 된다. 그래서 10대의 임신이 염려되는 것이다. 물론 이들 가난한 아이들이 당면하는 문제들의 주요 원인은 아니지만 말이다. Marcia J. Carlson and Paula England, "Social Class and Family Patterns in the United States," in *Social Class and Changing Families in an Unequal America*, eds. Marcia J. Carlson and Paula England, 4–5.

38 McLanahan, "Diverging Destinies."

39 Suzanne M. Bianchi, John P. Robinson and Melissa A. Milkie, *Changing Rhythms of American Family Life* (New York: Russell Sage Foundation, 2007); John F. Sandberg and Sandra L. Hofferth, "Changes in Children's Time with Parents: A Correction," *Demography* 42(May 2005): 391–95.

40 Timothy M. Smeeding, "Public Policy, Economic Inequality, and Poverty: The United States in Comparative Perspective," *Social Science Quarterly* 86 (December 2005): 955–83; Sara McLanahan, "Fragile Families and the Reproduction of Poverty," *ANNALS of the American Academy of Political and Social Science* 621(January 2009): 111–31; Furstenberg, "Transition to Adulthood" 등의 논문은 결혼 유형에서의 유사한 계급 불일치가 많은 서구의 선진국에서 나타나고 있음을 보여준다. 비록 정도가 같지는 않지만 말이다. Cherlin, *The Marriage-Go-Round*; Furstenberg, "Transition to Adulthood"에 의하면 '다수의 배우자 출산'은 미국에서 더욱 흔하다.

41 Cherlin, "Demographic Trends in the United States," 411–412.

42 Monitoring of the Future 자료에 대한 분석. 1990년대 동안의 이 자료에 대한 보다 이른 그리고 어느 정도 더 낙관적인 분석을 위해서는 Arland Thornton and Linda Young-Demarco, "Four Decades of Trends in Attitudes Toward Family Issues in the United

States: The 1960s Through the 1990s," *Journal of Marriage and Family* 63 (November 2001): 1009-1037을 보라.

43 Cherlin, "Demographic Trends in the United States," 404.

44 McLanahan and Percheski, "Family Structure and the Reproduction of Inequalities."

45 England, McClintock, and Shafer, "Birth Control Use and Early, Unintended Births."

46 Kathryn Edin and Maria J. Kefalas, *Promises I Can Keep: Why Poor Women Put Motherhood Before Marriage* (Berkeley, CA: University of California Press, 2005), Smock and Fiona Greenland, "Diversity in Pathways to Parenthood," 582-83에서 요약.

47 Linda M. Burton, "Seeking Romance in the Crosshairs of Multiple-Partner Fertility: Ethnographic Insights on Low-Income Urban and Rural Mothers," *ANNALS of the American Academy of Political and Social Science* 654(July 2014): 185-212.

48 Ruth Shonle Cavan and Katherine Howland Ranck, *The Family and the Depression* (Chicago: University of Chicago Press, 1938).

49 "The Great Depression," 역사의 증인(Eyewitness to History), 2014년 4월 23일 접속, http://www.eyewitnesstohistory.com/snprelief1.htm; "The Human Toll," 디지털 역사(Digital History), http://www.digitalhistory.uh.edu/disp_textbook.cfm?smtID=2&psid=3434, 2014년 4월 23일 접속; Matthew Hill, "Love in the Time of Depression: The Effect of Economic Downturn on the Probability of Marriage" (UCLA ALL-UC/Caltech Economic History Conference, April 22, 2011에서 발표된 논문), http://www.ejs.ucdavis.edu/Research/ALL-UC/conferences/2011-spring/Hill_LoveDepression042011.pdf, 2014년 10월 21일 접속. 이 논문은 1930년대의 지역 남성 실직이 혼인율에 부정적 영향을 강하게 미쳤다는 사실을 확인해준다. 미국사의 다른 시대에 나온 문헌 리뷰도 어려운 시기와 혼인율 간의 유사한 부정적인 관계를 보여주고 있다.

50 Glen H. Elder, Jr., *Children of the Great Depression: Social Change in Life Experience* (Boulder, CO: Westview Press, 1999).

51 Phillips Cutright, "Illegitimacy in the United States: 1920-1968," *Growth and the American Future*, Research Reports, vol. 1, *Demographic and Social Aspects of Population Growth*, eds. Charles F. Westoff and Robert Parke (Washington DC: US Government Printing Office, 1972), 381; Amara Bachu, *Trends in Premarital Childbearing, 1930 to 1994*, Current Population Reports (Washington, DC, U.S. Census Bureau,1999), 23-197, http://www.census.gov/prod/99pubs/p23-197.pdf, 2014년 12월 1일 접속.

52 Carlson and England, "Social Class and Family Patterns in the United States," 7.

53 성관계 시작 시기, 피임의 사용, 자기 효능감, 자제하는 능력 등을 포함한 우리의 '행동' 설명에 대한 강조를 위해 McClintock and Fitzgibbons Shafer, "Birth Control Use and Early, Unintended Births"를 보라.

54 1996년 이전의 복지 시스템이 가정 붕괴를 자극했다는 주장에 대해서는 다음을 보라. Charles Murray, *Losing Ground: American Social Policy, 1950-1980* (New York: Basic Books, 1984); Research Perspectives(Washington, DC: National Academies Press,

1998); National Research Council, Robert A. Moffitt, ed., *Welfare, the Family and Reproductive Behavior: Research Perspectives* (Washington, DC: National Academies Press, 1998); McLanahan and Percheski, "Family Structure and the Reproduction of Inequalities," 263-64. 이 논란과 관련된 것은 Juho Härkönen and Jaap Dronkers, "Stability and Change in the Educational Gradient of Divorce: A Comparison of Seventeen Countries," *European Sociological Review* 22 (December 2006): 501-517가 밝힌 다음의 사실이다. 복지국가의 아량이 저소득 커플의 긴장을 완화해준다는 사실을 보여주면서 보다 확대된 복지국가 정책은, 특히 교육을 적게 받은 커플들 사이에서의, 더 낮은 이혼율과 연관된다.

55 Jennifer Glass and Philip Levchak, "Red States, Blue States, and Divorce: Understanding the Impact of Conservative Protestantism on Regional Variation in Divorce Rates," *American Journal of Sociology* 119 (January 2014): 1002-1046.

56 Nicole Shoenberger, "Young Men's Contact with Criminal Justice System," *National Center for Family & Marriage Research* FP-12-01, http://www.bgsu.edu/content/dam/BGSU/college-of-arts-and-science/NCFMR/documents/FP/FP-12-01.pef, 2012년 4월 24일 접속. Bryan L. Sykes and Becky Pettit, "Mass Incarceration, Family Complexity, and the Reproduction of Childhood Disadvantage," *ANNALS of the American Academy of Political and Social Science* 654(July 2014): 127-49.

57 Becky Pettit and Bruce Western, "Mass Imprisonment and the Life Course: Race and Class Inequality in U.S. Incarceration," *American Sociological Review* 69 (2004): 151-169; Christopher Wildeman, "Parental imprisonment, the prison boom, and the concentration of childhood disadvantage," *Demography* 46 (2009): 265-280.

58 John Hagan and Holly Foster, "Intergenerational Educational Effects of Mass Imprisonment in America," *Sociology of Education* 85 (2012): 259-286. 어린이들의 정신 건강에 미치는 부모 구금의 영향에 대해서는 다음을 보라. Kristin Turney, "Stress Proliferation across Generations? Examining the Relationship between Parental Incarceration and Childhood Health," *Journal of Health and Social Behavior* 55 (September 2014): 302-319; Sykes and Pettit, "Mass Incarceration, Family Complexity, and the Reproduction of Childhood Disadvantage."

59 이 연구에 대한 신중한 요약을 위해서는 다음 논문을 보라. McLanahan and Percheski, "Family Structure and the Reproduction of Inequalities"

60 Sara McLanahan and Gary Sandefur, *Growing Up with a Single Parent: What Hurts, What Helps* (Cambridge, MA: Harvard University Press, 1994); Wendy Sigle-Rushton and Sara McLanahan, "Father Absence and Child Wellbeing: A Critical Review," in *The Future of Family*, eds. Moynihan, Smeeding, and Rainwater; Paul R. Amato, "The Impact of Family Formation Change on th Cognitive, Social, and Emotional Well-Being of the Next Generation," *The Future of Children* 15 (Fall 2005): 75-96.

61 Sigle-Rushton and McLanahan, "Father Absence and Child Wellbeing."

62 Bruce J. Ellis et al., "Does Father Absence Place Daughters at Special Risk for Early Sexual Activity and Teenage Pregnancy?," *Child Development* 74 (May 2003): 801-821; Kathleen E. Kiernan and John Hobcraft, "Parental Divorce during Childhood: Age at First Intercourse, Partnership and Parenthood," *Population Studies* 51 (March 1997): 41-55; Susan Newcomer and J. Richard Udry, "Parental Marital Status Effects on Adolescent Sexual Behavior," *Journal of Marriage and Family* 49 (May 1987): 235-240; Sara McLanahan, "Father Absence and the Welfare of Children," in *Coping with Divorce, Single Parenting, and Remarriage: A Risk and Resiliency Perspective*, ed. E. Mavis Hetherington (Mahwah, NJ: Lawrence Erlbaum, 1999), 117-45; Arline T. Geronimus and Sanders Korenman, "The Socioeconomic Consequences of Teen Childbearing Reconsidered," *The Quarterly Journal of Economics* 107 (November 1992): 1187-1214.

63 Furstenberg, "Fifty Years of Family Change"; Laura Tach, "Family Complexity, Childbearing, and Parenting Stress: A Comparison of Mothers' and Fathers' Experience," *National Center for Family and Marriage Research* WP-12-09 (Bowling Green State University, 2012); McLanahan and Garfinkel, "Fragile Families," 142-69; Furstenberg, "Transitions to Adulthood"; McLanahan, "Family Instability and Complexity After a Nonmarital Births," 108-33; Edin and Nelson, *Doing the Best I Can*; Carlson and England, "Social Class and Family Patterns in the United States," 6.

64 Sara McLanahan and Christopher Jencks, "Was Moynihan Right?: What Happens to the Children of Unmarried Mothers," *Education Next* 15 (Spring 2015): 16-22; McLanahan, Tach, and Schneider, "The Causal Effects of Father Absence," 399-427. 이와는 대조적으로 대학 교육 또는 더 높은 성인 소득을 얻는 데 있어 싱글 부모 가정 출신의 아이들이 더 잘하지 못한다는 일관적인 증거가 적게나마 존재한다.

65 Isabel V. Sawhill, *Generation Unbound: Drifting into Sex and Parenthood Without Marriage* (Washington, DC: Brookings Institution Press, 2014), 6.

66 Raj Chetty, Nathaniel Hendren, Patrick Kline, and Emmanuel Saez, "Where Is the Land of Opportunity? The Geography of Intergenerational Mobility in the United States," NBER Working Paper No. 19843 (Cambridge: National Bureau of Economic Research, January 2014).

제3장: 양육

1 Frederick Allen, *Atlanta Rising: The Invention of an International City 1946-1996* (Marietta, GA: Longstreet Press, 1996).

2 Alan Berube, "All Cities Are Not Created Unequal," *Metropolitan Opportunity Series*, Brookings Institution, February 20, 2014, http://www.brookings.edu/research/papers/2014/02/cities-unequal-berube. http://www.brookings.edu/research/papers/2014/02/cities-unequal-berube. 2014년 5월 7일 접속.

3 Robert D. Bullard, Glenn S. Johnson, Angel O. Torres, "The State of Black Atlanta:

Exploding the Myth of Black Mecca," *Environmental Justice Resource Center at Clark Atlanta University* (February 25, 2010), http://www.ejrc.cau.edu/State_of_Black_Atlanta_Exploding_the_Myth_of_Black_Mecca.pdf, 2014년 5월 7일 접속.

4 애틀랜타는 또한 2000년 이후 많은 아시아계 미국인들과 라틴계를 끌어들였다. 물론 애틀랜타에서 이들의 숫자는 흑인과 백인의 숫자를 따라잡지 못하고 있다. 이 단락에 나오는 데이터를 위해서는 다음의 논문을 보라. "State of Metropolitan America: On the Front Lines of Demographic Transformation," Metropolitan Policy Program (Washington, DC: Brookings Institute, 2010), http://www.brookings.edu/~/media/research/files/reports/2010/5/09%20metro%20america/metro_america_report.pdf, 2014년 9월 19일 접속.

5 1970-1990의 데이터는 David L. Sjoquist, ed., *The Atlanta Paradox* (New York: Russell Sage Foundation, 2000), 26, 도표 2-5에서 나온다; 2000-2010의 데이터는 Atlanta Regional Commission, "Census 2010," http://www.atlantaregional.com/File%20Library/About%20Us/the%20region/county_census2010.xls, 2014년 9월 19일 접속.

6 미국 인구조사국 자료. 2010년 애틀랜타 도시의 평균 가정 수입은 백인의 경우 76,106 달러로 흑인 23,692달러의 세 배 이상에 이른다. 이는 현재까지 10개의 정상급 대도시 지역의 중심 도시 중에서 가장 커다란 인종적 불일치를 보여주는 것으로 대체로 미국의 다른 어떤 주요 도시보다도 더 크다고 할 수 있다.

7 1970년대부터 2010년까지 25,000달러(2010년의 달러로 인플레가 조정된)보다 적은 액수로 연명하는 애틀랜타의 흑인 가정의 비율은 31%에서 30%로 줄어들었지만 거의 변하지 않았다. 반면에 10만 달러 이상의 수입을 가진 흑인 가정의 비율은 6%에서 13%로 두 배 이상 증가했다. 이 데이터는 다음 자료에 대한 필자의 분석에서 나온 것이다. Steven Ruggles, J. Trent Alexander, Katie Genadek, Ronald Goeken, Matthew B. Schroeder, and Matthew Sobek, "*Integrated Public Use Microdata Series: Version 5.0* [Machine-readable database]," (Minneapolis: University of Minnesota, 2010).

8 Raj Chetty, Nathaniel Hendren, Patrick Kline, Emmanuel Saez and Nicholas Turner, "Is the United States Still a Land of Opportunity? The Geography of Intergenerational Mobilities in the United States," NBER Working Paper No. 19843 (Cambridge, MA: National Bureau of Economic Research, January 2014).

9 이 가족 인구조사 트랙은 7%의 아동 빈곤율과 함께 대략 25% 흑인으로 이루어져 있다. 이곳은 유복하지만 벅헤드는 아니다.

10 미셸이 연속적으로 경험한 거주지들이 말해주는 것은 애틀랜타가 어떻게 변화해오고 있으며, 그러한 발전에서 그녀의 사회적 위치는 어떠한가에 대한 뜻 깊은 이야기다.

• 취학 전 아동이었던 그녀는 애틀랜타의 정남쪽에 살았다. 그 당시 이 지역은 50%의 흑인 주민 비율과 29%의 아동 빈곤율이 존재했다. 지금은 주민의 63%가 흑인이고 아동 빈곤율은 53%다.
• 초등학교 시절에 그녀는 남쪽으로 15마일 더 멀리 이사를 갔다. 2000년 인구조사 트랙에

따르면 40%가 흑인이고 아동 빈곤율은 18%였다. 지금은 82%가 흑인이고 아동 빈곤율은 25%이다. 그녀는 이러한 전환기 한가운데서 살았다.

• 그녀가 고등학교에 들어갔을 때 그녀의 가족은 22마일 더 남쪽으로 이사했다. 2000년의 그 지역은 개발이 되지 않은 시골이었고 10%가 흑인이었으며 아동 빈곤율은 4%였다. 지금은 31%가 흑인이고 아동 빈곤율은 21%이다.

이처럼 그녀의 가족은 애틀랜타 대도시에서 점점 더 남쪽으로, 더욱 흑인화되고 빈곤화되는 곳으로 이사를 갔다. 물론 지금 그들은 훨씬 더 흑인화되고 더 가난해진 지역으로부터 벗어났지만 말이다.

11 일라이저의 삶의 궤적이 아주 복잡했기에, 또 그의 삶에 관련된 어느 어른과도 인터뷰할 수 없었기에 우리는 그의 이웃 공동체에 대해 정확하게 재구성할 수 없었다. 하지만 이들 대부분은 예외 없이 흑인이었고 가난했다.

12 시모네가 나중에 아이들의 학교생활에 관여했기 때문에 학교 직원들은 그녀의 재능을 알게 되었고, 조지아의 한 초등학교 교장은 그녀를 특별 대체 교육 교사로 뽑았다. 결과적으로 그녀는 계속해서 석사 학위를 받게 되었고, 최근에는 그 학군의 올해의 교사로 이름을 날리기도 했다.

13 15년의 거리와 문화 노선을 가로질러서 5살짜리 미셸이 받은 고민의 배경이 무엇인지를 정한다는 것은 불가능하다. 비록 그 사건이 그녀의 부모가 다시 결합하는 시기 즈음에 일어났지만 말이다. 이때를 미셸은 그들의 삶에서 스트레스를 가장 많이 받은 경험의 시절로 설명하고 있다. 더군다나 스테파니는 남편과 마찬가지로 직장을 바꾸는 중이었기에 가정 내 스트레스는 아주 높았을 것이라 생각된다. 미셸은 나중에 여러 가지 학습 장애 진단을 받게 되었는데 초기의 에피소드에 이러한 요소가 어느 정도 역할을 했을 것이다.

14 '집중양육(concerted cultivation)'의 사회학자 아네트 라루(Annette Lareau)의 용어로 이 장의 뒷부분에서 논의할 것이다.

15 이것은(일라이저가 말한 모순적인 말은-역자 주) 출판 편집상의 실수가 아니다. 10초 사이에 일라이저는 제임스가 방아쇠를 당기기를 원했다는 사실과 그것을 원하지 않았다는 사실을 둘 다 말한 것이다.

16 이러한 아동 살해 기록은 믿을 수 없는 이야기처럼 들린다. 그렇지만 1994년(3살이던 일라이저가 마을에 도착했던 그 해)의 뉴올리언스에는 421명의 살인, 즉 하루에 한 건 이상의 살인이 있었고, 이들 사건의 대부분은 일라이저의 할아버지가 살았던 바로 그 지역에 집중해 있었다. 이 지역은 최근 수십 년 동안 미국의 주요 도시 중에서 연중 살인율이 가장 높았다.

17 일라이저가 짧은 기간 동안 일한 회사는 지역 판매 회사로서 때때로 교육을 받지 못하는 어린 노동자들을 착취하는, 사기성이 농후한 운영을 했다는 혐의를 받았다.

18 Institute of Medicine, *From Neurons to Neighborhoods: The Science of Early Child Development*, ed. Jack P. Shonkoff and Deborah A. Phillips (Washington, D.C.: National Academies Press, 2000). 이 부분은 하버드 대학교의 Center on the Developing Child에 축적되어 있는 우수한 연구논문 및 사건 브리핑 자료집에 크게 의존하고 있다. http://developingchild.harvard.edu/. 나는 이 센터의 설립 디렉터인 Jack P. Shonkoff, MD 교

수의 안내와 격려에 감사하고 있다. 물론 이 분야에 대한 이 요약의 책임은 전적으로 나에게 있다. 다른 주요 인용문들은 다음을 포함한다. Paul Tough, *How Children Succeed: Grit, Curiosity, and the Hidden Power of Character* (New York: Houghton Mifflin Harcourt, 2012); Gary W. Evans and Michelle A. Schamberg, "Childhood Poverty, Chronic Stress, and Adult Working Memory," *The Proceedings of the National Academy of Sciences* 106 (April 21, 2009): 6545-6549; James J. Heckman, "Skill Formation and the Economics of Investing in Disadvantaged Children," *Science* 312 (June 2006): 1900-1902; James J. Heckman, "An Effective Strategy for Promoting Social Mobility," *Boston Review* (September/October 2012); Eric I. Knudsen, James J. Heckman, Judy L. Cameron and Jack P. Shonkoff, "Economic, Neurobiological, and Behavioral Perspectives on Building America's Future Workforce," *The Proceedings of the National Academy of Sciences* 103 (July 5, 2006): 10155-10162; Jack P. Shonkoff, Andrew S. Garner, The Committee on Psychosocial Aspects of Child and Family Health, Committee on Early Childhood, Adoption, and Dependent Care, and Section on Developmental and Behavioral Pediatrics, "The Lifelong Effects of Early Childhood Adversity and Toxic Stress," *Pediatrics* 129 (January 1, 2012): e232-246.

19 National Scientific Council on the Developing Child, "Young Children Develop in an Environment of Relationships," Center on the Developing Child Working Paper No. 1 (2004).

20 Marilyn Jager Adams, *Beginning to Read: Thinking and Learning about Print* (Cambridge, MA: MIT Press, 1990); Kaisa Aunola, Esko Leskinen, Marja-Kristiina Lerkkanen and Jari-Erik Nurmi, "Developmental Dynamics of Math Performance from Preschool to Grade 2," *Journal of Educational Psychology* 96 (December 2004): 699-713; Arthur J. Baroody, "The Development of Adaptive Expertise and Flexibility: The Integration of Conceptual and Procedural Knowledge," in *The Development of Arithmetic Concepts and Skills: Constructing Adaptive Expertise Studies*, ed. Arthur J. Baroody and Ann Dowker (Mahwah, NJ: Lawrence Erlbaum Associates, 2003), 1-34; Herbert P. Ginsburg, Alice Klein and Prentice Starkey, "The Development of Children's Mathematical Thinking: Connecting Research with Practice," in *Handbook of Child Psychology: Child Psychology and Practice*, 5th ed, vol, 4, eds. Irving E. Sigel and Anne Renninger (New York: John Wiley and Sons, 5th ed., vol. 4, 1998), 401-476; Elizabeth P. Pungello, Janis B. Kupersmidt, Margaret R. Burchinal and Charlotte J. Patterson, "Environmental Risk Factors and Children's Achievement from Middle Childhood to Early Adolescence," *Developmental Psychology* 32 (July 1996): 755-767; Hollis S. Scarborough, "Connecting Early Language and Literacy to Later Reading (Dis)Abilities: Evidence, Theory, and Practice," in *Handbook of Early Literacy Research*, eds. Susan B. Neuman and David K. Dickinson (New York: Guilford Press, 2001), 97-110; Stacy A. Storch and Grover J. Whitehurst, "Oral Language and Code-

Related Precursors to Reading: Evidence from a Longitudinal Structural Model," *Developmental Psychology* 38 (November 2002): 934-947; Harold W. Stevenson and Richard S. Newman, "Long-term Prediction of Achievement and Attitudes in Mathematics and Reading," *Child Development* 57 (June 1986): 646-659; Grover J. Whitehurst and Christopher J. Lonigan, "Child Development and Emergent Literacy," *Child Development* 69 (June 1998): 848-872.

21 Tough, *How Children Succeed*; Walter Mischel, Yuichi Shoda and Monica Larrea Rodriguez, "Delay of Gratification in Children," *Science* 244 (May 26, 1989): 933-938; Angela L. Duckworth and Martin E.P. Seligman, "Self-discipline Outdoes IQ in Predicting Academic Performance of Adolescents," *Psychological Science* 16 (December 2005): 939-944; James J. Heckman, Jora Stixrud, and Sergio Urzua, "The Effects of Cognitive and Noncognitive Abilities on Labor Market Outcomes and Social Behavior," *Journal of Labor Economics* 24 (July 2006): 411-482; Flavio Cunha and James Heckman, "The Technology of Skill Formation," *American Economic Review* 97 (May 2007): 31-47.

22 Center on the Developing Child, "Science of Neglect," InBrief Series, Harvard University, 1, http://developingchild.harvard.edu/index.php/download_file/-/view/1340/, 2014년 5월 7일 접속.

23 Charles A. Nelson, Nathan A. Fox and Charles H. Zeanah, *Romania's Abandoned Children: Deprivation, Brain Development, and the Struggle for Recovery* (Cambridge, MA: Harvard University Press, 2014).

24 American Academy of Pediatrics, Early Brain and Childhood Development Task Force, "A Public Health Approach to Toxic Stress," (2011), accessed May 7, 2014, http://www.aap.org/en-us/advocacy-and-policy/aap-health-initiatives/EBCD/Pages/Public-Health-Approach.aspx/adversity/. 2014년 6월 6일 접속.

25 Vincent J. Felitti et al., "Relationship of Childhood Abuse and Household Dysfunction to Many of the Leading Causes of Death in Adults: The Adverse Childhood Experiences (ACE) Study" *American Journal of Preventive Medicine* 14 (May 1998): 245 – 258; Vincent J. Felitti and Robert F. Anda, "The Relationship of Adverse Childhood Experiences to Adult Medical Disease, Psychiatric Disorders and Sexual Behavior: Implications for Healthcare," in *The Impact of Early Life Trauma on Health and Disease: The Hidden Epidemic*, eds. Vincent J. Felitti and Robert F. Anda (Cambridge, UK: Cambridge University Press, 2010), 77-87.

26 Heckman, "An Effective Strategy for Promoting Social Mobility."

27 Gene H. Brody et al., "Is Resilience Only Skin Deep? Rural African Americans' Socioeconomic Status-Related Risk and Competence in Preadolescence and Psychological Adjustment and Allostatic Load at Age 19," *Psychological Science* 24 (July 2013): 1285-1293.

28 "John Henry," http://www.springsteenlyrics.com/lyrics/j/johnhenry.php, 2014년 5월 8일 접속.

29 가난한 아이들(⟨200% 연방정부 빈곤기준(Federal Poverty Line)⟩): 4%는 아버지 또는 어머니 사망; 11%는 아버지 또는 어머니 투옥; 10%는 부모의 육체적 학대를 봄; 12%는 이웃의 폭력을 봄; 10%는 가족 구성원 중 정신질환자 존재; 13%는 가족 구성원 중 알코올/약물 중독자 존재. 가난하지 않은 아이들(⟩400% FPL): 2%; 2%; 3%; 4%; 6%; 6%. "National Survey of Children's Health," Data Resource Center for Child and Adolescent Health, Child and Adolescent Health Measurement Initiative (2011/2012)에서 가져온 데이터.

30 Kirby Deater-Deckard, *Parenting Stress* (New Haven, CT: Yale University Press, 2004); Keith Crnic and Christine Low, "Everyday Stresses and Parenting," in *Handbook of Parenting* (2nd ed.): Vol. 5: *Practical Issues in Parenting*, ed. Marc H. Bornstein (Mahwah, NJ: Lawrence Erlbaum, 2002), 243-268, 특히 250.

31 Jeewook Choi, Bumseok Jeong, Michael L. Rohan, Ann M. Polcari and Martin H. Teicher, "Preliminary Evidence for White Matter Tract Abnormalities in Young Adults Exposed to Parental Verbal Abuse," *Biological Psychiatry* 65 (February 2009): 227-234.

32 National Scientific Council on the Developing Child, *Excessive Stress Disrupts the Architecture of the Developing Brain: Working Paper* 3 (2005/2014):4, 6; Center on the Developing Child, "The Impact of Early Adversity on Children's Development," InBrief Series, Harvard University, http://developingchild.harvard.edu/index.php/resources/briefs/inbrief_series/inbrief_the_impact_of_early_adversity/, 2014년 6월 6일 접속.

33 Ian C.G. Weaver et al., "Epigenetic programming by maternal behavior," *Nature Neuroscience* 7 (August 2004): 847-854; 사실 미니의 연구는 천성과 교육(nature and nurture) 사이의 진부한 구별에 대한 의문을 제기하는 데 기여했다. 왜냐하면 한 세대에서 핥아주고 돌봐주는 것은 발생학적으로 다음 세대로 전달되는 것처럼 보이지만, 연구의 후성적인 차원은 여기 우리의 관심에 대해 직접적인 관련이 거의 없다.

34 Philip A. Fisher, Megan R. Gunnar, Mary Dozier, Jacqueline Bruce and Katherine C. Pears, "Effects of Therapeutic Interventions for Foster Children on Behavioral Problems, Caregiver Attachment, and Stress Regulatory Neural Systems," *Annals of the New York Academy of Sciences* 1094 (December 2006): 215-225.

35 Byron Egeland, "Taking stock: Childhood Emotional Maltreatment and Developmental Psychopathology," *Child Abuse & Neglect* 33 (January 2009): 22-26. 에겔랜드는 Mary D. Salter Ainsworth의 "Attachment as Related to Mother-Infant Interaction," in *Advances in the Study of Behavior*, ed. Jay S. Rosenblatt (New York: Academic Press, 1979), 1-51에 의해 시작된 애착이론(attachment theory)에서 고전적인 작품을 만들어 내고 있었다.

36 Yann Algan, Elizabeth Beasley, Frank Vitaro, and Richard E. Tremblay, "The Long-Term Impact of Social Skills Training at School Entry: A Randomized Controlled

Trial" (Paris: Centre National de la Recherche Scientifique, November 28, 2013). http://www.gate.cnrs.fr/IMG/pdf/MLES_14_nov_2013-1.pdf.

37 Gary W. Evans, "The Environment of Childhood Poverty," *American Psychologist* 59 (February/March 2004): 77-92와 여기서 인용한 자료들; Jamie L. Hanson et al., "Family Poverty Affects the Rate of Human Infant Brain Growth," *PLOS ONE* 8 (December 2013) 은 다음과 같이 보고하고 있다. 가난한 부모의 수입을 즉각적으로 증대시키는 것은 아이들의 인식론적 수행과 사회적 행동에 무시할 수 없을 정도의 긍정적인 효과를 낸다. 이는 사회 계급과 아동발달 사이의 연결고리가 허구적인 것이 아니라 인과관계를 지닌다는 것을 강하게 시사해주는 것이다.

38 S. J. Lupien, S. King, M. J. Meaney, and B. S. McEwen, "Can Poverty Get Under Your Skin? Basal Cortisol Levels and Cognitive Function in Children from Low and High Socioeconomic Status," *Development and Psychopathology* (2001): 653-76; G. W. Evans, C. Gonnella, L. A. Marcynszyn, L. Gentile, and N. Salpekar, "The Role of Chaos in Poverty and Children's Socioemotional Adjustment," *Psychological Science* 16 (2005): 560-65.

39 Pilyoung Kim et al., "Effects of Childhood Poverty and Chronic Stress on Emotion Regulatory Brain Function in Adulthood," *The Proceedings of the National Academy of Sciences* 110 (November 12, 2013): 18442-18447.

40 Amedeo D'Angiulli, Anthony Herdman, David Stapells and Clyde Hertzman, "Children's Event-Related Potentials of Auditory Selective Attention Vary with Their Socioeconomic Status," *Neuropsychology* 22 (May 2008): 293-300.

41 Hanson et al., "Family Poverty Affects the Rate of Human Infant Brain Growth."

42 어머니와 아이들의 언어적 상호작용이 모성 교육과 강한 상관관계가 있다는 방대한 증거의 인용은 다음을 보라. Erika Hoff, Brett Laursen and Twila Tardif, "Socioeconomic Status and Parenting," in *Handbook of Parenting* (2nd ed.): Vol. 2: *Biology and Ecology of Parenting*, ed. Marc H. Bornstein (Mahwah, NJ: Lawrence Erlbaum, 2002), 238-39.

43 Betty Hart and Todd R. Risley, *Meaningful Difference in the Everyday Experience of Young American Children* (Baltimore, MD: Paul H. Brookes, 1995); Anne Fernald, Virginia A. Marchman and Adriana Weisleder, "SES Differences in Language Processing Skill and Vocabulary Are Evident at 18 Months," *Developmental Science* 16 (March 2013): 234-248.

44 Greg J. Duncan and Richard J. Murnane, *Restoring Opportunity: The Crisis of Inequality and the Challenge for American Education* (New York: Russell Sage Foundation, 2014), 32.

45 Jeanne Brooks-Gunn, Flavio Cunha, Greg J. Duncan, James J. Heckman and Aaron J. Sojourner, "A Reanalysis of the IHDP Program," (unpublished manuscript, Infant Health and Development Program, Northwestern University, 2006); Pedro Carneiro and James J. Heckman, "Human Capital Policy," in *Inequality in America: What Role for Human*

Capital Policies?, eds. James J. Heckman, Alan B. Krueger and Benjamin M. Friedman (Cambridge, MA: MIT Press, 2003), 77-239.

46 Meredith L. Rowe, "Child-Directed Speech: Relation to Socioeconomic Status, Knowledge of Child Development and Child Vocabulary Skill," *Journal of Child Language* 35 (February 2008): 185-205.

47 Urie Bronfenbrenner, "Ecological Systems Theory," in *Annals of Child Development*, vol. 6, ed. Ross Vasta (Greenwich, CT: JAI Press, 1989), 187-249; Sharon Hays, *The Cultural Contradictions of Motherhood* (New Haven: Yale University Press, 1996); Julia Wrigley, "Do Young Children Need Intellectual Stimulation? Experts' Advice to Parents, 1900-1985," *History of Education Quarterly* 29 (Spring 1989): 41-75; Maryellen Schaub, "Parenting for Cognitive Development from 1950 to 2000: The Institutionalization of Mass Education and the Social Construction of Parenting in the United States," *Sociology of Education* 83 (January 2010): 46-66.

48 Scott Coltrane, *Family Man: Fatherhood, Housework, and Gender Equity* (Oxford, UK: Oxford University Press, 1996).

49 다양한 연구들은 직업적 지위와 수입을 포함한 사회경제적 지위(SES)에 대해 각기 다른 척도를 사용해왔다. 그러나 교육(특히 어머니의 교육)은 지금까지는 양육에서의 차이에 대한 가장 강한 SES 예보 지표다.

50 Annette Lareau, *Unequal Childhoods: Class, Race, and Family Life; Second Edition, With an Update a Decade Later* (Berkeley and Los Angeles, CA: University of California Press, 2011). 또한 다음을 보라. Jessica McCrory Calarco, "Coached for the Classroom: Parents' Cultural Transmission and Children's Reproduction of Educational Inequalities," *American Sociological Review* 79 (September 2014): 1015-37.

51 Hoff, Laursen and Tardif, "Socioeconomic Status and Parenting," 231-52.

52 Hart and Risley, *Meaningful Differences in the Everyday. Experience of Young American Children*. 도표 3-2의 사회경제적 지위에 대한 세 가지 범주는 Hart와 Risley로부터 직접 가져온 것이다.

53 Kirby Deater-Deckard, *Parenting Stress* (New Haven, CT: Yale University Press, 2004); Hoff, Laursen and Tardif, "Socioeconomic Status and Parenting," 239; Ronald L. Simons, Les B. Whitbeck, Janet N. Melby and Chyi-In Wu, "Economic Pressure and Harsh Parenting," in *Families in Troubled Times: Adapting to Change in Rural America*, eds. Rand D. Conger and Glen H. Elder, Jr. (New York: Aldine De Gruyter, 1994), 207-222; Rand D. Conger and M. Brent Donnellan, "An Interactionist Perspective on the Socioeconomic Context of Human Development," *Annual Review of Psychology* 58 (2007): 175-199.

54 Frank F. Furstenberg et al., *Managing to Make It: Urban Families and Adolescent Success* (Chicago: University of Chicago Press, 1999). 스테파니는 양육 방식을 인종 탓으로 돌렸지만, 사실 더 중요한 결정 요인은 계급이다.

55 Jane Waldfogel and Elizabeth Washbrook, "Income-Related Gaps in School Readiness in the United States and the United Kingdom" in *Persistence, Privilege, and Parenting: The Comparative Study of Intergenerational Mobility*, eds. Timothy M. Smeeding, Robert Erikson and Markus Jantti (New York: Russell Sage Foundation, 2011). 과외 활동 참여는 4장에서 논의하고 있다.

56 Betty Hart and Todd R. Risley, "The Early Catastrophe: The 30 Million Word Gap by Age 3," *American Educator* 27 (Spring 2003): 4-9; Helen Raikes et al., "Mother-Child Bookreading in Low-Income Families: Correlates and Outcomes During the First Three Years of Life," *Development* 77 (July 2006): 924-953; Robert H. Bradley, Robert F. Corwyn, Harriette Pipes McAdoo and Cynthia Garcia Coll, "The Home Environments of Children in the United States Part II: Relations with Behavioral Development through Age Thirteen," *Child Development* 72 (November 2001): 1868-1886.

57 Jane Waldfogel and Elizabeth Washbrook, "Early Years Policy," *Child Development Research* 2011 (2011): 특히 5쪽. 또한 이 책에서 인용한 다른 문헌 리뷰도 살펴보라.

58 Jane Waldfogel, *What Children Need* (Cambridge, MA: Harvard University Press, 2006), 161. 더 많은 정보를 위해 다음을 읽어 보라. Kelly Musick and Ann Meier, "Assessing Causality and Persistence in Associations Between Family Dinners and Adolescent Well-Being," *Journal of Marriage and Family* 74 (June 2012): 476-493.

59 이 도표는 연례 DDB Needham Life Style 조사에 근거한 것으로 다음의 책에 서술되어 있다. Robert D. Putnam, *Bowling Alone: The Collapse and Revival of American Community* (New York: Simon and Schuster, 2000). 질문은 단순히 동의하느냐 하지 않느냐 하는 것이었다: "우리 가족 전부는 일상적으로 저녁을 같이 먹는다." 가족 저녁 식사에 대한 질문은 간헐적으로 다른 설문조사에서도 이루어졌는데 예컨대 2003년과 2007년의 전국 어린이 건강 조사(National Survey of Children's Health)에서다. 하지만 단 몇 년 안에만, 그리고 2000년 이후에만 이루어졌기에 장기간의 경향을 감지하는 데에는 유용성이 떨어진다. 도표 3-3은 집에 있는 18세 이하의 어린이가 있는 부모들에게 제한된 것이고 한 부모와 두 부모 가정 간의 차이점에 대한 설명을 위해 평가되었다.

60 Sabino Kornrich and Frank Furstenberg, "Investing in Children: Changes in Parental Spending on Children, 1972-2007," *Demography* 50 (February 2013): 1-23; Neeraj Kaushal, Katherine Magnuson and Jane Waldfogel, "How is Family Income Related to Investments in Children's Learning?" in *Whither Opportunity? Rising Inequality, Schools and Children's Life Chances*, eds. Greg J. Duncan and Richard J. Murnane (New York: Russell Sage Foundation, 2011), 187-206.

61 Rand D. Conger, Katherine J. Conger and Monica J. Martin, "Socioeconomic Status, Family Processes, and Individual Development," *Journal of Marriage and Family* 72 (June 2010): 685-704, 특히 695쪽.

62 다음의 논문이 도표 3-5의 출처다. Evrim Altintas, "Widening Education-Gap in Developmental Childcare Activities in the U.S.," *Journal of Marriage and Family*

(forthcoming 2015). 이 주제에 대한 이전의 작업과 달리 도표 3-5의 데이터는 집에 거주하지 않는 아버지들의 아이에 대한 아주 낮은 시간 투자를 설명하기 위해 조정되었다; 낮은 교육적 배경을 지닌 가정의 아이들 숫자는 매우 커다란 부분을 차지하고 있고 증가하고 있는데, 주로 싱글 맘에 의해 키워지고 있기 때문에 이러한 조정은 계급 격차의 규모와 증가에 실질적인 영향을 미치고 있다. 이 주제에 대한 초기의 작업에 대해서는 다음을 참고하라. Garey Ramey and Valerie A. Ramey, "The Rug Rat Race," Brookings Papers on Economic Activity Spring (Economic Studies Program, The Brookings Institution, 2010): 129-99; Meredith Phillips, "Parenting, Time Use, and Disparities in Academic Outcomes," in *Whither Opportunity? Rising Inequality, Schools and Children's Life Chances*, eds. Greg J. Duncan and Richard J. Murnane (New York: Russell Sage Foundation, 2011), 207-228; Ariel Kalil, Rebecca Ryan and Michael Corey, "Diverging Destinies: Maternal Education and the Developmental Gradient in Time with Children," *Demography* 49 (November 2012): 1361-1383. 후자는 특정한 나이에 처한 어린이의 발달에 특별히 중요한 보육 활동에 있어서 교육 격차가 가장 크다는 사실을 보여준다(0-2세 사이의 놀이와 기본적인 돌봄, 3-5세 사이의 가르치기/말하기/읽기, 그리고 6-13세 사이의 관리/조직적 활동).

63 "높은 교육을 받은 부모를 둔 아이들은 낮은 교육을 받은 부모를 둔 아이들보다 텔레비전을 보는 시간이 더 적고 공부하고 책을 읽는 시간은 더 많다." Sandra L. Hofferth and John F. Sandberg, "How American Children Spend Their Time," *Journal of Marriage and Family* 63 (May 2001): 295-308; John F. Sandberg and Sandra L. Hofferth, "Changes in Children's Time with Parents: A Correction," *Demography* 42 (May 2005): 391-395; Suzanne M. Bianchi and John Robinson, "What Did You Do Today? Children's Use of Time, Family Composition, and the Acquisition of Social Capital," *Journal of Marriage and Family* 59 (May 1997): 332-344.

64 Jay Belsky et al., "Are There Long Term Effects of Early Child Care?" *Child Development* 78 (March 2007): 681-701; Peg Burchinal et al., "Early Care and Education Quality and Child Outcomes," Office of Planning, Research and Evaluation, U.S. Department of Health and Human Services (Washington, DC: OPRE Research to Policy Brief, 2009); Eric Dearing, Kathleen McCartney and Beck A. Taylor, "Does Higher Quality Early Child Care Promote Low-Income Children's Math and Reading Achievement in Middle Childhood?" *Child Development* 80 (September 2009): 1329-1349; Erik Ruzek, Margaret Burchinal, George Farkas and Greg J. Duncan, "The Quality of Toddler Child Care and Cognitive Skills at 24 Months: Propensity Score Analysis Results from the ECLS-B," *Early Childhood Research Quarterly* 29 (January 2014): 12-21; Julia Torquati, Helen Raikes, Catherine Huddleston-Casas, James A. Bovaird, and Beatrice A. Harris, "Family Income, Parent Education, and Perceived Constraints as Predictors of Observed Program Quality and Parent Rated Program Quality," Nebraska Center for Research on Children, Youth, Families and Schools (Lincoln, NE: CYFS, 2011). 방법론자들도 데이케어의 질적 기준과 선택 오차를 다루는 방법을 꾸준히 개선하려 하고 있다(보

다 고품질의 데이케어를 선택하는 어머니들은 다른 면에서도 더 좋은 어머니일지도 모른다. 따라서 우리는 문제가 되는 것이 데이케어인지 확인할 수가 없다). 본문에서 제공한 요약 내용은 오늘날까지 주어진 모든 증거를 가지고 우리가 최선을 다해 이루어낸 판단이다.

65 Lisa Gennetian, Danielle Crosby, Chantelle Dowsett and Aletha Huston, "Maternal Employment, Early Care Settings and the Achievement of Low-Income Children," Next Generation Working Paper No. 30 (New York, NY: MDRC, 2007).

66 "The State of Pre-School 2011: State Preschool Yearbook," National Institute for Early Education Research (Rutgers Graduate School of Education, 2011): 9, http://nieer.org/sites/nieer/files/2011yearbook.pdf. 2014년 5월 13일 접속. 또한 다음을 살펴보라. Marcia K. Meyers, Dan Rosenbaum, Christopher Ruhm and Jane Waldfogel, "Inequality in Early Childhood Education and Care: What Do We Know?" in *Social Inequality*, ed. Kathryn M. Neckerman (New York: Russell Sage Foundation, 2004).

67 Keith Crnic and Christine Low, "Everyday Stresses and Parenting," in *Handbook of Parenting* (2nd ed.): Vol. 5: *Practical Issues in Parenting*, ed. Marc H. Bornstein (Mahwah, NJ: Lawrence Erlbaum, 2002), 243-268; Deater-Deckard, *Parenting Stress*와 이 책에서 인용한 출처.

68 도표 3-6은 DDB Needham Life Style 데이터에 근거한 것이다. 재정적인 염려는 4개의 동의-부동의 진술에 의해 측정된다: "우리 수입이 아무리 빠르게 상승하더라도 결코 앞으로 나갈 것 같지는 않다" (동의); "우리 가정은 요즘 너무 많은 빚을 지고 있다" (동의); "우리는 대부분의 이웃보다 과외 활동에 더 돈을 쓴다" (부동의); "우리의 가정 수입은 우리의 중요한 욕구를 거의 만족시키기에 충분히 높다"(부동의). 이러한 혼합 지표에서 1년 내내 상층부 4분의 1에 올라가 있는 사람들과 응답자들은 도표 3-6에서 "높은"으로 나타난다.

69 이 관찰은 저자와 대통령, 영부인, 그리고 대통령의 수석고문 간에 이루어진 사적인 모임에서 만들어졌다. 그때는 2007년 3월이었다.

70 Sendhil Mullainathan and Eldar Shafir, *Scarcity: Why Having Too Little Means So Much* (New York: Times Books, 2013).

71 Rand D. Conger and Glen H. Elder, "Families in Troubled Times: The Iowa Youth and Families Project," in *Families in Troubled Times: Adapting to Change in Rural America*, eds. Rand D. Conger and Glen H. Elder (New York: Aldine De Gruyter, 1994), 3-21; Miriam R. Linver, Jeanne Brooks-Gunn and Dafina E. Kohen, "Family Processes as Pathways from Income to Young Children's Development," *Developmental Psychology* 38 (September 2002): 719-734; Elizabeth T. Gershoff et al., "Income Is Not Enough: Incorporating Material Hardship into Models of Income Associations with Parenting and Child Development," *Child Development* 78 (January 2007): 70-95; and D. Conger and M. Brent Donnellan, "An Interactionist Perspective on the Socioeconomic Context of Human Development," *Annual Review of Psychology* 58 (2007): 175-199; Rand D. Conger, Katherine J. Conger and Monica J. Martin, "Socioeconomic Status, Family Processes, and Individual Development," *Journal of*

Marriage and Family 72 (June 2010): 685-704, 특히 693쪽.

72 Marsha Weinraub, Danielle L. Horvath and Marcy B. Gringlas, "Single Parenthood," in *Handbook of Parenting* (2nd ed.): Vol. 3: *Being and Becoming a Parent*, ed. Marc H. Bornstein (Mahwah, NJ: Lawrence Erlbaum, 2002), 109-140; Mavis Hetherington and Margaret Stanley-Hagan, "Parenting in Divorced and Remarried Families," in *Handbook of Parenting* (2nd ed.): Vol. 3: *Being and Becoming a Parent*, ed. Marc H. Bornstein, 287-315; Sara McLanahan and Christine Percheski, "Family Structure and the Reproduction of Inequalities," *Annual Review of Sociology* 34 (August 2008): 268. 또한 다음을 보라. Greg J. Duncan, Kjetil Telle, Kathleen M. Ziol-Guest and Ariel Kalil, "Economic Deprivation in Early Childhood and Adult Attainment: Comparative Evidence from Norwegian Registry Data and the U.S. Panel Study of Income Dynamics," in *Persistence, Privilege, and Parenting: The Comparative Study of Intergenerational Mobility*, eds. Timothy M. Smeeding, Robert Erikson and Markus Jantti (New York: Russell Sage Foundation, 2011), 212; Ariel Kalil, Rebecca Ryan and Elise Chor, "Time Investments in Children across Family Structures," *ANNALS of the American Academy of Political and Social Science* 654 (July 2014): 150-168.

73 Teresa Toguchi Swartz, "Intergenerational Family Relations in Adulthood: Patterns, Variations, and Implications in the Contemporary United States," *Annual Review of Sociology* 35 (2009): 191-212. 손주를 키우는 조부모의 증가 추세는 다음을 살펴보라. Gretchen Livingston and Kim Parker, "Since the Start of the Great Recession, More Children Raised by Grandparents," Pew Research Social and Demographic Trends (September 9, 2010), http://www.pewsocialtrends.org/2010/09/09/since-the-start-of-the-great-recession-more-children-raised-by-grandparents/. 2014년 5월 13일 접속; Gretchen Livingston, "At Grandmother's House We Stay," Pew Research Social and Demographic Trends, (September 4, 2013), http://www.pewsocialtrends.org/2013/09/04/at-grandmothers-house-we-stay/. 2014년 5월 13일 접속; Ye Luo, Tracey A. LaPierre, Mary Elizabeth Hughes and Linda J Waite, "Grandparents Providing Care to Grandchildren: A Population-Based Study of Continuity and Change," *Journal of Family Issues* 33 (September 2012): 1143; Rachel E. Dunifon, Kathleen M. Ziol-Guest and Kimberly Kopko, "Grandparent Coresidence and Family Well-Being: Implications for Research and Policy," *ANNALS of the American Academy of Political and Social Science* 654 (July 2014): 110-126.

74 David Elkind, *The Hurried Child: Growing Up Too Fast Too Soon* (Cambridge, MA: Perseus, 2001), Paul Tough, *How Children Succeed*.

75 Gary Evans, "The Environment of Childhood Poverty," *American Psychology* 59(2004): 77-92.

76 Hanson et al., "Family Poverty Affects the Rate of Human Infant Brain Growth," *PLUS ONE* 8 (December 2013); Greg J. Duncan and Richard J. Murnane, *Restoring*

Opportunity: The Crisis of Inequality and the Challenge for American Education (New York: Russell Sage Foundation, 2014), 30. 또한 이 책에서 인용한 출처.

제4장: 학교 교육

1 미국 인구조사국으로부터 받은 인구 통계학적 자료로서 사회탐구자(Social Explorer)에 의해 편집되었다. 하버드 대학교 도서관을 통해 자료에 접근했다; Gustavo Arellano, *Orange County: A Personal History* (New York: Simon and Schuster, 2008), 13.

2 Orange County Community Indicators Project, *Orange County Community Indicators 2013* (Irvine, CA: 2013), www.ocgov.com/about/infooc/facts/indicators, 2014년 6월 16일 접속.

3 Adam Nagourney, "Orange County Is No Longer Nixon Country," *New York Times*, August 29, 2010, http://www.nytimes.com/2010/08/30/us/politics/30orange.html. 2014년 6월 16일 접속.

4 "Street Gangs in Santa Ana, CA," Streetgangs.com, http://www.streetgangs.com/cities/santaana#sthash.rnESeLn4.dpbs, 2014년 6월 16일 접속.

5 미국 인구조사국, Steven Ruggles, J. Trent Alexander, Katie Genadek, Ronald Goeken, Matthew B. Schroeder, and Matthew Sobek, "Integrated Public Use Microdata Series: Version 5.0 [Machine-readable database]," (Minneapolis: University of Minnesota, 2010).

6 이 두 가정의 모든 구성원들은 미국 시민이고 아이들은 모두 미국에서 태어났다. 밀입국 이민자들과 그들의 자녀들이 추가적인 도전에 직면하는 것은 분명하다.

7 Fermin Leal and Scott Martindale, "OC's Best Public High Schools, 2012," *Orange County Register*, May 25, 2014, http://www.ocregister.com/articles/high-331705-college-schools.html?data=1&appSession=530132967931354. 데이터베이스 검색 2014년 2월 24일. 등급화는 캘리포니아 교육국으로부터 얻은 데이터에서 생성한 것이다. 계산법은 *Register*에 의해 응용되었다. 학업은 학교 등급의 50%를 나타내고, 대학과 직업 준비는 25%, 그리고 환경은 25%를 나타낸다.

8 이 이웃 공동체에서 라틴계는 평균 가계 수입이 115,000달러에 이르기에 비라틴계 이웃들의 105,000달러와 대비된다. 이 인구 조사 자료에 나오는 아이들의 5% 미만은 빈곤선 아래에 놓여 있다. 미국 인구조사국으로부터 받은 자료로 사회탐구자들에 의해 편집되었다. 하버드 대학교 도서관을 통해 자료에 접근했다.

9 클라라 또한 스타 운동선수였다. 그래서 그녀는 일부의 장학금 지원으로 대학 학업을 계속할 수 있었고 코치와 심판 등의 시간제 일자리 수입이 있었다.

10 Uniform Crime Reporting Statistics, http://www.ucrdatatool.gov/Search/Crime/Local/RunCrimeTrendsInOneVarLarge.cfm. 2014년 11월 18일 접속.

11 근처의 또 다른 한 고졸 출신 젊은 여성은 교실에서의 마약과 알코올, 그리고 누더기가 된 교과서에서 추출한 문장의 복사본으로 구성된 수업을 하는 교사에 대한 이야기를 들려주었다.

12 이 두 학교는 절대 극단적인 경우가 아니다. 캘리포니아 주의 학업 수행 지표(Academic Performance Index)에 의해 측정된 바와 같이 트로이는 백분의 90에 등급이 매겨져 있고 산

타아나는 백분의 20에 매겨져 있다.

13 Horace Mann, *Twelfth Annual Report of Horace Mann as Secretary of Massachusetts State Board of Education* (Boston, MA: Dutton and Wentworth, 1848). 초등학교 운동에 대해서는 다음을 보라. David Tyack, "The Common School and American Society: A Reappraisal," *History of Education Quarterly* 26 (Summer 1986): 301-306; Joel Spring, *The American School* 1642-2004, 6th ed. (New York: McGraw Hill, 2005); Sarah Mondale and Sarah B. Patton, eds., *School: The Story of American Public Education* (Boston, MA: Beacon Press, 2002); Michael B. Katz, *The Irony of Early School Reform: Educational Innovation in Mid-Nineteenth Century Massachusetts* (Cambridge, MA: Harvard University Press, 1968).

14 Claudia Goldin, "America's Graduation from High School: The Evolution and Spread of Secondary Schooling in the Twentieth Century," *Journal of Economic History* 58 (June 1998): 345-374; Claudia Goldin and Lawrence F. Katz, *The Race between Education and Technology* (Cambridge, MA: Harvard University Press, 2008).

15 이러한 개혁의 목표와 결과, 모두에 대한 학자들의 자세한 논쟁에서 선도적인 목소리는 다음의 여러 저술에서 나타난다. Edward Danforth Eddy, *Colleges for Our Land and Time: The Land-Grant Idea in American Education* (New York: Harper, 1957); Mary Jean Bowman, "The Land-Grant Colleges and Universities in Human-Resource Development," *Journal of Economic History* (December 1962): 523-546; Colin Burke, *American Collegiate Populations: A Test of the Traditional View* (New York: New York University Press, 1982); Harold M. Hyman, *American Singularity: The 1787 Northwest Ordinance, the 1862 Homestead and Morrill Acts, and the 1944 GI Bill* (Athens, GA: University of Georgia Press, 2008); Suzanne Mettler, *Soldiers to Citizens: The G.I. Bill and the Making of the Greatest Generation* (Oxford, UK: Oxford University Press, 2005); Glenn C. Altschuler and Stuart M. Blumin, *The GI Bill: A New Deal for Veterans* (Oxford, UK: Oxford University Press, 2009); John R. Thelin, *A History of American Higher Education* (Baltimore, MD: Johns Hopkins University Press, 2011).

16 David F. Labaree, "Public Goods, Private Goods: The American Struggle over Educational Goals," *American Educational Research Journal* 34 (Spring 1997): 39-81.

17 Sean F. Reardon, "The Widening Academic Achievement Gap between the Rich and the Poor: New Evidence and Possible Explanations," in *Whither Opportunity? Rising Inequality, Schools, and Children's Life Chances*, eds. Greg J. Duncan and Richard M. Murnane (New York: Russell Sage Foundation, 2011). 내가 이 책에서 보고한 아동 발달에 대한 많은 다른 측정치와는 반대로, 리어든은 계급 격차의 증가가 부모의 교육이 아니라 부모의 소득을 가지고 정의될 때 가장 뚜렷하게 나타난다는 사실을 발견했다. 물론 부모 교육에 의한 격차가 부모 수입에 의한 격차보다 더 큰 상태인 것은 사실이지만 말이다. 여기서 요약된 증거자료들은 가족 수입 백분위 90퍼센트 출신 아이들과 백분위 10퍼센트 출신 아이들 간의 차이에 대해 언급하고 있다.

18 성인이 되었을 때의 결과에 대한 예측에 있어서 인지적 능력(시험 점수 성취에 의해 측정된)과 비인지적 능력의 역할에 대한 확대된 논의를 위해 다음을 살펴보라. James J. Heckman, "Schools, Skills, and Synapses" *Economic Inquiry* 46 (July 2008): 289-324와 여기에서 인용한 자료.

19 James J. Heckman, "Promoting Social Mobility," *Boston Review*, September 1, 2012, http://www.bostonreview.net/forum/promoting-social-mobility-james-heckman. 2014년 6월 16일 접속. 헤크먼은 "사회경제적 기술에 있어서 유사한 패턴이 나타난다. 이들 기술 발달에 대한 하나의 측정 척도는 '반사회적 점수(anti-social score)' 즉 행동 문제의 측정 척도다. 한 번 더, 격차는 이른 시기에 벌어지고 지속된다. 다시 말해 불평등한 학교는 이러한 유형의 큰 원인은 되지 않는다"고 덧붙인다. Greg J. Duncan and Katherine Magnuson, "The Nature and Impact of Early Achievement Skills, Attention Skills, and Behavior Problems," in *Whither Opportunity? Rising Inequality, Schools, and Children's Life Chances*, eds. Greg J. Duncan and Richard J. Murnane, 57. 그렇지만 이 논문은 주의 산만함과 행동 문제에 있어서의 계급 격차가 초등학교 몇 년 동안에 증가되게 된다는 사실을 보여준다.

20 서머타임 확대가 계급 격차의 이유처럼 보이지만 인종 간 격차의 이유로 보이지는 않는다. David T. Burkam, Douglas D. Ready, Valerie E. Lee and Laura F. LoGerfo, "Social-Class Differences in Summer Learning between Kindergarten and First Grade: Model Specification and Estimation," *Sociology of Education* 77 (January 2004): 1-31; Douglas B. Downey, Paul T. von Hippel and Beckett A. Broh, "Are Schools the Great Equalizer? Cognitive Inequality during the Summer Months and the School Year," *American Sociological Review* 69 (October 2004): 613-635; Dennis J. Condron, "Social Class, School and Non-School Environments, and Black/White Inequalities in Children's Learning," *American Sociological Review* 74 (October 2009): 683-708; David T. Burkam, "Educational Inequality and Children: The Preschool and Early School Years," in *The Economics of Inequality, Poverty, and Discrimination in the 21st Century*, ed. Robert S. Rycroft (Santa Barbara, CA: Praeger, 2013), 381-397; Seth Gershenson, "Do Summer Time-Use Gaps Very by Socioeconomic Status?" *American Educational Research Journal* 50 (December 2013): 1219-1248; Flavio Cunha and James Heckman, "The Technology of Skill Formation," *American Economic Review* 97 (May 2007): 31-47; Heckman, "Promoting Social Mobility."

21 Kendra Bischoff and Sean F. Reardon, "Residential Segregation by Income, 1970-2009," in *Diversity and Disparities: America Enters a New Century*, ed. John Logan (New York: Russel Sage Foundation, 2014), https://www.russellsage.org./publications/diversity-and-disparities.

22 Joseph G. Altonji and Richard K. Mansfield, "The Role of Family, School, and Community Characteristics in Inequality in Education and Labor-Market Outcomes," in *Whither Opportunity? Rising Inequality, Schools, and Children's Life Chances*, eds.

Greg J. Duncan and Richard J. Murnane (New York: Russell Sage Foundation, 2011), 339-358. James E. Ryan, *Five Miles Away, a World Apart: One City, Two Schools, and the Story of Educational Opportunity in Modern America* (New York: Oxford University Press, 2010) 은 대부분의 아이들이 이웃 공동체에 있는 학교를 다니며, 학교 선택 프로그램에 참여하는 이들도 보통 근처이 학교에 다닌다고 보고하고 있다.

23 Annette Lareau and Kimberly Goyette, eds., *Choosing Homes, Choosing Schools: Residential Segregation and the Search for a Good School* (New York: Russell Sage Foundation, 2014).

24 Jonathan Rothwell, "Housing Costs, Zoning, and Access to High-Scoring Schools," Brookings Institution (April 2012). 주택 가격에 대해 좋은 학교가 제공하는 보너스에 대한 다른 평가들도 상당하다. 다음을 보라. Sandra E. Black and Stephen Machin, "Housing Valuations of School Performance," in *Handbook of the Economics of Education*, vol. 3, eds. Eric Hanushek, Stephen Machin, and Ludger Woessmann (Amsterdam: Elsevier, 2011), 485-519, http://EconPapers.repec.org/RePEc:eee:educhp: 3-10. 2014년 6월 16일 접속.

25 David M. Brasington and Donald R. Haurin, "Parents, Peers, or School Inputs: Which Components of School Outcomes Are Capitalized into House Value?," *Regional Science and Urban Economics* 39 (September 2009): 523-529.

26 Lareau and Goyette, eds., *Choosing Homes, Choosing Schools*. 학교 선택이 계급과 인종 격차를 좁히는지 여부에 대한 갈등적인 견해에 대해서는 다음을 보라. Mark Schneider, Paul Teske, and Melissa Marschall, *Choosing Schools: Consumer Choice and the Quality of American Schools* (Princeton, NJ: Princeton University Press, 2000); Tomeka M. Davis, "School Choice and Segregation: 'Tracking' Racial Equity in Magnet Schools" *Education and Urban Society* 46 (June 2014): 399-433.

27 Jaap Dronkers and Rolf van der Velden, "Positive but also Negative Effects of Ethnic Diversity in Schools on Educational Performance? An Empirical Test Using PISA data," in *Integration and Inequality in Educational Institutions*, ed. Michael Windzio (Dordrecht: Springer, 2013): 71-98, 그리고 이 책에서 인용한 저술도 참고하라.

28 이 주제에 대한 상당한 문헌에 유용하게 들어가기 위해 다음을 참고하라. James S. Coleman et al., *Equality of Educational Opportunity* (Washington, DC: U.S. Department of Health, Education & Welfare, Office of Education, OE-38001 and supplement, 1966), 325; Gary Orfield and Susan E. Eaton, *Dismantling Desegregation* (New York: The New Press, 1996); Richard D. Kahlenberg, "Economic School Integration," in *The End of Desegregation*, eds. Stephen J. Caldas and Carl L. Bankston III (Hauppauge, NY: Nova Science, 2003), 특히 153-155; Russell W. Rumberger and Gregory J. Palardy, "Does Segregation Still Matter? The Impact of Student Composition on Academic Achievement in High School," *The Teachers College Record* 107 (September 2005): 1999-2045; John R. Logan, Elisabeta Minca and Sinem Adar, "The Geography of Inequality: Why Separate

Means Unequal in American Public Schools," *Sociology of Education* 85 (July 2012): 287–301: 종합적인 최근의 개관을 위해 다음을 보라. Gregory J. Palardy, "High School Socioeconomic Segregation and Student Attainment," *American Educational Research Journal* 50 (August 2013): 714-754. Reyn van Ewijk and Peter Sleegers, "The Effect of Peer Socioeconomic Status on Student Achievement: A Meta-Analysis," *Educational Research Review* 5 (June 2010): 134-150. 이 논문은 아이 학급의 사회 경제적 구성이 학생의 시험 성적에 미치는 영향은 학생이 다니는 학교의 사회 경제적 구성에 미치는 영향만큼 크다는 사실을 발견해냈다. 이러한 노선의 전체 연구는 인종차별의 영향에 대한 염려에 의해 1960년대부터 자극받기 시작했으며, 그 시대는 학급 차별이 인종차별과 크게 중첩된 때였다. 그렇지만 지난 반세기 동안 교실 차별은 늘어난 반면, 인종차별은 줄어들었다. 그래서 지금은 인종차별과 교실 차별의 역전적인 영향을 비교하는 것이 가능해졌다. 인종차별은 계속해서 국가의 주요 문제가 되고 있지만, 실제로 모든 타당성을 지닌 연구들이 내린 결론은 교실 차별이 학생의 성취에 미치는 영향에 있어서 어쨌든 치명적이라는 사실이다. 다음을 보라. Richard D. Kahlenberg, "Socioeconomic School Integration," *North Carolina Law Review* 85 (June 2007): 1545-1594.

29 상황의 영향에 대한 여느 논의와 마찬가지로, 이 문헌은 방법론적인 이슈, 그중에서 특히 선택 성향에 대한 이슈로 가득하다. 예컨대 가난한 아이들은 학교에 무작위로 배정되는 것이 아니기 때문에, 고소득 학교들에서 학교를 마치는 아이들에 대한 무엇인가가 학교나 동료 학생들과는 전혀 관계 없이 그들을 보다 높은 성취로 미리 향하게 할지도 모른다. Douglas Lee Lauen and S. Michael Gaddis, "Exposure to Classroom Poverty and Test Score Achievement: Contextual Effects or Selection?," *American Journal of Sociology* 118 (January 2013): 943-979. 이러한 문제에 대해 관심을 보이는 최근의 한 연구는 여전히 사회 경제적 구성에 학교가 미치는 중요한 영향력을 밝혀냈다: Victor Lavy, Olmo Silma, and Felix Weinhardt, "The Good, the Bad, and the Average: Evidence on the Scale and Nature of Ability Peer Effects in Schools," NBER Working Paper No. 15600 (Cambridge, MA: National Bureau of Economic Research, 2009).

30 학교 재정에 대한 문헌은 방대하며 많은 논쟁거리를 포함하고 있다. 다음의 저술들을 비교하라. Eric A. Hanushek and Alfred A. Lindseth, *Schoolhouses, Courthouses, and Statehouses: Solving the Funding-Achievement Puzzle in America's Public Schools* (Princeton, NJ: Princeton University Press, 2009); Rob Greenwald, Larry V. Hedges, and Richard D. Laine, "The Effect of School Resources on Student Achievement," *Review of Educational Research* 66 (Autumn 1996): 361-396.

31 Eric A. Hanushek, John F. Kain and Steven G. Rivkin, "Why Public Schools Lose Teachers," *Journal of Human Resources* 39 (Spring 2004): 326-354.

32 국가 전체 공립 유치원부터 8학년, 그리고 고등학교에 이르는 모든 학교의 85%를 대상으로 실시한 학교 질에 대한 Carl Frederick의 2011-2012년 측정 자료의 결과로, 미발간 분석 자료이면서 미국 교육성의 시민인권국에 의해 수집되어 2014년에 발간된 자료에 바탕을 둔 것이다(http://ocrdata.ed.gov/에서 찾을 수 있다). 고등학교의 인종 구성을 포함한, 잠정적으로

혼동을 불러일으키는 다른 변수들을 통제한 상태에서 자유 점심급식이나 감액된 점심급식 (학생 빈곤에 대해 널리 이용되는 대리적 표현)의 자격이 있는 학생 부분은 학생 대 카운슬러의 비율과는 상관이 없고 100명의 학생당 더 많은 교사의 숫자와 긍정적인 상관관계를 지닌다. 이러한 유형은 고등학교나 유치원에서 8학년까지의 학교 모두에 해당된다.

33 Palardy, "High School Socioeconomic Segregation and Student Attainment"는 학교의 학업 분위기와 또래의 영향을 사회경제적 차별과 학생의 성취 사이를 연결해 주는 주요한 두 개의 중재적 요소라는 점을 강조하면서 이에 대한 방대한 문헌에 대한 최근의 유용한 개관을 제공해주고 있다.

34 Anne T. Henderson and Nancy Berla, *A New Generation of Evidence: The Family is Critical to Student Achievement* (Washington, DC: National Committee for Citizens in Education, 1994), 1. 부모의 참여가 주는 효과에 대한 방대한 문헌을 최근에 개관한 다른 자료로 다음을 포함한다. William H. Jeynes, "The Relationship Between Parental Involvement and Urban Secondary School Student Academic Achievement: A Meta-Analysis," *Urban Education* 42 (January 2007): 82-110; Nancy E. Hill and Diana F. Tyson, "Parental Involvement in Middle School: A Meta-Analytic Assessment of the Strategies That Promote Achievement," *Developmental Psychology* 45 (May 2009): 740-763; William Jeynes, "A Meta-Analysis of the Efficacy of Different Types of Parental Involvement Programs for Urban Students," *Urban Education* 47 (July 2004): 706-742; Frances L. Van Voorhis, Michelle F. Maier, Joyce L. Epstein and Chrishana M. Lloyd with Therese Leung, *The Impact of Family Involvement on the Education of Children Ages 3 to 8: A Focus on Literacy and Math Achievement Outcomes and Socio-Emotional Skills* (New York: MDRC, 2013), http://www.mdrc.org/sites/default/files/The_Impact_of_Family_Involvement_FR.pdf, 2014년 6월 16일 접속; Mikaela J. Dufur, Toby L. Parcel and Benjamin A. McKune, "Does Capital at Home Matter More Than Capital at School? The Case of Adolescent Alcohol and Marijuana Use," *Journal of Drug Issues* 43 (January 2013): 85-102. 부모의 간섭이 과대평가된 것인지에 대한 최근의 논의를 위해 다음을 보라. Keith Robinson and Angel L. Harris, *The Broken Compass: Parental Involvement with Children's Education* (Cambridge: Harvard University Press, 2014); Mai Miksic, "Is Parent Involvement Really a Waste of Time? Recent Polemic versus the Research Record," CUNY Institute for Education Policy (Policy Briefing, April 23, 2014), http://ciep.hunter.cuny.edu/is-parent-involvement-really-a-waste-of-time-recent-polemic-versus-the-research-record/. 2014년 6월 16일 접속.

35 Kyle Spencer, "Way Beyond Bake Sales: The $1 million PTA," *New York Times*, June 3, 2012, MB1; Rob Reich, "Not Very Giving," *New York Times*, September 5, 2013, A25. "공립 사립"에 대한 부모의 기부 경향에 대한 자료를 우리가 찾아내지는 못했지만 전국독립학교연합(National Association of Independent Schools)에 따르면 사립학교 당 평균 부모의 기부금은 지난 10년에 걸쳐 548,561달러에서 895,614달러로 63% 상승했다. Jenny Anderson, "Private Schools Mine Parents' Data, and Wallets," *New York Times*, March 26, 2012.

36 Russell W. Rumberger and Gregory J. Palardy, "Test Scores, Dropout Rates, and Transfer Rates as Alternative Indicators of High School Performance," *American Educational Research Journal* 42 (Spring 2005): 3-42;

37 이 장의 주 32를 보라. 도표 4-1, 4-2, 그리고 4-4에 나오는 4가지 수준 사이의 학교 빈곤의 분할은 대략 학교 분포의 4분위와 대략 일치한다. 보다 자세한 분석은 AP 과목 제공의 주요 결정 요소가 인종이 아니라 부모의 수입이라는 사실을 보여준다. 빈곤, 도시주의, 학교 규모, 그리고 다른 요인들을 통제해서 보면, 소수자가 주를 이루는 학교들은 실제로 대부분이 백인인 학교들보다 더 많이 AP 과목을 제공한다. 보다 풍요로운 집안 출신의 아이들은 풍요롭지 못한 가정 출신의 아이들보다 훨씬 더 많이 AP 시험을 치르는 경향이 있지만 그러한 계급 격차는 지난 10년 동안 줄어들었다. College Board, "10th Annual AP Report to the Nation," 2014년 2월 11일, 6. 한편, 능력과 재능 프로그램의 발생률은 유치원에서 8학년에 이르는 학교들과는 완전히 관계가 없고 빈곤율이 높은 고등학교에서는 약간 더 높다.

38 Palardy, "High School Socioeconomic Segregation and Student Attainment," 741-42 와 이 책에서 인용한 문헌과 Robert Crosnoe, *Fitting In, Standing Out: Navigating the Social Challenges of High School to Get an Education* (New York: Cambridge University Press, 2011)을 보라.

39 Palardy, "High School Socioeconomic Segregation and Student Attainment," 특히 735.

40 Greg J. Duncan and Richard J. Murnane, *Restoring Opportunity: The Crisis of Inequality and the Challenge for American Education* (New York: Russell Sage Foundation, 2014), 특히 47-49; Toby L. Parcel and Joshua A. Hendrix, "Family Transmission of Social and Cultural Capital," in *The Wiley Blackwell Companion to the Sociology of Families*, eds. Judith Treas, Jacqueline Scott and Martin Richards (London: John Wiley and Sons, 2014), 374.

41 Scott E. Carrell and Mark L. Hoekstra, "Externalities in the Classroom: How Children Exposed to Domestic Violence Affect Everyone's Kids," *American Economic Journal: Applied Economics* 2 (January 2010): 211-228.

42 David S. Kirk and Robert J. Sampson, "Crime and the Production of Safe Schools," in *Whither Opportunity? Rising Inequality, Schools, and Children's Life Chances*, eds. Duncan and Murnane.

43 Simone Roberts, Jana Kemp, Jennifer Truman and Thomas D. Snyder, *Indicators of School Crime and Safety: 2012* (Washington, DC: National Center for Education Statistics, 2013), http://nces.ed.gov/pubs2013/2013036.pdf, 2014년 6월 16일 접속. 우리는 학교 빈곤율에 따른 갱의 존재나 학교 폭력에 대한 어떠한 통계적인 하락도 발견하지 못했다.

44 이 장의 주 32를 보라. 다변수 분석에서 정학률은 학교의 빈곤율, 흑인 등록율, 도시 환경, 거대 규모에 의해 예측된다. 어떤 훈육 척도의 경우와 마찬가지로, 얼마만큼이 바탕에 깔려 있는 비행 때문이고 얼마만큼이 훈육 기준에 따른 것인지를 정학률만을 가지고서 말하는 것은 불가능하다. 그러나 학생들 자신이 참여한 설문은 로라와 소피아로부터 들은 보고와

마찬가지로 도표 4-2에서의 유형이 전적으로 훈육 차별 때문이라는 사실을 받아들이기 힘
늘게 한다.

45 Greg J. Duncan and Katherine Magnuson, "The Nature and Impact of Early
Achievement Skills, Attention Skills, and Behavior Problems," in *Whither
Opportunity? Rising Inequality, Schools, and Children's Life Chances*, eds. Duncan and
Murnane, 65.

46 John Rogers and Nicole Mirra, *It's About Time: Learning Time and Educational
Opportunity in California High Schools* (Los Angeles: Institute for Democracy, Education, and
Access, University of California, Los Angeles, 2014)

47 Raj Chetty, John N. Friedman and Jonah E. Rockoff, "The Long-Term Impacts of
Teachers: Teacher Value-Added And Student Outcomes in Adulthood," NBER
Working Paper 17699 (Cambridge, MA: National Bureau of Economic Research, 2011), http://
www.nber.org/papers/w17699. 2014년 6월 16일 접속; Martin Haberman and William
H. Rickards, "Urban Teachers Who Quit: Why They Leave and What They Do,"
Urban Education 25 (October 1990): 297-303; Hanushek, Kain and Rivkin, "Why
Public Schools Lose Teachers," 326-354; Donald Boyd, Hamilton Lankford, Susanna
Loeb, and James Wyckoff, "Explaining the Short Careers of High-Achieving Teachers
in Schools with Low-Performing Students," *American Economic Review* 95 (May
2005): 166-171; Palardy, "High School Socioeconomic Segregation and Student
Attainment"; Duncan and Murnane. *Restoring Opportunity*, 49-50; Eric A. Houck,
"Intradistrict Resource Allocation: Key Findings and Policy Implications," *Education
and Urban Society* 43 (May 2011): 271 - 295.

48 George Farkas, "Middle and High School Skills, Behaviors, Attitudes, and Curriculum
Enrollment, and Their Consequences," in *Whither Opportunity? Rising Inequality,
Schools, and Children's Life Chances*, eds. Greg J. Duncan and Richard J. Murnane (2011),
84-85. 해마다 열리는 고등학교 졸업반에 대한 전국적인 "Monitoring the Future" 설문조
사로 얻은 자료에 대한 우리의 분석은 다음과 같다. 대졸 부모를 둔 가정 출신으로 대학을
준비 중인 학생은 1976년부터 2012년까지 꾸준히 약 60%를 유지한 상태인 반면, 고졸 부
모를 둔 가정 출신으로 대학을 준비 중인 학생은 30%에서 40% 이상으로 꾸준히 증가하고
있다. 간단히 말해 추적 격차가 남아있지만, 다른 척도의 기회와 성취의 격차가 크게 벌어
진 같은 기간 동안에 약 3분의 1정도 좁혀졌다는 것이다. 초등학교 교실 내에서의 능력에 따
른 집단 형성이 지난 10여 년 동안 증가한 것처럼 보이지만 이러한 집단 형성이 가난한 배
경 출신의 아이들에게 불리하게 작용했다는 증거를 우리가 찾지는 못했다. Tom Loveless,
"The Resurgence of Ability Grouping and Persistence of Tracking: Part II of the
2013 Brown Center Report on American Education," Brookings Institution Report,
Brown Center on Education Policy, 2013, http://www.brookings.edu/research/
reports/2013/03/18-tracking-ability-grouping-loveless. 2014년 10월 3일 접속;
Courtney A. Collins and Li Ga, "Does Sorting Students Improve Scores? An Analysis

of Class Composition," NBER Working Paper No. 18848 (Cambridge, MA: National Bureau of Economic Research, 2013).

49 National Center for Education Statistics, "Advance Release of Selected 2013 Digest tables, Table 201.20: Enrollment in Grades 9 through 12 in Public and Private Schools Compared with Population 14 to 17 Years of Age: Selected Years, 1889-90 through Fall 2013," Institute of Education Sciences, U.S. Department of Education, Washington, DC., http://nces.ed.gov/programs/digest/d13/tables/dt13_201.20.asp. 2014년 10월 3일 접속; Thomas D. Snyder and Sally A. Dillow, "Digest of Education Statistics 2012," Table 41 (NCES 2014-015), National Center for Education Statistics, Institute of Education Sciences, U.S. Department of Education. Washington, D.C., December 2013.

50 특별한 종류의 과외 활동의 상호관계에 대한 발견된 자세한 사실을 포함해 이러한 사실의 방대한 문헌에 대한 검토를 위해서는 다음을 보라. Jacquelynne S. Eccles, Bonnie L. Barber, Margaret Stone and James Hunt, "Extracurricular Activities and Adolescent Development," *Journal of Social Issues* 59 (December 2003): 865-889; Jennifer A. Fredericks and Jacquelynne S. Eccles, "Is Extracurricular Participation Associated with Beneficial Outcomes? Concurrent and Longitudinal Relations," *Developmental Psychology* 42 (July 2006): 698-713; Amy Feldman Farb and Jennifer L. Matjasko, "Recent Advances in Research on School-Based Extracurricular Activities and Adolescent Development," *Developmental Review* 32 (March 2012): 1-48; Nancy Darling, "Participation in Extracurricular Activities and Adolescent Adjustment: Cross-sectional and Longitudinal Findings," *Journal of Youth and Adolescence* 34 (October 2005): 493-505; Susan A. Dumais, "Cohort and Gender Differences in Extracurricular Participation: The Relationship between Activities, Math Achievement, and College Expectations," *Sociological Spectrum* 29 (December 2008): 72-100; Stephen Lipscomb, "Secondary School Extracurricular Involvement and Academic Achievement: A Fixed Effects Approach," *Economics of Education Review* 26 (August 2007): 463-472; Kelly P. Troutman and Mikaela J. Dufur, "From High School Jocks to College Grads: Assessing the Long-Term Effects of High School Sport Participation on Females' Educational Attainment," *Youth & Society* 38 (June 2007): 443-462; Beckett A. Broh, "Linking Extracurricular Programming to Academic Achievement: Who Benefits and Why?" *Sociology of Education* 75 (January 2002): 69-95; Daniel Hart, Thomas M. Donnelly, James Youniss and Robert Atkins, "High School Community Service as a Predictor of Adult Voting and Volunteering," *American Educational Research Journal* 44 (March 2007): 197-219와 이 안에서 인용된 연구 자료.

51 Jonathan F. Zaff, Kristin A. Moore, Angela Romano Pappillo and Stephanie Williams, "Implications of Extracurricular Activity Participation during Adolescence on Positive Outcomes," *Journal of Adolescent Research* 18 (November 2003): 599-630. 이 연구는 학

업 능력, 학교 혼란, 가족 구조, 양육, 부모 사회경제적 지위, 인종, 동료 영향 등은 통제했다.

52 Robert K. Ream and Russell W. Rumberger, "Student Engagement, Peer Social Capital, and School Dropout among Mexican American and Non-Latino White Students," *Sociology of Education* 81 (April 2008): 109–139.

53 Peter Kuhn and Catherine Weinberger, "Leadership Skills and Wages," *Journal of Labor Economics* 23 (July 2005): 395–436.

54 Thomas Fritsch et al., "Associations between Dementia/Mild Cognitive Impairment and Cognitive Performance and Activity Levels in Youth," *Journal of the American Geriatrics Society* 53 (July 2005): 1191-1196. 두 가지 또는 그 이상의 활동에 참여하는 사람들 사이에서 치매의 위험성은 두 가지 이하의 활동에 참여한 사람들의 약 3분의 1에 지나지 않는다.

55 Zaff, Moore, Pappillo, and Williams, "Implications of Extracurricular Activity Participation during Adolescence on Positive Outcomes"; Betsey Stevenson, "Beyond the Classroom: Using Title IX to Measure the Return to High School Sports," *Review of Economics and Statistics* 92 (May 2010): 284-301; Vasilios D. Kosteas, "High School Clubs Participation and Earnings" (미발간 논문, 2010년 3월 22일), http://ssrn.com/abstract=1542360, 2014년 12월 15일 접속. 또한 다음을 보라. J. M., Barron, B. T. Ewing, and G. R. Waddell, "The Effects of High School Athletic Participation on Education and Labor Market Outcomes," *Review of Economic Statistics* 82 (2000): 409-21, E. R. Eide, and N. Ronan, "Is Participation in High School Ethletics and Inventment or a Consumption Good?: Evidence from High School and Beyond," *Economics of Education Review* 20 (2001): 431-32.

56 Jacquelynne S. Eccles, Bonnie L. Barber, Margaret Stone and James Hunt, "Extracurricular Activities and Adolescent Development," *Journal of Social Issues* 59 (December 2003): 865-889.

57 Christy Lleras, "Do Skills and Behaviors in High School Matter? The Contribution of Noncognitive Factors in Explaining Differences in Educational Attainment and Earnings," *Social Science Research* 37 (September 2008): 888-902; Flavio Cunha, James J. Heckman and Susanne M. Schennach, "Estimating the Technology of Cognitive and Noncognitive Skill Formation," *Econometrica* 78 (May 2010): 883–931; Elizabeth Covay and William Carbonaro, "After the Bell: Participation in Extracurricular Activities, Classroom Behavior, and Academic Achievement," *Sociology of Education* 83 (January 2010): 20-45.

58 Christina Theokas and Margot Bloch, "Out-of-School Time is Critical for Children: Who Participates in Programs?," Research-to-Results Fact Sheet #2006-20 (Washington, DC: Child Trends, 2006).

59 Kristin Anderson Moore, David Murphey, Tawana Bandy and P. Mae Cooper, "Participation in Out-of-School Time Activities and Programs," Child Trends

Research Brief #2014-13 (Washington, DC: Child Trends, 2014). 이 수치는 학교 관련 활동과 공동체에 근거한 활동을 모두 포함한다.

60 Kaisa Snellman, Jennifer M. Silva, Carl B. Frederick and Robert D. Putnam, "The Engagement Gap: Social Mobility and Extracurricular Participation among American Youth," *ANNALS of the American Academy of Political and Social Science* (forthcoming 2015); Kaisa Snellman, Jennifer M. Silva, and Robert D. Putnam, "Inequity Outside the Classroom: Growing Class Differences in Participation in Extracurricular Activities," *Voices in Urban Education* 40 (forthcoming 2015).

61 Ralph B. McNeal, Jr., "High School Extracurricular Activities: Closed Structures and Stratifying Patterns of Participation," *Journal of Educational Research* 91 (January-February 1998): 183-191.

62 이장의 주 32를 보라. 다변화 분석에서 스포츠 팀 숫자는 학교의 빈곤율, 소수자 등록, 도시 환경 등에 의해 축소되었다. 다른 말로 하자면 조직화된 스포츠는 부유한 교외 농촌 지역의 백인 학교에서는 더 흔하게 나타난다. 학교 크기는 아무런 차이를 만들어내지 못한다.

63 Pamela R. Bennett, Amy C. Lutz and Lakshmi Jayaram, "Beyond the Schoolyard: The Role of Parenting Logics, Financial Resources, and Social Institutions in the Social Class Gap in Structured Activity Participation," *Sociology of Education* 85 (April 2012): 131-157; Elizabeth Stearns and Elizabeth J. Glennie, "Opportunities to Participate: Extracurricular Activities' Distribution Across and Academic Correlates in High Schools," *Social Science Research* 39 (March 2010): 296–309; Palardy, "High School Socioeconomic Segregation and Student Attainment," 737.

64 Kate I. Rausch, "Pay-to-play: A Risky and Largely Unregulated Solution to Save High School Athletic Programs from Elimination," *Suffolk University Law Review* 39 (2005-2006): 583-611.

65 Bob Cook, "Will 'Pay to Play' Become a Permanent Part of School Sports?," *Forbes* August 22, 2012, http://www.forbes.com/sites/bobcook/2012/08/22/will-pay-to-play-become-a-permanent-part-of-school-sports/. 2014년 6월 17일 접속.

66 "Pay-to-Play Sports Keeping Lower-Income Kids out of the Game," C. S. Mott Children's Hospital National Poll on Children's Health, Vol/ 15, no. 3 (Ann Arbor: University of Michigan, May 14, 2012); "Huntington Bank Annual Backpack Index 2007-2013," http://mms.businesswire.com/media/20130723005089/en/376266/1/2013HuntingtonBackpackIndexSupplyList.pdf?download=1. 2014년 5월 11일 접속.

67 Eric Dearing et al., "Do Neighborhood and Home Contexts Help Explain Why Low-Income Children Miss Opportunities to Participate in Activities Outside of School?," *Developmental Psychology* 45 (November 2009): 1545-1562; Bennett, Lutz and Jayaram, "Beyond the Schoolyard: The Role of Parenting Logics, Financial Resources, and Social Institutions in the Social Class Gap in Structured Activity Participation," 131-157.

68 Jeremy Staff and Jeylan T. Mortimer, "Social Class Background and the School-to-Work Transition," *New Directions for Child and Adolescent Development* 119 (Spring 2008): 55-69; Jeylan T. Mortimer, "The Benefits and Risks of Adolescent Employment," *Prevention Researcher* 17 (April 2010): 8-11; Kelly M. Purtell and Vonnie C. McLoyd, "A Longitudinal Investigation of Employment Among Low-Income Youth: Patterns, Predictors, and Correlates," *Youth & Society* 45 (June 2013): 243-264.

69 Altonji and Mansfield, "The Role of Family, School, and Community Characteristics in Inequality in Education and Labor-Market Outcomes," 339-58. 이 논문이 밝혀낸 사실은 가족 요인이 이웃이나 학교 요인보다 훨씬 더 중요하긴 하지만 후자들 역시 중요하다는 것이다. 하지만 저자들은 학교의 통제 하에서(교실 크기나 교사 경험) 요인들이 얼마나 중요한지를 또래 영향, 학습 분위기 등과 비교해서 결정하려는 시도를 하지는 않았다. Palardy, "High School Socioeconomic Segregation and Student Attainment," 740. 이 논문은 "가족과 학업 배경, 그리고 학교 기금을 통제하면서 높은 사회경제적 구성(SEC, socioeconomic composition) 학교에 다니는 학생들은 낮은 SEC 학교에 다니는 학생들보다 68%나 더 높은 4년제 대학 진학의 가능성을 가지고 있다"는 사실을 밝히고 있다. 간단히 말해 낮은 소득의 고등학교와 높은 소득의 고등학교 간의 차이가 주요한 차이를 만들어내며, 학생의 개인적 배경과 학교에 만들어낼 수 있는 재원과는 아주 무관하다. 이러한 유형을 설명해주는 요인들은 교사의 도덕성과 함께 또래 영향과 학업 준비에 대한 학교의 강조다.

70 이러한 많은 생각을 필요로 하는 것의 일례가 바로 Duncan and Murnane, *Restoring Opportunity*다.

71 Richard J. Murnane, "U.S. High School Graduation Rates: Patterns and Explanations," *Journal of Economic Literature* 51 (June 2013): 370-422. 다음의 논문도 보라. Russell Rumberger and Sun Ah Lim, "Why Students Drop Out of Schools: A Review of 25 Years of Research," *Policy Brief* 15 (UC Santa Barbara: California Dropout Research Project, October 2008). Murnane이 자세히 설명하듯이 고등학교 중퇴율과 졸업율에 대한 측정은 기술적으로 난잡하기에 이 분야에서의 자세한 숫자는 어느 정도 과장된 것으로 봐야 한다. 그러나 기본적인 그림은 공정하게 정확하다.

72 Murnane, "U.S. High School Graduation Rates," 370-422; James J. Heckman, John Eric Humphries and Nicholas S. Mader, "The GED," NBER Working Paper 16064 (Cambridge, MA: National Bureau of Economic Research, June 2010). 20세기 말의 GED 붐을 무시하면서 Murnane는 1970년에서 2000년까지 고등학교 중퇴율이 정체되었음을 보여준다. 비록 20세기 초 몇 년 동안 중퇴율이 떨어지기 시작했고 일반적인 고등학교 졸업률은 1970년대 이전의 성장률로 회복했지만 말이다. 2000년 이후의 이러한 개선에 대한 이유는 그것이 계급 격차를 좁혀왔는지 아닌지의 여부와 마찬가지로 여전히 분명하지 않다.

73 David Autor, *The Polarization of Job Opportunities in the U.S. Labor Market: Implications for Employment and Earnings*, The Center for American Progress and the Hamilton Project, http://economics.mit.edu/files/5554, 2014년 5월 13일 접속.

74 Martha J. Bailey and Susan M. Dynarski, "Gains and Gaps: Changing Inequality in U.S. College Entry and Completion," NBER Working Paper 17633 (Cambridge, MA: National Bureau of Economic Research, December 2011); Mark E. Engberg and Daniel J. Allen, "Uncontrolled Destinies: Improving Opportunity for Low-Income Students in American Higher Education," *Research in Higher Education* 52 (December 2011): 786-807.

75 보다 최근 자료이면서 약간 다른 측정기준을 가진 다음의 저술을 보라. Robert Bozick and Erich Lauff, *Education Longitudinal Study of 2002 (ELS:2002): A First Look at the Initial Postsecondary Experiences of the High School Sophomore Class of 2002* (NCES 2008-308), U.S. Department of Education (Washington, DC: National Center for Education Statistics, October 2007). 이 책은 2006년 무렵에 저소득층 학생들의 40%가 고등학교 졸업 직후에 고등교육기관에 등록을 했는데, 이는 10만 달러 이상의 가족 소득을 지닌 학생의 84%와 비교되는 숫자라고 보고하고 있다.

76 "Bridging the Higher Education Divide: Strengthening Community Colleges and Restoring the American Dream," The Century Foundation Task Force on Preventing Community Colleges from Becoming Separate and Unequal, (New York: The Century Foundation Press, May 2013), 3-4.

77 Michael N. Bastedo and Ozan Jaquette, "Running in Place: Low-Income Students and the Dynamics of Higher Education Stratification," *Educational Evaluation and Policy Analysis* 33 (September 2011): 318-339; Susan Dynarski, "Rising Inequality in Postsecondary Education," *Brookings Social Mobility Memo* (February 13, 2014), http://www.brookings.edu/blogs/social-mobility-memos/posts/2014/02/13-inequality-in-postsecondary-education, 2014년 6월 17일 접속; Sean Reardon, "Education," in State of the Union: The Poverty and Inequality Report, 2014," Stanford Center on Poverty and Inequality, Stanford University, 2014, 53-59, http://web.stanford.edu/group/scspi/sotu/SOTU_2014_CPI.pdf. 2014년 10월 3일 접속.

78 Sandy Baum and Kathleen Payea, "TrendsinFor-Profit Postsecondary Education: Enrollment, Prices, StudentAidandOutcomes," College Board, Trends in Higher Education Series, 2011. 이 자료에 따르면 영리추구 교육기관에 다니는 22%의 풀타임 학사 학위 학생들은 6년 내에 졸업을 하는데, 이는 공립대학교의 55%와 비영리 교육기관의 65%와 비교되는 숫자다. David J. Deming, Claudia Goldin and Lawrence F. Katz, "The For-Profit Postsecondary School Sector: Nimble Critters or Agile Predators?" *Journal of Economic Perspectives* 26 (Winter 2012): 139-164. 이 논문은 학생의 배경적 특성을 상수로 하더라도 비영리 교육기관의 결과가 더 나쁘다는 것을 보여준다. 다음의 저술도 보라. Suzanne Mettler, *Degrees of Inequality: How the Politics of Higher Education Sabotaged the American Dream* (New York: Basic Books, 2014).

79 이 차트에 나오는 계산은 다음에서 가져온 것이다. "Family Income and Unequal Educational Opportunity, 1970 to 2011," *Postsecondary Education Opportunity* 245

(November 2012). 도표 4-5에서 나타나는 기본적인 추세는 다음 논문의 결과와 넓은 의미에서 일관성을 지닌다. Bailey and Dynarski, "Gains and Gaps." 이 논문은 방법론적으로 더 신뢰할 만하지만 두 개의 시점(대략 1982년과 2003년)에 제한된다. 도표 4-5의 계산이 아마도 가장 부유한 4분위 출신 아이들의 대학 졸업의 수준을 약 10% 포인트 정도로 과대평가한 것인지는 모르지만, 나는 이 차트를 사용한다. 그 이유는 이것이 시간의 흐름에 따른 추세에 대해 보다 지속적인 그림을 제공하기 때문이다. (이 차트는 또한 Bailey-Dynarski 측정점을 '개방적' 상징과 동등한 것으로 보여준다.) 다음의 논문을 보라. Patrick Wightman and Sheldon Danziger, "Poverty, Intergenerational Mobility, and Young Adult Educational Attainment," in *Investing in Children: Work, Education, and Social Policy in Two Rich Countries*, eds. Ariel Kalil, Ron Haskins and Jenny Chesters (Washington, DC: Brookings Institution Press, 2012), 208-236.

80 도표 4-6은 Educational Longitudinal Study of 2002-2012에서 가져온 것이다. 이는 2002학년도 2학년 전국 대표 표본을 10년간 추적한 것이다. http://nces.ed.gov/surveys/els2002/, Erich Lauff and Steven J. Ingels, *Education Longitudinal Study of 2002 (ELS: 2002): A First Look at 2002 High School Sophomores 10 Years Later* (NCES 2014-363), U.S. Department of Education (Washington, DC: National Center for Education Statistics, 2013), http://nces.ed.gov/pubs2014/2014363.pdf. 2014년 6월 17일 접속. 여기에서의 사회 경제적지위(SES)는 부모 소득, 부모 교육, 부모 직업별 지위 등을 조합하여 측정했다. 2002년 ELS로부터의 원재료는 그 출생 집단에서 낮은 SES 아이들의 상당한 숫자가 10학년 이전에 학교를 중퇴했다는 사실을 설명하기 위해 조정되었다. 1988년의 8학년 학급(2002년의 2학년 보다 12년 이전의 시스템을 지나 온)에 대한 분석은 상위 4분위 SES 출신 학생들 중 3%가 8학년과 9학년 사이에 중퇴했지만 하위 4분위 SES 출신의 학생들은 14%가 중퇴를 했다고 전한다. 다음의 저술을 보라. Steven J. Ingels et al., *Coming of Age in the 1990s: The Eighth-Grade Class of 1988 12 Years Later (NCES 2002-321)*, U.S. Department of Education (Washington, DC: National Center for Education Statistics, 2002), http://nces.ed.gov/pubs2002/2002321.pdf. 2014년 6월 17일 접속.

81 ELS 2002년의 원재료는 2002년의 고등학교 2학년(sophomores) 중 하위 4분위에서 7%의 중퇴율을 보여주지만 그러한 수치는 실제 중퇴율을 축소해서 말한 것이다. 왜냐하면 고등학교를 마치지 못한 대부분의 8학년 또래들은 고등학교 2학년 인터뷰에 앞서서 이미 중퇴를 했기 때문이다.

82 대학 재정은 또 다른 주제이지만 여기서는 이렇게 급속도로 확장되는 논의에 대해 검토하지는 않는다. 요령에 대한 논의가 나오는 5장을 보라. 다음의 논문을 참고하라. Michael Hout, "Social and Economic Returns to College Education in the United States," *Annual Review of Sociology* 38 (August 2012): 379-400. 다음의 글도 보라. Duncan and Murnane. *Restoring Opportunity*, 16-17. 이는 다음을 인용했다. James J. Heckman and Alan B. Krueger, *Inequality in America: What Role for Human Capital Policies?* (Cambridge, MA: MIT Press, 2005). 이 책은 다음의 사실을 관찰했다. "우리나라의 부유한 아이들과 가난한 아이들 간의 대학 졸업율에 나타나는 격차 증가를 설명하는 데 있어 대학 비용과 학업 준비의

상대적 중요성에 대한 평가가 분석에 따라 다르다."

83 시험 성적은 8학년 수학 성취 점수를 말한다. 가정의 사회경제적 지위는 부모의 교육과 직업, 그리고 가족 수입을 합친 점수에 의해 측정된다. '높은'은 상위 4분위의 시험 점수 또는 SES를 의미하고 '낮은'은 하위 4분위의 시험 점수 또는 SES를 의미한다. '중간'은 중간의 두 개 4분위의 시험 점수 또는 SES에 대한 것이다. 대학 졸업이 의미하는 것은 고등학교 2학년을 마친 후 12년 내에 학사 학위를 취득했다는 것이다. 출처는 다음과 같다. MaryAnn Fox, Brooke A. Connolly and Thomas D. Snyder, "Youth Indicators 2005: Trends in the Well-Being of American Youth," U.S. Department of Education, National Center for Education Statistics, 2005, p. 50, based on data from the National Education Longitudinal Study of 1988 (NELS:88/2000), Fourth Follow-up.

84 Philippe Belley and Lance Lochner, "The Changing Role of Family Income and Ability in Determining Educational Achievement," *Journal of Human Capital* 1 (Winter 2007): 37-89.

제5장: 공동체

1 H.G. Bissingher, "Main Line Madcap," *Vanity Fair*, October 1995, 158-160, 165-182.

2 미국 인구조사국, 사회탐구자들에 의해 수집되었고 하버드 대학교 도서관을 통해 자료에 접근했다.

3 Kristen Lewis and Sarah Burd-Sharps, "Halve the Gap by 2030: Youth Disconnection in America's Cities," Social Science Research Council, Measure of America project, 2013, http://ssrc-static.s3.amazonaws.com/moa/MOA-Halve-the-Gap-ALL-10.25.13. pdf. 2014년 10월 3일 접속.

4 이러한 맥락에서의 '에어백'이란 용어는 내가 만들었지만, 그러한 현상을 처음 목격한 것은 내가 처음이 아니다. 인류학자 오트너(Sherry Ortner)는 "(중상층 계급) 부모와 자라난 아이들로부터 똑같이 들었는데, 그것은 문제 상황에 처한 것처럼 보이는 아이들을 대신해 내가 '구원 기제(rescuing mechanism)'라고 생각하게 된 개념에 대한 놀라운 사실이었다. 즉 상담, 심리치료, 재활 프로그램, 개인지도, 후원 과정, 임신한 딸들을 위한 낙태, 법률적인 문제로 고통에 처한 어린이들을 위한 값비싼 법률 서비스 등이 그것이다. Sherry B. Ortner, *Anthropology and Social Theory: Culture, Power, and the Acting Subject* (Duke University Press, 2006), 99.

5 나의 동료 에딘(Kathryn Edin)은 필라델피아 도시 내부에 대한 우리의 연구에서 가장 중요한 역할을 했다. 그녀는 이 분야에 대한 깊은 지식은 물론, 친절하게도 그녀의 미발간 글의 일부를 우리와 나누었다.

6 Melody L. Boyd, Jason Martin and Kathryn Edin, "Pathways to Participation: Youth Civic Engagement in Philadelphia," unpublished manuscript (Harvard Kennedy School, 2012); 또한 다음을 보라. Kathryn Edin and Maria J. Kefalas, *Promises I Can Keep: Why Poor Women Put Motherhood Before Marriage* (Berkeley, CA: University of California Press, 2005).

7 시계추의 흔들림 대한 최근 연구를 위해, 특히 경험적인 측면을 위해서는 다음을 보라. Robert D. Putnam, *Bowling Alone: The Collapse and Revival of American Community* (New York: Simon & Schuster, 2000); 철학적 측면에 대해서는 다음을 보라. 1.J. Dionne, Jr., *Our Divided Political Heart: The Battle for the American Idea in an Age of Discontent* (New York: Bloomsbury USA, 2012).

8 이에 대한 대량의 서론적인 문헌 검토를 위해서는 Putnam, *Bowling Alone*, 287-363을 보라.

9 Peter V. Marsden, "Core Discussion Networks of Americans," *American Sociological Review* 52 (February 1987): 122-131; Claude S. Fischer, *To Dwell among Friends: Personal Networks in Town and City* (Chicago: University of Chicago Press, 1982); Karen E. Campbell, Peter V. Marsden and Jeanne S. Hurlbert, "Social Resources and Socioeconomic Status," *Social Networks* 8 (March 1986): 97-117; Marjolein I. Broese Van Groenou and Theo Van Tilburg, "Network Size and Support in Old Age: Differentials by Socio-Economic Status in Childhood and Adulthood," *Ageing and Society* 23 (September 2003): 625-645; Ivaylo D. Petev, "The Association of Social Class and Lifestyles: Persistence in American Sociability, 1974 to 2010," *American Sociological Review* 78 (August 2013): 633, 651.

10 벤치마크(Benchmark) 조사에서 행한 특별한 질문은 "요즘 가까운 친구가 얼마나 많이 있나요? 이들은 같이 있으면 편하고, 사적인 문제에 대하여 이야기할 수 있거나, 도움을 청할 수 있는 사람들입니다." 이에 대한 전국적인 조사에 2000년에는 3만 명이 포함되었다. 보다 자세한 사실과 원재료에 대한 접근을 원한다면 다음을 보라. http://www.hks.havard.edu/saguaro/communitysurvey와 http://www.ropercenter.uconn.edu/data_access/data/datasets/social_capital_community_survey.html. 또한 다음을 보라. Campbell, Peter V. Marsden and Jeanne S. Hurlbert, "Social Resources and Socioeconomic Status," 97-117.

11 Mark S. Granovetter, "The Strength of Weak Ties," *American Journal of Sociology* 78 (May 1973): 1360-80; Mark Granovetter, *Getting a Job: A Study of Contacts and Careers* (Cambridge, MA: Harvard University Press, 1974); Nan Lin, Walter M. Ensel and John C. Vaughn, "Social Resources and the Strength of Ties: Structural Factors in Occupational Status Attainment," *American Sociological Review* 46 (August 1981): 393-405; Joel M. Podolny and James N. Baron, "Resources and Relationships: Social Networks and Mobility in the Workplace," *American Sociological Review* 62 (October 1997): 673-693.

12 이 자료에 대한 접근을 가능하게 해 준 퓨 연구소(Pew Research Center)의 레이니(Lee Rainie)와 햄프턴(Keith Hampton)에게 감사한다. 연구자들이 질문한 22개의 다양한 직업에 대한 목록 전체를 보면 연결망의 폭은 교육, 그 다음에는 연령(중년 후반 나이에서 가장 높은)과 작은 마을 거주에 의해 가장 잘 예견되었다. 인종과 젠더는 예견되지 않았다.

13 Annette Lareau, "Invisible Inequality: Social Class and Childrearing in Black Families

and White Families," *American Sociological Review* 67 (October 2002): 747-776.

14 Ann L. Mullen, *Degrees of Inequality: Culture, Class, and Gender in American Higher Education* (Baltimore, MD: Johns Hopkins University Press, 2010); Jenny M. Stuber, *Inside the College Gates: How Class and Culture Matter in Higher Education* (Lanham, MD: Lexington Books, 2011); Elizabeth A. Armstrong and Laura T. Hamilton, *Paying for the Party: How College Maintains Inequality* (Cambridge, MA: Harvard University Press, 2013); Anthony Abraham Jack, "Culture Shock Revisited: The Social and Cultural Contingencies to Class Marginality," *Sociological Forum* 29 (June 2014): 453-475.

15 Analysis of Monitoring the Future 조사, 1976-2012, DEA의 연례 전국 미국 10대 마약 사용 조사. Jennifer L. Humensky, "Are Adolescents with High Socioeconomic Status More Likely to Engage in Alcohol and Illicit Drug Use in Early Adulthood?" *Substance Abuse Treatment, Prevention, and Policy* 5 (August 2010), 19; Megan E. Patrick, Patrick Wightman, Robert F. Schoeni and John E. Schulenberg, "Socioeconomic Status and Substance Use among Young Adults: A Comparison across Constructs and Drugs," *Journal of Studies on Alcohol and Drugs* 73 (September 2012): 772-82.

16 Putnam, *Bowling Alone*; Miller McPherson, Lynn Smith-Lovin and Matthew E. Brashears, "Social Isolation in America: Changes in Core Discussion Networks over Two Decades," *American Sociological Review* 71 (June 2006): 353-375. 맥퍼슨 등에 대한 방법론적 비판에 대해서는 다음을 보라. Claude S. Fischer, "The 2004 GSS Finding of Shrunken Social Networks: An Artifact?," *American Sociological Review* 74 (August 2009): 657-669; Claude S. Fischer, *Still Connected: Family and Friends in America Since 1970* (New York: Russell Sage Foundation, 2011). 수축 가설(완전한 사회적 고립이 증가했다는 관련 주장은 꼭 아니지만)을 확인해주는 경향에 대한 증거들은 다음을 확인하라. Miller McPherson, Lynn Smith-Lovin and Matthew E. Brashears, "Models and Marginals: Using Survey Evidence to Study Social Networks," *American Sociological Review* 74 (August 2009): 670-681; Anthony Paik and Kenneth Sanchagrin, "Social Isolation in America: An Artifact," *American Sociological Review* 78 (June 2013): 339-360.

17 Petev, "The Association of Social Class and Lifestyles," 633, 651.

18 Jeffrey Boase and Barry Wellman, "Personal Relationships: On and Off the Internet," in *The Cambridge Handbook of Personal Relationships*, eds. Anita L. Vangelisti and Daniel Perlman (Cambridge, UK: Cambridge University Press, 2006), 709-723; Lee Rainie and Barry Wellman, *Networked: The New Social Operating System* (Cambridge, MA: MIT Press, 2012).

19 Kathryn Zichuhr and Aaron Smith, "Digital Differences," Pew Internet and American Life Project (April 13, 2012), http://pewinternet.org/~/media//Files/Reports/2012/PIP_Digital_differences_041312.pdf. 2014년 8월 21일 접속.

20 Eszter Hargittai and Amanda Hinnant, "Digital Inequality: Differences in Young

Adults' Use of the Internet," *Communication Research* 35 (October 2008): 602-621; Fred Rothbaum, Nancy Martland, Joanne Beswick Jannsen, "Parents' Reliance on the Web to Find Information about Children and Families: Socio-Economic Differences in Use, Skills and Satisfaction," *Journal of Applied Developmental Psychology* 29 (March-April 2008): 118-128; Eszter Hargittai and Yuli Patrick Hsieh, "Digital Inequality," in *The Oxford Handbook of Internet Studies*, ed. William H. Dutton (Oxford, UK: Oxford University Press, 2013), 129-150.

21 Danah Boyd, *It's Complicated: The Social Lives of Networked Teens* (New Haven, CT: Yale University Press, 2014), 172-73.

22 Eszter Hargittai, "The Digital Reproduction of Inequality," in *Social Stratification*, ed. David Grusky (Boulder, CO: Westview Press., forthcoming), 936-944.

23 모니터링의 효과에 대한 증거는 다음의 책에서 찾을 수 있다. Jean Baldwin Grossman and Joseph P. Tierney, "Does Mentoring Work?: An Impact Study of the Big Brothers Big Sisters Program," *Evaluation Review* 22 (June 1998): 403-426; David L. DuBois , Bruce E. Holloway, Jeffrey C. Valentine and Harris Cooper, "Effectiveness of Mentoring Programs for Youth: A Meta-Analytic Review," *American Journal of Community Psychology* 30 (April 2002): 157-197; David L. DuBois et al., "How Effective Are Mentoring Programs for Youth? A Systematic Assessment of the Evidence," *Psychological Science in the Public Interest* 12 (August 2011): 57-91; Lance D. Erickson, Steve McDonald and Glen H. Elder, Jr., "Informal Mentors and Education: Complementary or Compensatory Resources?" *Sociology of Education* 82 (October 2009): 344-367. David L. DuBois and Naida Silverthorn, "Characteristics of Natural Mentoring Relationships and Adolescent Adjustment: Evidence from a National Study," *Journal of Primary Prevention* 26 (2005): 69-92. 이 논문은 비공식적인 멘토링이 넓은 차원의 긍정적 또는 부정적인 10대 행동의 개선을 유도한다고 보고하고 있다. 예컨대 고등학교 졸업, 대학 진학, 주 10시간 또는 그 이상의 작업, 폭음, 마약 사용, 흡연, 갱단 멤버 되기, 싸움, 위험한 시도, 자존감, 삶에 대한 만족도, 우울증, 자살에 대한 생각, 일반적인 건강, 일반적인 체육 활동, 성병(STD) 감염, 산아제한, 콘돔 사용 등의 경우다.

24 Civic Enterprises in association with Hart Research Associates, "The Mentoring Effect: Young People's Perspectives on the Outcomes and Availability of Mentoring," report for MENTOR: The National Mentoring Partnership (January 2014), http://www. mentoring.org/images/uploads/Report_TheMentoringEffect.pdf. 2014년 8월 21일 접속. 이 보고서는 위험에 처한 아이들을 위한 공식적 · 비공식적인 멘토링 모두의 가치에 대한 방대한 증거 자료를 제공한다. 우리는 2차 분석을 위해 우리에게 유용한 조사 자료(18-21세의 청소년 1,109명의 전국 대표 표본)을 만들어 준 것에 대해 Civic Enterprises의 브릿지랜드(John Bridgeland)와 하트연구협회(Hart Research Associates)에 감사를 표한다. 응답자들은 다음의 이야기를 듣는다. "젊은 사람이 멘토링을 받을 수 있는 한 가지 방법은 구조화된 프로그램을 통해서다. (…) 구조화된 멘토링 프로그램 중 한 예는 빅브라더스와 빅시스터스(Big

Brothers and Big Sisters)다. 두 번째 유형의 멘토링은 어른이 청소년의 삶으로 다가와서 비공식적인 멘토링 관계를 자연스럽게 발전시키는 경우다. 어른은 가족의 친구, 또는 교실 밖에서 청소년이 관계를 유지하는 교사일 수도 있다. 구조화된 멘토링 관계나 비공식적인 멘토링 관계 모두의 경우에서 어른은 청소년의 긍정적이고 건강한 발달을 일정한 기간 동안 돕기 위해 안내, 지지, 격려를 제공함으로써 청소년과 관계를 가지려고 노력하며 지원한다." 응답자들은 어떤 종류의 멘토를 가졌었는지에 대해 질문을 받고 만약 그렇다고 대답하면 각각의 멘토링 관계를 자세하게 설명하도록 요청받는다.

25 Erickson, McDonald and Elder, "Informal Mentors and Education: Complementary or Compensatory Resources?," 344-367. 이 연구는 지금까지 가장 통계적으로 복잡화된 연구로서 비공식적 멘토링이 일어났을 때 그 결과가 특권이 적은 아이들 사이에서 훨씬 더 크게 일었지만 그러한 사실은 보다 빈번하게 나타나는 특권층 아이들 삶에서의 비공식적인 멘토링에 의해 상쇄되는 것 이상이다.

26 조사에서 보고된 대부분의 공식적인 멘토링 관계는 학교와 연계되었다. 교회를 통한 공식적인 멘토링은 숫자가 더 드물고 (우리의 목적을 위해서는 더 중요하다) 낮은 계층이 아니라 상층의 사회 경제적 지위를 지닌 아이들 사이에 집중되었다.

27 멘토링에 대한 우리의 논의에서 '부유한'과 '가난한'이 언급하는 것은 사회경제적 지위 구성 척도의 상위 4분위와 하위 4분위에 대해서다.

28 Robert J. Sampson, *Great American City: Chicago and the Enduring Neighborhood Effect* (Chicago: University of Chicago Press, 2012), 356 강조된 부분은 원전에서부터다. 이웃의 영향에 대한 연구는 복잡한 방법론적 염려, 특히 '선택편견(selection bias)'이라 불리는 것에 시달려왔다. 사람들은 보통 어디에서 살지를 선택하기 때문에 주어진 이웃 사이에 사는 사람들이 어떤 두드러진 특성을 지닌다면, 그러한 특성은 이웃들에 의해 '야기됐다(caused)' 기보다는 그들이 그러한 특성을 가진 채 이웃으로 왔을 가능성이 있다. 그러나 최근의 훌륭한 연구들은 그러한 위험에 적응돼 있고, 여기서의 우리 논의도 그러한 방법론적인 쟁점에 직면해 확고해 보이는 조사결과에 근거하고 있다. 사실, 횡단적인 연구들은 장기간 효과의 충격을 무시함으로써 진짜 이웃의 효과를 평가절하할지도 모른다. 방법론적인 쟁점에 대해서는 다음을 보라. Sampson, *Great American City*, 특히 12장과 15장; Robert J. Sampson and Patrick Sharkey, "Neighborhood Selection and the Social Reproduction of Concentrated Racial Inequality," *Demography* 45 (February 2008): 1-29; Tama Leventhal, Véronique Dupéré and Elizabeth Shuey, "Children in Neighborhoods," in *Handbook of Child Psychology and Developmental Science*, 7th edition, volume 4, eds. Richard M. Lerner, Marc H. Bornstein and Tama Leventhal (Hoboken, NJ: Wiley, forthcoming 2015). 이 논의의 중심에 1990년대의 '기회로의 이동(Moving to Opportunity)' 실험이 있는데 빈곤율이 낮은 이웃으로 이사를 할 수 있었던 가난한 가정 집단을 무작위로 선택해 추적했고 그러한 이사를 하지 않은 유사한 가정 통제집단과 주의해서 비교했다. 복잡하고 혼합된 결과에 대한 개관을 위해 다음을 보라. Jens Ludwig et al., "Neighborhood Effects on the Long-Term Well-Being of Low-Income Adults," *Science* 337 (2012): 1505-1510; Lisa Sanbonmatsu et al., "Moving to Opportunity for Fair Housing

Demonstration Program – Final Impacts Evaluation" (Washington, DC: U.S. Department of Housing and Urban Development, 2011).

29 Velma McBride Murry et al, "Neighborhood Poverty and Adolescent Development," *Journal of Research on Adolescence* 21 (March 2011): 114 – 128. 하지만 앞의 주에서 논의된 기회로의 이동(Moving to Opportunity) 연구로부터 얻은 증거를 사용하는 체티(Raj Chetty), 헨드런(Nathaniel Hendren)과 그의 동료들의 미발간 연구는 이웃의 영향이 더 어린 아이들에게 가장 크다는 사실을 확인해 준다.

30 Patrick Sharkey and Felix Elwert, "The Legacy of Disadvantage: Multigenerational Neighborhood Effects on Cognitive Ability," *American Journal of Sociology* 116 (May 2011): 1934 – 81.

31 메릴랜드에서의 무작위 통제연구는 아마도 아이들의 성과에 이웃 빈곤이 미치는 영향의 3분의 2가 빈곤한 학교 때문인 것으로 추정하고 있다. Heather Schwartz, *Housing Policy Is School Policy: Economically Integrative Housing Promotes Academic Success in Montgomery County, MD.* (New York: Century Foundation, 2010). 또 다른 신중한 통제연구는 빈곤율이 높은 이웃들 사이에서 성장하는 것이 고등학교 중퇴 가능성을 증가시킨다는 사실을 찾아냈다. David J. Harding, "Counterfactual Models of Neighborhood Effects: The Effect of Neighborhood Poverty on High School Dropout and Teenage Pregnancy," *American Journal of Sociology* 109(2003): 676-719. 학교 공동체 네트워크에 대해서는 다음을 보라. Anthony S. Bryk, Penny Bender Sebring, Elaine Allensworth, Stuart Luppescu, and John Q. Easton, *Organizing Schools for Improvement: Lessons from Chicago* (Chicago: University of Chicago Press, 2010); Mark R. Warren, "Communities and Schools: A New View of Urban Education Reform," *Harvard Educational Review* 75 (2005): 133-73.

32 아이들에 미치는 이웃의 영향에 대한 최근의 한 광범위한 개관이 Leventhal, Dupéré and Shuey, "Children in Neighborhoods"에서 이루어졌다.

33 Cynthia M. Duncan, *Worlds Apart: Poverty and Politics in Rural America*, 2nd ed. (New Haven: Yale University Press, 2014).

34 집합적인 효율에 대하여는 다음을 보라. Sampson, *Great American City*, 7장 p. 370에서 인용.

35 도표 5-4는 신뢰와 빈곤 간의 단순한 상관관계를 그리고 있지만, 이 상관관계는 개인 재정, 교육, 시민권, 인종, 범죄율, 수입 불균형, 인종의 다양성, 언어, 통근 시간, 주거 이동성, 주택 소유, 젠더, 지역, 나이 등에 대한 통제와 함께 확고하고 실질적이라고 할 수 있다. Robert D. Putnam, "*E Pluribus Unum*: Diversity and Community in the 21st Century: The 2006 Johan Skytte Prize Lecture," *Scandinavian Political Studies* 30 (June 2007): 137-174. 특히 표 3을 보라. 이와 같은 유형은 얼마나 자주 이웃과 서로 이야기를 하느냐의 문제에도 적용된다.

36 Putnam, *Bowling Alone*, 138. Orlando Patterson, "Liberty Against the Democratic State: On the Historical and Contemporary Sources of American Distrust," in

Democracy and Trust, ed. Mark E. Warren (Cambridge, UK: Cambridge University Press, 1999), 187-91.

37 Putnam, Bowling Alone; Wendy M. Rahn and John E. Transue, "Social Trust and Value Change: The Decline of Social Capital in American Youth, 1976-1995," Political Psychology 19 (September 1998): 545-565; April K. Clark, Michael Clark and Daniel Monzin, "Explaining Changing Trust Trends in America," International Research Journal of Social Sciences 2 (January 2013): 7-13; Jean M. Twenge, W. Keith Campbell, and Nathan T. Carter, "Declines in Trust in Others and Confidence in Institutions. Among Amercian Adults and Late Adolescents, 1972-2012," Psychological Science 25 (October 2014): 1914-23.

38 Sampson, Great American City; Leventhal, Dupéré and Shuey, "Children in Neighborhoods"; Dafna E. Kohen, V. Susan Dahinten, Tama Leventhal, and Cameron N. McIntosh, "Neighborhood Disadvantage: Pathways of Effects for Young Children," Child Development 79 (January 2008): 156-169; Gopal K. Singh and Reem M. Ghandour, "Impact of Neighborhood Social Conditions and Household Socioeconomic Status on Behavioral Problems Among U.S. Children," Maternal and Child Health Journal 16 (April 2012), 158-169; Véronique Dupéré, Tama Leventhal and Frank Vitaro, "Neighborhood Processes, Self-efficacy, and Adolescent Mental Health," Journal of Health and Social Behavior 53 (June 2012): 183-198; Elizabeth T. Gershoff and Aprile D. Benner, "Neighborhood and School Contexts in the Lives of Children," in Societal Contexts of Child Development: Pathways of Influence and Implications for Practice and Policy, eds. Elizabeth T. Gershoff, Rashmita S. Mistry and Danielle A. Crosby (Oxford, UK: Oxford University Press, 2014),141 - 155.

39 Leventhal, Dupéré and Shuey, "Children in Neighborhoods"; Rand D. Conger and M. Brent Donnellan, "An Interactionist Perspective on the Socioeconomic Context of Human Development," Annual Review of Psychology 58 (2007): 175-199; Glen H. Elder, Jr., Jacquelynne S. Eccles, Monika Ardelt and Sarah Lord, "Inner-City Parents under Economic Pressure: Perspectives on the Strategies of Parenting," Journal of Marriage and Family 57 (August 1995): 771-784; Véronique Dupéré, Tama Leventhal, Robert Crosnoe and Eric Dion, "Understanding the Positive Role of Neighborhood Socioeconomic Advantage in Achievement: The Contribution of the Home, Child Care, and School Environments," Developmental Psychology 46 (September 2010): 1227-1244; Candice L. Odgers et al, "Supportive Parenting Mediates Neighborhood Socioeconomic Disparities in Children's Antisocial Behavior from Ages 5 to 12," Development and Psychopathology 24 (August 2012): 705-721.

40 Frank F. Furstenberg, Thomas D. Cook, Jacquelynne Eccles, Glen H. Elder Jr. and Arnold Sameroff, Managing to Make It: Urban Families and Adolescent Success (Chicago: University of Chicago Press, 1999).

41 Gershoff and Benner, "Neighborhood and School Contexts in the Lives of Children," 143; Jason M. Bacha et al., "Maternal Perception of Neighborhood Safety as a Predictor of Child Weight Status: The Moderating Effect of Gender and Assessment of Potential Mediators," *International Journal of Pediatric Obesity* 5 (January 2010): 72–79; Beth E. Molnar, Steven L. Gortmaker, Fiona C. Bull and Stephen L. Buka, "Unsafe to Play? Neighborhood Disorder and Lack of Safety Predict Reduced Physical Activity among Urban Children and Adolescents," *American Journal of Health Promotion* 18 (May 2004): 378–386; Deborah A. Cohen, Brian K. Finch, Aimee Bower and Narayan Sastry, "Collective Efficacy and Obesity: The Potential Influence of Social Factors on Health," *Social Science & Medicine* 62 (February 2006): 769–778; H. Mollie Greves Grow, Andrea J. Cook, David E. Arterburn, Brian E. Saelens, Adam Drewnowski, and Paula Lozano, "Child Obesity Associated with Social Disadvantage of Children's Neighborhoods," *Social Science & Medicine* 71 (2010):584–91.

42 Centers for Disease Control and Prevention (CDC), "Physical Activity Levels among Children Aged 9-13 Years—United States, 2002," *Morbidity and Mortality Weekly Report* 52 (August 22, 2003): 785–788; Penny Gordon-Larsen, Melissa C. Nelson, Phil Page, and Barry M. Popkin, "Inequality in the Built Environment Underlies Key Health Disparities in Physical Activity and Obesity," *Pediatrics* 117 (February 2006): 417–424; Billie Giles-Corti and Robert J. Donovan, "Relative Influences of Individual, Social Environmental, and Physical Environmental Correlates of Walking," *American Journal of Public Health* 93 (September 2003): 1583–1589; Jens Ludwig et al., "Neighborhoods, Obesity, and Diabetes—a Randomized Social Experiment," *New England Journal of Medicine* 365 (2011): 1509-1519.

43 Paul A. Jargowsky, "Concentration of Poverty in the New Millennium: Changes in Prevalence, Composition, and Location of High Poverty Neighborhoods," (the Century Foundation and Rutgers Center for Urban Research and Education, 2013), http://tcf.org/assets/downloads/Concentration_of_Poverty_in_the_New_Millennium.pdf. 2014년 8월 21일 접속; Ann Owens and Robert J. Sampson, "Community Well-Being and the Great Recession," *Pathways Magazine* (The Stanford Center on Poverty and Inequality, Spring 2013): 3-7; Patrick Sharkey and Bryan Graham, "Mobility and the Metropolis: How Communities Factor into Economic Mobility," Pew Charitable Trust report (December 2013), http://www.pewtrusts.org/~/media/legacy/uploadedfiles/pcs_assets/2013/MobilityandtheMetropolispdf.pdf. 2014년 8월 21일 접속; Jonathan T. Rothwell and Douglas S. Massey, "Geographic Effects on Intergenerational Income Mobility," *Economic Geography* 90 (January 2015): 1-23.

44 Robert D. Putnam and David E. Campbell, *American Grace* (New York: Simon and Schuster, 2010), 특히 13장을 보라. 본문 단락의 통계는 이 책에 서술된 2006 신앙문제(2006 Faith Matters) 전국조사에서 나온 것이다.

45 John M. Wallace and Tyrone A. Forman, "Religion's Role in Promoting Health and Reducing Risk among American Youth," *Health Education and Behavior* 25 (December 1998): 721-741; Mark D. Regnerus and Glen H. Elder, Jr., "Staying on Track in School: Religious Influences in High and Low-Risk Settings" (paper presented at the annual meeting of the American Sociological Association, Anaheim, CA, August 2001); Chandra Muller and Christopher G. Ellison, "Religious Involvement, Social Capital, and Adolescents' Academic Progress: Evidence from the National Education Longitudinal Study of 1988," *Sociological Focus* 34 (May 2001): 155-183; Christian Smith and Robert Faris, "Religion and American Adolescent Delinquency, Risk Behaviors, and Constructive Social Activities," a research report of the National Study of Youth and Religion (Chapel Hill, NC, 2002), http://eric.ed.gov/?id=ED473128. 2014년 8월 21일 접속; Jonathan K. Zaff, Kristin A. Moore, Angela Romano Pappillo and Stephanie Williams, "Implications of Extracurricular Activity Participation During Adolescence on Positive Outcomes," *Journal of Adolescent Research* 18 (November 2003): 614; Jennifer L. Glanville, David Sikkink and Edwin I. Hernandez, "Religious Involvement and Educational Outcomes: The Role of Social Capital and Extracurricular Participation," *Sociological Quarterly* 49 (Winter 2008): 105-137. 이들 연구는 상관관계를 허위로 만들 수 있는 많은 다른 요인들을 통제하고 있다. 종교 참여에서 나타나는 선택 편견에 대한 가장 훌륭한 연구들은 이러한 편견이 종교의 영향을 과장하는 것이 아니라 모호하게 하는 경향이 있다는 결론을 내렸다. Mark D. Regnerus and Christian Smith, "Selection Effects in Studies of Religious Influence," *Review of Religious Research* 47 (September 2005): 23-50; Jonathan H. Gruber, "Religious Market Structure, Religious Participation, and Outcomes: Is Religion Good for You?" *Advances in Economic Analysis &Policy* 5 (December 2005).

46 Eric Dearing et al., "Do Neighborhood and Home Contexts Help Explain Why Low-Income Children Miss Opportunities to Participate in Activities Outside of School?," *Developmental Psychology* 45 (November 2009): 1545-1562. Author's Analysis of Social Capital Community Benchmark Survey (2000); 17개의 다른 유형의 조직체 중에서 오로지 자립 조직, 참전용사 집단, 시니어 집단 구성원만이 종교 집단보다 계급에 대한 편견이 적다.

47 Putnam and Campbell, *American Grace*, 252-53. 교회 출석에서의 계급 편견 증가에 대한 같은 세대의 경향은 교육이나(상대적이든 절대적이든) 수입이 사회경제적 지위의 측정치로서 General Social Survey, National Educational Studies, Roper Political and Social Trends 기록 문서에 나타난다. 물론 교육이 더 분명하지만 말이다. 참여 측정치는 기록 문서마다 다르지만 교육에 의한 경향은 유사하다. 계급격차의 증가는 여성보다는 남성에게서, 백인보다는 흑인 사이에서, 다른 종교 전통보다는 복음주의 개신교도들 사이에서 더 명확하게 나타난다. 모든 인종이 함께 분석되면 이러한 경향은 감춰지는데, 비백인들이 더 가난하고, 교육을 덜 받으며, 더 종교적이지만 계급격차의 증가는 각 인종마다 분리되어 고려되기 때문이다.

48 Barrie Thorne, "The Crisis of Care," in *Work-Family Challenges for Low-Income Parents and Their Children*, eds. Ann C. Crouter and Alan Booth (Mahwah, NJ: Lawrence Erlbaum Associates, 2004), 165-178; Markella B. Rutherford, *Adult Supervision Required: Private Freedom and Public Constraints for Parents and Children* (New Brunswick, NJ: Rutgers University Press, 2011).

제6장: 무엇을 할 것인가?

1 Raj Chetty, Nathaniel Hendren, Patrick Kline, and Emmanuel Saez "Where is the Land of Opportunity? The Geography of Intergenerational Mobility in the United States," *Quarterly Journal of Economics* 129 (November 2014); Raj Chetty, Nathaniel Hendren, Patrick Kline, Emmanuel Saez, and Nicholas Turner, "Is the United States Still a Land of Opportunity? Recent Trends in Intergenerational Mobility," *American Economic Review Papers & Proceedings* 104 (May 2014): 141-147. 또한 1장의 주 48을 보라.

2 Isabel V. Sawhill, "Trends in Intergenerational Mobility," in *Getting Ahead or Losing Ground: Economic Mobility in America*, eds. Ron Haskins, Julia B. Isaacs and Isabel V. Sawhill (Washington, D.C.: Brookings Institution, 2008).

3 포트클린턴의 웬디는 부유한 배경을 가진 유일한 엄마다. 시모네의 아버지는 NYU를 다녔다. 얼의 아버지는 1년 동안 대학을 다니다가 건설 사업으로 진출했지만 얼이 대학에 들어갈 준비를 할 무렵 사업에 실패해 얼이 혼자 힘으로 삶을 꾸려나가도록 했다.

4 Arthur M. Okun, *Equality and Efficiency: The Big Tradeoff* (Washington, D.C.: Brookings Institution, 1975).

5 Claudia Goldin and Lawrence F. Katz, "The Legacy of U.S. Educational Leadership: Notes on Distribution and Economic Growth in the 20th Century," *American Economic Review* 91 (May 2001): 18-23; Eric A. Hanushek and Ludger Woessmann, "The Role of Cognitive Skills in Economic Development," *Journal of Economic Literature* 46 (September 2008): 607-668; Elhanan Helpman, *The Mystery of Economic Growth* (Cambridge, MA: Harvard University Press, 2010); Martin West, "Education and Global Competitiveness: Lessons for the United States from International Evidence," in *Rethinking Competitiveness*, ed. Kevin A. Hassett (Washington D.C.: The AEI Press, 2012).

6 Claudia Goldin and Lawrence F. Katz, *The Race between Education and Technology* (Cambridge, MA: Harvard University Press, 2008), 98; Michael Handel, "Skills Mismatch in the Labor Market," *Annual Review of Sociology* 29 (2003): 135-165; James J. Heckman et al., "The Rate of Return to the HighScope Perry Preschool Program," *Journal of Public Economics* 94 (February 2010): 114-128; Pedro Carneiro and James J. Heckman, "Human Capital Policy," in *Inequality in America: What Role for Human Capital Policies?*, eds. James J. Heckman, Alan B. Krueger and Benjamin M. Friedman (Cambridge, MA: MIT Press, 2003).

7 Daron Acemoglu and David Autor, "What Does Human Capital Do? A Review of Goldin and Katz's *The Race between Education and Technology*," *Journal of Economic Literature* 50 (June 2012): 426-463.

8 Harry J. Holzer, Diane Whitmore Schanzenbach, Greg J. Duncan, and Jens Ludwig, "The Economic Costs of Childhood Poverty in the United States," *Journal of Children and Poverty* 14 (March 2008): 41-61.

9 Clive R. Belfield, Henry M. Levin and Rachel Rosen, *The Economic Value of Opportunity Youth* (Washington, D.C.: Corporation for National and Community Service, 2012), http://www.dol.gov/summerjobs/pdf/EconomicValue.pdf. 2014년 10월 6일 접속. 오퍼튜니티 유스(opportunity youth)는 일과 생활에 대한 준비에 있어 젊은이들의 가장 하위 17%를 구성하고 있다.

10 Katharine Bradbury and Robert K. Triest, "Inequality of Opportunity and Aggregate Economic Performance," (2014년 10월 보스턴 Federal Reserve Bank에서의 Inequality of Economic Opportunity 회의를 위해 준비한 논문). '대도시 지역'은 하나의 중심 도시 주위로 '통근하는 영역'이라고 조작적으로 정의된다. 나는 방대한 양적 발견물들이 지니는 함의에 대한 이러한 특별한 추정을 계산해 낸 것에 대해 브래드버리(Bradbury)와 트리스트(Triest)에게 감사를 표한다. 다른 타당성을 보여 주는 최신 연구는 다음과 같다. Chang-Tai Hsieh, Eric Hurst, Charles I. Jones, and Peter J. Klenow, "The Allocation of Talent and U.S. Economic Growth," Working Paper 18693 (Cambridge: National Bureau of Economic Research, 2013); Gustavo A. Marrero and Juan G. Rodriguez, "Inequality of opportunity and growth," *Journal of Developmental Economics* 104 (2013): 107-22.

11 James J. Heckman, "An Effective Strategy for Promoting Social Mobility," *Boston Review* (September/October 2012); James J. Heckman, Seong Hyeok Moon, Rodrigo Pinto, Peter A. Savelyev, and Adam Yavitz, "The Rate of Return to the High/Scope Perry Preschool Program," Forschungsinstitut zur Zukunft der Arbeit/Institute for the Study of Labor Discussion Paper No. 4533 (Bonn, Germany: IZA, October 2009), http://ftp.iza.org/dp4533.pdf. 2014년 9월 26일 접속. 다른 연구들도 이른 유아 교육으로부터 파생하는 수익률이 호의적이라는 생각에는 동의하지만 헤크만의 추정이 아마도 너무 높을지도 모른다고 보고 있다. 왜냐하면 그 연구가 미시간 주의 입시란티(Ypsilanti)에 있는 페리 유아원(Perry Preschool)이 1960년대에 획기적으로 시작했던 단 하나의 연구에 기반을 두고 있기 때문이다.

12 소득 불평등(기회 불평등이 아니라)이 지니는 경제적 효과에 대한 다른 관련 쟁점들에 대해 과거의 이론은 불평등이 성장을 불러일으키는 투자 노력과 절약에 대해 인센티브를 제공함으로써 경제 성장에 기여한다는 것이었다. 그러나 보다 최신의 증거들은 그 반대 주장을 강하게 제시하는데, 높은 수준의 불평등이 지속적인 성장을 방해한다는 것이다. (다른 많은 자료들 중에서) 다음을 보라. Alberto Alesina and Dani Rodrik, "Distributive Politics and Economic Growth," *Quarterly Journal of Economics* 109 (May 1994): 465-490; Andrew G. Berg and Jonathan D. Ostry, "Inequality and Unsustainable Growth:

Two Sides of the Same Coin?," IMF Staff Discussion Note 11/08 (Washington, D.C.: International Monetary Fund, April 8, 2011); Joseph E. Stiglitz, *The Price of Inequality: How Today's Divided Society Endangers Our Future* (New York: W.W. Norton, 2012); Jonathan D. Ostry, Andrew Berg and Charalambos G. Tsangarides, "Redistribution, Inequality, and Growth," IMF Staff Discussion Note 14/02 (Washington, D.C.: International Monetary Fund, February 2014). 2014년 중반에 Standard and Poor's는 미국 경제성장율 예상치를 0.3% 내렸는데 미국에서의 커다란 빈부격차 때문이었다. 그리고 불평등 때문에 더욱 험난한 경제적 시기가 미리 다가올 것이라고 예측했다. Peter Schroeder, "S&P: Income Inequality Slowing Economy," *The Hill*, August 5, 2014, http://thehill.com/policy/finance/214316-sp-income-inequality-slowing-economy. 2014년 10월 6일 접속. 경제학자들은 왜 극도의 불평등이 성장을 축소시키는지 그 이유에 대해 의견이 모두 다르다. 아마도 불평등은 부자의 높은 저축율로 인한 총수요 제한, 충분히 숙련된 노동자에 대한 공급자의 억제, 높은 불평등이 촉진하는 재정적 불안정, 경제 성장을 제어하는 정치적 왜곡과 대중의 동요와 같은 이유 때문일 것이다.

13 Robert A. Dahl, *On Democracy* (New Haven, CT: Yale University Press, 1998).

14 Meira Levinson, *No Citizen Left Behind* (Cambridge, MA: Harvard University Press, 2012); Sidney Verba, Kay Lehman Schlozman and Henry E. Brady, *Voice and Equality: Civic Voluntarism in American Politics* (Cambridge, MA: Harvard University Press, 1995); Kay Lehman Schlozman, Sidney Verba and Henry E. Brady, *The Unheavenly Chorus: Unequal Political Voice and the Broken Promise of American Democracy* (Princeton, NJ: Princeton University Press, 2012); Andrea K. Finlay, Constance Flanagan and Laura Wray-Lake, "Civic Engagement Patterns and Transitions Over 8 Years: The AmeriCorps National Study," *Developmental Psychology* 47 (November 2011): 1728-1743; Jonathan F. Zaff, James Youniss and Cynthia M. Gibson, "An Inequitable Invitation to Citizenship: Non-College-Bound Youth and Civic Engagement," Report prepared for PACE (Washington, DC: Philanthropy for Active Civic Engagement, October 2009).

15 2008년과 2010년의 시민 참여에 대한 데이터는 인구조사국의 Current Population Survey에서 나온 것이다. 이러한 목적에서 쓰인 '대학 교육을 받은'은 대학 교육을 위해 현재 등록을 했거나 학위를 가지고 있는 20~25세의 젊은이를 의미한다. 우리는 6개 항목 중에서 젊은이들이 제출한 활동 유형들만을 단순히 계산했다. 다음의 것도 보라. "Understanding a Diverse Generation: Youth Civic Engagement in the United States," CIRCLE Research Report (Tufts University, November 2011), http://www.civicyouth.org/wp-content/uploads/2011/11/CIRCLE_cluster_report2010.pdf. 2014년 10월 6일 접속.

16 Laura Wray-Lake and Daniel Hart, "Growing Social Inequalities in Youth Civic Engagement? Evidence from the National Election Study," *Political Science and Politics* 45 (July 2012): 456-461; Amy K. Syvertsen, Laura Wray-Lake, Constance A. Flanagan, D. Wayne Osgood and Laine Briddell, "Thirty-Year Trends in U.S. Adolescents' Civic Engagement: A Story of Changing Participation and Educational

Differences," *Journal of Research on Adolescence* 21 (September 2011): 586-594. 2008년 과 2010년의 선거 결과 데이터는 인구조사국의 Current Population Survey에서 나온 것이 다.

17 Wray-Lake and Hart, "Growing Social Inequalities in Youth Civic Engagement? Evidence from the National Election Study." 이 논문은 선거 운동 개입에 대한 측정치에 있어서 이처럼 격차를 좁힐 수 있는 '하향'의 유형을 보여준다.

18 2005-2012 고등학교 시니어에 대한 Monitoring the Future 조사 데이터에 대한 Carl Frederick 분석.

19 Kay Lehman Schlozman, Sidney Verba and Henry E. Brady, "Weapon of the Strong? Participatory Inequality and the Internet," *Perspectives on Politics* 8 (June 2010): 487-509.

20 Schlozman, Verba and rady, *The Unheavenly Chorus*, 83에서 인용.

21 Larry M. Bartels, *Unequal Democracy: The Political Economy of the New Gilded Age* (Princeton, NJ: Princeton University Press, 2008); Martin Gilens, *Affluence and Influence: Economic Inequality and Political Power in America* (Princeton, NJ: Princeton University Press, 2012); Jan E. Leighley and Jonathan Nagler, *Who Votes Now? Demographics, Issues, Inequality, and Turnout in the United States* (Princeton, NJ: Princeton University Press, 2013).

22 Dahl, *On Democracy*, 76.

23 American Political Science Association Task Force on Inequality and American Democracy, "American Democracy in an Age of Rising Inequality," *Perspectives on Politics* 2 (December 2004): 651.

24 William Kornhauser, *The Politics of Mass Society* (Glencoe, IL: The Free Press, 1959), 212. 대중사회 이론에 대한 광범위한 개관은 다음을 보라. Christian Borch, *The Politics of Crowds: An Alternative History of Sociology* (New York: Cambridge University Press, 2012).

25 Hannah Arendt, *The Origins of Totalitarianism* (New York: Harcourt, Brace, 1951). Borch, *The Politics of Crowds*, 181에서 인용.

26 Pope Francis, in "Apolstolic Exhortation *Evangelii Gaudium* [The Joy of the Gospel], to the Bishops, Clergy, Consecrated Persons and the Lay Faithful on the Proclamation of the Gospel in Today's World," Vatican Press,2013, http://w2.vatican. va/content/dam/francesco/pdf/apost_exhortations/documents/papa-francesco_ esortazione-ap_20131124_evangelii-gaudium_en.pdf. 2014년 10월 6일 접속; 리우데자 네이루로 가는 비행기에서의 프란치스코 교황의 인터뷰는 John L. Allen, "Pope on Plane: No to a 'Throw-Away Culture," *National Catholic Reporter*, July 22, 2013, http:// ncronline.org/blogs/ncr-today/pope-plane-no-throw-away-culture. 2014년 10월 6 일 접속.

27 기회의 평등에 대한 도덕철학에 대해서 반드시 필요한 독서목록은 다음을 포함한다. Lawrence A. Blum, "Opportunity and Equality of Opportunity," *Public Affairs*

Quarterly 2 (October 1988): 1-18; John H. Schaar, "Equality of Opportunity, and Beyond," in *Equality: Selected Readings*, eds. Louis P. Pojman and Robert Westmoreland (New York: Oxford University Press, 1997), 137-147; William Galston, "A Liberal Defense of Equality of Opportunity," in *Equality: Selected Readings*, eds. Pojman and Westmoreland, 170-181; Bernard A. O. Williams, "The Idea of Equality," in *Equality: Selected Readings*, eds. Pojman and Westmoreland, 91-101; John Rawls, *A Theory of Justice*, Revised Edition (Cambridge, MA: The Belknap Press of Harvard University Press, 1999); John E. Roemer, *Equality of Opportunity* (Cambridge, MA: Harvard University Press, 2000); Will Kymlicka, *Contemporary Political Philosophy: An Introduction*, 2nd edition (New York: Oxford University Press, 2002), 53-101; T. M. Scanlon, "When Does Equality Matter?" (paper presented at a conference on equality at the John F. Kennedy School of Government, Cambridge, MA, April 2004), http://www.law.yale.edu/documents/pdf/Intellectual_Life/ltw-Scanlon.pdf. 2014년 10월 6일 접속; Richard Arneson, "Equality of Opportunity," *The Stanford Encyclopedia of Philosophy*, October 8, 2002, http://plato.stanford.edu/entries/equal-opportunity/. 2014년 10월 6일 접속.

28 Serena Olsaretti, "Children as Public Goods?," *Philosophy and Public Affairs* 41 (Summer 2013): 226-258. 이 흥미로운 에세이에서 저자는 우리가 부모의 자녀 양육을 도와야 할 의무를 갖는데, 왜냐하면 이 아이들이 우리의 미래 복지에 기여할 것이기 때문이라고 주장한다. 내 주장은 우리의 도덕적 의무가 **부모들에게**가 아니라 아이들에게 있다는 데 기초하고 있다.

29 기회격차 문제에 대한 접근을 유용하게 통합한 자료는 다음을 보라. Lane Kenworthy, "It's Hard to Make It in America: How the United States Stopped Being the Land of Opportunity," *Foreign Affairs* 91 (November 2012): 103-109. 나는 기회격차를 다룬 정책 옵션에 대해 철저한 평가를 한 샌더(Tom Sander)에게 특히 빚을 지고 있다.

30 내 설명과 때로는 기술적으로 일치하지만 계급격차에 대해 아주 다른 진단을 내놓는 다음의 책을 보라. Charles Murray, *Coming Apart: The State of White America, 1960-2010* (New York: Crown Forum, 2012).

31 구성원들의 태도와 행동에 강력한 영향력을 행사하는 종교 공동체에 대한 증거로는 다음을 살펴보라. Robert D. Putnam and David E. Campbell, *American Grace* (New York: Simon and Schuster, 2010), 특히 13장을 보라.

32 Isabel V. Sawhill, *Generation Unbound: Drifting into Sex and Parenthood Without Marriage* (Washington: Brookings Institution Press, 2014), 91-93, 다음을 인용했다. Robert G. Wood, Sheena McConnell, Quinn Moore, Andrew Clarkwest and JoAnn Hsueh, "The Effects of Building Strong Families: A Healthy Marriage and Relationship Skills Education Program for Unmarried Parents," *Journal of Policy Analysis and Management* 31 (Spring 2012): 228-252; JoAnn Hsueh, Desiree Principe Alderson, Erika Lundquist, Charles Michalopoulos, Daniel Gubits, David Fein and Virginia Knox, "The Supporting Healthy Marriage Evaluation: Early Impacts on Low-Income

Families," *SSRN Electronic Journal* (2012), www.ssrn.com/abstract=2030319; 2014년 10
월 11일 접속; Adam Carasso and C. Eugene Steuerle, "The Hefty Penalty on Marriage
Facing Many Households with Children," *The Future of Children* 15 (Fall 2005): 161;
Ron Haskins, "Marriage, Parenthood, and Public Policy," *National Affairs* (Spring
2014): 65-66; Maria Cancian and Ron Haskins, "Changes in Family Composition:
Implications for Income, Poverty, and Public Policy," *ANNALS of the American
Academy of Political and Social Science* 654 (July 2014): 42-43.

33 Sawhill, *Generation Unbound*, 3.

34 다음 두 단락의 논거 자료는 Sawhill, *Generation Unbound*, 9, 105-44를 참고했다. 이 문
제에 대해 약간 다른 견해에 대해서는 다음을 보라. Andrew J. Cherlin, *Labor's Love Lost:
The Rise and Fall of the Working Class Family in America* (New York: Russell Sage, 2014),
chapter 7.

35 Elizabeth O. Ananat, Anna Gassman-Pines, and Christina M. Gobson-David, "The
Effects of Local Employment Loses on Children's Education Achievement," in
Whither Opportunity? Rising Inequality, Schools, and Children's Life Chances, eds. Greg
J. Duncan and Richard J. Murnane (New York: Russell Sage, 2011), 299-315.

36 Kenworthy, "It's Hard to Make It in America," 97-109; Greg Duncan, Pamela Morris
and Chris Rodrigues, "Does Money Matter? Estimating Impacts of Family Income on
Young Children's Achievement with Data from Random-Assignment Experiments,"
Developmental Psychology 47 (September 2012): 1263-1279; Rebecca A. Maynard and
Richard J. Murnane, "The Effects of a Negative Income Tax on School Performance:
Results of an Experiment," *Journal of Human Resources* 14 (Autumn 1979): 463-476;
Neil J. Salkind and Ron Haskins, "Negative Income Tax: The Impact on Children
from Low-Income Families," *Journal of Family Issues* 3 (June 1982): 165-180; Pamela
Morris et al., *How Welfare and Work Policies Affect Children: A Synthesis of Research* (New
York: MDRC, 2001); Gordon B. Dahl and Lance Lochner, "The Impact of Family Income
on Child Achievement," *American Economic Review* 102 (August 2005): 1927-1956;
Greg J. Duncan, Ariel Kalil and Kathleen M. Ziol-Guest, "Early Childhood Poverty
and Adult Achievement, Employment and Health," *Family Matters* (Australia Institute of
Family Studies) 93 (2013): 26-35, http://www.aifs.gov.au/institute/pubs/fm2013/fm93/
fm93c.pdf. 2014년 10월 11일 접속.

37 EITC와 아동 세액 공제(child tax credit)와 가능한 개혁에 대한 유용한 개관을 위해서는 다
음을 보라. Thomas L. Hungerford and Rebecca Thiess, "The Earned Income Tax
Credit and the Child Tax Credit: History, Purpose, Goals, and Effectiveness," (report,
Economic Policy Institute, September 25, 2013), http://www.epi.org/publication/ib370-
earned-income-tax-credit-and-the-child-tax-credit-history-purpose-goals-and-
effectiveness/. 2014년 10월 10일 접속.

38 Jeremy Travis, Bruce Western and Steve Redburn, eds., *The Growth of Incarceration* *in the United States: Exploring Causes and Consequences* (Washington, DC: National Academies Press, 2014).

39 Jane Waldfogel, *What Children Need* (Cambridge, MA: Harvard University Press, 2006), 45-62, 45에서 인용. 이롭지 못한 것으로 드러난 것은 아이가 태어난 이후 첫 해 동안의 풀타임 근무를 말하는 것이지 파트타임 일자리가 아니라고 그녀는 강조한다.

40 2008년의 한 보고서는 조사한 21개의 고소득 국가들의 유급 부모 휴가 정책 중에서 미국의 정책이 가장 관대하지 않고 부모에게 제공된 휴가의 전체 기간이 꼴찌에서 두 번째로 짧다는 사실을 밝혀냈다. Rebecca Ray, Janet C. Gornick, and John Scjmitt, "Parental Leave Policies in 21 Countries: Assessing Generosity and Gender Equality" (Washington, DC: Center for Economic and Policy Research, 2008). 이러한 낮은 등급을 확인시켜주는 보다 최근의 증거는 OECD Family Database, PF2.1 Key characteristics of parental leave systems, http://www.oecd.org/els/soc/PF2_1_Parental_leave_systems_1May2014.pdf. 2014년 10월 14일 접속.

41 데이케어(day-care)의 질에 대한 근거를 검토하기 위해서는 다음 자료를 보라. Waldfogel, *What Children Need*, 72-81; Lisa Gennetian, Danielle Crosby, Chantelle Dowsett and Aletha Huston, "Maternal Employment, Early Care Settings and the Achievement of Low-Income Children," Next Generation Working Paper No. 30 (New York, NY: MDRC, 2007).

42 Educare Learning Network, "A National Research Agenda for Early Education," April 2014, http://www.educareschools.org/results/pdfs/National_Research_Agenda_for_Early_Education.pdf. 2014년 10월 10일 접속. 에듀케어(Educare) 평가에 대한 빠른 결과 보고가 예상된다. 다음을 보라. N. Yazejian and D. M. Bryant, "Promising Early Returns: Educare Implementation Study Data, March 2009" (Chapel Hill: FPG Child Development Institute, UNC, 2009), "Educare Implementation Study Findings— August 2012," http://eln.fpg.unc.edu/sites/eln.fpg.unc.edu/files/FPG-Demonstrating-Results-August-2012-Final.pdf. 2014년 12월 16일 접속.

43 Jane Waldfogel and Elizabeth Washbrook, "Early Years Policy," *Child Development Research* 2011 (2011): 1-12; Amy J.L. Baker, Chaya S. Piotrkowski and Jeanne Brooks-Gunn, "The Home Instructional Program for Preschool Youngsters (HIPPY)," *The Future of Children* 9 (Spring/Summer 1999): 116-133; Darcy I. Lowell, Alice S. Carter, Leandra Godoy, Belinda Paulicin and Margaret J. Briggs-Gowan, "A Randomized Controlled Trial of Child FIRST: A Comprehensive Home-Based Intervention Translating Research Into Early Childhood Practice," *Child Development* 82 (January 2011): 193-208; "Policy: Helping Troubled Families Turn Their Lives Around," Department for Communities and Local Government, https://www.gov.uk/government/policies/helping-troubled-families-turn-their-lives-around/activity. 2014년 10월 10일 접속. 또한 다음을 보라. Tondi M. Harrison, "Family Centered Pediatric Nursing Care: State of the Science," *Journal of Pediatric Nursing* 25 (October

2010): 335-343.

44 OECD, *Education at a Glance: OECD Indicators 2014* (OECD Publishing, 2014), 차트 C.21. p. 320.

45 James J. Heckman, "Skill Formation and the Economics of Investing in Disadvantaged Children," *Science* 312 (June 2006): 1900-1902; Arthur J. Reynolds, Judy A. Temple, Dylan L. Robertson and Emily A. Mann, "Age 21 Cost-Benefit Analysis of the Title I Chicago Child-Parent Center Program," Executive Summary (National Institute for Early Childhood Education Research, June 2001).

46 유아기 교육(early childhood educaion)을 평가하는 방대한 문헌 중에서 최근 자료는 다음을 포함한다. David Deming, "Early Childhood Intervention and Life-Cycle Skill Development: Evidence from Head Start," *American Economic Journal* 1 (July 2009): 111-134; Jens Ludwig and Douglas L. Miller, "Does Head Start Improve Children's Life Chances? Evidence from a Regression-Discontinuity Design" *Quarterly Journal of Economics* 122 (2007): 159-208; Alexander Gelber, "Children's Schooling and Parents' Behavior: Evidence from the Head Start Impact Study," *Journal of Public Economics* 101 (2013): 25-38. 고무적인 결과가 유아 건강 발달 프로그램(Infant Health Development Program)에서 나왔다. Greg J. Duncan, Jeanne Brooks-Gunn, and Pamela K. Klebanov, "Economic Deprivation and Early Childhood Development," *Child Development*, 65 (April 1994): 296-318; John M. Love and Jeanne Brooks-Gunn, "Getting the Most Out of Early Head Start: What Has Been Accomplished and What Needs To Be Done," in *Investing in Young Children; New Directions in Federal Preschool and Early Childhood Policy*, eds. W. Steven Barnett and Ron Haskins (Washington, DC: Brooking Institution, 2010), 29-37.

47 Greg J. Duncan and Richard J. Murnane, *Restoring Opportunity: The Crisis of Inequality and the Challenge for American Education* (New York: Russell Sage Foundation, 2014), 53-69.

48 William T. Gormley, Deborah Phillips and Ted Gayer, "Preschool Programs Can Boost School Readiness," *Science* 320 (27 June 2008): 1723-1724; William T. Gormley, Jr., Ted Gayer, Deborah Phillips and Brittany Dawson, "The Effects of Universal Pre-K on Cognitive Development," *Developmental Psychology* 41 (November 2005): 872-884; William Gormley, Jr., Ted Gayer, Deborah Phillips and Brittany Dawson, "The Effects of Oklahoma's Universal Pre-K Program on School Readiness: An Executive Summary," (Georgetown University: Center for Research on Children in the U.S., November 2004).

49 Douglas S. Massey, Len Albright, Rebecca Casciano, Elizabeth Derickson and David N. Kinsey, *Climbing Mount Laurel: The Struggle for Affordable Housing and Social Mobility in an American Suburb* (Princeton, NJ: Princeton University Press, 2013), 195.

50 Bruce D. Baker, David G. Sciarra and Danielle Farrie, "Is School Funding Fair? A National Report Card," (The Education Law Center and Rutgers Graduate School of Education,

2012).

51 U.S. Department of Education, "For Each and Every Child—A Strategy for Education Equity and Excellence," a report to the Secretary (Washington, D.C.: The Equity and Excellence Commission, 2013), http://www2.ed.gov/about/bdscomm/list/eec/equity-excellence-commission-report.pdf. 2014년 10월 11일 접속.

52 Steven Glazerman, Ali Protik, Bing-ru Teh, Julie Bruch and Jeffrey Max, "Transfer Incentives for High-Performing Teachers: Final Results from a Multisite Experiment (NCEE 2014-4003)," (Washington, DC: National Center for Education Evaluation and Regional Assistance, Institute of Education Sciences, U.S. Department of Education, November 2013), http://ies.ed.gov/ncee/pubs/20144003/pdf/20144003.pdf. 2014년 10월 11일 접속.

53 Duncan and Murnane, *Restoring Opportunity*.

54 Erika A. Patall, Harris Cooper and Ashley Batts Allen, "Extending the School Day or School Year: A Systematic Review of Research (1985 - 2009)," *Review of Educational Research* 80 (September 2010), 401 - 436.

55 특성화 학교의 효율성에 대한 주요 연구는 다음을 포함한다. Caroline M. Hoxby and Sonali Muraka, "Charter Schools in New York City: Who Enrolls and How they Affect Their Students' Achievement," NBER Working Paper No. 14852 (Cambridge, MA: National Bureau of Economic Research, April 2009); Atila Abdulkadiroglu, Joshua Angrist, Susan Dynarski, Thomas J. Kane and Parag Pathak, "Accountability and Flexibility in Public Schools: Evidence from Boston's Charters and Pilots," NBER Working Paper No. 15549 (Cambridge, MA: National Bureau of Economic Research, November 2009); Philip Gleason, Melissa Clark, Christina Clark Tuttle and Emily Dwoyer, "The Evaluation of Charter School Impacts: Final Report (NCEE 2010-4029)," National Center for Education Evaluation and Regional Assistance, http://ies.ed.gov/ncee/pubs/20104029/. 2014년 10월 11일 접속; Ron Zimmer et al., "Charter Schools: Do They Cream Skim, Increasing Student Segregation?," in *School. Choice and School Improvement*, eds. Mark Berends, Marisa Cannata and Ellen B. Goldring (Cambridge, MA: Harvard Education Press, 2011); Joshua D. Angrist, Susan M. Dynarski, Thomas J. Kane, Parag A. Pathak and Christopher R. Walters, "Who Benefits from KIPP?," *Journal of Policy Analysis and Management* 31 (Fall 2012): 837 - 860.

56 Mark R. Warren, "Communities and Schools: A New View of Urban Education Reform," *Harvard Educational Review* 75 (Summer 2005), http://www.presidentsleadershipclass.org/images/uploads/ca_files/Communities_and_Schools.pdf. 2014년 10월 12일 접속. 효과적인 학교 개혁을 위한 공동체 사회자본의 중요성에 대해서는 다음을 보라. Anthony S. Bryk, Penny Bender Sebring, Elaine Allensworth, Stuart Luppescu, and John Q. Easton, *Organizing Schools for Improvement: Lessons from Chicago* (Chicago: University of Chicago Press, 2010).

57 "What is a Community School?," Coalition for Community Schools, http://www.

communityschools.org/aboutschools/what_is_a_community_school.aspx. 2014년 10
월 12일 접속.

58 Colleen Cummings, Alan Dyson and Liz Todd, *Beyond the School Gates: Can Full
Service and Extended Schools Overcome Disadvantage?* (London: Routledge, 2011);
Colleen Cummings et al., "Evaluation of the Full Service Extended Schools Initiative:
Final Report," Research Brief No. RB852 (Department for Education and Skills, June 2007),
http://webarchive.nationalarchives.gov.uk/20130417231729/https://www.education.
gov.uk/publications/eOrderingDownload/RB852.pdf. 2014년 10월 12일 접속; Joy
G. Dryfoos, "Evaluation of Community Schools: Findings to Date," (report, 2000),
http://www.communityschools.org/assets/1/assetmanager/evaluation%20of%20
community%20schools_joy_dryfoos.pdf. 2014년 10월 12일 접속; Martin J. Blank,
Atelia Melaville and Bela P. Shah, "Making the Difference: Research and Practice
in Community Schools," (report of the Coalition for Community Schools, May 2003), http://
www.communityschools.org/assets/1/page/ccsfullreport.pdf. 2014년 10월 12일
접속; Child Trends, "Making The Grade: Assessing the Evidence for Integrated
Student Supports," (report, February 2014), http://www.childtrends.org/wp-content/
uploads/2014/02/2014-07ISSPaper2.pdf. 2014년 10월 12일 접속.

59 Will Dobbie and Roland G. Fryer, Jr., "Are High Quality Schools Enough to Close the
Achievement Gap? Evidence from a Social Experiment in Harlem," NBER Working
Paper 15473 (Cambridge, MA: National Bureau of Economic Research, November 2009).

60 James S. Coleman and Thomas Hoffer, *Public and Private High Schools: The Impact of
Communities* (New York: Basic Books); Anthony S. Bryk,, Peter B. Holland, and Valerie
E. Lee, *Catholic Schools and the Common Good* (Cambridge: Harvard University Press, 1993;
G. R. Kearney, *More Than a Dream; The Cristo Rey Story: How One School's Vision Is Changing the World*
(Chicago: Loyola Press, 2008). Derek Neal, "The Effects of Catholic Secondary Schooling
on Educational Achievement," *Journal of Labor Economics* 15 (January 1977): 98-
123; William H. Jeynes, "Religion, Intact Families, and the Achievement Gap,"
Interdisciplinary Journal of Research on Religion 3 (2007): 1-24.

61 Don Peck, "Can the Middle Class be Saved?," *Atlantic*, September 2011, http://
www.theatlantic.com/magazine/archive/2011/09/can-the-middle-class-be-
saved/308600/. 2014년 10월 11일 접속; Ron Haskins and Isabel Sawhill, *Creating an
Opportunity Society* (Washington, DC: Brookings Institution Press, 2009).

62 James J. Kemple, "Career Academies: Long-Term Impacts on Work, Education,
and Transitions to Adulthood," MDRC Report (June 2008), http://www.mdrc.
org/publication/career-academies-long-term-impacts-work-education-and-
transitions-adulthood. 2014년 10월 12일 접속.

63 Harry J. Holzer, "Workforce Development as an Antipoverty Strategy: What Do
We Know? What Should We Do?" *Focus* 26 (Fall 2009), http://www.irp.wisc.edu/

publications/focus/pdfs/foc262k.pdf. 2014년 10월 11일 접속; William C. Symonds, Robert Schwartz and Ronald F. Ferguson, "Pathways to Prosperity: Meeting the Challenge of Preparing Young Americans for the 21st Century," (report for the Pathways to Prosperity project, Harvard School of Graduate Education, 2011); Ben Olinsky and Sarah Ayres, "Training for Success: A Policy to Expand Apprenticeships in the United States," (report for Center for American Progress, December 2013), http://cdn. americanprogress.org/wp-content/uploads/2013/11/apprenticeship_report.pdf. 2014년 10월 12일 접속; Robert I. Lerman, "Expanding Apprenticeship Opportunities in the United States," (report for the Hamilton Project, Brookings Institution, 2014); David Card, Jochen Kluve and Andrea Weber, "Active Labour Market Policy Evaluations: A Meta-Analysis," *Economic Journal* 120 (November 2010): F452–F477; Katherine S. Newman and Hella Winston, *Learning to Labor in the 21st Century: Building the Next Generation of Skilled Workers* (New York: Metropolitan Books, forthcoming 2015). 유스빌드(YouthBulid)는 비실험적인 연구에서 긍정적인 결과를 보여줬다; 예컨대 다음을 보라. Wally Abrazaldo et al., "Evaluation of the YouthBuild Youth Offender Grants: Final Report," Social Policy Research Associates (May 2009). 노동청은 MDRC로 하여금 83개의 지역에 걸친 유스빌드에 대해 실험적인 무작위 통제시험(RCT)를 행하도록 위임했다. 통제된 실험연구는 Job Corps, Service and Conservation Corps, National Guard Youth ChalleNGe와 같은 프로그램에서 호의적인 결과를 찾아냈다; MDRC, "Building Better Program for Disconnected Youth," February 2013, http://www.mdrc.org/sites/default/files/Youth_020113.pdf. 2014년 11월 24일 접속.

64 Arthur M. Cohen and Florence B. Brawer, *The American Community College*, 5th edition (San Francisco: Jossey-Bass, 2008), 444. 다음의 논문도 보라. Sandy Baum, Jennifer Ma and Kathleen Payea, "Trends in Public Higher Education: Enrollment, Prices, Student Aid, Revenues, and Expenditures," Trends in Higher Education Series, College Board Advocacy & Policy Center (May 2012): 3–31; Clive R. Belfield and Thomas Bailey, "The Benefits of Attending Community College: A Review of the Evidence," *Community College Review* 39 (January 2011): 46–68; Christopher M. Mullin and Kent Phillippe, "Community College Contributions," Policy Brief 2013-01PB (Washington, DC: American Association of Community Colleges, January 2013). 커뮤니티칼리지에 대한 우수한 최신 전국 보고서는 다음을 포함한다. American Association of Community Colleges, "Reclaiming the American Dream: Community Colleges and the Nation's Future," report from the 21st Century Commission on the Future of Community Colleges (April 2012), http://www.insidehighered.com/sites/default/server_files/files/21stCentReport.pdf. 2014년 10월 12일 접속; Century Foundation Task Force on Preventing Community Colleges from Becoming Separate and Unequal, "Bridging the Higher Education Divide: Strengthening Community Colleges and Restoring the American Dream," (New York: Century Foundation Press, May 2013), http://tcf.org/assets/

downloads/20130523-Bridging_the_Higher_Education_Divide-REPORT-ONLY.
pdf. 2014년 10월 12일 접속. 나는 커뮤니티칼리지에 대한 방대한 배경 연구에 대해 워너
(Edwenna Rosser Werner)에게 특히 감사를 표한다.

65 최고의 멘토링 서비스에 대한 지침은 다음을 보라. MENTOR, "Elements of Effective
Practice for Mentoring," 3rd edition, report of the National Mentoring Partnership,
http://www.mentoring.org/downloads/mentoring_1222.pdf. 2014년 10월 12일 접속.

66 나는 여기서 테니스를 접근 방식으로 활용하는 고도로 효율적인 보스턴의 학교 중심 멘토링
프로그램인 테너시티(Tenacity)를 언급하려 한다. 스케이트에듀케이트(Skateducate)는 스케이
트보딩을 중심으로 한 덴마크 방식의 멘토링 프로그램이고, 퀘스트(Quest)는 뉴잉글랜드의
지역 로터리 클럽에 의해 운영되는 서머스쿨 멘토링 프로그램으로 낚시와 같은 야외 활동에
불우한 처지의 아이들이 어른들과 함께 참여하도록 하고 있다.

67 Nancy Andrews and David Erikson, eds., "Investing in What Works for America's
Communities: Essays on People, Place and Purpose," report by the Federal Reserve
Bank of San Francisco and Low Income Investment Fund, 2012, http://www.frbsf.
org/community-development/files/investing-in-what-works.pdf. 2014년 10월 12
일 접속; Tracey Ross and Erik Stedman, "A Renewed Promise: How Promise Zones
can help Reshape the Federal Place-Based Agenda," report of the Center for
American Progress, May 2014, http://www.americanprogress.org/issues/poverty/
report/2014/05/20/90026/a-renewed-promise/. 2014년 10월 12일 접속.

68 Patrick Sharkey, "Neighborhoods, Cities, and Economic Mobility," (paper prepared for
the Boston Federal Reserve conference on Inequality of Economic Opportunity, Boston, October
17-18, 2014), 그리고 여기서 인용된 출처. Greg J. Duncan, Aletha C. Huston, and Thomas
S. Weisner, *Higher Ground: New Hope for the Working Poor and Their Children* (New
York: Russel Sage, 2009); Johannes Bos et al., "New Hope for People with Low Incomes:
Two-Year Results of a Program to Reduce Poverty and Reform Welfare" (New York:
MDRC, 1999); Aletha C. Huston et al., "New Hope for Family and Children: Five-
Year Results of a Program to Reduce Poverty and Reform Welfare," Manpower
Demonstration Research Corporation, 2003; Aletha C. Huston et al., "Work-Based
Antipoverty Programs for Parents Can Enhance the School Performance and Social
Behavior of Children," *Child Development* 72 (2001): 318-36; Howard S. Bloom, James
A. Ricco, Nandita Verma, and Johanna Walter, "Promoting Work in Public Housing,
The Effectiveness of Jobs-Plus. Final Report," Manpower Demonstration Research
Corporation, New York: 2005.

69 Patrick Sharkey, "Neighborhoods, Cities, and Economic Mobility"; Xavier de Souza
Briggs, Susan J. Popkin, and John Goering, *Moving to Opportunity: The Story of an
American Experiment to Fight Ghetto Poverty* (New York: Oxford University Press, 2010);
Leonard S. Rubinowitz and James E. Rosenbaum, *Crossing the Class and Color Lines:
From Public Housing to White Suburbia* (Chicago: University of Chicago Press, 2000); Micere

keels, Greg J. Duncan, Stefanie Deluca, Ruby Mendenhall, and James Rosenbaum, "Fifteen Years Later: Can Residential Mobility Programs Provide a Long-Term Escape from Neighborhood Segregation, Crime, and Poverty?" *Demography* 42 (February 2005): 51-73; Jens Ludwig, Brian Jacob, Greg Duncan, James Rosenbaum, and Michael Johnson, "Neighborhood Effects on Low-Income Families: Evidence from a Housing Voucher Lottery in Chicago" (작업 논문, University of Chicago, 2010); Jennifer Darrah and Stefanie DeLuca, "'Living Here has Changed My Whole Perspective': How Escaping Inner-City Poverty Shapes Neighborhood and Housing Choice," *Journal of Policy Analysis and Management* 33 (Spring 2014): 350 – 384.

70 Ralph Waldo Emerson, "Self-Reliance," in *Essays: First Series* (1841). 내가 이 문구에 경계심을 갖게 된 것은 토마스 스프라젠스(Thomas Spragens) 덕분이다.

71 Yvonne Abraham, "Doing Right by the Children in Chelsea," *Boston Globe*, August 31, 2014.

우리 아이들의 이야기

1 감탄사, 잘못 시작된 말, 반복되는 말 등을 제거하기 위해 몇몇 인용문은 가볍게 편집되었다. 일관성을 유지하기 위해 한 인터뷰의 각기 다른 부분에서 나오는 같은 주제에 대한 코멘트는 간헐적으로 하나의 언술로 한데 모아졌다. 어떤 경우에도 이러한 편집이 인용문의 의미나 어조를 바꾸지는 않았다.

2 Jennifer M. Silva, *Coming Up Short: Working-Class Adulthood in an Age of Uncertainty* (New York: Oxford University Press, 2013).

1. "미국이 위대한 건 잘못을 수정할 능력이 있기 때문이다." 『미국의 민주주의*Democracy in America*』(1835)를 쓴 토크빌의 이야기이다. 그는 미국의 민주주의가 신분차별의 부재, 조건의 평등*equality of conditions* 등에 의해 구현된다고 밝혔다. 신분과 조건의 평등이 가져오는 유익한 결과는 유럽의 구체제인 귀족주의의 점차적 소멸이며, 이는 근대 세계가 새롭게 겪는 경험이 아닐 수 없었다. 그러는 한편 미국 민주주의의 위협은 '다수의 폭정*tyranny of the majority*'이나 '연성독재*soft despotism*'뿐이라고 예측했다.

   퍼트넘은 토크빌이 간과한 것을 이 책에서 제시하고 있다. 그것은 또 다른 형태의 귀족주의*aristocracy* 사회로의 반동적 회귀라 할 수 있다. 물론 이에 대한 퍼트넘의 직접적인 언급은 없다. 그러나 베버의 이념형인 전통 사회의 '신분*status*'이 현대 사회의 '계급*class*'과 여전히 공존하고 있음이 사실이다. 퍼트넘은 이 책에서 계층화를 표현하는 사회학적 용어로 주로 계급을 사용한다. 부유한 계급, 가난한 계급 등이 그것이다. 베버가 언급하는 '신분'은 사람과 사람간의 인격적 차이를 전제로 하고 있고, 반면 '계급'은 경제력의 차이에 바탕을 둔 유형론적인 개념이다. 그런데 오늘날 퍼트넘이 제기하는 이슈는 미국의 계급적 차이가 단순한 경제력의 차이에만 국한되지 않는다는 사실에 방점이 찍혀 있다. 즉, 사람이 사람답게 살 수 있는 기회에 있어서 차별을 가져온다는 것이다.

퍼트넘은 지난 50여 년의 미국 역사를 더듬으면서 토크빌이 간과한 미국 민주주의의 오류를 지적하고 있다. 그러는 한편 토크빌이 언급한 대로 그 오류를 수정하고자 하는 결단을 보여준다. 다음과 같은 정확한 진단과 함께 말이다. 적어도 50년 전의 미국 사회에서는 조건의 평등이 유효했지만 현재의 미국은 오늘날 우리 사회에서 빈번하게 회자되는 '금수저와 흙수저'처럼 '기회격차'의 간극이 이미 현실에 스며든 상태라는 것이다. 미국은 더 이상 기회의 땅^land of opportunity 으로서의 모습을 지니지 않고 있다. 이 책의 영문 부제가 보여주는 바와 같이 아메리칸드림이 위기에 처해 있는 것이다.

아메리칸드림은 신분이나 계급적인 차이에도 불구하고, 모든 사람들에게 능력이나 노력에 따라 신분 상승이 가능하다는 것을 함축한다. 그러나 기회격차가 벌어짐에 따라 20세기 중반에 비해 21세기에는 신분 상승이 훨씬 더 어렵게 되었다. 예컨대 대학을 졸업한 부모에게서 태어나 양육된 아이들은 정상적인 교육과 폭넓은 인간관계에 뿌리를 둔 안락한 삶을 즐길 기회가 상당한 반면, 고등학교만 졸업한 한부모^single parent 가정에서 자란 아이들은 어릴 때부터 경제적 어려움에 처하게 된다. 따라서 중산층의 반열에 접어들 수 있는 기회는 줄어드는데, 가난한 아이들은 출발선에서부터 이미 무거운 신발^concrete shoes 을 신고 치열한 경쟁의 장에 뛰어든 것이나 다름없다. 가난한 집안의 아이들이 세대를 뛰어넘어 성공한다는 것은 점점 더 어려운 일이 되고 있다. 경제활동의 장에서 유리한 조건을 제공하는 교육, 테크놀로지의 노하우, 사회적 관계망 등이 이들과 먼 거리에 있기 때문이다. 다시 말해 부모의 양육방식에서 생기는 차이는 아이가 맞이해야 하는 미래의 생애기회^life chance 에서 또 다른 차이를 만들어 내는 데 영향을 미친다는 것이다. 부모의 학력에 따른 삶의 방식, 그리고 아이들이 거주하는 이웃 공동체의 환경

등에서 생기는 수준 차이가 자녀들에게 제공되는 유아원에서부터 초중고의 교육 환경과 수준에도 차이를 낳고 있다. 한마디로 학교에 등교하는 아이들은 부모의 삶의 무게를 함께 지고 가는 것이다. 여기서 그치는 것이 아니다. 사회자본$^{social\ capital}$에 대한 부모의 접근성에 따라 자녀들에게 보다 나은 교육의 기회를 줄 수 있는지 여부가 결정되기도 하고, 성장 과정에서 벌어지는 사건 사고에 있어서 완충작용(저자는 에어백 역할이라 칭한다)을 해줄 수 있는지 여부가 결정되기도 하는 것이다.

2. 퍼트넘은 현재의 미국이 안전하고 안정된 삶을 사는 소수의 가진 계층과 일거리와 안전, 그리고 미래에 대한 두려움을 가지고 살아야만 하는 다수의 낮은 경제 계층으로 양분되어 있음을 보여주고 있다. 이는 50년 전과 비교되는 현상이다. 그가 고등학생이던 시절에는 아메리칸 드림이 가능했다. 이는 그의 동창생 중 80%가 교육이나 경제에 있어서 자신들의 부모 세대보다 더 나은 위치에 올라섰다는 사실에서 잘 나타나고 있다. 가정의 배경과 관계없이, 더군다나 인종에 큰 구애를 받지 않고서도 능력과 노력을 보이는 학생들에게는 삶을 개척하는 데 있어서 상당한 기회가 주어졌던 것이다. 그러나 오늘날 그의 고향은 다른 나머지 미국의 도시들과 마찬가지로 기회의 공급을 생각하기조차 힘든 정도로 피폐해져 있는 상태다.

　오늘날의 기회격차가 점점 더 벌어지고 있다는 점을 언급하면서 퍼트넘이 비교하는 부유한 아이들과 가난한 아이들은 빌 게이츠의 아들과 같은 소수 재벌의 자녀나 빈민가에서 사는 가난한 자녀를 말하는 것이 아니다. 그가 대비해서 논하는 부유한 아이들과 가난한 아이들은 대학 교육을 받은$^{BA\ or\ more}$ 부모를 둔 가정의 아이들과 고등학교 이상의 학력을 갖지 못한$^{HS\ or\ less}$ 부모를 둔 가정의 아이들을 의미한다. 이 두 계급에 속한 자녀들 간의 삶의 불균형을 보여주는 일례로 부유한 아이들 중에서는 6~7%만이 한부모 가정에서 자라는 데 비해, 가난한 아이들은 60~70%가 한 부모 가정에서 자라고 있다. 또 다른 차이는 분별력 격차 savvy gap로 표현되는데 어린이들이 살면서 갖게 되는 분별력은 주변에 도움을 줄 수 있는 어른들의 존재, 비공식적 멘토링, 또는 부모들 간의 느슨한 관계weak ties로 이어진 사회 연결망 등에 의해 만들어진다. 그런데 부자 아이들은 이러한 인간적인 연계를 많이 지니지만 가난한 아이들은 그렇지 못하다는 것이다. 특히 위기의 상황이나 대학 진학 등 정보가 필요할 경우, 부자 아이들에 비해 가난한 아이들에게 도움을 줄 수 있는 손길이 적다. 결국 가난한 아이들은 모든 사람들로부터 점차 고립될 뿐만 아니라 안정감을 줄 수 있는 책임 있는 어른들도 만나지 못한다. 한마디로 이들은 상식 차원의 무지에서도 벗어나지 못하는데, 이들이 바보라서가 아니라 아이들 대부분이 성장하면서 갖는 멘토나 도움을 줄 수 있는 어른이 없기 때문이다. 분별력이 결핍된다는 것은 그들 주위에 널려 있는 도전의 기회조차 인식할 수 없다는 것이다.

가난한 아이들의 처지에서 보면 정보사회에서 말하는 정보의 평등화 또한 허구임을 알 수 있다. 오늘날 가난한 아이들이나 부자 아이들 모두 스마트폰을 사용하고 인터넷에의 접속할 수 있는 기회를 갖게 된다. 어쩌면 기회가 평준화 되었다고 할 수도 있다. 하지만 부유한 가정 출신의 아이들은 인터넷을 상향 이동에 도움이 되는 방식으로 사용하여 직업에 대한 정보를 찾거나 학교에 대한 지식을 쌓는 데 유용하게 쓸 수가 있다. 그러나 가난한 아이들은 상당수가 즐거움이나 오락 entertainment을 위해 인터넷을 사용하기에 실제로 인터넷은 실제 세계에서 가난한 아이들이 갖는 불리한 조건을 반영하는 일종의 거울이라 할 수 있다.

퍼트넘은 부모의 양육방식에서 나타나는 계급적 차이를 부자 가정의 집중양육concerted cultivation 대 가난한 집안의 자연적 성장natural growth으로 대비한다. 집중양육은 '부모가 자녀의 인지적, 사회적, 문화적 능력을 기르기 위해, 또 아이의 인생이나, 특히 학교에서의 성공을 촉진하기 위해 자녀 양육에 적극 투자'하는 것이고, 자연적 성장은 부모가 '규칙과 훈육에 더 많이 의존하고 부모의 면밀한 관찰, 격려, 논리적 설득, 협상 등은 적게 하는' 것이다. 양육에서의 계급적 차이의 또 다른 지표로 퍼트넘은 가족의 저녁식사를 들고 있다. 저녁식사가 아이들의 성장과 앞으로 어떻게 살아갈지에 대한 중요한 예측 변수가 된다는 것이다.

> "적어도 일주일에 5번 정도 부모와 저녁식사를 하는 청소년들은 여러 영역에서 더 좋은 성과를 만들어냈다. 이들은 흡연, 음주, 마리화나 이용, 심한 싸움, 성관계 등을 할 가능성이 적었고, 학교로부터 정학을 받을 가능성도 적었다. 이들은 성적에서도 높은 평점을 받았으며, 대학에 진학할 예정이라는 말도 더 많이 했다."
>
> (-본문 181p 중에서)

교육받은 부유한 배경 출신의 아이들과 교육을 덜 받은 빈곤한 배경의 아이들 사이에 나타나는 유년기 경험에서 늘어나는 격차가 바로 가족이 함께 하는 저녁식사를 통해서도 나타난다. 생존 그 자체에 힘써야 하는 가난한 부모는 아이들에 대한 관심과 돌봄을 위한 시간이 부족하게 되고, 경제적 간극이 벌어질수록 양육 격차는 직간접적으로 더욱 악화된다. 낮은 계층에 속한 부모들의 수입, 직업, 주택 등에 있어서의 결핍은 자녀들에 대한 관심과 돌봄의 부족을 수반할 뿐만 아니라, 높은 수준의 스트레스와 좌절로 인해 부모로서의 지도력 부재와 함께 자녀들에 대한 폭력과 학대의 증가로 이어지기도 한다.

학교생활에서도 마찬가지이다. '무사히 대학을 졸업할 수 있을 것인가'를 결정하는 데는 시험 성적보다 사회경제적 신분 상태가 더 중요하다. 유료 과외학습의 증가로 가난한 아이들은 방과 후 활동에 적게 참여하기 때문이다. 따라서 교육에서의 균등한 기회는 전설이 되었다. 학교의 공식적인 멘토링은 형식적이기 쉽고, 가난한 아이들에게는 학교 밖의 비공식적인 멘토링의 기회가 거의 주어지지 않는다. 아이가 조언을 구하고 받을 수 있는 지원 네트워크를 부모가 가지고 있지 않기 때문이다.

퍼트넘의 연구 결과가 보여주는 것은 완전히 다른 두 모습의 미국이다. 부모의 빈곤은 아동빈곤으로 이어지고 수입의 감소는 소비를 억제해, 결국 아동의 경쟁력 상실로 이어진다. 이는 곧 사회적 차원에서 성장의 감퇴와 사회 유대관계의 붕괴로 이어진다. 마치 봉건사회처럼 귀족과 평민으로 양분된 나라로 되어가고 있는 것이다. 봉건체제에서는 계급 간의 만남이 불가하고 결혼도 거래도 이루어지지 않으며, 다만 높은 분리대가 가운데 세워진 고속도로의 맞은편 도로에서처럼 서로 다른 방향을 향해 길을 가고 있을 뿐이다.

3. 이 책은 눈을 번쩍 뜨게 할 정도로 미국인들에게 충격을 주고 있다. 추상적인 차원에서만 논의되었던 암울한 미국의 미래를 예견하게 하는 불평등의 사회적 실재에 대한 정확한 진단을 내렸기 때문이다. 지난 두 세대에 걸쳐 미국의 중산층에서 실제로 무슨 일이 일어났는가를 구체적으로 보여주면서 말이다. 그의 결론은 단호하다. 뚜렷하게 드러난 기회격차가 결국 미국 아이들의 미래를 암울하게 할 것이다. 또한 이런 추세가 계속될 경우 수년 내에 사회적 이동은 정체될 것이며 아메리칸

드림은 산산조각이 나고 말 것이다.

좀 더 구체적으로 말하면 미국 사회가 겪고 있는 현대의 질병은 사회의 경직화이다. 계층이동이 정체되고 있기 때문이다. 계층 간의 조화는 이웃 간에도, 학교에서도, 결혼에서도, 그리고 작업장에서도 이루어지지 않는다. 이는 분명 미국이 지니고 있는 국가 이상과 대립하는 모습이 아닐 수 없다. 문제는 많은 사람들이 이러한 추세를 보지 못한다는 데에 있다. 퍼트넘은 단호하게 선언한다. 우리 '인구의 절반을 차지하는 다른 사람들이 어떻게 살고 있는지'에 대하여 이 책을 읽는 다수의 미국인들이 알아야 한다고 말이다.

방법론적으로 퍼트넘은 많은 미국인들에게 고통을 가져올 미국의 미래상에 대한 학문적인 연구와 스토리텔링을 씨줄과 날줄로 잘 엮어서 보여주고 있다. 아울러 대중들로 하여금 지루해 하지 않고 생생한 실재를 느낄 수 있게 해줄 뿐만 아니라 그들의 지적 수준을 한껏 끌어올리게끔 하고 있다. 특히 그는 미국의 사회적 실재에 대한 자기성찰을 자신의 경험을 바탕으로, 그리고 동시에 미국의 동부와 서부를 가로지르며 진행된 심도 있는, 때로는 우리를 섬뜩하게 하는 인터뷰를 통해 보여준다.

예컨대 앞에서도 언급했지만, 그의 고교 동창생들은 그들의 부모들보다 훨씬 더 나은 교육을 받고 많은 기회를 부여받았기에 부모 세대보다 훨씬 더 나은 삶을 살 수 있었지만, 50여 년이 지난 지금의 고향 마을에 사는 젊은이들은 범죄, 빈곤, 실업, 저임금 등에 시달리면서 어두운 전망만을 가슴에 지니고 있을 뿐이다. 이는 더 이상 인종 문제가 아니다. 같은 흑인들 사이에서도 백인들 사이에서와 마찬가지로 계급 분할이 심화되고 있다. 상층 계급은 비교적 무제한의 전망과 기회의 안락함을 즐기고 있지만, 나머지 사람들은 고등학교를 간신히 나와서 무슨 일이든지 닥치는 대로 할 수밖에 없게 되었다. 신분 상승은 꿈꿀 여지조차 없게 된 것이다.

이와 같은 진단과 함께 퍼트넘은 우리가 무엇을 할 것인가에 대한 강력한 주문까지 주저하지 않는다. 그는 무엇보다도 이러한 현상이 문화적 차원의 문제에서 시작된다고 진단한다. 따라서 그가 해결책으로 제시하는 것은 간단하다. 무엇보다도 '우리 아이들^{our kids}'이라는 인식이 우선되어야 한다는 것이다. 지난 50년을 거치면서 미국인들이 상실한 가장 소중한 가치는 '우리 아이들'에 대해 지녔던 인식과 의미이다. 우리 아이들이라는 잃어버린 의식이 회복될 때 나의 아이들만이 아니라 모든 아이들을 위해, 예컨대 과외활동 비용을 위해, 더 많은 세금도 기꺼이 낼 수 있을 것이기에, 모든 아이들이 우리 미래의 일부라고 생각하게 된다는 것이다.

4. 지식인이 경계해야 할 것은 이데올로기의 편향적 사고를 가지고 학문을 대하거나 현실 사회에 뛰어드는 것이다. 그렇다고 모든 현실 참여가 잘못되었다는 것은 아니다. 이데올로기가 특수한 이해관계와 연루되는 것은 사실이지만 관건은 그 이해관계가 개별적이냐 보편적이냐에 달려 있다. 물론 이보다 조금 더 위험한 것은 어설픈 이념을 앞세우면서 속내는 자기의 이해관계를 도모하려는 지식인 아류^{mediocre}일 것이다. 이들에 대해서는 연민이라도 있다.

그러나 더 감내하기 어렵기에 경계해야 할 사람들은 가치중립을 내세우면서 현실에 눈감는 지식인들이다. 물론 가치중립은 중요하다. 그러나 그것은 현실에 대한 정확한 실체 파악을 위한 연구방법론에서만 필요한 것이지, 지식인들로 하여금 현실에 대해여 무관심해도 된다는 뜻은 아닐 것이다. 무관심이 위험한 것은 현실의 현상^{現狀status quo}에 대한 암묵적인 동의를 의미할 수 있기 때문이다. 베버는 정치와 종교의 관계에서 두 가지 이념형을 제시한다. 정치와 밀접한 관계를 갖는 청교도주의와 정치로부터 초연한 신비주의가 그것이다. 전자는 인간을 신의 도구로 여기기에 세상사에 깊숙이 개입하지만, 후자는 인간을 신성을 담는 그릇으로 여기기에 속된 세상으로부터의 도피를 추구한다. 그러나 이 세상으로부터의 도피가 바로 문제 많은 세상에 대한 암묵적인 동의로 이어질 수밖에 없기에 참여보다 더 위험한 것이 될 수 있다.

퍼트넘은 미국의 깨어진 기회의 균등에 대한 정확한 실재를 드러내기 위해 사회학, 심리학, 경제학, 교육학 등의 온갖 학문을 동원한다. 객관성을 확보하기 위해서다. 그러는 한편 주저 없이 미국 사회가 무엇을 해야 할지를 강하게 권고하고 있다. 이는 짐멜의 이방인으로 상징되는 지식인의 두 가지 행위 덕목, 즉 객관적 성찰과 주관적 참여를 고스란히 실천하는 것이리라. 따라서 퍼트넘은 「제6장 무엇을 할 것인가?」에서 아이들과 관련된 미국의 당면 문제 해결을 위해 우리가 해야 할 일의 실천을 주문한다. 시민사회로의 담론 제공을 넘어서 해결책까지 제시하고 있다.

문제 해결을 위한 퍼트넘의 주관적 참여는 그 스스로가 책에서 말하듯이 행동을 위한 편향된 생각(본문, 373~374), 즉 편향성[bias]을 띨 수밖에 없는 것이다. 그러면서 그는 우리가 이웃을 돌봐야 한다는 깊은 도덕적 의무를 상기시킨 교황 프란치스코의 강론을 인용한다.

> "우리는 가난한 이의 부르짖음에 공감하지 못하고, 다른 사람의 고통에 울어주지 못하고, 그들을 도울 필요성을 느끼지 못하게 되었습니다. 마치 이 모든 일이 우리의 책임이 아니라 누군가 다른 사람의 책임인 것처럼 말입니다. (…) 우리가 (젊은이들을) 소외시킬 때 우리는

그들에게 불의를 행하는 것입니다. 젊은이들은 하나의 가족, 나의 나라, 하나의 문화, 하나의 신앙에 속해 있습니다. (…) 그들은 정말로 우리 인류의 미래입니다."

(-본문 346p 중에서)

우리는 세월호 사건의 희생자 가족들을 위로하면서 던진 교황의 한마디를 기억한다. 치우침이나 편견을 정당화하는 하나의 의미 있는 언술로, 그것은 "고통에는 중립이 없다"이다. 고통의 상태는 이미 평형의 추가 한쪽으로 기울어져 있기 때문이다. 평형의 상실 상태는 형평성은 물론 동등한 기회가 주어진 것이 아니기 때문이다. 퍼트넘이 강조한 편향적인 행동은 이미 평형의 추가 무너진, 다시 말해 기회의 균등이 상실된, 그래서 더 이상 아메리칸드림이 이루어지지 않는 미국을 향해 던지는 비중립적인 선포라고 할 수 있다.

퍼트넘의 지적 감수성은 고통 받는 타인에 대한 공감을 이끌어 낼 수 있을 것인가? 퍼트넘의 책을 읽고 문제 해결을 위해 이웃의 아이들을 우리의 아이들로 여기는, 그러면서 그들과 고통을 함께 하려는 문화가 생기지 않는다면, 그것을 읽고 감동하는 미국의 독자들, 그리고 한국의 우리들은 단지 지적 유희에 만족하거나 자기 감상에 젖는 데 불과할 뿐이다. 그러나 더욱 염려가 되는 것은 이 책을 읽고 미국 부자들의 자녀 양육법만을 모방하려 하는 사람들의 행태이다.

사회과학에 바탕을 둔 연구를 대중에게 읽히도록 글을 쓴다는 것은 지적인 내공이 여간하지 않고서는 불가능하다. 사회학개론 등의 교양 과목을 초보 교수보다는 연륜이 있는 교수가 가르쳐야 한다는 것과 같은 이치이다. 그러나 퍼트넘의 저술은 단순히 지적 내공intellectual power이

가득한 글만은 아니다. 보편적인 가치 지향이 들어가 있는 책이라 할 수 있다. 이미 번역된 『나 홀로 볼링*Bowling Alone*』이나 『아메리칸 그레이스*American Grace*』에서처럼 학문적 차원에서는 미국 사회에 대한 관심과 염려에서 시작한 것이지만, 그 대상이 백인이든 흑인이든, 가난한 자이든 부자이든, 인간애가 없다면 이런 글을 쓰지 않았을 것이다. 한편 퍼트넘의 책에 대한 우리말 출간을 거듭하는 페이퍼로드의 고집도 높이 평가하지 않을 수 없다. 아울러 조금이라도 더 좋은 책을 만들어 내고자 심혈을 기울인 출판사 편집부의 노고에 깊은 감사를 표하고자 하며, 때로는 미국의 일상적인 문맥과 구어적 표현colloquial expression에 익숙하지 않은 아빠에게 적잖은 도움을 준 딸과 아들에게도 고마움을 표한다.

정태식

───── ㄱ

지은이 로버트 D. 퍼트넘Robert David Putnam

1941년 미국 뉴욕 로체스터에서 태어나 오하이오의 포트클린턴에서 성장하였으며 스와스모어 대학교를 졸업하고 풀브라이트 장학생으로 영국 옥스퍼드 대학교에서 수학한 뒤 예일 대학교에서 석사, 박사 학위를 받았다. 미시간 대학교를 거쳐 1979년 하버드 대학교에 부임했다. 현재 하버드 대학교 공공 정책 분야의 교수로 재직하고 있다. 케네디 행정대학원 원장, 미국정치학회 회장을 역임했다. 미국학술원과 영국학술원의 회원이기도 하다. 2006년에는 정치학자에게 주어지는 최고의 영예로 알려진 쉬테Skytte 상을 수상했고, 2013년에는 오바마 대통령으로부터 내셔널 휴머니티스 메달National Humanities Medal을 받았다.

퍼트넘은 국가 간 협상이 합의에 이르는 과정을 국제 정치와 국내 정치의 상호작용을 통해 해석한 '양면 게임 이론'의 주창자로 유명하다(1988년의 논문 "Diplomacy and Domestic Politics: The Logic of Two-Level Games"). 1995년 『민주주의 저널Journal of Democracy』에 「나 홀로 볼링: 미국의 쇠퇴하는 사회적 자본Bowling Alone: America's Declining Social Capital」을 기고하여 학계는 물론 미국 사회 전체에 큰 반향을 불러일으켰는데, 당시 대통령 빌 클린턴이 면담을 요청했을 정도였다. 2000년 원래의 논문에 방대한 자료를 첨가해 출간한 『나 홀로 볼링Bowling Alone』이 베스트셀러가 되기도 했다. 이밖에 다수의 저서가 있다.

빌 클린턴, 조지 부시, 버락 오바마 미국 대통령과 영국, 프랑스, 독일, 핀란드, 싱가포르, 아일랜드, 오스트레일리아 등의 국제 지도자들의 정책 자문으로 활약한 바 있으며, 학자, 시민사회 지도자, 언론인, 정치가들과 함께 미국 사회의 공동체 문화 회복을 위한 토론과 연대를 목표로 하는 '사구아로 세미나Saguaro Seminar'를 조직해 운영하고 있다. 영국의 《선데이타임즈The Sunday times》는 '전 세계에서 가장 영향력 있는 학자'로 그를 손꼽았다.

옮긴이 정태식

미국 뉴욕에 있는 뉴스쿨 정치사회과학대학원에서 사회이론과 정치종교사회학으로 철학박사 학위를 받았다. 한국종교사회학회 학술지 《종교와 사회》의 초대 편집위원장을 맡았으며, 경북대에서 연구초빙교수를 역임하였고 지금은 사회학과 강의교수로 있다. 지은 책으로 『카이로스와 텔로스: 정치·종교·사회의 사상사적 의미체계』(2007)와 『거룩한 제국: 아메리카·종교·국가주의』(2015) 등이 있고, 옮긴 책으로 데이비드 마틴의 『현대 세속화이론』(공역, 2008)과 로버트 D. 퍼트넘의 『아메리칸 그레이스: 종교는 어떻게 사회를 분열시키고 통합하는가』(공역, 2013) 등이 있다.

우리 아이들
빈부격차는 어떻게 미래 세대를 파괴하는가

초판 1쇄 발행 2017년 01월 07일
초판 6쇄 발행 2022년 01월 12일

지은이 ── 로버트 D. 퍼트넘
옮긴이 ── 정태식

펴낸이 ── 최용범
펴낸곳 ── 페이퍼로드
출판등록 ── 제10-2427호(2002년 8월 7일)
　　　　　　서울시 동작구 보라매로5가길 7 캐릭터그린빌 1322호

이메일 ── book@paperroad.net
블로그 ── blog.naver.com/paperoad
포스트 ── post.naver.com/paperoad
페이스북 ── facebook.com/paperroadbook
Tel (02)326-0328, 6387-2341 | Fax (02)335-0334

ISBN 979-11-86256-57-2 (93340)